刘余莉细讲
群书治要系列

群書治要禮記講記

Li Ji · Jiang ji

刘余莉 ◎ 著

图书在版编目（CIP）数据

《群书治要·礼记》讲记 / 刘余莉著. — 北京：世界知识出版社，2023.7

ISBN 978-7-5012-6609-8

Ⅰ．①群… Ⅱ．①刘… Ⅲ．①礼仪－中国－古代②《礼记》－研究 Ⅳ．① K892.9

中国版本图书馆 CIP 数据核字（2022）第 248449 号

《群书治要·礼记》讲记
Qunshuzhiyao Liji Jiangji

作　　者	刘余莉			
责任编辑	薛　乾		特邀编辑	杨　娟　陈文庆
责任出版	王勇刚			
装帧设计	周周设计局		内文制作	宁春江
出版发行	世界知识出版社			
地　　址	北京市东城区干面胡同 51 号（100010）			
网　　址	www.ishizhi.cn			
联系电话	010-65265919			
经　　销	新华书店			
印　　刷	廊坊市海涛印刷有限公司			
开本印张	710×1000 毫米　1/16　25 印张			
字　　数	278 千字			
版次印次	2023 年 7 月第一版　2023 年 7 月第一次印刷			
标准书号	ISBN 978-7-5012-6609-8			
定　　价	35.00 元			

（凡印刷、装订错误可随时向出版社调换。联系电话：010-65265919）

目 录

第一讲　一切恭敬，从孝敬父母开始…………1

第二讲　礼的四个主要功能…………24

第三讲　古代选贤任能的智慧…………49

第四讲　随顺天时，长养万物…………66

第五讲　大道之行，天下为公…………83

第六讲　治国以礼，修礼以达义…………103

第七讲　学礼可以成器…………123

第八讲　圣人治天下从亲亲开始…………142

第九讲　移风易俗，莫善于乐…………161

第十讲　圣人制礼作乐以涵养性德…………183

第十一讲 大乐与天地同和，大礼与天地同节…………198

第十二讲 祭祀的道理与孝相通…………215

第十三讲 礼之用，和为贵…………229

第十四讲 祭礼：诚敬心得福…………242

第十五讲 从"一体之仁"到"构建人类命运共同体"…………265

第十六讲 从孔子身上看礼的妙用…………278

第十七讲《中庸》：孔门心法，修学之教…………296

第十八讲 仁是心地功夫，一颗心随时安住…………311

第十九讲 君仁臣忠的关键在于领导者的真心…………329

第二十讲《大学》：做事、做学问的次第是先要求自己…………349

第二十一讲 婚礼，代代出圣贤的起点…………368

第二十二讲 射礼：立德正己，由艺入道…………383

第一讲　一切恭敬，从孝敬父母开始

从这一讲开始，我们学习《群书治要·礼记》。《礼记》是中国古代一部重要的经典，属于"十三经"之一。中国古代经典有一个发展过程，孔子教授弟子是以"六经"，即《诗》《书》《礼》《易》《乐》《春秋》，因其文古义奥，不易通读，随着时代发展，就出现很多辅助性读物。如《易》有《十翼》，《春秋》有《三传》，即《春秋左传》《春秋公羊传》《春秋谷梁传》，而《礼》也有了《礼记》。

"六经"中的《礼》，后来称为《仪礼》，主要记载周代的冠礼、婚礼、丧礼、祭礼等礼法，也就是仪式，几乎不涉及仪式背后的礼义，也就是礼的原理原则。如果不了解礼义，这些礼的仪式就成了毫无价值的虚礼。所以，孔子的弟子七十二贤人，还有他们的学生在习礼的过程中，撰写了大量阐发礼的经义的论文，总称为"记"，属于《仪礼》的附庸。所以，《礼记》就是战国至秦汉年间儒家学者解释说明经书《仪礼》的文章选集，其作者不止一人，写作时间也有先有后，其中多数篇章，都是孔子的七十二位高徒及其学生的作品。

到了西汉，传《礼记》的有两位，即戴德、戴圣。戴德传的85篇本称为《大戴礼记》，但是在后世流传的过程中若断若续，到唐代就只留下39篇，而且越来越不受重视；而由戴德的侄子戴圣所传的49篇本称为《小戴礼记》。到东汉末年，著名经学家郑玄为《小戴礼记》作了出色的注解，使这个本子盛行不衰，以至后人把《小戴礼记》称为《礼记》。

唐朝贞观年间，孔颖达奉诏撰《五经正义》，其中的《礼》，就用《礼记》替代了《仪礼》。从此，《礼记》跻身经的行列。到唐代，明经科考九经，其中就包括《礼记》，所以《礼记》也是"九经"之一。到宋代出现"十三经"，《礼记》也在其中，成为读书人必读的经典。

到汉代，很多人已经不太能读得懂《礼记》，于是就有人来为它作注，其中最出色的是东汉经学家郑玄的注解。

郑玄，字康成，北海高密（今山东高密）人。郑玄年少时做过乡啬夫，即执掌听讼、收赋税的小吏，但是他不乐于为吏，常到学官去求教。郑玄从少年时代就确立了学习经学的志向，终日沉浸于书卷中，孜孜以求。他不尚虚荣，天性务实。十一二岁曾随母亲到外祖家做客，在座的十多位客人个个衣着华美，夸夸其谈，显得很有地位、很有派头，唯有郑玄默默坐在一旁，似乎身份和才学都比不上人家。母亲感到面上无光，就暗示他显露一点才华，郑玄却不以为然，他说这些庸俗的场面"非我所志，不在所愿也"。

后来，郑玄到洛阳上太学，学通《京氏易》《公羊春秋》《三统历》《九章算术》，后来又从东郡的张恭祖，学了《周官》《礼记》《左氏春秋》《韩诗》《古文尚书》。之后又去扶风，向马融求教。在马融门下的前三年，都是由马融的高徒来教他，他都没有见过马融的面，但他日夜钻研，不曾倦怠。后来马融听说他善于算术，才召见他，从此，他才有机会向马融当面求教。

郑玄在马融门下七年，一心研读经典。马融性格放达，"不拘儒者之节"。他"前授生徒，后列女乐"，也就是在前面教授门徒，帐后设置女乐。其他弟子都免不了常常偷看一下这些女子，唯有郑玄专心于学业，可见其定力也是非同一般。马融由此知道，郑玄日后必有成就。郑玄学成后，马融多次对弟子们说："郑生今去，吾道东矣。"意思是说，郑玄这位学生离开以后，他的学问也会被带到东方而发扬光大。

郑玄游学十几年回到家乡，已有学生近千人。后来又因为党争，被禁锢达14年之久。他趁此闭门不出，专修经业。到灵帝末年，才被解除党禁。大将军何进听说郑玄是贤人，就派人前去征召，希望他出来做官。因为何进极有权势，州郡的长官都不敢违抗他的意志，于是就胁迫郑玄。郑玄迫于无奈去拜访何进。何进很尊重他，为他准备了几杖，对他很礼遇。但是郑玄并不接受何进所赐予的朝服，只是头戴幅巾去见何进，而且住了一宿就逃走了。

当时大将军袁绍在冀州统领军队，也派使者去邀请郑玄。袁绍以盛大的规模招待宾客，郑玄是最后一个到达的，袁绍请他上座。宾客中很多都是才俊之士，既有辩才，又有学问，见郑玄是儒者，并不认为他是一个"通人"，也就是学识渊博的通达之人，竞相起身向他发难。郑玄依据儒家的经典进行答辩，每一次回答都大大超出问题所涉及的范围，说出的话这些人从来没有听过，座中人无不嗟叹信服。

当时汝南的应劭也归顺了袁绍，向郑玄自我引荐说："我是前泰山郡太守应中远，想做您的学生，您看怎么样？"结果郑玄笑着说："仲尼之门以四科（德行、言语、政事、文学）考察弟子，没有听说颜回、子贡这些人以官职自称的。"应劭听了，脸上露出惭愧之色。

袁绍举荐郑玄为"茂才"，并且上表推荐他任左中郎将，郑玄也没有接受。公车署征召他任大司农，赐给他一辆驷马安车，经过的郡县都要派长吏接送。到了朝廷，郑玄以生病为由，想自请回家。但是这时，正好袁绍和曹操在官渡相持不下，袁绍就让儿子袁谭派遣使者，逼迫郑玄随军出行。郑玄迫于无奈，带病来到元城县，因病情危重而无法继续行进，不久病逝，年七十四。郑玄留下遗嘱，要求薄葬。曾经跟随他学习的人，自郡守以下，披麻戴孝来参加丧礼的有一千多。

郑玄晚年写信给他的儿子，提到他的志向是"整百家之不齐"，并自称"颇有让爵之高"。他无心于功名利禄，一心就想着给这些众说纷纭的经典作出好的注解。他所注的《周易》《尚书》《毛诗》《仪礼》《礼记》《论语》《孝经》《尚书大传》《乾象历》等，都非常有名。又著有《天文七政论》《鲁礼禘祫义》《六艺论》《毛诗谱》《驳许慎五经异义》《答临孝存周礼难》等，共百余万字。学生将他平日与弟子的对话编成《郑志》八篇，体裁像《论语》；他的教学也是效法孔子，采取问答启发的方法。

郑玄从事教育二十余年，提出了一些教育观点。比如，初学要从近者、小者学起，并且要十分重视德行教育。而对于道德教育，他提倡注重"身教"和"力行"。他对家庭教育也特别重视，在晚年给儿子的信中说："勖求君子之道研钻勿替，敬慎威仪，以近有德。"并且要求家人"菲饮食，薄衣服"，坚持节俭。

郑玄以他深湛的学养，遍注群经，其中以《三礼注》成就最高。《后汉书》称赞他"括囊大典，网罗众家，删裁繁诬，刊改漏失，自是学者略知所归"。"括囊大典"，就是大部的重要的经典，都囊括无遗；"网罗众家"，众家的注解，他都一一参考；"删裁繁诬"，把烦琐且没有证据的，都删裁了；"刊改漏失"，把那些遗漏、错误的，都给予修改、订正。从此，学者再学这些经典，就知道参考谁的注解了。

郑玄注经，一反当时的烦琐之风，力求简洁明快，凡是文义明白的地方，都不进行注解，而在经义晦涩处着力。他对《礼记》不少篇的注释，字数反而少于经文。比如，对《乐记》的注解共5533字，而《乐记》的经文是6459字；对《祭法》的注解，只有5409字，而《祭法》的经文是7182字。可见，郑玄的注解之所以经久不衰，并非偶然，和他所下的功夫及其注经的方法密切相关。

到六朝时期，解释儒家经义的著作被称为"义疏"。当时为《礼记》作义疏的人有很多，比如南方的皇侃、北方的熊安生等。到唐朝贞观中年，孔颖达疏《礼记》，就是以皇氏的本子为注解，以熊氏的本子补其不备，"必取文证详悉，义理精审，翦其繁芜，撮其机要"。集南学和北学的长处，孔颖达写成《礼记正义》七十卷，以引证文献详尽、史料丰富见长。郑注与孔疏是一简一繁、一精一密，被誉为经学史上的"双璧"。

孔颖达，字冲远，冀州衡水（今河北蓟县）人。隋大业初年，举明经高第，授河内郡博士。隋炀帝曾召集诸郡儒官聚会于东都洛阳，下诏令国子秘书学士与这些儒官论议，结果孔颖达为冠，而且年龄最小。

唐贞观初年，太宗认为儒学师说多门，章句繁杂，于是命令孔颖达主持编撰五经义训。孔颖达兼采南北经学义疏，以南学为主，编成《五经正义》180卷，成为经学注疏的定本。唐高宗永徽四年（653年），在全国颁布。自此以后，直到宋初，成为经学考试的标准，现在也位列《十三经注疏》之中。

孔颖达的思想主要保存在《周易正义》和《礼记正义》两部书中。他继承儒家正统的重视礼的传统，提倡尊卑、贵贱、长幼之间要有名分和次序的差别，他说："人之所生，礼为大也。非礼无以事天地之神，辨君臣长幼之位，是礼之时义大矣哉。"这当然也是《礼记》的思想。他还认为，礼与"天地俱兴"；认为"无"是宇宙万物的本原，"万物之本，有生于无"。在解释"形而上者谓之道，形而下者谓之器"时，他说："道是无体之名，形是有质之称，凡有从无而生，形由道而立，是先道而后形。"可见，孔颖达对形而上与形而下之间的关系，也有深刻体会。

在郑、孔之后疏解《礼记》比较有成就的，有宋朝卫湜的《礼记集说》160卷，"采摭群言，最为赅博，去取亦最为精审"。元朝有陈澔的《云庄礼记集说》，简明可靠。元仁宗延祐年间恢复科举，就规定《礼记》采用陈澔的《集说》。清朝有朱轼的《礼记纂言》、朱彬的《礼记训纂》、孙希旦的《礼记集解》、郑元庆的《礼记集说》，但是成就都比不上孔颖达的疏。

《礼记》共49篇，《群书治要》从中选取了22篇。第一篇是《曲礼》。曲，就是委曲婉转的意思，学礼要懂得人情世故，要知道每个人的心理都不同。所以，学礼就要求为人处事不能直来直往，要自卑而尊人。礼是曲曲折折的，必须认真学习。郑玄指出，《曲礼》记载了五礼：吉礼、凶礼、宾礼、军礼和嘉礼。从这五种礼，可以体会到礼是如何委曲婉转地达到"绝恶于未萌，而起敬于微眇"的教化效果。在恶还没有萌发前，就予以断绝，在微小的方面提起一个人的恭敬心。

今天为什么还要学《礼记》？中国在历史上被称为"礼义之邦"，中华文化被称为"礼乐文化"，不研究《礼记》，就无法体会中华传统文化的精神。而且《礼记》更多的是讲礼的原理原则，不像《仪礼》主要讲礼法、仪式。仪式可以随着时代变化而有所损益，但无论过去、现在还是将来，礼的原理原则却是切实可用的，是不变的，它是新时代制礼作乐的依据。

下面看《曲礼》：

【曲礼曰："毋不敬，俨若思，安定辞，安民哉。"】

关于这一章的章法，以前都没有清楚地解释。但雪庐老人讲得很清楚：毋不敬，是指心意；俨若思，是指身体；安定辞，是指口里发出的言辞。所以，学礼的人要注意三种行为：身、口、意。因为这三种行为发出来都有结果，这个结果就被称为业。比如，人的意念一开动，就有意业；身体造作的行为就有身业；口说出的话就有口业。最后一句，安民哉，是针对古代的天子、国君讲的，警示他们治国平天下，须从这三方面进行修养。当然，这句话普通人也要学习，无论是齐家还是创业，都要讲究三业清净；在外面做事，无论是首长还是职员，也都需要在身、口、意三方面好好修养。

特别是对于学儒的人而言，学儒的最终目的是成就圣人。要学圣人，就必须在身、口、意三方面下功夫。普通人，也就是凡夫俗子，身体的行为，所讲的话，所思所想，都是损人利己，自私自利，这就把身、口、意变成染污的、不清净的了。所以，学儒就必须把身、口、意三业，由染污变为清净，就像圣人一样公正无私，起心动念、所作所为都是为了利益天下人。也就是说，只要心里一动念头，就是利他的，这就使意业清净了。三业都清净，把人的本性彰显出来，就成就圣人了。

很多人问，我为什么要成就圣人？成就圣人有什么好处？成就圣人，就能从根本上解决生老病死的问题。为什么？因为本性中没有这些问题。所以，儒家的经典也讲本性。比如《论语》："性相近也，习相远也。"孔子的弟子曾子在《大学》开篇就讲："大学之道，在明明德，在亲民，在止于至善。"什么是明德？明德就是从本性而起的性德。曾子又把学问传给子思，子思在《中庸》的开篇也讲："天命之谓性。"本性是人人本具，但是凡夫不了解自己的本性，就迷惑，起了无明。学儒的目的就是把这些迷惑一层一层去掉，把生死问题解决，成就圣人。那么，怎样才能把这些染污本性的东西去除干净？从哪里入手？《曲礼》开篇这三句就是教导我们要注重自己的身、口、意，把染污的三业转变为清净的三业。三业清净了，本性就显现出来。所以，学做圣人，就是从身、口、意三方面使得三业清净。这个道理并不高深，人人依照修学，都可以有所成就。

"**毋不敬**"，"毋"，就是莫、禁止的意思。"敬"是会意字，左边是一个"苟"，右边是一个"攵"，有打击的意思。打击谁？打击苟且，打击做事随随便便。"毋不敬"，就是不允许做事苟且，所以手里还拿着个东西来警告。

"**毋不敬**"，就是讲一个人起心动念要恭恭敬敬。敬，也解释为诚。《中庸》："至诚之道，可以前知。"这就告诉我们诚有什么好处。一个人有至诚心，用至诚心来看世间事，就可以预先知道，有预见的能力。因为至诚可以达到本性，诚到极处，就是本性起作用，而本性里面没有时空，时空是一个假象。既然没有这些假象，时空都突破，就不仅可以知道未来，也可以知道过去。明白了敬的妙用，有这么多好处，要不要好好学这个"敬"字？

但是"诚"，对于普通人而言，也不是一下子就能学到的。儒家的好处就是教人从浅近之处，人人都能学到的地方来入手。"**毋不敬**，**一切恭敬，从哪里入手？**还是要从孝敬父母来培养恭敬心。说现在的人没有恭敬心，很多人不承认。看一看《礼记·内则》关于如何孝敬父母的礼，就知道为什么这样说了。《礼记·内则》讲，儿女应该怎样侍奉父母？这在古礼中有规定：鸡刚叫头遍就要赶紧起床，不能懒惰；天亮了还在睡懒觉，家事都留给父母做，这就不符合礼。起床后，要洗脸、洗手、漱口，戴上冠帽，再穿上端服（端服是做官的人在正式场合穿的衣服），还要套上蔽膝，系上大带，插好笏板。还有，左右佩戴好饰物。为什么？一旦父母有需要，可以随时取用。

打扮得这么整齐去干什么？来到父母舅姑之所，即父母和公婆所在的地方，"下气怡声，问所欲而敬进之"，说话要和颜悦色，问父母公婆需要什么，然后就恭恭敬敬地敬奉上什么。即使父母有过失，做错了事，做儿女的仍然"下气怡色，柔声以谏"，还是要低声地、温柔地加以劝谏。不能因为父母做错了，就厉声戾气，把父母呵斥一顿。"谏若不入，起敬起孝，说则复谏"，如果谏言、规劝没能被父母采用，还要更加孝敬、恭顺，没有抱怨之心，等父母高兴了，再次进谏。如果父母发怒了，甚至打你，也没有怨恨之心。

现在的人可能不能接受。首先，我们讲求速度，干什么事都急匆匆的，没有时间装扮整齐，再向父母去请安。另一方面，觉得父母做错了事，我去劝他，他听不进去，打我，我还要对他更加恭敬，这是不是不讲人权呀？其实，中国古人是从孝敬父母培养人对任何人都不起对立、怨恨的心。为什么他们能够做到这一点？就像大舜，他的后母和弟弟三番五次要置他于死地，他还能不怀恨在心，反省自己的不足。虽然居天子之位，还到原野上去哭泣，他觉得自己的孝道没有尽到、悌道没有尽到，不能让父母、弟弟满意。最后，他的德行感化了后母，感化了弟弟，也感化了天下的百姓。

为什么这样做？因为圣人是明理之人，是知道宇宙人生真相的人。那么，真相是什么？真相就是我和他，我和动物植物、山河大地，与万物都是一体的关系。既然是一体的关系，就像身体，牙齿不小心咬到舌头，舌头还会和牙齿没完没了，要对立、报复吗？圣人明了真相，所以不和任何人起对立，他靠什么？靠真诚之心的感化，所谓"化敌为友"。怎样才能化敌为友？就是靠至诚之心的感化。如果他打我一拳，我就踢他一脚，他又打我两拳，我再踢他两脚，一定是冤冤相报，没完没了，仇怨越结越深，彼此都痛苦，而且也解决不了问题。

所以，"化敌为友""仁者无敌"，都从这些圣贤人的身上做出来了。一个真正开悟的人，一个真正了解宇宙人生真相的人，确实可以做到，在世界上没有我恨的人，没有我不能原谅的人，没有我不爱的人。这就是圣人和凡夫的区别。

虽然五伦关系中讲父慈子孝，父母要慈爱、教导儿女，儿女要孝敬父母，但是，每个人都是只要求自己，不要求对方。也即父母对儿女的慈爱，不以儿女是否孝顺为前提；儿女对父母的孝顺，也不以父母是否慈爱为前提，都是反求诸己，尽好自己的本位。如果每个人都能"行有不得，反求诸己"，每个人都能尽到自己的本分，社会的冲突、矛盾是不是都化解了？**礼是要求自己，不要求别人。**而且在侍奉父母的过程中，逐渐把"我"放下，"我执"没有了，培养了不和任何人起对立的心。即使自己受了委屈、受了误解，好心不被父母所认同、理解，甚至还被痛打一顿，也不起怨恨心。为什么？因为一个人有怨恨心，这是嗔心，就是烦恼。修学为的是什么？要去除烦恼，消灭贪嗔痴。如果你还有嗔心，是不是修养不好？

这一点现在的人能做到吗？不要说父母把你打一顿，就是骂一句，说得重了一点儿，你就怒目而视了，对立的情绪就起来了。到社会上，老师说两句，你就不高兴了，再打一下，那还得了！所以，现在的老师，怎么敢打人？稍微说得重一点儿，学生回家就告诉父母，父母回头就去找校长，校长再去找老师，老师还敢再说孩子吗？孩子有了错误，没有人敢给他指正，他怎么可能不一错再错？在过去，只有父母和老师才可以说孩子的过失。现在又不同了，能够说你过失的人，看来只有父母，甚至父母都不敢说，说得重一点儿，孩子就离家出走。所以，孩子怎么教？社会之所以出现很多反常、悖逆的行为，不是没有原因的，是因为没有了礼的教育。所以，礼是保护我们的，是让我们身心和乐、家庭和睦、社会和谐。但是，往往积非成是，错误的东西积累多了，人们认为是正常的，而那个正常的，却被认为是不正常的。很多人认识不到礼的深意，还批评它是繁文缛节，值得深思。

恭敬心是从孝敬父母培养起来的，这个敬延伸开来，就是尊敬老师，尊师重道。孝道和师道，是中华文化得以承传的两大法宝。《吕氏春秋》有这样一句话："忠孝，人君人亲之所甚欲也。显荣，人子人臣之所甚愿也。"哪一个领导不希望属下对自己忠心？哪一个父母不希望孩子对自己孝顺？反过来也是一样，哪一个属下不希望自己得到领导信任，身居高位？哪一个儿子不希望自己声名显达，扬名于后世，以显父母？但是，"人君人亲不得所欲，人臣人子不得所愿"。在现实生活中，当领导、当父母的，往往得不到忠臣、孝子；当臣子、当儿子的，也得不到自己所希求的功名利禄。什么原因？原因就是不知礼义，结果"在君父则不仁不慈，在臣子则不忠不孝"。而不知礼义，又是什么原因？"生于不学"，就是因为没有学习圣贤经典。就像现在的社会，无论贫富贵贱都身心不安。身心不安是结果，原因在哪里？古人说理得心安，现在人因为不明理，一旦当了领导，就开始骄奢淫逸、以权谋私，升官就是为了发财，也不知道为长远、为子孙后代考虑，本来可以一帆风顺、平步青云，结果却是锒铛入狱，自毁前程。这就是因为没有学习历史的经验，没有读圣贤书。所以，古代的圣王没有不尊师重道的。

在教育的过程中发现，一个人有什么样的毛病、过失都可以纠正，只有一种人是最难帮的，哪一种人？就是自以为是的人，傲慢，认为自己比谁都好，谁都不如自己好，把谁都不放在眼里，没有人可以成为自己的老师。这样的人就是圣人来到他面前给他当老师，也帮不了他。

《吕氏春秋》后面还接着讲："今尊不至于帝，智不至于圣，而欲无尊师，奚由至哉？此五帝之所以绝，三代之所以灭。"现在的人，地位比不上古代的圣王，智慧也比不上古圣先贤，还不尊敬老师，想得道就不可能了。如果想求学、求道，但是又不尊师，那就不可能达到目的。这里就讲到尊师的问题，古人说："一分诚敬得一分利益，十分诚敬得十分利益。"当然，百分诚敬也就得百分利益，没有诚敬就得不到任何利益。所以，古人对老师特别尊重，这也在古礼上有所表现。譬如，孩子跟着家长去见老师，家长通常是父亲，父亲带着孩子首先对孔子，对大成至圣先师的像行最重礼。最重礼，古代是三跪九叩首的礼，现代就是三鞠躬礼。这还不算，行礼之后，请老师上座，然后父亲带着孩子对老师行最重礼。为什么这样表现？一个孩子心目中最尊敬的人就是父亲，他看到自己的父亲对老师毕恭毕敬，对老师的教诲怎么敢不听从？而老师教他什么？老师教他孝敬父母。**老师教孩子孝敬父母，父母教孩子尊敬老师，父母和老师一配合，孩子很容易教好。**

对老师的尊敬还可以通过一些具体的称呼来表现。譬如，男子二十岁行冠礼，也就是成人礼。这时，他的平辈送给他一个字，表示对他的尊敬。从此，他的所有亲属，比如祖父母、叔叔、伯伯，还有他的同学、朋友，都要称他的字，表示对他的尊重；他到朝廷去做官，皇帝要称他的字，表示对他的尊敬；只有两种人，可以一生称他的名，首先就是他的父母，再就是他的老师。《论语》中，孔子称弟子都是称他们的名。这说明老师和父母的恩德是相等的，父母给人身命，老师给人慧命。

在丧礼中，父母过世要守丧三年，要穿孝服；老师过世也要守"心丧"三年，也就是说，虽然不用穿孝服，但是要从内心表达对老师的恭敬和感恩，不能忘记老师的教诲。孔子过世时，弟子们守丧三年，子贡守丧六年，这都是师生之间深情厚谊的一种自然流露。

皇帝在接见群臣时，一般都是以君臣之礼，也就是一个在南面，一个在北面，但是皇帝在接见老师时，就必须降阶，以主宾之礼接见，一个站在东面，一个站在西面。这就是提醒皇帝虽然贵为天子，富有四海，但老师永远是你的老师，不是你的臣子。"上行而下效"，皇帝都有尊师重道的心，整个朝廷、整个社会也就能兴起尊师重道的风气，对老师的恭敬心也就培养起来了。现在把9月10日定为教师节，也是因为尊师重道。

从尊敬老师再延伸开来，就是要敬重尊长，尊长就是兄长、长辈、领导等。《了凡四训》也讲："与凡年高、位高、德高、识高者"，都应该尊重。"年高"，就是年龄比我们长；"位高"，就是位子比我们高，如领导、主管；"德高"，就是德行比我们高；"识高"，见识广博。这样的人都要尊敬。怎样尊敬？"深爱婉容，柔声下气"。对长辈说话、对领导说话要柔和恭敬，而且还要习以成性，养成习惯。当然，这种恭敬的习惯，是在父母、老师身上已经养成了。这种恭敬和气，带来的结果是什么样的？古人说："心平气和，千祥云集；心浮气躁，一事无成。"这样的恭敬和气，怎么会没有福报？对于现在的年轻人，为什么都说不好教？一个重要的原因就是心静不下来，心浮气躁，学什么都很难学踏实。

除了敬重尊长之外，还要恭敬一切人。《孟子》说："老吾老以及人之老，幼吾幼以及人之幼。"把这种恭敬心推而广之，以孝敬父母老师的心恭敬一切有缘的人。这样做有什么效果？从平时待人接物，就能够体会到"爱人者人恒爱之，敬人者人恒敬之"。

再如，有一些地方发生地震，地震之后有泥石流。我们对待原始森林，对待山河大地、花草树木，没有恭敬之心，结果，大自然也会反扑、报复。这就是对自然没有恭敬心所导致的恶果。所以，孟子说："亲亲而仁民，仁民而爱物。"不仅要恭敬人，还要把这种恭敬心延伸到对自然、对万物。

当我们对物品很恭敬，无论用什么东西，从哪里拿来的，还放回原处，下次再找，就不会花费很多时间，做很多无用功。为什么要学习《弟子规》？《弟子规》整篇教导人学会一个"敬"字。比如，"置冠服，有定位，勿乱顿，致污秽"，这是对冠服的恭敬，对冠服恭敬，冠服就能够用很长时间，保持常新；"房室清，墙壁净，几案洁，笔砚正"，这是对房室、学习工具的恭敬；"墨磨偏，心不端，字不敬，心先病"，心不恭敬，自己觉察不到，但是可以观察周围的环境，如果物品摆放不整齐，衣服乱丢乱放，字写得潦草，别人都认不出来，说明我们的心已经不恭敬了。

有朋友送给我一份明代状元赵秉忠的考卷复制品，打开这份考卷，非常赞叹。为什么呢？因为这位状元所写的考卷，每一个字都是一笔一画，没有潦草，全都是小楷字，更没有一个字的涂抹，看起来和现在的字帖一样，就像印刷出来的，大小匀称，笔画都很清楚，没有一个字是任意的。看了这份考卷，我们突然意识到，现在的人心浮气躁已经到了怎样的程度却还不自知。

在家里心存诚敬,与家人相处互相尊重,这个家一定和睦、齐心,家庭关系一定处理得好。出门在外,在社会上办任何事情,只要做到"敬"字,就能做得顺利。"敬""诚"是人人可以做的,而且做了就有效果,就会让你增长信心。"爱人者人恒爱之,敬人者人恒敬之"。从对待亲人这种相对的诚敬,做到绝对的诚敬,就是对一切人事物都能保持这种诚敬,这就是"至诚",本性就现前,就找到本性了。所以,儒家都是教我们从浅近的、相对的开始学,然后越学越有信心。这就是修学的下手之处。

"俨若思","俨"是形声字,"人"是形,"严"是音,也有其意思,就是庄严。也即一个人身体庄严,就好像在那里思考一桩事情一样。看一个人在思考某一件事情的时候,身体不知不觉的,一动不动,坐在那里,显得很庄重。这就是要求我们无论在什么时候、什么地方,身体都要保持庄重。身体庄重,就表示这个人的身份,不像那些随随便便的人,身体歪斜,甚至还做很多坏事。身体庄重才能不受染污,小人自然无法接近。

"俨",根据郑玄的注解,就是"矜庄"的意思,矜持庄重。告诉我们举止端庄、稳重,若有所思的样子。《论语》中有这样一句话:"君子不重则不威。"汉代扬雄在《法言·修身》也提出,做人要取四重。哪四重?"重言,重行,重貌,重好。言重则有法,行重则有德,貌重则有威,好重则有观。"

"貌重则有威",就是容貌庄重,让人看了觉得有威仪。在容貌上,孔子教导我们"色思温,貌思恭",表情温和,态度恭敬,这样既让人觉得你好亲近,又不敢造次,对你有敬畏之心。这样就恰到好处。

学礼，就是要学其庄重。走路有走路的姿势，站有站相，坐有坐相，睡有睡相，这就是庄重。身体庄重，表现出来的就是做事端正，不偏斜。待人不会不平等，更不会做伤害他人的事情，都是正直无私。如此，人的身行就由染污的、自私的，转变为清净的、无私的。

"安定辞"，"辞"就是言辞，所说的话要安定。没有学过礼的人，做到这一点不容易。言语没有章法，东一句西一句，没有前后次序，逻辑混乱，就谈不上定。或者说了一大堆话，别人不知道什么意思，抓不住重点。这是什么原因？"言为心声"，因为心中无定。

心中有定，处事待人接物，处理各种事情都会有条不紊。心里有定，做人就有做人之道。在家做父母就能够"慈"，做儿女就能够"孝"，夫妇相敬如宾，兄弟互相友爱，再到社会上，与朋友平等相处，讲求信用，处理上下级的关系，能够做到"君敬臣忠"，对上尽忠，忠于职守，对下尊重。每个人都知道每个人的本分，这就有做人之道，做人的准则就定住了，言语就能有次序，不会乱讲。哪一句话在前面讲，哪一句话在后面讲，哪一句话该讲，哪一句话不该讲，就能把握好。而且不说则已，说出来就那样安定。

这一点如何来学？要守住五伦之道。还可以把孔子的"吉人之辞寡，躁人之辞多"提在心上。"吉"就是没有什么危险，一切时候都是吉祥的。"吉人"的言语很少，他不是不说话，而是很少，他不会说那些无用的废话，只要言语一发出来，对人对己都有利益。

古人说"祸从口出"，都是因为言辞招来祸患。而"吉人"的言辞不会招祸。"躁人之辞多"，浮躁的人心里不定，见到人话特别多，你只能听他说话，他不给你说话的机会。这种人说话，好的地方就是可以发表自己的意见，但是令听者很疲劳。而且"言多必失"，言语多了一定会有让人受不了的，或者说得不是时候，就会招来灾祸。

在言辞上，不要学浮躁的人，要学吉祥的人。浮躁的人说话，不是得罪某一个人，就是对社会人群产生伤害。就像现在的一些公众人物，说出来的话往往是坏人心术，把人引偏了。所以，正当的言语才说，不正当的言语不要说，否则会伤害人。不仅伤害别人，也会伤害自己，因为话多伤气。

所以，要学"吉人之辞寡"，这样事事吉祥如意，才能够把口业转成清净的业。"吉人之辞寡"，与人说话，还要多引用经典上的话，多引用圣贤的言语，比如孔子的话、孟子的话，言语自然就安定。这是最切实可行的修学方法。国家领导人特别喜欢引用经典中的话，引用圣贤人的话，这样效果非常好，而且符合自然天道。千万不要学一些大众传播媒体使用的负面言语。我们自己要这样学，也要提醒学生这样学。虽然现在的学生不好教，但是用至诚心把道理讲清楚，就会有人愿意来学。

"安定辞"，就是"审言语也"，告诉我们言语要审慎。《弟子规》也有很多关于言语的要求，比如，"奸巧语，秽污词，市井气，切戒之"。不要讲欺骗人的话、不诚信的话、粗鄙的话，这都是要避免的，不然不会受人尊重。

要讲"爱语"。"爱语"不是花言巧语，取媚于人、巴结奉承的言语，而是对人有真实利益，能够提升他、帮助他、教育他、提醒他。古人有句话说："力贱得人敬，口贱得人憎。"一个人很愿意付出自己的力气帮助别人，常常受人尊敬；而一个人言语过多又不妥当，就会遭人厌恶。

《周易》还有两句话，对了解一个人的性情也非常有帮助："将叛者其辞惭，中心疑者其辞枝""诬善之人其辞游，失其守者其辞屈"。将要背叛的人，他的言语表现出来就是惭愧不安；心中有疑虑的人，言辞表现出来就是散漫松弛；诬陷好人的人，言语表现出来就是游移不定；失去操守的人，言辞就会屈曲不直，有一些理屈词穷的感觉。

《了凡四训》中有一句话，说一个人有很多过恶，就会表现出"见君子而赧然消沮"，看到真正有德行的人，他会感到很不好意思，很惭愧，忸怩不安。因为自己做了错事，表现出来就是言辞屈曲不直。所以，观察一个人的言语，也可以了解他的品性。

《小儿语》有句话说："一切言动，都要安详；十差九错，只为慌张。"这也是提醒我们庄重很重要，慌里慌张就容易出错。

庄重体现在方方面面。《礼记·玉藻》："足容重，手容恭，目容端，口容止，声容静，头容直，气容肃，立容德，色容庄。"

"足容重"，就是行走一定要稳重，像大象一样四平八稳，非常缓慢。曾国藩就经常教导弟子说："要走路慢，说话慢，吃饭慢。"都是在日常生活中培养一种稳重的作风。

"手容恭"，就是手不乱动，始终要端庄，不紧张，不松懈。

"目容端"，"端"就是端平，眼睛既不能向上，也不能向下，不然显得傲慢，或者不屑，心不在焉。眼睛是心灵的窗户，一个人心里有傲慢，或者心里有刻薄、有不满，表现在眼睛上都不一样。还有的人说话，眼珠子叽里咕噜乱转，说明什么？说明这个人心思复杂，心眼儿动得快，在那儿不停地转、不停地动。

"口容止"，说话要适可而止，要给别人表现的机会。君子不能无言，不能不说话，但是起码要做到慎言。《论语·里仁》记载，孔子说："君子欲讷于言，而敏于行。""讷"就是讲话迟钝、言语迟钝，跟别人讲话不会抢着讲，而是慢半拍。说话很谨慎，但是做起事来行动很敏捷，这就是君子。

《论语·季氏》也提到如何讲话："孔子曰：侍于君子有三愆。言未及之而言，谓之躁；言及之而不言，谓之隐；未见颜色而言，谓之瞽。"孔子讲，随侍君子往往容易犯三种过失，这三种过失都是言语上的过失。第一种，"言未及之而言"，不该你讲的时候你就讲了，这就是犯了心浮气躁、没有耐性的毛病，不懂得观时机。第二种，"言及之而不言"，该讲的时候还不说，这就是隐匿，这又是过失，错过了讲的时机。第三种，"未见颜色而言"，"瞽"就是"盲"，盲目。不懂得察言观色，不看场合，说话就会失礼，甚至坏事。这就要求人在生活中留心，用心观察，随时把心收摄起来，不可以放逸，一放逸往往就会犯错。

"声容静"，不能大声喧哗。比如坐飞机，去餐厅吃饭，说话都要轻声细语，不能影响别人。

"头容直"，"直"就是不歪斜，要端正。和人交流，不能把头侧在一边，这也是人容易犯的毛病。

"气容肃"，喘气声不要太重，要给人一种肃静的感受。

"立容德"，站立时不能倚在一边，要端正，这样给人一种有德行、有身份的感受。

"色容庄"，容色要庄重，让人感觉有威仪，别人就不敢轻慢。

这都是说"君子不重则不威"。这也是"俨若思"，就是要学庄重。

"毋不敬，俨若思，安定辞"，后面一句就是"**安民哉**"。"毋不敬"，从心念上对一切人事物都恭敬；"俨若思"，身体行为都恭敬；"安定辞"，言语清净，安详稳定，条理分明。这样才能安定人民。

"安民哉",说的是国君、天子,他要治国平天下。当然,普通人也要学,无论修学还是办事,要排除障碍,就要学习这几句话。同时,也要教育学生、晚辈,凡是与我们来往的人,比如同行、同学等,一有机会就把圣人的道理向他们介绍。凡是跟你有缘的人,甚至只有一面之缘的人,你也能够使他心有所安。这样,就会影响越来越多的人。

天子安天下人,国君安一国之人。修学的人,也是要安天下人,让全世界的人都能够和平相处。古人讲天下太平,现在讲世界和平,讲"人类命运共同体"。怎样才能够实现?修学的人,学礼的人,自己这样学习,也把它推而广之,推给天下人,世界就和平了。念头清净,行为清净,言语清净,无论是起心动念还是言语行为,都为天下人着想,你就是代替圣人说话,这样就能真正世界和平。

【傲不可长,欲不可从,志不可满,乐不可极。】

"傲"就是傲慢,"欲"就是贪欲,"志"就是存在心里的志向,"乐"就是享乐。

首先,**"傲不可长"**。"傲",篆字的写法,上面是"出",下面是"放",后来发展到隶书,"出"就改为"士",下面是个"方",右面是"攵"。"傲",就是出、放。什么意思?就是出去放荡、遨游。在外没有拘束,不守礼,放荡不羁,这就叫傲慢。贪嗔痴慢疑被称为根本烦恼。要成就圣人,就必须把傲慢心去除得干干净净,这样,我们的本性才能显现出来。傲慢是本有,是根本烦恼,要想一下子去除干净,普通人很难做到,所以,这里讲"傲不可长",告诉我们傲慢心不可再增长。一般人的傲慢心是一天一天增长,但是自己不知道。古人读圣贤书,知道控制自己的傲慢心。现在的人是学科学,崇拜的是西方的功利思想,不学儒家的经典,也不学礼,所以,傲慢心一天一天增长。

结果是什么？灾祸一天一天增加。因为以傲慢心说话做事，无意中得罪了人，自己还不知道怎么回事。

傲慢心是根本烦恼，不能一下子断除，那就要从浅近处来学习。一旦傲慢心生起来，就要马上警醒，不让它增长，把它降伏住。佛家讲"一心不乱"，这是断烦恼，不容易做到。但是伏烦恼就比较容易，就像石头压草，只要把它压伏住就可以了，不需要连根拔起，这就比断容易得多。所以，平时能够伏住傲慢的烦恼就是修学，伏住傲慢心，不拿傲慢心待人接物。包括做学问也是如此，不傲慢，保持谦虚。比如，圣人的话我们看不懂，不能随便批评它是糟粕，要多看一看古人的注解，假如还是不明白，就要以经注经，拿别的经典来对照研究。待人也是如此，多听听别人的意见，不要总是存有成见。孔子还向小孩子项橐学习，向师襄学音乐，问礼于老聃。这说明孔子的傲慢心没有了。我们做不到完全没有傲慢心，那就把傲慢心压伏，以谦虚之心待人，自然感得别人不以傲慢心对我们。人人谦虚相待，办事就没有障碍，修学也会一天一天进步。

"傲不可长"这句话，其实用处非常广泛。把它应用在世间，那么就不会跟人结怨，就没有冤亲债主。过去所结下的冤亲债主，只要我们能把烦恼压伏，让它不起现形，那在世间就平安无事。修学一天一天进步，并且以这个道理劝告一切有缘人，就是"君子儒"。不仅自己修学，还以这样的道理教化别人，就是"君子儒"，其实就是行菩萨道。

"欲不可从"，"欲"就是欲望，也是每个人与生俱来的。但是要成就圣人也必须断除。欲望和傲慢一样，也是不容易断除，不是说断就断的，当我们开始用功的时候，也要让欲望不放纵。欲望不必学习，自然就在那里增长，结果就是自己也控制不了。古人说"欲是深渊"，一旦放纵，没有底线。郑康成的注解说，傲慢也好，欲望也好，如果不能控制住，任它增长，就会为自己招来无穷的后患。

"志不可满"，志向不能满足，一旦感觉满足就不能再进步了。就像做事情，觉得自己做得不错，很满意了，实际上呢？好，还需要更好。比如做慈善事业，今天帮助人家做了一件好事，救济了一个人，这种救济不能满足，因为天下需要救济的人太多了。我们做任何对他人、对国家、对社会有利益的事情，都不能满足，好上还要加好，好是没有止境的，所以叫"志不可满"。再比如办事，办事有办事的方法，办事必须求学，不学怎么懂得如何办好事？再如修学，学做圣人，不懂得修学的方法和原理，怎么修？从哪里入手？所以，要懂得学做圣人的道理，然后用功，这就是学习的方法和学问。所以，求学不能满足。无论办事情还是求学，都要终身学习。人们常说"活到老，学到老，学到老，学不了"，求学无有止境，不可满足。

"乐不可极"，"乐"就是娱乐、享乐，不可以乐到极处。比如现在有人白天娱乐，吃喝玩乐还不够，到了晚上还不睡，通宵达旦，这就是"极"。乐到极处就会乐极生悲，招致灾祸。

爱好娱乐也是与生俱来的。儒家了解人与生俱来的习气，教导人不要娱乐，一般人都不能接受，所以告诉我们不要放纵、不要过分。《中庸》讲："喜怒哀乐之未发，谓之中；发而皆中节，谓之和。"喜怒哀乐爱恶惧七情没有发出来的状态，称为"中"。但是"中"的状态只有圣人才能体会到，一般人体会不到，怎么办？就退而求其次，求那个"和"的状态，"发而皆中节，谓之和"，也即喜怒哀乐发出来了，但是都有一定的节制，不让它过分发展。如果过分发展，喜怒哀乐都是烦恼，不仅修学不成，在生活中办事也不成。这里强调"发而皆中节"，就是要符合礼的节度，不能够再增加了，就是"乐不可极"。贪图快乐，也不是在短时期就能断的，所以，儒家也是教我们先从能够做到的开始用功，只要做到"乐不可极"就好了。如何做到？比如，我们都有正常的工作，在工作之余，可以去娱乐，在饮食睡眠之后，可以去娱乐，不能像现在的人，狂欢，彻夜不眠，去赌博、饮酒、跳舞、卡拉OK，那都是乐到极处了。

假如这四句都做不到，傲慢心继续增长，欲望继续放纵，求学办事的"志"经常感到满足，无止境地去娱乐，就会招致灾祸。

历史上的夏桀和商纣，就是因为这四点没有做好，所以招致灾祸。夏桀王是通宵达旦狂欢，不做正当的事情，不把天下人放在心里，不为天下人谋福利，而是宠爱妃子妹喜，暴虐对待天下人，最终落得亡国的下场。就是因为傲慢，放纵欲望，志满，认为自己最高明，圣人的学问都不屑于学习，这也是乐到极处。结果，做了亡国之君。殷纣王宠爱妃子妲己，不能遵照这四句话，背道而驰，结果也是亡国。

这四条和《曲礼上》一章合起来，是学习《礼记》的原理原则。礼，有礼的仪式，有礼的原理原则。礼的仪式可以随着时代的变化而不断变化，但是原理原则却不变。"毋不敬，俨若思，安定辞"，讲身、口、意三业清净，在古代学做圣人是如此，在今天学做圣人也须如此，到未来也是如此。现代社会很多不好的事情，比如抢夺、诈骗，还有儿女伤害父母，甚至父母伤害儿女，等等，都是因为背离圣贤的教诲，没有按照《礼记·曲礼》的这些教导来做。所以，要化解灾难，要成就圣人，就必须学习儒家的经典。

第二讲　礼的四个主要功能

这一讲继续学习《群书治要·礼记》。请看《曲礼》：

【贤者狎而敬之，畏而爱之，爱而知其恶，憎而知其善。】

"贤者"是还没有到圣人地位的人。孔子的弟子有七十二贤人，都是君子以上的贤者。成为贤者，要具备两个条件：第一，有高尚的品德；第二，有丰富的学问。圣人的品德圆满了，学问是无所不知。贤人虽然不及圣人，但是也必须有良好的品德，学问也必须丰富。因为只有学问丰富，修学才能走上正道而不偏斜。

"**贤者狎而敬之**"，"狎"，就是"习也，近也"。对于贤者要亲近，为什么？"附而近之，习其所行也"，亲附贤者，就是为了学习贤者的言行，所谓"见贤思齐焉"。把贤者每一天为人处世、待人接物、所言所行和自己对比，就能够看到不足。所以，亲近贤者，对贤者的道德、学问两方面都要学习。无论是办事、修学，都有学问，遇到有好的学问、品德高尚的贤人，就要亲近。但仅仅亲近是不够的，还必须有恭敬心，所谓"一分诚敬得一分利益，十分诚敬得十分利益"，这样才能学得好。

"狎而敬之"，还要"**畏而爱之**"。什么是"畏"？"心服曰畏"，在亲近中感受到贤者的威德和学问而心悦诚服。亲近贤者，就自然懂得约束自己的言语行为，不敢放纵。到孔庙看到孔子像，看到孔子那些贤弟子的像，肃然起敬，不敢胡思乱想，也不敢乱讲话，更不敢说那些坏人心术的话，这就是"畏"。这也让我们感受到圣贤人的威德经久不衰，一直到今天还能影响和教育后人。这种**敬畏之心时时保持，人的恭敬心就逐渐培养起来了**。所以，要多去孔庙这样的地方，因为多见一次，就多得一次圣人的教育。这就是"畏而爱之"。

后面说"**爱而知其恶，憎而知其善**"，为什么？因为贤者还不是圣人，所以，你与贤人亲近，包括与一般达不到贤人地位的君子亲近，既要见贤思齐，敬爱他，也要知道他还有一些过失。如果成就了圣人，身、口、意完全清净了，就像前面所讲的，"傲不可长"，傲已经完全没有了；"欲不可从"，欲望也没有了；"志不可满"，道德学问是完满的；"乐不可极"，一般人的这种乐也没有了。但是没有达到圣人地位的贤人，还有不完满的地方，还有一些过失和不足，这就是"恶"。至于普通的正人君子，距离贤人还很远，过失就更多一些。所以，与正人君子亲近，虽然爱他，与他亲近，但是也要知道，他有道德学问不足、不圆满的地方。无论办事也好，待人接物也好，只要有不足，就是"恶"。我们对于贤人君子恶的地方也要知道，不能说爱戴一个人，就把他当成圣人，有恶也看不见。六祖惠能大师说："若真修行人，不见世间过。""不见"，并不是没有看见，如果没有看见，那就是愚痴，没有智慧；"不见"，是虽然看见了，但是不把它放在心上，染污自己的清净心。

对于贤者和君子的善恶，应该如何对待？就是孔子所说的"见贤思齐焉，见不贤而内自省也"。看到贤德的地方，你要学习，向他看齐；看到不贤德的地方，马上反省自己是不是有类似的问题。为什么要反省自己？因为自己很难发现自己的问题，以人为镜，才比较容易发现自己的缺点、过恶，有则改之。

圣人在世间，同样生活在这个环境，但他所见的都是圣人，因为圣人看的是人的本性，"人皆可以为尧舜"。但是我们凡夫不能看到本性，就执着在"相"上，为了这些表象的善恶，就起烦恼，染污了自己的清净心，这就得不偿失。所以，见到恶的地方，不要跟他学，自己还要警惕。

"憎而知其善"，这是从反面来讲。尤其是我们这个时代，不是君子、不是贤人的小人、恶人，可能会接触到。与这些人也要共事。如果遇到很多可憎恶的人，又不能和他们和平共处，那怎么办？要知道这些人也有好的一面，也有善的一面，也会做一些利益人的事。即使罪大恶极的人，也有他善良的一面。原理何在？"人皆可以为尧舜"，人人都可以成为像尧舜禹汤那样的圣人。"天命之谓性"，尧舜之所以成为圣人，就是本性完完全全开发出来了，我们也有本性，只要按照儒家经典来学习，也能够学成圣贤。圣人有本性，凡人也有本性，恶人也有本性，本性是在圣不增，在凡不减，是一模一样的。所以，我们虽然憎恶恶人，也要提醒自己：现在要修学，要学圣人，就要明了，人人都有纯净纯善的本性。被我憎恶的人，他也有本性，虽然他现在造了恶，损害了他人，但是他也有良心发现的时候，也有善心。所以，与这些人相处，就从善的方面与他们来往，无论他怎样作恶，还是以善意来对待，希望他一天一天被感化。

历史上，三国的曹操不能说是一个善人，可以说是一个奸雄。他逼迫汉朝皇帝，陷害皇帝的妃子，后来他的儿子篡了位。但是他也做过一些好事。比如东汉末年，内忧外患，外族侵扰，蔡文姬（即蔡琰），在兵荒马乱中被俘虏，在匈奴一待就是十二年。后来，曹操拿了很多金银珠宝把她赎了回来。所以，像曹操这样的奸雄，也做过这样的好事。要相信一般人，也会做一些好事，所以，要"憎而知其善"。

"人之初，性本善"，他现在作恶，是迷惑颠倒，是本性被遮盖的结果。他良心发现，就会做善事。明白这一点，我们和任何人相处，就不会有烦恼。是非善恶分得清清楚楚，看得清清楚楚，"见贤思齐焉，见不贤而内自省也"。要是会学，就感觉这句话和善财童子五十三参的境界没有区别。善财童子每一天从早到晚去参拜的有善人，有恶人，也有罪大恶极的人。有的人火气很大，有的人淫欲心很重。他都是向善人学善，看到恶人就警惕，不造作他这样的恶，避免他身上的恶。我们要善学，每一天从早到晚遇到的一切人，都是老师。

遇到一个你爱护的人，就觉得他什么都好，遇到一个你憎恶的人，就觉得他什么都不好，这是成见太深，修学难以成就。

《礼记训纂》引朱子的话："人之常情，与人亲狎则敬弛，有所畏敬则爱衰。"人之常情就是，与人亲近，恭敬之心就松弛、衰落了；对这个人有畏敬之心，亲爱的情谊就少了。"贤者乃能狎而敬之，是以虽亵而不慢，畏而爱之，是以貌恭而情亲也。"贤者是怎么做的？既能够亲近人，又能够尊敬人，不失恭敬之心。既能够很恭敬，感情上又很亲近。"己之爱憎，或出私心；人之善恶，自有公论。"自己的爱憎，可能出于私心；人的善恶，自然有公断。"唯贤者存心中正，乃能不以此而废彼也。"只有贤者存心公正，不偏不倚，不会因为有了畏敬就少了爱戴，或者有了亲近就少了恭敬，不会因此废彼。这是提醒我们，对于贤者应该采取什么样的态度，就是"狎而敬之，畏而爱之，爱而知其恶，憎而知其善"。

【夫礼者，所以定亲疏、决嫌疑、别同异、明是非也。】

礼，就是用来确定人与人之间的亲疏关系，判断疑难事情，分别尊卑地位，明辨是非对错。这是礼的四个主要功能。

首先，"定亲疏"。"五服之内，大功以上服粗者为亲，小功以下服精者为疏。"五服，就是斩衰、齐衰、大功、小功、缌麻。穿什么丧服，就可以看出和亡者的亲疏程度，这叫"五服制"。五服之内的亲属，大功以上，与亡者的关系越近，穿的丧服越粗。小功以下，与亡者的关系越远，穿的丧服越精细。所以，与亡者关系最近的直系亲属，穿的丧服是最粗的。为什么？因为这时哀思是难以控制的，所以是毫不修饰，来不及置办精细的丧服。

《贞观政要·论礼乐》："（礼）非从天下，非从地出，人情而已矣。人道所先，在乎敦睦九族。九族敦睦，由乎亲亲，以近及远。亲属有等差，故丧纪有隆杀，随恩之薄厚，皆称情以立文。"礼，不是从天上降下来的，也不是从地下生出来的，而是根据人情事理制定的。**人道首要的就是九族亲睦。而九族亲睦，必须从孝敬父母开始，由近及远。**亲属之间有亲疏的差别，所以，丧礼也有隆重和简省的差别，都是根据恩情的厚薄定的标准，合乎人情。

第二，"决嫌疑"。"嫌"和"疑"是两回事，礼可以避嫌，不让人误会；有疑难，也可以帮助作出决策。有句话说："一人不入古庙，两人不看深井。"为什么有这样的规定？因为既然是古庙，里边有很多贵重的东西，如果你一个人进入，一旦宝物丢失了，你就成了第一嫌疑人。为什么"两人不看深井"？因为一旦那个人不小心掉到井里淹死了，别人都不在场，没有办法作证，人家会误以为是你推下去的，你就是费尽口舌，也解释不清。所以，要避免两个人一起看深井，这也是避嫌。

还有，"瓜田不纳履，李下不整冠"。到了瓜田就不要俯身系鞋带，因为你俯下身去，人家误以为你要偷他的瓜。到了李子树下，当然也包括一切果树，不要整理帽子，因为你一抬手，人家远远地看着，以为你要偷他的果子。这都不好解释，所以，礼是为了避嫌。

人伦关系中，礼也有很多避嫌的规定。比如，媳妇可以到公公的房间问疾，也就是公公得病了，媳妇去伺候，这是应该的，这是尽孝。但是公公不可以到媳妇的房间去看望。"子长，母可以抱；女长，父不可以抱。"儿子长大一点，母亲可以抱；女儿长大一些，父亲不能抱。还有，幼弟可以到姐姐的房间去给姐姐问安，但是哥哥不能到妹妹的房间。这些规定明确具体，也起到了避嫌的作用。这些在《曲礼》中讲得很详细。为什么叫"曲礼"？就是在细微曲折之处，都考虑得很周到。按照礼去做，就可以避免很多不必要的麻烦，避免嫌疑。所以，如果学习了礼，遇到什么样的场合，遇到什么样的环境，应该做什么，不应该做什么，就非常清楚，不会让别人因我们的行为而起猜疑。

礼除了避嫌，还有决疑的作用。对一件事情有了疑问，到底应该这样做，还是应该那样做？这时也要根据礼来判断。比如，"孔子之丧"，孔子的丧事，弟子们对穿不穿丧服有不同的意见。这时子贡就说："昔者夫子丧颜回，若丧子而无服。"颜回过世，夫子就像丧了儿子一样，但是怎么样？"无服"，没有穿丧服。"丧子路亦然"，子路过世也是这样。"请丧夫子，若丧父而无服。"老师过世了，就像丧了父亲一样，和父亲过世的哀痛，程度是一样的，但是没有必要穿丧服。这就是"决疑"。老师过世到底应不应该穿丧服？应该表现得怎么样？礼都有具体的规定。

第三，"**别同异**"。就像前面讲的，师徒如父子，但毕竟不是父子，和父子是有同有异。所以，父母过世守丧三年，要穿孝服；老师过世，守"心丧"三年，在心里常常思念老师，记得老师的恩德，但没有必要穿丧服。这就是"别同异"。

第四，"**明是非**"。这件事到底是对还是错，也要通过礼来明辨。

比如，"父子有亲"，父子之间的亲情，到底亲到什么程度才叫亲？是否应该像西方那样直呼其名，才显得更亲近？父母在家里怎样维护应有的尊严？"圣人因严以教敬"，这在礼上也是有规定的。比如，"祖可以弄孙，父不可弄子"。孙子承欢膝下，祖父可以享受天伦之乐，和孙子在那里玩耍，但是父亲跟儿子就不可以。为什么？因为做父亲的还承担着教育子女的责任，要让孩子对父亲有恭敬之心，父亲要时时表现出一种威严。如果做父亲的失去了威严，孩子就会对他轻慢，对他说的话不放在心上，就会造次，那怎么能教育好？如果不懂得这些道理，孩子长大了，教育出了问题，后悔也来不及了。

礼具有"明是非"的作用。明白礼，社会上流行的一些说法、做法，就知道是对的还是错的，是应该的还是不应该的。不仅要懂得礼仪、仪式，还要知道背后的原理原则，为什么要制定这个礼，才能让人心服口服，才知道礼不是繁文缛节，不是古人想出这些规定来约束我们。其实，礼是让我们生活得更幸福，让我们受到保护。

不仅父子之间，君臣之间、师生之间也是如此，礼都有"明是非"的作用。比如，礼规定"长者赐，少者贱者不可辞"，长者给你礼物，作为年少的、地位低的不能推辞，这也是"父母呼，应勿缓；父母命，行勿懒"的延伸。父母呼，应勿缓，老师呼，也应勿缓；老师命，也行勿懒。如果你不懂礼，就会让领导没有领导者的威仪，老师没有老师的尊严，下属就不尊敬领导，学生也不尊敬老师，最后的结果就是"君不君，臣不臣，父不父，子不子"。有礼，社会才有秩序，人人才有规矩；如果没有礼，社会就会礼崩乐坏，人伦关系混乱。

【道德仁义，非礼不成。教训正俗，非礼不备。分争辨讼，非礼不决。君臣上下，父子兄弟，非礼不定。宦学事师，非礼不亲。

班朝治军，莅官行法，非礼威严不行。祷祠祭祀，供给鬼神，非礼不诚不庄。】

"道德仁义，非礼不成。"道德仁义不借助于礼就不能实现。在这里，道德是体，仁义是用。无论是体还是用，都非常抽象，怎样才能体现出道德仁义？那就必须借助于礼。你说你有道、有德，怎样体现出来？礼是体现道德仁义的一个窗口，是一种形式。

比如，就仁义而言，"仁者人也，亲亲为大；义者宜也，尊贤为大"。仁就是为人的根本，是人心自然而然的一种体现。那"仁"又从哪里做起？"亲亲为大"，还是要从孝敬父母、友爱兄弟开始培养一个人的仁爱之心。怎样才能体现出对父母的仁爱？也必须守礼才行。前面讲到《礼记·内则》，其中有一段描述，儿女早晨起来怎样去服侍父母。这个礼就非常具体、明确，让你在生活的点点滴滴中，培养对父母的恭敬之心、仁爱之心。

做不到这些，还说对父母很孝敬，那是按照自己的标准，不是礼的标准，不是圣人的标准。如果在日常生活中，能守住孝亲之礼，常存恭敬之心，就不会做出忤逆父母、怨恨父母的行为。走上社会，对待老师、对待领导也是一样顺从，不忤逆、不怨恨；对领导交办的任务，也会尽心尽力完成，对领导的训导也会虚心、恭敬地接受。这就是"仁者人也，亲亲为大"。

"义者宜也，尊贤为大。""义"和"适宜"的"宜"是相通的。怎样做才叫适宜？什么样的行为才叫合宜？必须符合礼的规定。特别是**对于治国而言，尊贤是最重要的，"义"就应该从尊敬贤人做起**。怎样体现对贤人的道义？对贤人的"义"也体现在一些礼上。

《礼记·檀弓》有这样一段话，先学习一下："知悼子卒，未葬，平公饮酒。"知悼子是晋国的大夫,他过世了还没有下葬,结果晋平公却喝起酒来。"师旷、李调侍,鼓钟。"乐师旷,还有近臣李调作陪,敲钟奏乐。这都是不符合礼的。《礼记·杂记》记载:"君于卿大夫,比葬不食肉,比卒哭不举乐;为士,比殡不举乐。"卿大夫过世了,君主一直到下葬那一天都不吃肉,一直到卒哭那一天都不听音乐;士去世了,国君一直到入殡那一天都不欣赏音乐。晋国大夫过世了,还没有下葬,国君就开始饮酒而且奏乐。

"杜蒉自外来,历阶而升堂。"杜蒉是一个膳食官,他从外面回来,两阶一跨地进入。"酌曰:旷饮斯。又酌曰:调饮斯。又酌堂上北面坐饮之。降,趋而出。"他倒了一杯酒给师旷:"旷,把这杯酒给喝了。"这是罚师旷喝酒。又倒了一杯酒:"调,把这杯酒喝了。"又罚李调喝了一杯。然后他再倒上一杯,在堂上向北面坐着,也就是朝向君主的方向,自己喝了,自罚一杯。然后走下台阶,快步走了出去。

"平公呼而进之曰:蒉,尔饮旷何也?"晋平公觉得这个举动很有深意,可能是有话对他说,于是就请他进来,说:"你为什么要罚师旷喝这杯酒?"

"曰:子卯不乐。知悼子之丧在堂,未葬。斯其为子卯也,大矣。旷也,大师也。不以诏,是以饮之。"杜蒉说:"甲子、乙卯是忌日,不能奏乐。为什么?因为商纣王是在甲子这一天身亡的,夏桀王是在乙卯日被放逐的。所以,君王把这两天称为疾日,不可以奏乐,为的是引以为戒。而知悼子的灵柩在堂,尚未出葬,这比遇上甲子、乙卯之日还严重得多。师旷是掌乐的太师,不把这些道理报告给您,所以罚他喝酒。"

"尔饮调何也?"晋平公又问:"你为什么要罚李调喝酒?"曰:"调

也，君之亵臣也。为一饮一食忘君之疾，是以饮之。"杜蒉说："李调是您的近臣，为了一点吃喝，忘却了君主的禁忌，不能为君主分忧，不能劝谏君主的过失，所以也罚他喝酒。"

"尔饮何也？"你为什么还要自罚一杯？

"曰：蒉也，宰夫也。非刀匕是供，又敢与知防，是以饮也。"杜蒉回答说："我不过是一个宰夫，不拿着刀匕去做菜，做我分内应该做的事，却越职提醒二位，这也超出了我的本分，所以，也应该自罚一杯。"

"平公曰：寡人亦有过焉，酌而饮寡人。杜蒉洗爵而扬觯。"平公说："这样看来，我也有过错。"他是"闻义则服"，人家说得有道理，就不再固执己见，马上就改正错误。他说："我也犯有过失，请倒酒，也罚我饮一杯。"杜蒉洗过酒杯，将酒杯高举。

"公谓侍者曰：如我死，则必无废斯爵。"平公对侍者说："即使将来我死了，也不准丢弃这个杯子。"为什么？"欲后世以为戒"，把它留下来，让后世引以为戒。

"至于今，既毕献斯扬觯，谓之杜举。"直到今天，凡是献完酒，再高举酒杯，这个动作叫"杜举"，这是来自杜蒉。所以，"义者宜也，尊贤为大"，要尊敬贤者，怎么体现？就是要通过履行这些具体的礼仪，体现出对贤者的尊敬。当然，君主不是为了礼而礼，而是发自内心，表示对臣子的哀痛，还有感恩。

尊贤还体现在另一句话中，叫"刑不上大夫"。很多人说这是古人太讲等级观念了，大夫就是高级领导，犯了错误，犯了罪，就可以不受处罚，官官相护，而一般老百姓却要依法惩办，这体现了礼的不平等。这实际上是一种误解。

其实，这句话早在《孔子家语》就有记载。冉有问孔子："从前的君王制定法律，规定'刑不上大夫'，刑罚不施加于处在上层的大夫；'礼不下庶人'，礼仪也不涉及下层的平民百姓。如果是这样，是不是大夫犯了罪，就不用施行刑罚，普通人办事，就可以不讲究礼仪？"冉有对这句话也有误解。孔子当时就给予了很好的解答，他说："不是这样的。大凡整治君子，都是用礼义来引导他的心智，从心上让他有知耻之心，用廉洁知耻的节操来勉励他们。"为什么要让士大夫讲礼？通过礼仪道德的教育，让他们从根本上不愿意、不想去触犯法律，这是礼和法的一个重要区别。

怎样培养这些士大夫的廉耻之心？如果犯有贪污受贿罪而被罢免流放，就给他们起一个名字，叫"簠簋不饰"。簠簋都是食器，也是用来放祭品的器皿。"簠簋不饰"，意思是这个礼器没有整置好。不直接说他犯了贪污受贿的罪，而是隐讳地称"簠簋不饰"，为什么？就是要保持他的羞耻之心。有犯淫乱、男女不别之罪的，就叫"帷薄不修"，就是帷幔和帘子没有修整；有犯欺骗君主、不忠诚之罪的，就叫"臣节未著"；有犯软弱无能、不胜任工作之罪的，叫"下官不职"；有犯违反国家纲纪之罪的，就叫"行事不请"。这五个方面，其实都已经有既定的罪名，但还是不忍心以斥责的语气直呼其罪名，为他们避讳，就是为了引起他们的羞愧之心，让他们为自己的所作所为感到羞耻。

所以，大夫犯了罪，特别是罪刑是在五刑之内的，他们收到责罚通知，自己就去主动请罪。怎么做呢？戴上白色的帽子，系上牦牛毛绳，用盘盛盥洗之水，架上一把剑，前往宫廷请罪。国君也不需要派人去捉拿他、捆绑他。这是为什么？给士大夫留面子，体现了君主对贤人的尊敬。

如果士大夫犯有重大罪行，听到责罚命令，就面向北方礼拜两次，然后跪地自杀。士大夫有羞耻之心，事发之后，他自己就感到惭愧并忏悔。所以，刑罚不施加于处上层的大夫，但是大夫也不会逃避应有的惩罚，这是靠教育才达到的效果。

为什么"礼不下庶人"？一般平民都是急急忙忙地做事，要忙这忙那的，忙于生计，就不苛求他们完全按照礼仪行事，这是一种宽厚之心。

所以，道德仁义不借助于礼在细微曲折之处体现出教化作用，不借助礼的具体行为规范，也就不能实现，不能成就，这就是"道德仁义，非礼不成"。

"**教训正俗，非礼不备。**""率之以身而使效之谓教"，率先垂范使人效法就是教，换句话说，就是身教。"谕之以言而使循之谓训"，就是用言语讲道理，使人随顺，换句话说，就是言教。"教训正俗"，就是通过言传身教端正民俗，使邪曲不正的社会风气导归于正。如果不以礼作为标准，就不免失之简略而无法周到完备。

"**分争辨讼，非礼不决。**"分争曲直，辨讼是非，如果不以礼作为准绳，就无法作出正确的判断。《墨子》说，如果没有统一的礼的标准，会出现什么情形？那就是"一人则一义，二人则二义，十人则十义"。有一个人，有一种是非善恶美丑的标准；有两个人，有两种是非善恶美丑的标准；有十个人，就有十种是非善恶美丑的标准。到底谁的标准是正确的，就很难判断。现代西方国家，实际上就出现了这样的问题，因为伦理学的流派很多。比如，有伦理利己主义，有功利主义，有社会契约论，还有康德的道义论，还有罗尔斯的正义论，等等，他们从不同的概念前提出发，得出了关于正义的不同解释和理论。所以，当面临同一个事情，不同的理论从不同的前提出发，得出不同的观点，这就是"一人则一义，二人则二义，十人则十义"。西方社会，那些年轻人有句话说，只要我高兴，有什么不可以？这就是没有礼的结果。

为什么要学习《弟子规》？为什么要学习《礼记》？因为不学习这些最起码的礼，你说这个孩子不孝父母，他不承认，他说，我很孝顺，你怎么知道我不孝？他是按照自己的标准来判定自己是不是孝顺。

"君臣上下，父子兄弟，非礼不定。"比如，君南面，臣北面，是君臣之间的关系。"上"，就是指公卿大夫；"下"，就是指士。公卿大夫列位于上，士列位于下。家庭中父子兄弟之间的关系，也需要有礼才能得以体现、得以重视。父亲要慈爱教导儿女，儿女要孝敬父母；兄长要友爱弟弟妹妹，弟弟妹妹要恭敬兄长。君臣上下、父子兄弟之间，没有礼就没有办法确定名分和本分。

"宦学事师，非礼不亲。""宦"，就是学习仕宦，学习从政之学。"学"，就是学习礼、乐、射、御、书、数这六艺。无论学习什么，不根据礼，师生之间就不能产生亲近之情。礼可以使教者认真负责、竭尽全力，使学者恭敬专心、一丝不苟。师徒如父子，就是通过这些礼，让学生对老师又恭敬又亲爱。

"班朝治军，莅官行法，非礼威严不行。""班"，就是次的意思，次序的次。"朝"就是朝廷。"班朝"，就是朝廷按照职位品级以定位次的仪式。虽然现在好像是常识，但是假如没有这个规定，会是什么情况？一会儿讲一个故事就知道了。

"治军"，就是治理军队。古代的军队建制，是以五人为一伍，五伍为一两，也就是二十五人；四两为一卒，也就是一百人；五卒为一旅，也就是五百人；五旅为一师，也就是二千五百人；五师为一军，也就是一万二千五百人。国家都是根据这一建制"以起军旅",也就是征兵。军队的治理也都必须依靠礼,比如,军队要出征,首先要有祭礼,还有誓师之礼,鼓舞士气;打仗凯旋,还有凯旋之礼。

"莅官行法","莅",就是临的意思,莅临,"莅官"就是就职,到任。"行法",指司寇、士师来明刑法。"司寇"就相当于现在的司法部长,"士师"就相当于现在的法官。颁布、执行法令,如果没有礼,也就没有威严。所以,朝廷班次的整肃、军队的治理、官员的就职,法令的颁布、执行,都要有礼,没有礼就会上慢下怠,不能彰显威严。

汉朝建立初期,国家的礼制还没有确定,很多大臣都出身草莽,有时喝醉了酒,就在皇帝面前争功,甚至大喊大叫,还剑拔弩张,破坏宫殿的建筑。这不仅使皇帝的威严扫地,官员之间的凝聚力也大打折扣。叔孙通建议汉高祖制定礼仪制度,在整个朝廷加以推行,以正君臣之位,让这些臣子知道应该怎样按照礼仪行事。经过一段时间的操练,这些王公大臣都学会了朝堂之礼,再也不像以前那样松散邋遢。汉高祖非常高兴,赞叹道:"吾乃今日知为天子之贵也。"我到今天才知道作为天子的尊贵。这说明什么?说明整肃朝廷班次、治理国家如果没有礼,臣子就会懈怠,做皇帝的也没有威严。没有威严不是一件好事,因为说话大臣都不当回事,政令就很难执行,就没有执行力。

"祷祠祭祀,供给鬼神,非礼不诚不庄。"《周礼注》说:"求福曰祷。"什么是"祠"?"得求曰祠。"我们经常说祷求,也就是为了求得一个什么事,称为祷。而"祠",是所求得到后的酬谢之礼,就是还愿。吴澄说:"祷祠者,因事之祭;祭祀者,常事之祭。""祷祠"是因为国家有某一个特定的大事,而"祭祀"是每年定时祭祀天地、神明、祖先,是有一点区别的。简单地说,"祷"就是有所求的祭祀,"祠"

就是酬谢神恩的祭祀，"祭祀"就是一般意义上的祭祀的泛称。这句话是说，祈祷求福，酬谢神明，祭祀天地神明，供养祖先，没有礼就不能体现出诚敬庄严。

古人祭祀天地神明以及祖先的礼，表达的是一种知恩报恩、返本报始，比如，我们每一日的生活所需，衣食住行，都来自天地自然，祭天地就代表要对天地自然保持敬畏之心、感恩之心，对自然万物也不能过分索取、使用。

那么，"神"是什么意思？古人说，人死为鬼，"正者"，对国家、对民族有贡献的人就成为神，比如，抵御外侮的人，就像现在有抗日英雄纪念碑、纪念馆等。所以，"神"就是民族英雄、国家英雄，他有功德、有贡献、有品德，值得祭祀。祭祀的地方就称为"庙"，庙是祭祀神明的地方，比如关公庙、岳王庙，翻译成现代的话，就是纪念馆、纪念堂、纪念碑。这都表达了一种感恩心，是一种纪念的方式。祭祖更是如此，没有祖先就没有后人，孝体现了我们和祖先一体的关系。这都是引导我们知恩报恩、饮水思源。

祭祀没有礼也不能体现出诚敬庄严。比如《礼记·祭义》对祭祀之前、之中、之后应该怎么做，都有明确的要求。在祭祀前，要进行斋戒、沐浴，对内要调摄内心，使内心清净，把心从外物上收回来，对外要隔绝一切交际娱乐、房事等活动；斋戒之时，要把心思集中于思念死者生前的起居住所、音容笑貌、饮食习惯、志趣爱好等。所以，在祭祀前就要专心斋戒三天，这样才能使先人活现在心中。古人看一个人斋戒时的恭敬程度，就知道他对亲人的思念程度。

祭祀当天，进入宗庙，仿佛会从牌位上看到亲人；在牌位前礼拜，行步周旋，敬奉贡品；走出门来，心中肃然，亲人的音容笑貌好像就在眼前；出门后侧耳倾听，仿佛能够听到亲人深深的叹息声。所以，说到先王对亲人的孝敬之情，是亲人的面容不曾离开过眼前，亲人的声音不曾离开过耳边，亲人的心志爱好不曾离开过心间。也就是说，在祭祀的时候，所思、所想、所听、所看都是先人，还要感念祖先的德行、风范。这样又怎会有丝毫不恭敬？所以，君子是父母在世时恭敬地赡养，父母去世后虔诚地祭祀。

在祭祀的过程中，除了行这些礼仪之外，最重要的是宣讲祖先的德行，念念不忘祖先对国家、民族、家族的贡献。这样，祭祀才能显示出诚敬之心、思慕之心。如果没有礼，祭祀的场合就不会那么庄严肃穆，不会让人提起恭敬心。所以，中国自古以来都是以礼治国，被誉为"礼义之邦"。礼渗透到生活的方方面面，渗透到每一个人的一生。

相反，如果没有礼的教育，社会是什么样的？就会像孟子所说的："饱食、煖衣、逸居而无教，则近于禽兽。""猩猩能言，不离禽兽"，猩猩虽然能够说话，但是它不离禽兽之身；"鹦鹉能言，不离飞鸟"，鹦鹉能够学舌，但它只不过是飞禽而已。"今人而无礼，虽能言，不亦禽兽之心乎？"现在的人不讲求礼，不也变成了能讲话的衣冠禽兽吗？这也是提醒我们要重视以礼治国。

【富贵而知好礼，则不骄不淫；贫贱而知好礼，则志不慑。】

"富贵而知好礼，则不骄不淫"。"富"就是有财富，"贵"就是有地位。有钱有势的人如果喜欢学礼，就会不骄慢、不过分、不放纵。"淫"是指对一切事情过分与放纵，在这里特别指用度没有节制、奢靡。

《群书治要·文子》中说："生而贵者骄，生而富者奢。故富贵不以明道自鉴，而能无为非者寡矣。"生而高贵的人容易傲慢，生而富裕的人容易奢侈。富贵之人不以道来明察自己的心性，不反省、不提醒自己，就很少能不做错事。

十八大以来，党中央提出反对"四风"，其一就是反对奢靡之风。领导干部不敢奢侈浪费了，一些企业家却仍然一掷千金。怎么让这些企业家有所警诫？必须要明"道"，要学礼。中国古人说理得心安，人必须学礼才能够心安，不学礼、不明礼，做错很多事，走了很多冤枉路自己还不知道。

中国古人说，一个人一生的福报、一生所吃的粮食等都是有限的，都是一定的。如果你特别奢侈，那很快就把自己的福分享完了。结果就会怎么样？就会禄尽人亡。"禄"就是古人讲的俸禄。古人的俸禄是用粮食来计算的，你把粮食吃完了，命也就没有了。

历史上福报大的，没有多少人能超过皇帝，但是皇帝平均寿命四十多岁，很多都比较短命。为什么？就是因为过分奢侈浪费，结果很快就把自己的福分享完，禄尽人亡。所以，明白这个道理了，还敢奢侈浪费吗？凡是长寿的老人都有一个共同点，就是特别节俭。因为节俭，所以能够延长自己的寿命。

"骄"，可以说也是一个人非常严重的与生俱来的习气，几乎每个人都有。经典对"骄"下了一个定义："云何为骄？"什么叫骄？"于自盛事，深生染着，醉傲为性。能障不骄，染依为业。"对于自己所擅长的方面或者长处，心生执着，从而陶醉骄傲。骄能够障碍不骄，不骄就是谦虚、谦卑。能够障碍谦卑，生长染污不净之法，这是讲骄的作用。

人为什么会有骄傲的心态？经典总结了八个原因。

第一，盛壮骄。因为自己身体强壮、精力旺盛而骄傲，年轻力壮的在老人面前骄傲，特别是在动物界，强大的动物就会称霸一方，恃强凌弱。

第二，种姓骄。因为种姓，人种血缘优越而骄慢。有的人出生就在富贵种姓的家族，觉得有了骄傲的资本。种姓在古印度是地位、阶级的象征，古印度的阶级分明，像婆罗门、刹帝利，这是比较高贵的种姓，对其他种姓就会产生骄慢。现在虽然比古代社会进步了很多，但是因为种姓、肤色、性别所造成的等级差异，在世界各国依然存在。

第三，富骄。因为财富而骄傲。很多人不择手段地掳掠财富，就是为了实现富骄梦。但是，他不知道自己的钱也是一定的，如果不属于自己，即便用不法的手段得来了，也是守不住的。孔子说："不义而富且贵，于我如浮云。"一方面是说，用不道义的方式获得富贵，这对我而言，像天边的浮云一样，我绝对不会这样做；另一方面也是说，浮云聚散无常，通过不法的手段获得的财富也不能常保。《大学》也说："货悖而入者，亦悖而出。"财货是以不正当方式获得的，也终会以不好的方式败散。孔子也说："贫而无怨难，富而无骄易。"富而不骄，能有这样的修养不容易，但是比起贫而无怨，还是相对容易一些。有一些富人，还有地位高的人，反而能平易近人，没有架子，这就是富而无骄。然而，这毕竟不是一件容易的事，所以，自古以来就有"贫戒怨，富戒骄"的古训。一个人贫穷下贱就容易抱怨，一旦富贵就容易骄傲、奢侈。人富贵了，还要懂礼，懂礼就不会骄慢。

古人也有很多有权有势的，他们是怎么做的？前面讲了"礼不下庶人"，是因为礼主要对士大夫以上的人有要求。礼要求有权势的人进入城市时，要"入国不驰，入里必式"。古代有权有势的人，不像现在人开着宝马奔驰,而是坐着高头大马拉的马车,到一个国家,一定要把车速放缓,要顾及过往的人群,甚至还要给他们让路。就像现在开着车遇到骑自行车的人,还有行人,要主动让路,把这个行为做出来,人家就会赞叹你,说你懂礼。而那些不仅不让路,还把喇叭按得叭叭响,生怕别人不知道他开的是宝马奔驰,这样的人就被称为"土豪"。哪一个有钱有势的人,希望别人叫自己土豪、叫自己暴发户的?没有一个人愿意。所以,即使没有学过传统文化,还要特别读一些经典,和朋友聚会聊天还能引经据典,"子曰""诗云",生怕别人笑话他没文化。

所以,礼,就是引导一个人的行为,同时也培养一个人的恭敬心,**培养一个人的谦卑之心、仁爱之心**。一旦一个开宝马奔驰的人把这个动作做出来,他对自己都会很尊敬、佩服。把这个行为做出来,也觉得是应该的,因为大夏天的外边很热,我坐在车里开着空调,那些骑自行车的人,挑着担子的人,却要在太阳下面大汗淋漓。所以,这个行为做出来,仁爱之心、谦恭之心也就生起来了。

第四,聪明骄。因为自己聪明而骄傲。人没有学问就迷惑颠倒,掌握了一些学问又骄傲自满,觉得自己了不起,比别人强,这就叫聪明骄。真正有学问的人是越学越谦虚,越学越感到自己的不足,为什么?因为越读古书,越佩服古人,越发现自己和古圣先贤差距太远。比如《群书治要》的序,林则徐给《礼记训纂》写的序,都非常好。古代这些当官的人,读的书多,对典故非常熟悉。越读越觉得和古人相差太远,恭敬心、真诚心、清净心和古人没办法相提并论。所以,越学越谦虚。

第五,色骄。因为容貌端正而骄傲。人长得漂亮,身材好,英俊潇洒，个头高，这也都成了骄傲的资本。

第六，寿命骄。因为寿命长而骄傲，长寿也成了骄傲的资本。

第七，行善骄。因为行善修德而骄傲。行善，这本来是一件好事，但是久而久之，滋生了骄慢之心，好事就变成了坏事。还有很多人，不知不觉起了名利之心，违背了初衷。所以，不忘初心这句话用在什么地方都恰当。最初做好事，心地比较单纯，想法比较简单，就是为了帮助别人、救济别人，但是做着做着反而生起名利之心，这就做错了。

第八，自在骄。因为事事顺心，心情自在而骄傲。学了圣贤教诲的人都知道心想事成，心想事成是修学人经常遇到的事，因为修学有一点体悟，也滋长了傲慢之心。

这里所说的八种骄，只是概括而言，其实容易让人骄傲的事有很多。骄傲带给人的是痛苦。莎士比亚说："一个骄傲的人，结果总是在骄傲里毁灭了自己。"《弟子规》也提醒："不力行，但学文，长浮华，成何人？"如果只是学一些圣贤的典章、经句，没有用在自己的修身上，这就是大毛病，不断滋长浮华之心、虚荣之心、傲慢之心，那还能长成什么样的人？我们是学圣人？还是学贤人？还是学小人？

傲慢障碍人修学。富贵修学难，因为富贵的人容易沉醉在富贵的生活中，觉得生活已经很顺遂了，要什么就可以满足什么，求道的心也就不急迫了。实际上，人生有八苦，生老病死四大根本的苦，没有人能够脱离，还有求不得苦、怨憎会苦、爱别离苦、五阴炽盛苦，也是常人不能避免的。所以，不能因为生活条件优越，而忘记求道之心。

《尚书》也说："满招损，谦受益，时乃天道。"骄满给自己带来损失，谦虚让自己受益，这是自然而然的道理。一个人一旦骄满，就认为自己比别人都强，自以为是，别人的话就很难听得进去，也就不再有好学的品质，人生也很难进步。所以，自以为是的人是很难受教的。而谦虚的人在事业上往往容易成就，因为会有很多人主动帮助他、教导他。

《了凡四训》记载，了凡先生多次参加科举考试，每一次都能判断一些人可以考中，而另外一些人要落榜。他是依靠什么预测的？其实就是看这个人的言谈举止是不是谦虚受教。了凡先生讲到一个例子，有一年去参加考试，有一个叫丁敬宇的年纪最小，但是表现得最谦虚，总是主动地为那些年长的人服务，并且做到了受辱不答、闻谤不辩，受到侮辱诽谤也不去辩解，就像没那回事一样。他年龄这么小，就有这样的涵养，谦虚恭敬，所以，了凡先生说这样的人决定考中。开榜之后果然如此。了凡先生最重要的判断标准就是是否谦卑。

春秋时代，齐国的宰相晏子有一个驾马车的属下。有一天，车夫为晏子张开车盖，他的妻子正好从门缝里看到他趾高气扬。过了一会儿，车夫回到家里，妻子提出和他离婚。车夫感觉很奇怪，就问："你为什么要和我离婚？"妻子很有智慧，她说："晏子身高不到六尺，可是他在齐国做宰相，名誉传遍天下诸侯国。但是我看他出门，态度谦和，好像自己不及他人的样子。而你身高八尺，为晏子驾车，却一副不可一世的高傲神情，所以，你只适合做一个卑贱的人。因为这个缘故，我看不到你的前途、希望，所以要和你离婚。"

从此，车夫就转变态度，变得谦下。晏子看到他的行为改变，也觉得很奇怪，就问他是什么原因。车夫把原委老老实实告诉了晏子。晏子赞叹他能够改过自新，认为他有一个贤内助也很难得，就举荐他做齐国的大夫。这个车夫心态一转变，从高傲变得谦虚，境随心转，福报也就来了。所以，中国古人说："一切福田，不离方寸，从心而觅，感无不通。""方寸"，就是指我们的方寸之心。

"贫贱而知好礼，则志不慑。""慑"就是怯惑的意思。何胤注解："惮所行为怯，迷于事为惑。"恐惧自己的行为是对的还是错的，这叫怯，胆怯；不知道这件事应该怎么做，很迷惑，这叫惑。一般人，如果没有地位，又很贫穷，就有一些自卑之心，做事情就有一些胆怵，不知道这件事是对还是错，迷于事，就迷惑了。马彦醇说："富贵之所以骄淫，贫贱之所以慑怯者，以内无素定之分，而与物为轻重也。好礼则有得于内，而在外者莫能夺矣。"富贵的人之所以会骄傲过分、用度奢侈，贫贱的人之所以会胆怯迷惑，都是因为内心没有一定的定力，没有一定的操守，不知道自己的本分是什么，所以，才把外物，如富贵或者贫贱，作为评价自己轻重的标准。

"好礼则有得于内，而在外者莫能夺矣。"如果一个人喜好礼，内心就会很充实并有所得。就像古人所说的，"法喜充满，禅悦为食"，内心感受到源源不断的喜悦，就像泉水一样涌出来，取之不尽，用之不竭。外在的这些富贵，比如财富、地位等，不能夺其志，就不能让他感到恐惧或者胆怯、迷惑了。就像孔子说的，穿着破丝绵做的棉袄和那些穿着狐皮大衣、裘皮大衣的人站在一起，而不感到羞耻，没有不好意思的，只有子路能够做到。为什么子路做得到？子路就是内心有所守，有志向又懂礼，所以，他获得修学的喜悦和心得，他能得到这种修学的快乐。颜回也是，"一箪食，一瓢饮，在陋巷，人不堪其忧，回也不改其乐"。孔子这些弟子，能做到内心有所守，知道自己的追求是什么，所以，不会以外在的富贵来评价自己的价值。

与此不同的是以自我为中心的价值观。这种自我被称为占有性的自我。就是把我所拥有的东西，外在于我的东西，比如车子、位子、票子、房子，作为评价自我价值的标准。结果，为了获得自我利益的满足，体现自己的价值，就去和别人竞争。竞争还是不能满足自己的利益，再向上提升，就变成斗争。这时，尔虞我诈、钩心斗角的问题就出现了。而斗争还是不能满足自己的利益，再向上提升，就变成战争。现在打开新闻，每一天必不可少的内容就是局部的冲突甚至战争。什么原因？都是这种以自我为中心的价值观普遍流行所导致的。英国著名的历史哲学家汤恩比先生，考察了各个国家的文明历史，最后从文化学的角度提出，能够真正解决二十一世纪社会问题的，唯有中国的传统文化。这说明什么？说明他对西方的文化，对西方的历史传统，对西方的主流价值观都有深刻的理解，对中国传统文化，对中国传统的核心价值观也有深刻的把握。

1988年，有一批诺贝尔奖获得者在巴黎开会，面对全世界的道德危机、恐怖主义、环境危机，还有腐败现象等，共同呼吁："人类要在二十一世纪生存下去，就必须回到二千五百年前汲取孔子的智慧。"这些人都富有科学的精神，对中国传统文化有一定的理解和认同，才会发出这样的倡议。如果没有研究，或者只是浅尝辄止，不可能说得这样肯定。这些都让我们重新认识自己的礼义文化，对自己的文化生起自信。

【国君春田不围泽，大夫不掩群，士不取麛卵。】

"国君春田不围泽"，"国君"指诸侯国的国君。春天万物生长，不能过多地伤害生命。所以，国君在春天进行田猎，不能包围整个猎场，把猎物一网打尽。

"大夫不掩群"，"群"，禽兽群聚在一起，说明数量很多。大夫不可捕杀整群的鸟兽。

"士不取麑卵","麑",就是鹿子,也就是幼鹿,后来凡是兽子都称为麑。"卵",就是鸟卵。士人不可掠取幼兽或鸟卵。

方悫说:"围泽掩群,四时之田所同禁,特以春言之者,孕乳之时尤在所禁故也。"包围整个猎场,或者捕杀整群的鸟兽,这在四季都是禁止的。这里特别强调春天,就是因为春季万物都在生长发育哺乳之时,所以要特别禁止。

郑玄说:"生乳之时,重伤其类。"万物在生长发育哺乳之时,如果有以上行为,对这些鸟兽的种类都会有所伤害。这也体现了中国古人对动物的恭敬。

《曲礼》开篇说"毋不敬",对一切都要恭敬。不仅仅是对人恭敬,也包括对动物、植物乃至天地自然的恭敬。这里也体现了中国很早就有生态保护、环境保护,以及可持续发展的理念。

【岁凶,年谷不登,君膳不祭肺,马不食谷,驰道不除,祭事不县。大夫不食粱,士饮酒不乐。】

"岁凶,年谷不登","岁凶"就是指水旱灾害。"登"就是成的意思。遇到水旱灾害等凶荒,收成不好。

"君膳不祭肺","膳"是对美食的称呼。"夫盛食必祭,有虞氏以首,夏后氏以心,殷人以肝,周人以肺。不祭肺,则不杀也。周人重肺,故食先祭肺。岁既凶饥,故不祭肺,则不杀牲也。"意思是说,君主在盛食之前一定要祭祀,虞舜是用动物的头来祭祀;到了夏朝,是以心来祭祀;到了殷商,是以肝来祭祀;到了周朝,是以肺来祭祀。"不祭肺",就是不杀。年头不好,遇上了水旱灾荒等,五谷歉收,就不杀牲畜来祭祀。

"君膳不祭肺"，就是国君用膳不杀牲，不取肺祭祀。"马不食谷"，年头好的时候五谷丰登，马就食谷，遇到凶灾，马就不得吃谷类。

"驰道不除"，"驰道"就是正道，就是所谓的御路，也就是国君驰走车马的路，称为驰道。"除"是治的意思，"不治"就是不修治。我们知道古代的路，不是现在的水泥路、柏油马路，而是土路，长久不修治，就会长草。遇到凶灾，人们吃不饱，可以用驰道长的这些植物应饥。"驰道不除"，意思就是国君马车所驰走的正道不得修治。

"祭事不县"，"县"就是乐器。年头不好，祭祀不奏钟磬之类的乐器。

"大夫不食粱"，"粱"是加食。什么意思？"大夫食黍稷，以粱为加，故凶年去之也。"大夫平时以黍稷为主食，以稻粱为加食。到了凶年，就把粱稻给减了。"大夫不食粱"的意思就是，大夫们主食后不再以稻粱作为副食。这也是减损自己的享受。

"士饮酒不乐"，"不乐"就是去琴瑟。士人饮酒不奏乐。

这些是为了什么？《正义》曰："明凶荒人君忧民自贬退，礼也。"遇到凶荒灾年，君主会减损自己的享乐。这也是礼的要求，体现了君主与民同甘共苦，忧百姓之忧，把老百姓的疾苦真正放在心上。

第三讲　古代选贤任能的智慧

这一讲继续学习《群书治要·礼记》。请看《檀弓》篇：

【孔子过泰山侧，有妇人哭于墓者而哀。夫子式而听之，使子贡问之。曰："昔吾舅死于虎，吾夫又死焉，今吾子又死焉。"夫子曰："何为不去？"曰："无苛政。"夫子曰："小子识之，苛政猛于虎也。"】

孔子从泰山旁边经过，见到一位妇人在墓前哭得很伤心。孔子抚着车前横木向她致意，又派子贡前去询问，为什么哭得如此悲伤？

妇人回答说："此前我的公公死于虎口，我的丈夫也死于虎口，如今我的儿子又死于虎口。"这里的"舅"就是丈夫的父亲，也就是公公。孔子说："为什么不离开这里？"妇人回答说："无苛政。""苛政"通常解释为苛刻的政治，也即这里没有苛虐的政治。但是《礼记训纂》说，"苛"音何。《说文解字》解释，"小草也"，引申为细密的、琐碎的、繁杂的。王引之说："政读曰征。""赋税及徭役也。诛求无已，则曰苛征。古字政与征通。"也就是说，"政"是通假字，和征收的"征"是相通的，在这里是名词，就是赋税和徭役。征收赋税没有节制，而且很繁杂琐碎，这叫苛政。根据这种解释，妇人的回答就是这样的："这里没有繁杂的赋税和徭役。"孔子曰："小子识之，苛政猛于虎也。"这里也有两种解释。"你们一定要记住，苛刻的政治比老虎还要凶猛。"这是通常的解释。另一种解释是："你们要记住，繁杂的赋税和徭役比老虎还要凶猛。"这段话比较容易理解。

【阳门之介夫死，司城子罕入而哭之哀。晋人之觇（chān）宋者，反报于晋侯曰："阳门之介夫死，而子罕哭之哀，而民悦，殆

不可伐也。"孔子闻之曰:"善哉,觇国乎!"】

"阳门之介夫死","阳门",就是宋国国门的名字。"介夫",就是甲胄卫士。宋国有一位看守阳门的卫士死了。"司城子罕入而哭之哀",宋国以司空为司城,主管城郭。司城官子罕进到灵堂哭得很伤心。"晋人之觇宋者","觇",就是窥探、侦察的意思。宋国有一位晋国人,专门负责刺探宋国的情况。"反报于晋侯曰:'阳门之介夫死,而子罕哭之哀,而民悦,殆不可伐也。'"晋国的探子回国向晋侯报告说:"宋国阳门的一个士兵死了,而司城子罕为他哭得很哀伤,人民都为之感动,恐怕不可征伐。"

为什么?注解说:"言介夫匹庶之贱人,而子罕是国之卿相,以贵哭贱,感动民心,皆喜悦,与上共同死生。若有人伐,民必致死,故云'殆不可伐也'。"卫士地位低贱,而子罕身为国家卿相,以贵哭贱,使民心深受感动,人民心悦诚服,愿意与他同生共死。假若有人来讨伐,人民必然誓死保卫,所以恐怕不可讨伐。

"孔子闻之曰:'善哉,觇国乎!'"孔子听说这件事,说:"真是一位善于侦探的人啊!"称赞这个探子,说他可以见微知著,从微小的事情就可以看到,这时恐怕不能讨伐宋国。为什么?孟子说:"天时不如地利,地利不如人和。"决定战争成败的关键在于人。《孙子兵法·谋攻》也说:"上下同欲者胜。"国君、统帅与广大民众、士卒上下一心,同仇敌忾,就一定能够战胜敌人。所以,战争胜利的关键因素就在于人心归一,这就是人们常说的"得人心者得天下"。

中国共产党之所以在艰苦卓绝的条件下,以少胜多,以弱胜强,是什么原因?就是共产党人,特别是领导干部能够率先垂范,艰苦奋斗,以身作则,所以深得民心,受到广大民众拥护。这是《檀弓》。下面看《王制》篇。

【凡官民材，必先论之。论辨，然后使之。任事，然后爵之。位定，然后禄之。爵人于朝，与士共之。刑人于市，与众弃之。】

"**凡官民材，必先论之。**""论"，就是考其德行道艺。凡是从庶民中选用人才为官，必须首先考察他的德行道艺，看他是不是一个德才兼备的人。"**论辨，然后使之。**""辨"，就是考问得其定也，评定德行才能的高下。经过考察，觉得他确实有德行、有才能，才决定任用。"**任事，然后爵之。**""爵"，就是正其秩次。使他担任一定的职事，如果能够胜任，确实具备实际干事的能力，才正式授予他品位。古人授官是非常谨慎的。"**位定，然后禄之。**"官位的品级确定了，就给予相应的俸禄。这一节就是讲述如何选择贤才，并任以官职给予俸禄。后边就从"爵人"过渡到"刑人"。

"**爵人于朝，与士共之。刑人于市，与众弃之。**""爵人"，就是授予人爵位；"刑人"，就是给人判刑。授予爵位是在朝廷之上，请士人共同见证，这也体现了政务的公开、透明和公正，避免任人唯亲、结党营私，同时也鼓励士人努力工作，因为有德有才的人就会被授予官爵，提升品位。处以刑罚时，要在公开场合进行，与大众共同摒弃他，这也是为了避免冤案，对社会大众也起到警示和告诫的作用。

总之，爵人刑人都必须公开进行，最重要的原因就是要谨慎行事。特别是授人以爵，把人选拔到领导位置，更要慎之又慎。为什么？《孟子》："是以惟仁者宜在高位，不仁而在高位，是播其恶于众也。"应该把那些有仁德之心的人选拔到领导的位置上。如果一个人没有仁德之心而高高在上，就等于把他的过恶播撒给广大民众，因为"上行则下效"。所以，领导干部的德行，关系到整个社会的风气和整个国家的道德风尚。

《说苑》也说："欲霸王者，托于贤。"如果想成就霸业，或者说想干一番事业，也必须依托贤人。"非其人而欲有功，若夏至之日，而欲夜之长也；射鱼指天，而欲发之当也。"任非其人，而想建功立业，这就如同什么？下面做了两个比喻，特别形象。夏至这一天，夜是最短的，日是最长的，但是你在夏至这一天，却想着它的夜是长的；你想射水里的鱼，却把弓箭指上天去了，还指望能够射中，那是不可能的。从这两个形象的比喻就可以得知，贤人对于建功立业是非常重要的。

《晏子》也记载了这样一个故事。齐景公问晏子："先王齐桓公曾经率领兵车三百辆，九次会盟诸侯，一统天下。现在我率领的兵车有一千辆，可以赶上齐桓公的业绩，在他之后一统天下吗？"晏子说："齐桓公率领兵车三百辆，九次会盟诸侯，一统天下，是因为他左有鲍叔牙、右有管仲的辅助。而现在您左右全是倡优。谄媚邪恶的人在前，阿谀奉承的人在后，又怎么可能赶上齐桓公而成就霸业？"晏子的回答提醒齐景公，齐桓公之所以能够称霸天下，重要的原因就是他能够任贤选能。所以，要想开创事业，人才是最关键的。

2018 年 11 月 26 日，中共中央政治局就中国历史上的吏治进行集体学习。习总书记在主持学习时强调："我国历朝历代都重视官吏选拔和管理，强调'为政之要，惟在得人''育才造士，为国之本'。"这是对中国重视任贤选能思想的继承和发扬。

在当前形势下，得什么样的人才最关键？2019 年 3 月 1 日，中央党校（国家行政学院）中青年干部培训班举行开班仪式，习总书记特别出席开班式，并且发表重要讲话："能否敢于负责、勇于担当，最能看出一个干部的党性和作风。"在现在这个历史时期，特别要任用勇于负责、敢于担当的领导干部。

《管子》有句话说："天下熙熙，皆为利来；天下攘攘，皆为利往。"如果领导干部努力工作，为的是财色名利，一旦得不到，便消极怠工，无所作为，多一事不如少一事，对歪风邪气睁一只眼闭一只眼，看到困难就搁置拖延，遇到事故就推诿瞒报，逃避责任，这种庸庸碌碌混日子，饱食终日无所用心，精于计算、老于世故的氛围一旦形成，社会也就失去了进步和发展的力量。而且领导干部不负责、不担当，敷衍塞责，也背离了全心全意为人民服务的宗旨，也会导致民怨、民愤，激化社会矛盾，增加社会不稳定因素。正因为如此，习总书记才再次强调："坚持原则、敢于担当是党的干部必须具备的基本素质。"而且还引用了古人"为官避事平生耻"的名言加以警诫。中国古人为什么把为官避事视为羞耻？因为中国古代的读书人从小读圣贤书，有很深的羞耻之心，从小就培育起了忠义的品德，所以，"为官忠义必担当"。

但是说起"忠义"，很多人有所误解。什么是"忠"？朱熹解释，"尽己之谓也"。竭尽全力完成自己的工作，这就是尽到了忠心。什么是"义"？"义者，宜也。""义"和适宜的"宜"是相通的，就是适当、应当、适宜，也即你在什么样的位置，把该承担的责任和本分尽到，这就是"义"。

对于为官者而言，竭忠尽智完成自己的本职工作，以适当的方式尽到应尽的本分，这就是"忠义"。所以，**忠于国家、忠于人民、忠于职守，勇于担当**，既是为官者的道义所在，也是其职业道德的应有之义。如果尸位素餐，避事，躲事，无所作为，定为社会大众所谴责。《群书治要·荀子》甚至把这种人痛斥为国贼。《荀子》是这样说的："不恤君之荣辱，不恤国之臧否，偷合苟容，以持禄养交而已耳，谓之国贼。"既不体恤国君的荣辱，也不顾国家的安危，一味迎合结交权贵以苟且容身，保持官位和俸禄，这样的人被称为"国贼"，是对国家有贼害的人。

纪晓岚《阅微草堂笔记》记载了这样一个故事，给人很深的启发。北村有一个叫郑苏仙的人，有一天做梦来到地府，看到阎王正在审查新到的人。这时，一个身穿官服的人颇有气势地走进大殿，自称为官所到之处只喝百姓一杯水，一生无愧于天地鬼神。阎王笑着说："设立官制是为了治理国家、造福百姓。要说不收百姓钱财的就是好官，那立一个木偶在公堂上，它连水都不喝一口，不是比你还廉洁吗？"这个人辩解说："我虽没什么功劳，但也无过！"阎王说："你一生处处所求不外乎保全自己，审办案件，你为避嫌没敢说话，岂非有负于民？办理百姓之事，你怕麻烦，而没有上报朝廷，岂非有负于国？**对于官员的政绩应当怎么看？无功便是过。**"这个官员听了，似有所悟，锋芒顿减。是借阎王之口，揭示了"无功便是过"的道理。

《孔子家语》记载，天下有五种不吉祥，其中两种不吉祥都和任贤选能有关系。"释贤而用不肖，国之不祥也。""圣人伏匿，愚者擅权，天下之不祥也。"把贤德的人都放任了，任用的都是不贤德的人，这是一个国家的不吉祥。圣贤人都隐居，愚钝、自私自利的人把持了领导的位置，这是天下的不吉祥。

只求自保的庸碌之官所造成的危害，其实不亚于贪污腐败。一旦极端个人主义、精致利己主义、享乐主义的价值观在为官者当中普遍流行，必然导致其在全社会的蔓延。结果就是《孟子》所说的，"上下交征利，而国危矣"。

从上面的领导者到底下的老百姓，都在争夺利益，都在谈论这件事对我有什么好处，对我有什么利益，国家就危险了。所以，孔子和孟子早在人人汲汲争利的春秋战国时代，就严于义利之辨，引导从政者树立正确的义利观。孔子说："君子喻于义，小人喻于利。"君子和小人之间的区别，就是做事是以利还是以义为出发点。孔子又说："见义不为，无勇也。"应该做的事情而不去承担，那就是没有勇气。在传统社会，这样的义利观，这样的道德教育思想相当普及，所以，那些庸碌无为者为世人所不齿，而那些勇于担当、坚持忠义的贤士，则为世代传颂。

《孔子家语》记载了"史鱼尸谏"的故事。卫国的蘧伯玉德才兼备，卫灵公却不任用他；弥子瑕无德无才，擅于谄媚巴结，反而受到重用。史鱼极力劝谏，卫灵公却没有接纳。史鱼生病将要去世，嘱咐儿子："我在朝廷为官，未能使蘧伯玉入朝为官，也未能罢免弥子瑕，这是我作为大臣却没有尽到匡正国君的职责。我活着不能匡正国君，死后就不能用正常的礼仪来安葬。我死后，你把我的尸体放置在窗户下，对我而言就已经足够了。"儿子依言照办。

卫灵公来吊唁，看到史鱼的尸体被放在窗户下，感到非常奇怪，就问是什么原因。史鱼的儿子把父亲的话告诉卫灵公，卫灵公听了愕然失色，说："这是寡人的过错！"他命令按照宾客的礼仪安葬史鱼，并且听取他生前的建议，提拔任用贤人蘧伯玉，罢免佞人弥子瑕，疏远了他。孔子听了，评论说："古代极力进谏的人，到死也就结束了，没有像史鱼这样死了还要借着尸体进谏，以忠义感动国君之人，怎能不称他为正直？"

像史鱼这样的为官者，临终仍然不忘尽忠职守，平时又怎会为了保住头顶的乌纱而消极避世，以求安闲？这种忠义精神正是为官者特别受民爱戴的重要原因。所以，孟子说："君何必曰利？亦有仁义而已矣。"不用谈利益，只要有仁义就足够了。

现在的人会批判说，哪个人不讲利益？只讲仁义而不讲利益，恐怕只有少数圣贤人才能做到，并不适合广大民众。这句话听起来似乎很有道理，实则不然。我们要知道什么是圣贤，为什么要成为圣贤。圣贤就是按照天道规律行事，也是按照自然天道教导人。就是说，他把自己的本性找回来了，也希望帮助社会大众找到他们的本性。所以，圣人实际上是我们的本来面目。

圣人是按照他所体悟观察到的天道来教导人，天道是自然而然的。古人有句话说："顺天者存，逆天者亡。"按照自然天道来做，就会兴旺发达；违逆自然天道，就会衰落、灭亡。孟子也说："得道者多助，失道者寡助。"这都是说，要按照自然天道行事。

如果为官者不以个人私利作为做事的出发点，只讲求仁义，负责担当，人人都能这样做，结果是每一个人的长远利益、国家利益都能得到保证。相反，如果为官者为了追求个人私利而不择手段，唯利是图，都这样做，结果是每一个人的利益都不能得到保证，国家的利益也必然受到损害。这是个人利益和国家利益的双输而不是双赢。这也是为什么古人教我们只讲仁义，而不要谈私利。

中国老一辈无产阶级革命家，充分继承、发扬了中国传统的忠义美德。毛主席16岁出韶关，留了一首诗给他的父亲："男儿立志出乡关，学不成名誓不还。埋骨何须桑梓地，人生何处不青山。"周恩来年仅13岁便说出了"为中华之崛起而读书"的铮铮誓言。邓小平为《邓小平文集》作序，他这样写道："我是中国人民的儿子，我深情地爱着我的祖国和人民。"习仲勋也经常说："我是农民的儿子。"1943年1月，毛主席为习仲勋题词："党的利益在第一位。"这些朴素的话语都体现出伟人们报效国家的志愿与担当，以及对党和人民事业的忠诚与热爱。这说明无论古代还是当代，领导者要成就事业，有一项最基本的内在修炼，那就是不计个人得失、关怀百姓福祉的无私和担当。

大凡选择从政为官，就意味着选择一份心无旁骛、专心于治、为民谋利的职业，换句话说，就意味着"义以为上"的牺牲与奉献。习总书记回忆梁家河的插队岁月时说："15岁来到黄土地时，我迷茫、彷徨；22岁离开黄土地时，我已经有着坚定的人生目标，充满自信。作为一个人民公仆，陕北高原是我的根，因为这里培养出了我不变的信念，要为人民做实事。无论我走到哪里，永远是黄土地的儿子。""当时我离开梁家河，人虽然走了，但是心还留在这里。那时候我就想，今后如果有条件有机会，我要从政，做一些为老百姓办好事的工作。"

选择从政为官，就是选择了一项全心全意为人民服务、为党为国家奉献的高尚事业，始终把人民对美好生活的向往作为自己的奋斗目标，这才是为官者备受人民尊敬爱戴的重要原因。

孟子说："爵一，齿一，德一。"尊敬有爵位的人，换句话说，就是尊敬领导者；尊敬上年纪的人；尊敬有德之人。古人为什么特别尊敬有爵位的人？因为选拔官员，古人就秉持这样一个原则，即《群书治要·傅子》所说的，"爵非德不授，禄非功不与"。爵位，就是领导的位置，不授予无德之人；俸禄，就是工资和奖金，也不给予无功之人。也就是说，德行越高，位置越高，对国家的贡献越大，你所享受的俸禄也就越多，这是一种很好的选拔机制。

《群书治要·墨子》也有一段话，讲了中国古代的这种激励机制，值得我们现代人借鉴。"故古者圣王之为政，列德而尚贤，虽在农与工肆之人，有能则举之，高与之爵，重与之禄，任之以事。"古代的圣王都是使有德的人列于其位，使贤能之人得到尊重，即使是农民、工匠、商人，有才能者，也被选拔举荐，给予高位，给予厚禄，委以政事。这样做的目的是什么？"非为贤赐也，欲其事之成。故当以德就列，以官服事，以劳受赏，量功而分禄。"并不是因为有贤能便赏赐，而是想通过他们来成就事业，要把事办成，建功立业就必须这样做。所以，应该凭德行归其位次，以官职为国家服务，论业绩进行奖赏，按功劳颁给俸禄。

"故官无常贵而民无恒贱，有能则举之，无能则下之。举公义，避私怨，故得士。"为官者不会始终富贵，百姓也不会终生贫贱，有才能就会被选拔荐举，无才能就会被免职。崇尚公义，消除私怨，避免私怨，才能获得贤士，获得德才兼备的人。

"得士则谋不困，体不劳，名立而功成，美章而恶不生。故尚贤者，政之本也。"得到贤才有什么好处？君王得到贤才，则计谋不会穷尽，身体不会疲劳，名声树立而且功业成就，善名更加彰显而邪恶不会产生。尊重贤才，是为政的根本。这些思想对于今天选贤任能，有很重要的借鉴作用。

《群书治要·尚书》也记载了考核制度，对于当今避免为官的人不担当，也有很重要的启发。"三载考绩，三考，黜陟幽明。"三年要对干部的政绩进行考核，黜退昏愚的官员，晋升贤明的官员。如果这个官员有政绩，确实做得好，就要提拔他；如果昏庸愚钝，没有政绩，事情做不好，就要罢退。

这些选拔制度、激励制度、考核制度既保证了能够吸引德才兼备的人，也保证了唯有德才兼备的人才能脱颖而出。

如果不是这种能够担当、敢于负责的人，在这个考核制度、激励制度之下，就会被筛选淘汰。在实现中华民族伟大复兴的关键历史时期，需要一批敢于负责、勇于担当的领导干部，这也需要从优秀传统文化汲取经验，继承和发扬"苟利国家生死以，岂因祸福避趋之"的忠义精神，借鉴中国古代选贤与能的智慧，把能干事、敢干事、会干事、干成事的领导干部选拔出来，为建设中国特色社会主义事业建功立业。

【獭祭鱼，然后虞人入泽梁。豺祭兽，然后田猎。鸠化为鹰，然后设罻罗。草木零落，然后入山林。昆虫未蛰，不以火田。】

"獭祭鱼，然后虞人入泽梁。"水獭贪食，捕鱼之后陈列于水边，就像祭祀，这叫"獭祭鱼"。"虞人"，就是掌管山泽的官员。"梁"就是绝水取鱼。獭祭鱼是什么时候？孔颖达《礼记正义》：按照《月令》记载，正月獭祭鱼。而《孝经纬》则说："兽蛰伏，獭祭鱼，则十月中也。"

这里就出现了两种说法，一个是正月，一个是十月中。孔颖达认为应该是十月中，并且给出两个原因。一是这句话和下面"鸠化为鹰""草木零落"的文意是相连的。而"鸠化为鹰""草木零落"都是在八月，还有九月末、十月初。所以，"獭祭鱼"也应该是十月。另一个原因，按照李革《鲁语》的说法："鸟兽孕，水虫成，于是乎禁罝罘罗网。"鸟兽怀胎，水虫刚刚长成，这时应该禁止各种捕鱼之网，以及其他捕鸟兽的设备。又说"兽长麛夭，鸟翼鷇卵"，这时，兽都在生长而且幼小，鸟也刚刚长出翅膀。这是什么时期？注云："谓季春时。"这时是季春，春天的最后一个月。《月令》说："虽然正月獭祭鱼，虞人不得入泽梁。"正月獭祭鱼，但是正月之后就是季春，还是不能让这些掌管山泽的官员进入湖泊水泽之地绝水捕鱼，所以，"獭祭鱼"是十月中。

"豺祭兽，然后田猎。"按照《月令》，九月"豺乃祭兽"。按照《夏小正》，十月"豺祭兽"。所以，"豺祭兽"是在九月末十月初。豺出动捕兽，才可以田猎。

"鸠化为鹰，然后设罻罗。""罻"，就是小网。"罻罗"，泛指捕鱼之网。"鸠化为鹰"，孔颖达认为是在八月。八月鸠化为鹰，才可以张设网罗捕捉飞鸟。

"草木零落，然后入山林。"孔颖达认为"草木零落"是在十月。按照《月令》记载，季秋"草木黄落"。季秋是秋天的最后一个月，就是九月，这时草木发黄，有了落叶。到了草木零落，是在十月。

这是总说官民获取林木是在十月后，草木凋零才可以砍伐树木。

如果就时取林木而言，《周礼·地官·山虞》记载："仲冬斩阳木，仲夏斩阴木。""仲"就是中，冬天中间的那一个月，砍伐阳木。这里的"阳木"，郑玄注："阳木生山南者，阴木生山北者。冬斩阳，夏斩阴。"阳木长在山的阳面，阴木不喜阳光，长在山的阴面。冬天砍伐阳木，因为冬天阳木就生长得不是很迅速了。夏天砍伐阴木。

这些都是给林木充分的生长时间，在它茁壮生长的时候，不予砍伐，即砍伐要等林木长到一定的尺寸。

"昆虫未蛰，不以火田。""昆"，就是"明"的意思。"明虫者，得阳而生，得阴而藏。"所以，在十月，昆虫还没有蛰藏入土，不可以焚火肥田。

这些都是在讲"取物必顺时候也"，获取动植物都必须顺应时节规律。不该捕杀的时候就不能捕杀，不该斩伐的时候就不能斩伐，都要给生物一定的时间，让它充分生长。这样做，一方面是培养自己的慈悲恻隐之心，另一方面也是最重要的，是顺应自然规律、顺应天道来

生产生活。而天有好生之德，是好生而恶杀的。春生夏长秋收冬藏，春天，万物生长，就更应该顺应天道，不逆生气。这样才能维护生态平衡，保护环境，实现可持续发展。这也是"顺天者存，逆天者亡"的一种反映。古人按照天人合一的理念来安排生产生活，人道顺应天道，才能昌盛发达。

【国无九年之蓄曰不足，无六年之蓄曰急，无三年之蓄曰国非其国也。三年耕，必有一年之食。九年耕，必有三年之食。以三十年之通，虽有凶旱水溢，民无菜色，然后天子食日举以乐。】

"蓄"主要是指粮食储备。如果一个国家没有九年的粮食储备，被称为不富足；没有六年的粮食储备，被称为危急；如果连三年的粮食储备都没有，国家就不成国家了。连续耕种三年就确保储蓄一年的食用；耕种九年就确保储蓄三年的食用。倘若三十年一以贯之，即使遇到凶旱荒年和水涝灾害，民众也不致挨饿。"菜色"就是食菜的饥色。天子每日还可以享用美食并奏乐。

为什么粮食储备充足这么重要？《群书治要·汉书二》记载，贾谊向汉文帝上书，劝导汉文帝重视农业。上书是这样写的："管子曾说'仓廪实而知荣辱'，如果人民衣食不足，吃不饱，穿不暖，还想让国家得到治理的，从古至今都没有听说过。"

"古之人曰：一夫不耕，或受之饥；一女不织，或受之寒。"古人曾经说过，假设一个农夫不耕作，就会有人挨饿；一个妇女不织布，就会有人受冻。"生之有时，而用之无度，则物力必屈。""屈"字念"绝"，就是"尽"的意思。万物生长都是有时节的，使用起来却没有节制，物资势必用尽。"古之治天下，至纤至悉也，故其蓄积足恃。""恃"就是依靠、依赖的意思。古代治理天下细致周详，所以，国家有足够的积蓄。"今背本而趋末，食者甚众，是天下之大残也；淫侈之俗，日日以长，是天下之大贼也。"如今人们背离农业这个根本而趋向商业，不劳而食的人口越来越多，这是天下的大害；奢侈浪费的风气日益严重，这是国家的大祸。

为什么是大祸？贾谊接着说，世上有荒年和丰年，这是自然运行变化的规律。即使在夏禹、商汤的时代，也都会遭逢。如果不幸有方圆二三千里的旱灾，国家拿什么救济百姓？如果边境突然发生紧急军情，几十万的兵众，国家拿什么来供给军饷？战争、旱灾接踵而至，天下物资匮乏，有勇力的人就会聚众蛮横打劫，进而发动徒众争相起事，到了那时才惊慌失措地设法应对，还来得及吗？"夫积贮者，天下之大命也，苟粟多而财有余，何为而不成？"所以，储藏粮食等物资是天下的大事。如果粮食多而财资充裕，做什么事做不成功？"以攻则取，以守则固，以战则胜，怀敌附远，何招而不至？"凭借这样的条件，攻城能够夺取，守城能够稳固，作战能够获胜，以此怀柔敌方，使远方之人前来归附，还有什么人会招之不来？由此贾谊劝导说，如今应该驱使人民回归农业，着力于国之根本，让天下的人各食其力，使那些从事工商业和四处谋生的人转行来从事农业，粮食积蓄充足，人民也就能安居乐业。汉文帝为贾谊的谏言所感动，开设天子的责任田，并亲自耕种，勉励百姓回归农业。

这些都体现了中国古人治国考虑长远，居安思危。正如《中庸》所说："凡事豫则立，不豫则废。"什么事情都要预先打算，才能够做好，如果没有预先做好准备，事情很难做成。特别是我们中国，有十几亿的人口，粮食安全问题必须引起重视。这么大的一个国家，粮食不能主要依靠进口，必须重视农业这个本业。

下面看《月令》篇。"月"就是天文，"令"就是政事。《易经》记载，古代圣王"观乎天文以察时变，观乎人文以化成天下""上察天时，下授民事，承天以治人"，按照天道、天时来治理国家，制定了一套依据天文、阴阳五行来施行政事的纲领。按照每个月的时令变化，来确定具体应该做什么事。天子是居于明堂以施政，所以，月令也称为"明堂月令"或"王居明堂礼"。

【孟春之月，立春之日，天子亲率三公九卿诸侯大夫，以迎春于东郊。命相布德和令，行庆施惠，下及兆民。】

春季第一个月的立春之日，天子亲自率领三公九卿诸侯大夫，到东郊举行迎春之礼。命令三公颁布德教，宣布时下的禁令，褒扬善行，周济贫困不足之人，恩德普及广大民众。

"孟"就是长的意思。"孟春之月"就是春季的第一个月。"命相布德和令"，"相"就是"三公相王之事者也"，也就是指三公这些辅佐君王政事的大臣。"布德"，"德"就是善教、德教的意思。"和令"的"和"，王引之说，"和令之和，当读为宣"，就是宣布的宣。"谓布其德教，宣其禁令也。古声宣与和近，故宣字通作和。""和"跟"宣"相通。"布德和令"，就是颁布德教、宣布禁令。"令"，就是时下的禁令。

"行庆施惠，下及兆民。""庆"，就是"休其善也"。"休"就是美的意思。"行庆"，就是赞美、褒扬善行。"惠"，就是"恤其不足也"。"施惠"，也就是救济人。

【是月也，天子乃以元日祈谷于上帝。乃择元辰，天子亲帅三公九卿诸侯大夫躬耕帝藉。】

"天子乃以元日祈谷于上帝"，是指"以上辛郊祭天也"。据《礼记·郊特牲》记载，"郊之用辛"，也即在郊外祭天是在辛日，上辛就是第一个辛日。《春秋传》曰："夫郊祀后稷，以祈农事。""上帝"是指"太微之帝也"。天子在这个月的第一个辛日举行祭天之礼，祭祀后稷，祈求丰收。

"乃择元辰"，"元辰"，注解说"盖郊后吉辰也"。祭祀之后选择吉日，天子亲自率领三公九卿诸侯大夫，亲自在藉田耕种。"帝藉"，注解为"为天神借民力所治之田也"，就是天子耕种的责任田。

【禁止伐木。毋覆巢，毋杀孩虫、胎夭、飞鸟。毋麑，毋卵。毋聚大众，毋置城郭。掩骼埋胔。不可称兵，称兵必有天殃。】

这一节是论时气之事。春天第一个月，应该顺着春生的特点，注重保护这些幼小的动物，不能有逆生气。

"**禁止伐木**"，就是禁止斩伐林木。"禁"，谓"禁其欲伐"；"止"，谓"止其已伐者"。禁和止还是稍微有一些区别的。"**毋覆巢**"，不许捣毁鸟巢。"覆"就是把巢翻过来，"若其夭鸟之巢则覆之"。"**毋杀孩虫、胎夭、飞鸟。**""孩虫"就是幼虫，"胎"就是在腹中还未生出来的，"夭"就是已经生出来了，但是还非常小，"飞鸟"指初飞之鸟。也就是不许残害幼虫、未出生的幼兽，以及刚开始学飞的小鸟。

"**毋麑，毋卵。**"不准捕杀小兽和掏取鸟卵。这在四季都是要禁止的，但是在春天的第一个月尤其要禁止。"**毋聚大众，毋置城郭。**"这个月不要聚集大众，也不要增置城郭。"**掩骼埋胔。**"骨枯曰骼，肉腐曰胔，也即要掩埋枯骨和腐肉。"**不可称兵，称兵必有天殃。**"不可兴兵杀伐，不然必遭上天降下的灾殃。为什么？"逆生气也"，因为有逆勃勃生气。

这是讲春天的第一个月，下面讲仲春之月。

【仲春之月，养幼少，存诸孤。命有司省囹圄，去桎梏。毋肆

掠，毋竭川泽，毋漉陂池，毋焚山林。】

"**仲春之月**"，也就是春季中间那个月，第二个月。马彦醇说："动物欲无殀灭，故曰养。诸孤，天民之穷者，欲无夭绝，故曰存。"不要让这些动物灭绝，所以要保养；"孤"，是少而无父之人，是穷乏之人，不要让他们夭绝夭折，所以说"存"。"**养幼少，存诸孤。**"就是要保养幼小的孩童，抚恤可怜的孤儿。

"**命有司省囹圄，去桎梏。**""省"就是减，"囹圄"就是监狱，"桎梏"就是械具、刑具。"在手曰梏，在足曰桎"，在手上的就是手铐，在足上的就是脚镣。

"**毋肆掠**"，"肆"，就是"死刑暴尸也"。《周礼》曰："肆之三日。"把人处死后，还要暴尸三日。"掠"在这里读"亮"，什么意思？就是拷打。

"**毋竭川泽，毋漉陂池，毋焚山林。**""漉"就是使干涸。王念孙说："漉，亦竭也。""漉"也就是竭的意思，和"竭川泽"的"竭"是一个意思。"陂池"，"蓄水曰陂，穿地通水曰池"，蓄水的池子叫陂，而能够穿地通水的叫池。"陂池"就是泛指池沼、池塘。

这段话意思是说，春季的第二个月，要特别保养幼小的孩童，抚恤可怜的孤儿，这也是辅助万物的生长发育之气，令掌管司法的官员减少刑狱，去除犯人的脚镣和手铐，更不可死刑暴尸、拷打犯人，不可放干河川湖泊中的水，不可使池水干涸，不可放火焚烧山林。这都是为了顺应生生不息的阳气，长养万物。

这段话告诉我们，万物的生长都是有时节的，特别是春天，万物都在生长发育，要保护它们，不能随便砍伐山林，不能随便捕捉幼小的动物，不能竭泽而渔，等等。

第三讲 古代选贤任能的智慧

第四讲　随顺天时，长养万物

这一讲继续学习《月令》。下面看季春之月。

【季春之月，天子布德行惠，命有司发仓廪，赐贫穷，振乏绝，开府库，出币帛，聘名士，礼贤者。命司空曰：时雨将降，下水上腾，修利堤防，导达沟渎，开通道路，毋有鄣塞。田猎罝罦、罗网、毕翳、喂兽之药，毋出九门。命野虞勿伐桑柘。后妃斋戒，亲帅。东向躬桑。禁妇女无观，省妇使以劝蚕事。命工师，百工咸理，监工日号，毋悖于时。毋或作为淫巧，以荡上心。】

"天子布德行惠，命有司发仓廪，赐贫穷，振乏绝。""仓"，储藏谷物的库房。"廪"，储藏米的库房。"乏绝"，"无财曰贫，无亲曰穷，暂无曰乏，不续曰绝"；也有注解认为，"常无谓之贫穷，暂无谓之乏绝"。

这句话意思就是，春季的第三个月，天子广布德令，实行恩惠，命令有关官员打开储藏谷米的仓廪，把粮食赐给贫穷的人，赈济一时缺乏，甚至断绝粮食的人。这体现了天子的仁爱之心。天子就是率天来行事，效法天之德，而天之德一个重要的体现，就是好生而恶杀，有仁爱之心。

"开府库，出币帛，聘名士，礼贤者。""府库"是储藏币帛的地方。"币帛"是财币、缯帛的意思。"缯帛"，古人多用作馈赠的礼物。这一段是王者劝勉诸侯，让他们聘问名士，礼接有德行的贤者。所谓名士，指的是德行贞纯、道术通明，但是不愿意出来做官，隐居不在位的人。所谓贤者，次于名士，也是隐者。因为名士优于贤者，所以，去聘问名士，要加上币帛作为礼物，而对于贤者，仅仅表示礼敬就可以了。

打开府库，取出币帛，聘问名士，礼敬贤者。圣王要治理天下，必须选拔德才兼备的人才。圣王自己修身有成，又能知人善任，使贤者在位，能者在职，就能垂拱而治。

《晏子》把人才分为三个等级。最上等的人才，是"难进而易退也"，难以出来做官，难以被举进，但是特别容易罢退。为什么？因为这样的人与世无争，于人无求，出不出来做官，都不是为了私利，所以没有索求的心。国君确实有德行，有愿望把国家治理好，让百姓安定，又对他礼敬有加，他才愿意出来辅佐。就像诸葛亮，要三顾茅庐才能把他请出来。这是最上等的人才。

中等的人才，是"易进而易退也"，很容易被举进，但是也容易罢退。为什么？因为无论是进是退，他都要看时节因缘。如果有条件，有君主赏识他、重用他，他就愿意出来辅佐；如果遇不到合适且有德行的君主，他也就隐居了。"用之则行，舍之则退。进则兼济天下，退则独善其身。"是进是退，主要看缘分。

最下等的人才，"易进而难退也"，很容易举荐，却难以罢退。为什么？显然，这类人出来做官，都是自私自利，为了升官发财而已，为的是个人的名利，所以，要想把他罢退，就难上加难。

现在很多地方采用竞争上岗的方式，选拔出来的人才是哪一等的？最下等的人才，容易出来做官，却难以罢退；充其量是中等的人才，很容易出来做官，也容易罢退。要选出那些上等的人才，就非常困难。

古人明白这个道理，对隐居的名士和贤者就特别尊重。《孔子家语》记载了孔子对曾子说的这样一段话："至礼不让而天下治，至赏不费而天下之士悦，至乐无声而天下之民和。明主笃行三至，故天下之君可得而知也，天下之士可得而臣也，天下之民可得而用也。"至高的礼，不需要谦让就可以使得天下大治；至高的奖赏，不需要耗费就可以使得天下之士喜悦；至高的音乐，不需要声响就可以使天下的民众都能和乐。如果明王认真推行"三至"，就可以使得天下的君主都知道他的名声，使得天下的士人都可成为他的臣子，天下的民众都可为他所用。

曾子接着问："敢问何谓也？"这段话的具体含义是什么？孔子说："古者明王必尽知天下良士之名。既知其名，又知其实。既知其实，然后因天下之爵以尊之，此之谓至礼不让而天下治；因天下之禄以富天下之士，此之谓至赏不费而天下之士悦。如此，则天下之名誉兴焉，此之谓至乐无声而天下之民和。故曰：所谓天下之至仁者，能合天下之至亲者也；所谓天下之至智者，能用天下之至和；所谓天下之至明者，能举天下之至贤。此三者咸通，然后可以征。是故仁者莫大于爱人，智者莫大于知贤，政者莫大于官能。有土之君，能修此三者，则四海之内供命而已矣。"在这里，实际上孔子提出了一个使四海之内供奉、听命于君主的方法。

那怎么做呢？古代贤明的君王一定要尽知天下贤良之士的声名，也即天下有哪些贤良之士，君主要心里有数。知道他们的声名，还要进一步了解其是不是有真实的德行。确实有真实德行，就要封给他们爵位，使他们得到尊崇，这就叫至善的礼法不需要谦让就能使天下大治；凭借俸给，使天下的贤良之士得以富裕，这就叫至善的奖赏不需要花费便能使天下良士喜悦。你这样做了，天下对美好德行的赞誉就会兴起，这就是至善的音乐即使没有声响，也能使天下的百姓心地祥和，相处无争。所以，所谓天下最有仁德的人，就是能够融洽天下至亲关系的人；所谓天下最有智慧的人，就是能够任用使天下和睦的人；

所谓天下最贤明的人，就是能够举荐天下最有德行的人。通晓以上三点的国君，就可以征伐不义的诸侯。所以，**天下最仁德的人莫过于关爱众人，天下最智慧的莫过于知贤善任，天下最善执政的人莫过于能为贤者授官**。作为一个拥有国土的君王，如果做到以上这三点，四海之内就会供奉、亲附于他。这段话是告诉我们，作为君主，要主动求贤，才能把真正贤德的人招揽过来为我所用，才能垂拱而治。

"**命司空曰：时雨将降，下水上腾，修利堤防，导达沟渎，开通道路，毋有郛塞。**""司空"是官名，在周朝是六卿之一，掌管水土工程。"沟渎"，就是沟渠。"郛塞"，"郛"同"障"，就是指沟渠道路上的障碍、阻塞等。命令司空，雨季即将来临，水位开始上升，必须修整堤防，疏导沟渠，开通道路，使之没有障碍、阻塞。

春末时节，除了修建堤防、整治沟渠之外，还要平整道路，以便往来耕作。通过这些措施预防水患，且方便民众耕作。在现代社会，兴修水利，方便农民灌溉、排涝，铺设道路，便利乡村与城市之间的资源流动，这也是国家对农村基础设施建设投入，促进农业经济发展的重要举措。

"**田猎罝罘、罗网、毕翳，喂兽之药，毋出九门。**""罝罘"，捕兽的网；"罗网"，捕鸟的网；"毕"，用以捕捉鸟兔的长柄小网，因形状像天上的毕星而得名；"翳"，注解说，"射者所以自隐也"，射鸟兽的人用以隐蔽自己的掩体。"九门"，这里是指天子九门，即路门、应门、雉门、库门、皋门、城门、近郊门、远郊门、关门。"毋出九门"，就是强调在这个月，用于捕捉鸟兽的各种罗网器具及毒害野兽的药物，一概不许携带出天子九门。无论远近，都不可以使用。

这是提醒人类，不能对自然界过分索取，采取杀鸡取卵、竭泽而渔的发展方式，对自然界进行掠夺性开发和利用。如果肆无忌惮地捕杀动物，既不顾及动物的自然生长周期，也不顾及对动物生存环境的破坏，必然使动物的多样性受到影响，最终，也必然破坏人类的生存家园。恩格斯说："不要过分陶醉于我们对于自然界的胜利，对于每一次这样的胜利，自然界都报复了我们。"要实现可持续发展，必须和自然万物和谐共处。

"命野虞毋伐桑柘。后妃斋戒，亲帅。东向躬桑。禁妇女无观，省妇使以劝蚕事。""野虞"就是主管田野及山林的官员。"毋伐桑柘"，桑树和柘树的叶子都可以用来养蚕，所以，不许砍伐桑树、柘树也是爱护蚕食。"后妃斋戒，亲帅。东向躬桑。"后妃斋戒之后，要亲自采桑，垂范天下。"东向"就是向东，这也是顺应时气。"禁妇女无观"，这里"妇女"有特定的含义，"妇"就是指世妇及诸臣之妻，"女"是指"外内子女也"。外子女就是王的外姓子女，比如外甥女儿，内子女就是王的同姓子女，比如侄女儿，也就是周礼所谓内外宗。"无观"就是去容饰。为什么要去容饰？她们应该把心思放在采桑养蚕上，不应该把时间浪费在装扮修饰容貌上。因为采桑养蚕是为了制作衣服，以抵御风寒。这说明什么？说明国家重视生活之必需，比如粮食、衣服的生产、供应和保障。

"省妇使以劝蚕事"，"省"就是减少，"妇使"就是妇事，比如缝线组纴（xún）之事、缝纫、抬线、编织、镶边等杂务。"蚕事"就是养蚕的工作。

后妃要率先垂范，重视农业这个根本，甚至还要亲自从事采桑养蚕的工作；社会上层的女子不能过分修饰容貌。为什么？这也是倡导一种务实俭朴的社会风气。政治最紧要的在于安定人心，有道的人治理国家，一定是戒除奢侈而讲求俭朴。只有真正明了这个道理的人，才会从自己做起，厉行俭朴。

东汉时期，汉明帝的夫人马皇后非常节俭，衣服大都是自己亲手缝制。因为双手常常劳动，所以都长了茧。她的侍者和后宫的妃子，衣着也非常朴素，不会有很多华丽的装饰品。因为她是皇后，是一宫之主，她一做出来，底下的人就不会奢侈浪费，也会以节俭为荣。所以，皇后节俭，影响的是整个皇宫的作风，进而影响整个天下的人，母仪天下。

《群书治要·傅子》："天下之害，莫甚于女饰。上之人不节其耳目之欲，殚生民之巧，以极天下之变。一首之饰，盈千金之资（原作价）；婢妾之服，兼四海之珍。纵欲者无穷，用力者有尽。用有尽之力，逞无穷之欲，此汉灵之所以失其民也。上欲无节，众下肆情，淫奢并兴，而百姓受其殃毒矣。"对天下最有害的是什么？莫过于女人的装饰打扮。居高位的人，不节制耳目的欲望，竭尽天下的奇巧，耗尽天下奇异之物。一头的首饰，就花费千金之资；婢妾的衣服，兼有四海珍宝。纵欲的人欲望没有止境，而百姓的物力是有限的。用有限的物力去满足无穷尽的欲望，这是汉灵帝失去民心的原因。上位者的欲望没有节制，下面的人肆情纵欲，荒淫奢侈之风并起，百姓就会遭殃受害。

北宋开国皇帝赵匡胤对这个道理有深刻的认识，他居安思危、崇尚节俭。有一次，赵匡胤的女儿魏国长公主穿了一件由翠鸟羽毛做装饰的短上衣入宫，赵匡胤非常生气，他说："你把这件衣服给我，从今以后不要用翠鸟羽毛做装饰了。"公主笑着说："这有什么了不起的，也用不了几根羽毛啊！"赵匡胤正色说道："你说得不对。你穿这样的衣服，宫中其他人看到了，也会纷纷效仿。这样一来，京城翠鸟羽毛的

第四讲 随顺天时，长养万物

价格便会上涨。商人看到有利可图，就会四处辗转贩卖翠鸟，这要杀伤多少鸟啊？你千万不能开此奢华之端。"追求奢侈品，特别是女子的奢侈品，看似是个人的生活方式和作风，但是实际上，对天下将产生莫大的危害。比如，现在很多贵妇人都喜欢使用皮包，穿狐皮大衣等，还竞相攀比，不知道这样的风气一开，会造成多少动物惨遭杀戮。

《礼记·礼运》："货恶其弃于地也，不必藏于己。"剩余的这些东西不要浪费，要拿出来给大家使用，特别是给贫穷的人。否则，贫富两极分化，人心就会不平，久了就会有怨气，怨气积累深了，就会产生恨意，从而导致社会矛盾重重，动荡不安。社会上还有很多吃不饱穿不暖，需要帮助的人。如果接受了传统文化的教育，会愿意拿出更多的钱来做慈善事业。反之，如果受西方享乐主义的影响，比如广播、电视、网络、报纸上很多内容，特别是广告，多是引导人如何骄奢淫逸，奢靡之风就会越来越严重，结果是对资源的掠夺性开发和对生态的破坏。

为什么会出现环境危机、生态危机？就是人过度膨胀的欲望和地球有限的资源之间构成了矛盾，而这一对矛盾是不可调和的。为什么不可调和？因为地球的资源是有限的，人的欲望却是没有止境的。矛盾越来越严重，就导致生态危机、环境危机。党中央提出厉行节约，反对奢靡之风，是非常及时且必要的。

"**命工师，百工咸理，监工日号，毋悖于时。毋或作为淫巧，以荡上心。**""工师"，《周礼·考工记》中没有工师，但司空掌管工巧，所以，这个工师应该是司空之类的官员。春天的第三个月，天气适宜百工造作器物，应当趁这时，让监管百工的官员每日发布一次号令，加以提醒，造作器物要依据时节顺序，不要悖逆节气，使得器物不牢固。《考工记》：“石有时以泐，水有时以凝。”石头有的时候会裂开，水有的时节会凝固。又说：“材美工巧，然而不良，则不时。”材质很好，工艺也很精巧，做出来的器物却不完美，质量不好，是什么原因？就是没有按照时节来。所以，监工每日号令提醒"毋悖于时"，主要就是为了保证器物的质量。当然，也包括不能违背程序、偷工减料等。此外，还要特别提醒制作器物要依据常规，不得制作装饰过分巧妙的器物，就像现在很多奢侈品，以及没有任何实用价值的过分包装的器物，都会使人滋生奢泰、懒惰、享乐、攀比之心。

再看孟夏之月。

【孟夏之月，无起土功，毋发大众。命野虞劳农，命农勉作，毋休于都。】

"孟夏之月"，就是夏季的第一个月。"无起土功，毋发大众"，就是不要大兴土木工程，不要大量征发民众。

《礼记·月令》的主要精神就是随顺天时来安排政事。而随顺天时的一个重要方面就是"不误农时"，大兴土木工程和大量征发民众会耽误农业耕作，妨害农业养蚕之事。《群书治要·魏志下》也提出："广开宫馆，高为台榭，以妨民务，此害农之甚者也。百工不敦其器，而竞作奇巧，以合上欲，此伤本之甚者也。"古代机械化水平低，劳动基本依靠人力。每当国家大兴土木，或出兵打仗，都会征调大量民力。如果征召劳役的时间与农忙相冲撞，就会妨碍生产。一旦错过农时，一年的农业生产也就荒废了。这就需要国家合理安排土木工程和征兵时间，保证农业生产顺利进行。

"命野虞劳农，命农勉作，毋休于都。""劳"就是慰劳、勉励，命令负责田野及山林的官员慰劳农民，勉励耕作，不可在都邑休息。进入夏季，酷暑难耐，正是耕作最辛苦的时节，所以，提醒农民坚持生产，不能怠惰，否则，这一年就没有好收成了。

【仲夏之月，命有司为民祈祀山川百源，大雩（yú）帝。乃命百县雩祀百辟卿士有益于民者，以祈谷实。】

"仲夏之月"，就是夏天的第二个月，阳气盛而且经常干旱，所以要举行祈雨的祭礼。

"命有司为民祈祀山川百源，大雩帝。""百源"，就是众水的源头；"山川百源"，是兴起云雨的地方。"大雩帝"，"雩"就是为了求雨而举行的祭礼。中国人重视根本，所以才有为求雨而祭祀山川百源的雩礼。"雩帝"，就是在南郊之旁设立祭坛，雩祀五精之帝，配以先帝。

"乃命百县雩祀百辟卿士有益于民者，以祈谷实。""百县"，根据孔颖达《礼记正义》，"谓诸侯也"。也就是命令这些诸侯"以雩祀古之百辟及卿士等，生存之日，能立功有益于人者"。什么意思？天子在举行雩礼之后，命令这些诸侯以雩礼祭祀古代那些曾对人民作出重大贡献的百辟卿士。

"百辟卿士"，夹注中说："古者上公以下，若句龙、后稷之类。"古代的爵位分为五等：公、侯、伯、子、男。也就是公、侯、伯、子、男各级诸侯、各级官员中作出重大贡献的，就像句龙、后稷等。句龙是共工氏的儿子，共工氏被颛顼打败以后，颛顼任命句龙为土正官，负责平整土地，疏导河流。句龙在这方面作出了巨大成绩，被后世祀为"后土"之神。后稷是帝喾的儿子，他教民稼穑，树艺五谷，被誉为农耕始祖、五谷之神。人们经常说社稷，指的就是这两个人。"社"就是土地神，指后土，指句龙；"稷"就是五谷神，指后稷。

在中国古代，神就是对国家、对人民有重大贡献的人，人们把他们奉为神，建庙加以祭祀、纪念。这其实都是教导人不要忘本。祭礼的目的，也是教人不要忘本，要饮水思源，知恩报恩。如果人人都能知恩报恩，饮水思源，心善，行为善，言语善，环境也好，年头也好。这也是古人天人感应的理念，境随心转。

【季夏之月，树木方盛，无有斩伐。毋发令而待，以妨神农之事。水潦盛昌，举大事则有天殃。】

"季夏之月"，是夏季的第三个月。"树木方盛，无有斩伐"，树木虽然长得很茂盛，但是还不够坚韧，不得砍伐。"毋发令而待，以妨神农之事"，"发令而待"就是事先发出徭役的命令。民众受到惊扰，就会妨害神农所主掌的稼穑之事。之所以称神农为土神，是因为他主管稼穑。"稼"就是耕种，"穑"就是收获，"稼穑"泛指农业。

"水潦"，就是雨水的意思。"盛昌"，就是浩大。"举大事"，什么是大事？《礼记训纂》："谓兴徭役以有为。"这时雨水浩大，如果大兴徭役，"则有天殃"。因为举大事要征调大量民力，会贻误农时，有违天道，所以会出现灾殃。这也是孟子所说的"顺天者存，逆天者亡"的道理。

【孟秋之月，乃命将帅选士厉兵。命大理审断刑。命百官完堤防，谨壅塞，以备水潦。】

秋天的第一个月，命令将帅挑选武士，磨砺兵器。命令治狱官慎重判刑。命令百官修缮堤坝，谨防堵塞，以防止水涝灾害。

"将帅"，方性夫解释说："才足以将物而胜之，谓之将。知足以率人而先之，谓之帅。""士兵"，在古代包括人和器。"士"就是指人，可以翻译成武士。"兵"是所拿的兵器。"大理"是"治狱官也"，是负责司法审判的官员。虞舜时期称为"士"，夏朝称为"大理"，周朝称为"大司寇"。

中国古人都有居安思危、防患于未然的智慧。《礼记·经解》讲："故以旧坊为无所用而坏之者，必有水败；以旧礼为无所用而去之者，必有乱患。"倘若认为古老的堤防没有什么用处，而毁弃它，必定会遭受水灾；倘若认为古老的礼的教育没有什么用处，而废弃它，必定会产生混乱与祸患。后面举了很多例子。比如，"故婚姻之礼废，则夫妇之道苦，而淫僻之罪多矣"。如果废婚姻之礼，夫妻之道不明，就会产生诸多痛苦，而淫乱苟合的罪行就会多有发生。

《仪礼·士昏礼》对婚礼有很多具体说明。士婚礼一般有六个步骤：纳采、问名、纳吉、纳征、请期和迎亲。每一个步骤都不能马虎，都是提起对婚姻的重视和责任感。

很多人说，为什么要这样做？为什么这么麻烦？如果把婚姻之礼废了，嫌它麻烦，结果是什么？比如未婚先孕、婚前同居，还有试婚，等等。对个人而言，造成生活的痛苦；对于社会而言，两个人过不下去，成了单亲家庭，孩子没人教育，出现很多问题。有人把家庭称为社会最基本的细胞，如果只有个别细胞坏死了，可能对健康没有什么影响，但是当身体诸多细胞都坏死了，社会怎么可能不动荡？所以，婚姻不是两个人之间的私事，它关系到整个家族的承传，关系到家风、家道和社会的和谐。所以，古人对婚姻之礼特别重视。

【仲秋之月，养衰老，授几杖，乃命有司趣民收敛。务蓄菜，多积聚，乃劝民种麦，毋或失时。】

"几杖"，就是坐几和手杖，都是老者所用。古代常把坐几和手杖用作敬老之物。秋天的第二个月，要注意养护衰老的人，授给他们坐几、手杖。

"趣民收敛","趣"又作"趋",就是催促的意思。"收敛",就是收藏谷物。

秋季第一个月,谷物刚刚长成,开始收藏谷物。到了秋季的第二个月,谷物已经成熟,命令司农之官催促人民收藏谷物。务必积蓄干菜,多积聚粮食,为过冬做预备,并劝勉民众种麦子,不要错过农时。

【季秋之月,命冢宰举五谷之要,藏帝藉之收于神仓。霜始降,百工咸休。】

《书·周官》:"冢宰掌邦治,统百官,均四海。"《周礼·天官·冢宰》:"乃立天官冢宰,使帅其属而掌邦治,以佐王均邦国。"这就说明"冢宰"是周代的官名,是百官之长、六卿之首,负责协助君王统理国家政事。

"帝藉",其实就是天子的责任田,也是"供上帝之藉田也"。郑康成云:"藉之言借也,借民力所治之田也。"虽然是天子的责任田,也要借助民力来耕种,所以称为藉田。《礼记·祭统》:"天子亲耕于南郊。"这说明藉田在南郊。

"神仓",就是储藏祭祀之谷的仓库。之所以称为"神仓",是因为所储藏的谷物为供神之物。

"百工咸休",为什么百工都休歇了?因为这时天气开始转寒,粘胶、刷漆都不能坚固、持久。

秋季第三个月,命令冢宰列具五谷的收成实数,确定其收缴租税的簿册。把天子藉田所收获的谷物,储藏于盛放祭祀之谷的神仓。这个月开始降霜,百工都要休歇。

【孟冬之月,赏死事,恤孤寡。命百官谨盖藏,固封疆,备边境,完要塞,谨关梁,大饮烝。天子乃祈来年于天宗,祀于公社,

及门闾，腊先祖五祀，劳农以休息之。天子乃命将帅讲武，习射御。】

"**孟冬之月，赏死事，恤孤寡**。"孔颖达《礼记正义》："赏死事"，即加赏以身殉国者的后代。"恤"就是供给，"孤寡"就是以身殉国者的妻子和儿女。"恤孤寡"，就是抚恤以身殉国者的妻子儿女，为他们提供财禄上的供给。

"**命百官谨盖藏，固封疆，备边境，完要塞，谨关梁，大饮烝**。""盖藏"就是指府库、谷仓所藏的物品。"封疆"是疆界所在，"固封疆"，指挖掘沟堑、种植树木，使疆界险固。"边境防拟盗贼，故云备"，边境需要防备盗贼，因此称为"备边境"。"要塞"，就是边城的要害之处。"要塞理宜牢固，故云完"，"完"就是完备、完善的意思。"谨关梁"，"关"就是国境或边险、要塞的出入口，"梁"就是桥横，也就是桥梁的意思。"关梁禁御奸非，故云谨"，关口桥梁，都是禁止和防御邪恶不法之事的地方，因此必须谨慎守护。

"大饮烝"，据郑玄注："十月农事完毕，天子、诸侯与群臣在大学饮酒，以正齿位。"什么叫齿位？就是按照年龄大小所定的席次，这个礼称为"大饮"，是一种尊老敬老的礼。这种大饮烝礼后来消亡了，天子以燕礼，郡国以乡饮酒礼取而代之。"大饮烝"，"烝"就是升的意思。升此牲体于俎之上，故云"大饮烝"。也即将用于祭祀的牺牲（即祭品，一般是动物的肉），升到祭器"俎"之上。"俎"，古代祭祀盛放祭品的器皿。

这句话是说，命令百官谨慎保管府库、谷仓的粮食、财物，巩固封疆，防备边境，完善要塞，紧守关口桥梁，举行大饮烝之礼。

"**天子乃祈来年于天宗，祀于公社及门闾，腊先祖五祀，劳农以**

休息之。""天宗"就是指日月星辰。"祀于公社及门闾",不单要祭祀"社",就是土地神,又祭门闾。但是先祭社神,后祭门闾,故云"及"。"腊先祖五祀","腊"就是猎的意思,也就是猎取禽兽以祭先祖五祀。"五祀"是指门、户、中溜、灶、行。

这段话是说,天子向天地日月星辰祈祷来年的丰收,分别在祭祀土地神的公社和门闾举行祭祀礼,用打猎所获得的禽兽祭祀先祖和门神、户神、中溜神、灶神、行神,并且举行宴会慰劳农民,让他们得到休息。"劳农以休息之",后面有夹注:"党正属民饮酒,正齿位是也。"党正聚集民众饮酒,举行乡饮酒礼,以正齿位,也是倡导尊老敬老的风气。

"天子乃命将帅讲武,习射御。" 天子命令将帅讲习武功,操练射箭、御马之事。其实这就是戚继光所说的:"守不忘战,将之任也;训练有备,兵之事也。"用习总书记的话说就是:"加强练兵备战,提升打赢能力。"和平时期也要操练,提升军队作战打赢的能力。这也是居安思危的表现。

【**仲冬之月,天子乃命有司祈祀四海、大川、山林、薮泽。有能取蔬食,田猎禽兽者,野虞教导之。**】

冬季的第二个月,天子命令典礼官分别祭祀四海大川及山林水泽。捡取草木果实和猎取禽兽的,主管田野山林的官员负责教导他们。这也是充分利用自然界提供的资源,让人们有充足的粮食。

【**季冬之月,命取冰,冰已入。令告民出五种,命农计耦耕事,修耒耜,具田器。天子乃与公卿大夫共饬国典,论时令,以待来岁之宜。**】

"季冬之月"就是冬季的第三个月。"命取冰","取冰"就是凿冰。

《礼记·大学》："伐冰之家，不畜牛羊。"郑玄注："卿大夫以上丧祭用冰。""伐冰"，就是凿取冰块。古代唯有卿大夫以上的贵族丧祭得以用冰，所以需要凿取冰块窖藏起来。这件事什么时候做？就是"季冬之月"，冬季的最后一个月，因为这个月的冰冻得最坚实。

"令告民出五种，命农计耦耕事，修耒耜，具田器。""计"，就是计划、谋划。古代用耒耜犁田，必须两个人合作，称作"耦耕"。"耒耜"，就是耕田翻土时所用的器具。"耒"是耒耜的柄，"耜"是耒耜下端的起土部分。后来也用"耒耜"泛指农具。这段话是说，命令田官告诉民众取出五谷的种子。大寒节气已过，农事即将开始。命令农民计划耕种事宜，修理翻土的耒耜，备办耕田的农具。

这里实际上提到了国家指导、甄选良种和修缮农具的问题。就国家指导层面而言，在现代社会，运用信息化、大数据、高科技能更好地指导农业生产。就甄选良种而言，要高度重视转基因种子对于土地、环境和人体健康乃至生育能力的危害，坚持走生态农业之路。就修缮工具而言，机械化大生产不仅大大提高生产效率，也节约人力成本。如何在不违背自然规律的前提下，研发和普及高级农业生产工具以实现增产增效，是发展科学技术应该加以关注的。由此可见，虽然时代不同了，但是通过国家指导、甄选良种、修缮农具的方式以确保农业丰收，保证粮食安全的做法是一以贯之的。这段话仍然值得当代人学习和借鉴。

"天子乃与公卿大夫共饬国典，论时令，以待来岁之宜。""饬"就是整治、修饬，"饬国典"就是修订国家的六典之法。"六典"，就是指治典、教典、礼典、政典、刑典、事典。天子与公卿大夫共同修订完善国家的法典，按照四季的时令，确定哪些适于来年运用。

"季冬",就如同《周易》六十四卦最后一卦"未济"卦,旧年以此为终,新年以此为始,周而复始,循环不息。这就意味着《月令》的指导精神只有进行时,没有完成时。作为君主,要法天行仁,体恤民间疾苦,念兹在兹,无有止尽。

《礼记·月令》关注农业生产,也涉及国家的祭祀、徭役、军事、社会保障、生态保护、文教等各个领域。从以上章节可以看到,天地祖先、天子百官、黎民百姓、山林鸟兽共同构成一个息息相关的生命共同体。人作为核心,要发挥维护一体的作用,践行天地的厚德。

随顺天时,本质就是要长养万物,这是仁心仁政的最好落实。在现代社会,依循天道自然规律,科学合理地安排生产生活、治理国家,保持人与自然万物和谐一体的关系,是学习《月令》所获得的重要启发。在习近平生态文明思想中,这些理念都有明显的体现。

2019年5月在中国北京世界园艺博览会的开幕式上,习总书记再次强调:"我们要像保护自己的眼睛一样保护生态环境,像对待生命一样对待生态环境。"并且还明确提出了"五个应该":"我们应该追求人与自然和谐;我们应该追求绿色发展繁荣;我们应该追求热爱自然情怀;我们应该追求科学治理精神;我们应该追求携手合作应对。"习总书记强调:"只有尊重自然、顺应自然、保护自然,才能真正实现人与自然和谐;只有坚定不移地走绿色发展之路,才能科学处理好发展与保护的矛盾,使绿水青山成为金山银山;追求热爱自然情怀,则是人类对待自然的最基本的态度。'取之有度,用之有节',是生态文明的真谛。"习总书记明确提出:"让生态环保思想成为社会生活中的主流文化,倡导尊重自然、爱护自然的绿色价值观念,让天蓝、地绿、水清深入人心,形成深刻的人文情怀;生态治理必须遵循规律,科学规划,因地制宜，统筹兼顾，打造多元共生的生态系统；必须充分认识人类是一荣俱荣、一损俱损的命运共同体，不断强化携手合作，才能有效应对日益严峻的全球性环境问题。"

可以说，这些理念跟《月令》中顺应自然规律，爱护自然环境，实现可持续发展的理念，是一脉相承的。这也让我们对习总书记的一系列治国理政思想，更加具有信心，也更能看到习近平新时代中国特色社会主义思想对中国优秀传统文化的传承和发展。

第五讲　大道之行，天下为公

这一讲继续学习《群书治要·礼记》，下面学习《文王世子》篇。其篇名取自本篇开头所载的周文王为世子时之事。郑玄说："以其善为世子之礼，故著谥号标篇，言可法也。"篇中内容主要围绕教养世子的事情展开。据孔颖达《礼记正义》，《文王世子》可分五节，包括文王、武王为世子之礼，如何教世子、庶子为官与治理公族吉凶刑法之事，天子视学，寻常世子仪轨等多个内容。王夫之认为，这一篇"以孝悌为立教之本，礼乐为成德之实"，是"有天下国家者本治之本图"，对于人君教导世子以礼乐之道治国平天下的意义十分重大。

下面看具体内容。

【文王之为世子，朝于王季日三。鸡初鸣而起，衣服至于寝门外，问内竖之御者曰："今日安否？何如？"内竖曰："安。"文王乃喜。及日中又至，亦如之。及莫又至，亦如之。其有不安节，则内竖以告文王，文王色忧，行不能正履。王季复膳，然后亦复初。食上，必在视寒暖之节。食下，问所膳。然后退。

武王帅而行之。文王有疾，武王不脱冠带而养。文王一饭，亦一饭；文王再饭，亦再饭。】

"文王之为世子"，"文王"就是周文王姬昌，"世子"就是天子、诸侯王位的继承人。根据《公羊传·僖公五年》："世子，贵也。世子犹世世子也。"《白虎通义·爵》："所以名之为世子何？言欲其世世不绝也。"这些都是对世子的解释，也就是希望世世都能承传，不断绝。

"朝于王季日三"，"朝"就是以朝礼朝见。《礼记·内则》："命士以上，昧爽而朝，日入而夕。"世子去拜见父母，有朝夕二礼，朝礼详尽而夕礼简约。在这里三次皆曰朝，以其礼同，故通言朝。孔颖达疏："凡常世子朝父母每日唯二，今文王朝于王季日三者，增一时又三者皆称朝，并是圣人之法也。"通常世子每日朝见父母两次，但是文王每日见他的父亲三次，而且每一次都称朝，就是以朝礼去见父亲，这是圣人给我们作出的榜样。

"鸡初鸣而起，衣服至于寝门外"，"衣"是动词，穿戴的意思；"寝门"就是内室之门。郑玄注，天子五门，就是皋门、库门、雉门、应门、路门，是由外而内。最内之门为路门，郑玄谓："路门者，大寝之门也。"早晨鸡鸣头遍，也就是天刚刚亮，他就起床了，穿好衣服，然后来到父亲的寝门外。

"问内竖之御者曰：'今日安否？何如？'""内竖"，就是小臣之类。《周礼·天官·内竖》："内竖，掌内外之通令。""御"，就是值班。郑玄注："御，如今小吏直日矣。"有的注解也把"小吏"解释为小史。问当日奉事父王的内侍小臣："父王今天一切安好吗？"意思是说，身体还健康吗？没有什么问题吧？他的起居有没有和平常异样的地方？

"内竖曰：'安！'文王乃喜。"如果内侍小臣回答说，一切安好，文王就会很喜悦、很放心。"及日中又至，亦如之。及暮又至，亦如之。"到了中午，文王又来，也像早晨一样恭敬地问安；到了晚上又来，还是如此向父亲问安，而且那种认真仔细和早晨一模一样，没有丝毫懈怠。

"其有不安节，则内竖以告文王，文王色忧，行不能正履。""节"，郑玄注："谓居处故事也。""居处"就是日常生活，"故"就是意外的事情，像人们经常说事故。"安节"就是饮食起居都正常。"履"，"蹈地也。""正履"，就是正常行走。如果父亲身体不安适，或者发生了意外，内侍小臣就会如实告诉文王。文王听了，脸上就会显出忧愁的样子，走路都步履歪斜。由此可见，他忧虑父母非常深切，时时刻刻牵挂着父母，表现在走路上，也和往常不同。

"王季复膳，然后亦复初。"等到父王重新恢复膳食，身体恢复健康了，文王才恢复常态。

"食上，必在视寒暖之节。""在"就是察的意思。文王每一天侍奉父亲，每奉上一次饮食，他都要亲自察看食物的寒暖。因为食物过冷或者过热，都会伤及人的身体。

"食下，问所膳。然后退。""膳"就是"所食也"。每当吃完饭要撤下食物，一定要问一问父王吃了什么，吃得多还是吃得少？够不够？还要问一问，父王喜欢吃的是什么，不喜欢吃的是什么。还告诉负责膳食的人，凡是已经吃过的剩饭剩菜，就不要再进奉了。为什么？恐怕时间长了，味道变了，父亲吃了有损健康。这些都问完，才退下去。

"武王帅而行之。文王有疾，武王不脱冠带而养。文王一饭，亦一饭。文王再饭，亦再饭。"武王也循着文王的做法来行孝。文王生了病，武王不脱衣帽在旁边侍候奉养。等文王能吃一餐饭了，武王才吃一餐饭，文王再吃一餐饭，武王也才再吃一餐饭，目的是想知道文王气力不足，吃多少合适。

文王做世子的时候，每一天要三次到父王那里去问安，而且每一次问安，都不是走走形式，确实想知道父亲到底需要什么，对他的饮食也是发自内心地加以关心。可以想象，文王手下供使唤的人应该很多，只要吩咐一下，下面的人都会尽心尽力做好，但是他仍然亲自去侍奉父母。为什么不让别人代劳？因为做儿女的孝敬父母这桩事，很多时候是别人代劳不了的。为什么？因为父母的感受是不一样的。而且孝敬父母能培养我们的爱心、耐心、恭敬心、感恩心，也是别人代劳不了的。**我们正是从侍奉父母懂得了爱心、耐心、恭敬心和感恩心。**

古代的圣王都是率先垂范，为社会大众做出了孝亲的好榜样。社会大众起而效仿，国家才能治理好。《说文解字》对"教"下了一个定义，什么是"教"？就是"上所施，下所效也"。**有效的道德教育是身教而不是言教。** 现在道德教育成了说教，说得很好，讲得很动听，但是在生活中落实不了，这样就起不到效果。

《孝经》："孝悌之至，通于神明，光于四海，无所不通。"**一个人真正能把孝敬父母、友爱兄弟之道做到尽善尽美，尽到圆满，就会达到"通于神明，光于四海，无所不通"的境界。** 为什么能够做到尽善尽美？就是因为孝道把一个人真诚的爱心给显发出来，所以能够感通天地神明，让四海之内都充满道德的光辉，没有一个地方不受孝道的感化，这就叫"无所不通"。

父子有亲是天性，但是为什么现在很多孩子不懂得孝敬父母了？《德育古鉴》中颜光衷说："天下哪有不孝的人？"孝是人的本性，这种本性从人小时候，还在摇篮、襁褓中的时候，就观察得出来。孩子看到父母，那种微笑、亲爱和依赖，都是源自天然本性，没有任何矫揉造作，不需要人教。这种父子有亲不是装出来的，这就叫天性。他接着说："虽有不孝的人，而称之孝则喜，名之不孝则怒且愧。"即使有不孝的人，如果你称赞他很孝顺，他也会很高兴；如果你说他不孝顺，他也会很生气，而且非常惭愧。"充此良知，便是大孝根苗，只是习心、习气不能自化，所以依旧不孝也。"把这种良知良能，也即本有的孝心良心扩充开来，就是大孝的根本。大孝是什么？大孝就是孝天下的父母，就是"老吾老以及人之老"，"亲亲而仁民，仁民而爱物"，把对父母的孝推而广之，孝敬天下的人，甚至天地万物。但只是因为习惯，不能改变不孝的行为，所以依旧去做不孝的事。

由此也可以看出，道德教育至关重要。人虽然都有良知良能，但这个良知是萌芽，需要浇灌滋养才不会枯死。孟子也说"饱食、煖衣、逸居而无教，则近于禽兽"，如果没有良好的伦理道德的教育，人们吃饱饭，穿暖衣服，有了安逸的生活，就离堕落为禽兽不远了。所以，他说人和禽兽的差别"几希"，"几希"就是一点点，只不过这一点点差别，人把它保留下来，而禽兽把它给丢了。所以，有好的环境学习圣贤教诲，要特别珍惜。

教育从哪里教起？从孝道。也就是说，现在立德树人从哪里教起？"百善孝为先""诸事不顺，皆因不孝"。一个人现在好像有权有势，骄奢淫逸，但是他连父母都不孝顺，那就可以推测他这种好景不会长远，为什么？因为他没有恩义、情义、道义，他是以利害、以功利的原则为人处事、待人接物。结果怎么样？"同声相应，同气相求"，志同道合的人就会被感召到一起，成为朋友。和这样的人交往，怎么可能事事顺利？"以利交者，利尽而交疏"，彼此是以利益交往，利益没有了，交情就疏远了；"以势交者，势倾而交绝"，彼此是以权势交往，今天我是领导，可以给你批条子，可以给你升官，逢年过节，送礼的人就很多，络绎不绝，但是一旦从领导位置下来了，就"门前冷落鞍马稀"，权势没有了，交情也就决裂了；"以色交者，华落而爱渝"，男人喜欢女人的美色，女人喜欢男人的英俊，彼此是以色相交往，以欲望交往，有一天你脸上有皱纹了，年华不见了，他喜新厌旧去找别人了，爱也就终止了。所以，人的男欢女爱没有真的，都是假的。为什么说是假的？因为"真"在传统文化中是有定义的，就是恒常不变，恒常不变的爱才叫"真爱"，而世间人海誓山盟，海枯石烂心不变，明天看你和别人在一起了，马上就翻脸，对你恨之入骨，怎么可能是真的？所以，不要太放在心上。因为有这种爱，就想去获取；因为有获取的心，就想去占有；因为这种心不能断绝，所以生死就解决不了。这就是人生的苦。之所以有这么苦，根源就是有这种执着，叫"爱不重不生娑婆"。所以，中国古人看问题非常深远，看一个人现前对父母不孝顺，就知道他以后的结局如何。

【凡三王教世子，必以礼乐。乐所以修内也，礼所以修外也。礼乐交错于中，发形于外。】

"三王"，就是指夏商周三代之君。"修内"，指消融其邪慝（tè）之气。"慝"，隐匿。有什么需要隐藏在心底？邪恶、罪恶的念头才需要隐藏。外国人特别强调"隐私权"，中国人呢？司马光说："我平生所为之事没有一件不可与人言。"平生所为都可以公开地谈论。

"乐所以修内也"，就是通过音乐教育，消融隐藏在心底的邪恶之气，哪怕是起心动念。"礼所以修外也"，"修外"，指陶铸其恭肃之仪。通过礼，人的一言一行、一举一动都有规矩，都有规范，仪容恭敬严肃。孔颖达疏："'乐所以修内也'者，乐是喜乐之事，喜乐从内而生，和谐性情，故云所以修内也。'礼所以修外也'者，礼是恭敬之事，恭敬是正其容体，容体在表，故所以修外也。"也就是说，要用礼来修养人外在的行为、容体。《弟子规》有很多关于行住坐卧、言行举止的规范，都是修养人外在的仪容。

"礼乐交错于中，发形于外"，"中"，就是心中。乐虽然是由心中而生，虽然是从心中产生作用，但是能够显现在外，这就是从中而见外；礼虽由外，礼仪虽然是规范外表仪容，但是规范得久了，恭敬之心也会生起，这就是从外而入中。"是中之与外，皆有礼乐，故云'礼乐交错于中，谓交间错杂于其情性之中。发形于外，谓宣发形见于身外也'，也就是威仪和美也。"

这段话意思是说，夏商周三代之君教育世子，必用礼乐。乐，是用来熏养内在的心性；礼，是用来规范外在的行止。礼乐交互作用于涵养心性，表现在外是威仪和美。

【立太傅、少傅以养之，太傅审父子君臣之道以示之，少傅奉世子以观太傅之德行而审喻之。太傅在前，少傅在后，入则有保，出则有师，是以教喻而德成也。师也者，教之以事，而喻诸德者也。保也者，慎其身以辅翼之，而归诸道者也。】

"养"，就是教的意思，"言养者积浸成长"。之所以用"养"字，就是要通过日积月累的浸润，使其逐渐成长。孙希旦《礼记集解》："养，谓涵育熏陶以成其德也。"通过涵养教育、熏修陶冶，成就德行。

"示之"，"修于身以示之，太傅以身教也"。

"审喻"，"详说其义以晓之，少傅以言教也"。

太师和太保也有专门的注释。孙希旦《礼记集解》："师、保，即《周礼》之师氏、保氏也。师氏掌教国子以三德、三行，所谓'教以事而谕诸德'也。保氏掌养国子以道，而教以六艺、六容，所谓'辅翼之而归诸道'也。"太师教国子三德、三行。三德："一曰至德，以为道本；二曰敏德，以为行本；三曰孝德，以知逆恶也。"三行："一曰孝行，以亲父母；二曰友行，以尊贤良；三曰顺行，以事师长。"这都是太师的职责。

太保教国子六艺，还有六容。六艺：礼、乐、射、御、书、数。

六容:"一曰祭祀之容,二曰宾客之容,三曰朝廷之容,四曰丧纪之容,五曰军旅之容,六曰车马之容。"这是太保的责任。

后边继续解释太师的职责,"师也者,教之以事,而喻诸德者也","喻",就是晓的意思。"诸",就是之于的意思。太师教世子所行之事,使其晓喻德义。比如,教之以事亲之事则知孝之德,教之以事长之事则知悌之德。

"保也者,慎其身以辅翼之,而归诸道者也","保"就是护的意思。"辅"就是相,"翼"就是助,"谓护慎世子之身,辅相翼助,使世子而归于道"。这段话意思是说,设立太傅、少傅之官来教养世子。太傅明辨父子、君臣之道并且示范给世子,为世子示范父子、君臣之礼。少傅是通过观察太傅的德行而详解其义。太傅是用身教,少傅是用言教,言传身教。世子入学修习之时,有太傅在前,少傅在后。世子闲居出入之时,入宫有太保,出宫有太师。为什么能够成就德行?因为有四个人来辅佐,不离身后,时时刻刻提醒他,对他施以言教和身教。

太师的职责,在于教世子如何行事而明其德义;太保的职责,在于使世子谨守其身并予以辅益,使他的行为合于正道。从这里也可以看到,中国古人对于王位继承人的教育十分重视,有太师、太傅、太保,还有少傅。

【是故知为人子,然后可以为人父;知为人臣,然后可以为人君。知事人,然后能使人。君之于世子也,亲则父也,尊则君也。有父之亲,有君之尊,然后兼天下而有之。是故养世子不可不慎也。】

因此,知道如何做好儿子,然后才可以做好父亲;知道如何做好臣子,然后才可以做好人君;知道如何侍奉他人,然后才能差使他人。君王对于世子，从亲疏关系而言是父亲，从尊卑关系而言则为君王。既有父亲的亲情，又有君王的尊贵，然后推及天下百姓而皆有之。所以，培养世子不可不慎重。处于君王、父亲的位置，观察天下之人，如果近不能教喻其子，其余也就不值一提了。

【行一物而三善皆得者，唯世子而已，其齿于学之谓也。故世子齿于学，国人观之曰："将君我，而与我齿让，何也？"曰："有父在则礼然。"然而众知父子之道矣。其二曰："将君我，而与我齿让，何也？"曰："有君在则礼然。"然而众知君臣之义也。其三曰："将君我，而与我齿让，何也？"曰："长长也。"然而众知长幼之节。故父在斯为子，君在斯谓臣，居子与臣之节，所以尊君亲亲也。故学之为父子焉，学之为君臣焉，学之为长幼焉。父子、君臣、长幼之道得而国治。语曰："乐正司业，父师司成，一有元良，万国以贞。"世子之谓也。】

这一段比较长，下面一句一句来学习。

"行一物而三善皆得者，唯世子而已，其齿于学之谓也。""物犹事也"，一物即一事。"事"是指什么事？就是与国人齿让之。"齿让"就是以年龄小相让，以示长幼有序。"一事而三善者"，使众人知父子、君臣、长幼之道，这是"三善"。"齿于学"，是指入学时与同学之间以年龄为序，遵循长幼之礼。唯有世子做一件事可获得三种善果，就是指世子入学以年龄序位这件事。

"故世子齿于学，国人观之曰：'将君我，而与我齿让，何也？'"世子在太学以年龄和同学序位，国人说："将要成为我的君主，却与我以年岁大小相让，这是为什么？"这是国人因不知礼而疑惑发问。"曰：'有父在则礼然。'然而众知父子之道矣。"这是知晓礼的人作出的回答："因为有父亲在，按照礼的规定，应当如此。"父亲尚在，做儿子的应该恒常保持谦退之道，不敢居于人前。国人看到世子尊贵，尚且屈降于人，就更懂得父亲的尊贵。

"其二曰：'将君我，而与我齿让，何也？'曰：'有君在则礼然。'然而众知君臣之义也。"又有人问了："将要成为我的君主，却与我按照年龄序位而礼让，为什么？"回答说："有君主在，礼所当然。"然后民众就懂得君臣之义了。

"其三曰：'将君我，而与我齿让，何也？'曰：'长长也。'然而众知长幼之节。"又有人问了："将要成为我的君主，却与我按照年龄序位而礼让，为什么？"回答说："有年长者在，礼所当然。"然后民众就懂得长幼之间的节度了。

这里的用词很讲究，父子天性自然，故云"道"。君臣是以义相合，故云"义"。长幼有等级上下，故云"节"。"世子齿于学者"，是指世子只有在求学受业时才与国人按照年龄而序位。朝会之上，还是要按照尊卑次序来排位。诸子职云："辨其等，正其位。"注云："位"就是朝位的意思。所以，中国人公私场合还是区分得很严谨，既让人懂得尊卑之道，又让人懂得长幼之节。

"故父在斯为子，君在斯谓臣，居子与臣之节，所以尊君亲亲也。故学之为父子焉，学之为君臣焉，学之为长幼焉。父子、君臣、长幼之道得而国治。"父亲尚在，世子是为人子者；君主尚在，世子是为臣子者。世子遵守儿子与臣下应有的礼节，尊敬君长，亲爱父亲，不敢自尊，于是国人从中学会了父子、君臣、长幼之道。父子、君臣、长幼之间的伦常大道都处理得当，国家自然得以治理。

"语曰：'乐正司业，父师司成，一有元良，万国以贞。'世子之谓也。""乐正司业","司"就是职司。根据《周礼》,"大司乐,掌大学",现在也称大学为大乐正;"乐师掌小学,为小乐正。乐正,主世子诗书之业,父师主于成就其德行。""父师"也有两种说法,一是指太师,《书·孔传》:"父师,即太师。古三公之一。"另一种说法,是指大司成,孙希旦《礼记集解》:"父师,即大司成也。乐正掌国学之政,故世子之学业,乐正之所主;大司成总国学之教,故世子学业之成,大司成之所主也。"总之,乐正负责世子的诗书之业;父师负责成就世子的德行。"主",就是负责的意思。

"一有元良","一人也,就是指世子"。"元"是大,"良"是善,"贞"是正。"言世子有大善,则万国以正。"世子一个人有大善,则天下都能循从正道。所以,教养世子这件事不可不慎重。

这是《文王世子》。下面学习《礼运》。

《礼运》是提出"大同世界"的重要篇章。《群书治要》在节选的时候,把有些句子给删了。

【昔者仲尼与于腊宾。事毕,出游于观之上,喟然而叹。言偃在侧曰:"君子何叹?"孔子曰:"大道之行也,天下为公,选贤与能。故人不独亲其亲,不独子其子,使老有所终,幼有所长,鳏寡孤独废疾者,皆有所养。是故谋闭而不兴,盗窃乱贼而不作。是谓大同。"】

"昔者仲尼与于腊宾","与"就是参与,"腊"就是猎。"猎取禽兽,以祭先祖五祀也。""腊"是祭祖。鲁国在进行祭祀时,孔子在当时是有职位的,作为鲁国的臣子,称为宾,这是合乎礼数的。"腊宾",就是参加腊祭的宾客。

"事毕",祭礼完成了,从祭祀的地方出来。"**出游于观之上**",

"观"，古人的考据很多，天子有天子的观，诸侯有诸侯的观。观的两边像两扇门，上面有高台，在台上公布国家的公文。"游于观之上"，就是用眼看观之上。

"喟然而叹"，发出感叹。为什么孔子看到观，会喟然而叹？可能因为鲁国举行腊祭有不合乎礼的地方。再看一看观上公布的旧章，也就是过去的典章，也有不合礼的地方。所以，孔子不禁感叹。

"言偃在侧曰"，子游在孔子旁边，听到孔子的叹息，就问："君子何叹？"为什么这里称"君子"，而不称"夫子"？古人解释说，"君子坦荡荡"，君子的心胸一定是坦然的，所以，子游就问了："一个坦荡荡的君子，为何发出感叹？"君子就是指孔子。

"孔子曰：'大道之行也'"，这个"道"字非常重要，中国固有的文化，无论哪部经典，都指归于道，最重要的目标就是教人成为圣人。学圣人，圣人就是得道之人，就是一个觉悟的人，一个明白人。所以，《论语》中孔子讲"志于道"，求学所立的志愿就是修学。读书志在圣贤，而不是志在赚钱。

"道"就是指人人具有的本性。把本性彰显出来，就成为圣人。什么是"道"？其实，"道"就是真我，就是父母未生前的本来面目。学习传统文化儒释道，最终目的都是找到那一个真我，真我相对于假我而言，也即"放下小我成就大我"。那么，这个"我"怎么理解？

关于什么是"我"的问题，第一种观点认为，身体是"我"。其实，身体并不是"我"。如果身体是"我"，那我想年年十八，青春永驻，但是又控制不了自己；我想记忆力很好，过目不忘，一目十行，但还是那么愚钝。如果身体是"我"，我为什么控制不了我自己？这是自相矛盾的。所以，身体并不是"我"，而是"我所"，就是"我"所有的东西，就像我的衣服一样，是我所有的衣服，称为"我的衣服"；身体也是我所有的身体，因此称为"我的身体"，但这个身体并不是"我"。

既然身体不是"我"，那什么是"我"？第二种观点认为，这个可以思想的是"我"。法国哲学家笛卡尔提出"我思故我在"。其实，这个能够思考的、起心动念的也不是真我，在传统文化中把它称为"妄心""缘虑心"。正是这种妄心、缘虑心才让人迷惑、造过恶。《论语》："爱之欲其生，恶之欲其死。既欲其生，又欲其死，是惑也。"同样对一个人，爱他的时候就喜欢他生，他什么都好；厌恶他的时候就恨不得他死。对一个人，既喜欢他生，又希望他死，这是不是迷惑？这种变化无常的念头或者思虑是前念灭后念生，念念不住，念念不相同，此起彼伏，刹那生灭。有一个词叫"心猿意马"，就是比喻人的心念就像猿猴、像马一样，奔腾不息，难以控制。这种变化不居的妄心、缘虑心并不是"真我"。

"真我"是什么？"真我"在德国哲学家康德那里称为"物自体"，英文翻译为thing-in-itself，这也是从德文翻译过来的，其实，用传统文化的术语翻译过来就是自性，就是本性，就是真我，就是真心。康德说，物自体不可知，为什么？因为"物自体"就是本性、本我，具有无所不在、无所不知的特点，它是宇宙万有的本体，用知的方法去知它，肯定是知不了的，因为有知就会有所不知。怎么样才能做到无所不知？必须求无知，这个无知起作用，才是无所不知。所以，想要达到无所不知，就必须放下知识，放下思虑，放下起心动念。

古人说，"般若无知而无所不知""圣人无为而无所不为"。古人擅用比喻："圣人用心如镜。"圣人的心就像镜子一样，"胡来现胡，汉来现汉"，谁来了就现谁的相。中国人来了，把中国人能照清楚，外国人来了，也可以把外国人照清楚，这是什么原因？因为镜子本身没有任何图像，这叫"无知"；无知起作用就可以照见万物，就是无所不知。所以，古人常用镜子比喻真我那种"寂而常照，照而常寂"的特点。

"寂"就是不动，本性中没有起心动念，故不动，这是本性本具的定力。"照"就是光明，这是智慧，是本性本具的智觉功能。本性本自寂静而又无所不知，这是自性本然。

"寂而常照，照而恒寂，定智湛然，恒在本心。"所以，"圣人用心如镜"，就是比喻圣人的心能够照见万事万物。虽然照见，却不留任何印象。就像镜子一样，来不预计，去不留恋，别人是否来照，或者照完是美是丑，都不留任何印象。这就是圣人的心，寂然不动，而又无所不觉。从这个比喻就知道，要求"无知"，必须"离言说相，离文字相，离心缘相"。"心缘相"就是起心动念，就是思虑。所以，老子才说："道可道，非常道；名可名，非常名。"禅宗也提倡不立文字，开口即错，动念即乖。要回归自性，找到真我，就必须放下思虑，修清净心。有人也形容"圣人心如止水，波澜不兴"，用水来比喻圣人的心。波涛汹涌的时候，泥沙被带了起来，它对外界映照不清楚，还有很多歪曲。就像一个人的心有大怒、大悲、大喜的时候，心潮涌动，所说的话是过分的，所作出的判断是偏激的。只有把心平静下来，连小小的波纹都不起，才能看清外界，如实反映外界的人事物。佛家有八万四千法门，都是修清净心的方法。道家庄子的"心斋""坐忘""致虚极""守静笃"，宋明理学的"半日静坐，半日读书"，乃至孔子教人"六艺"，现代人学琴棋书画等，都是修清净心，都是让心静定的方法。

孔子说："志于道，据于德，依于仁，游于艺。"什么叫"游于艺"？"游，泳也"，必须深入到一定层次去"游"，这才叫"泳"。"游于艺"，任何一种技艺，当你深入到一定层次，它都是一种仁术，都与道相通。当任何一种技艺后面加上"道"字，不是随便加上去的。比如，茶道、武道、棋道，包括孝道，其尽到极致，都能够回归自性，找到"真我"。

《礼记》："先王之制礼乐也，非以极耳目口腹之欲，将以教民平好恶而反人道之正。"先王制礼作乐的目的，并不是满足人们耳目口腹的欲望，不是为了娱乐至上，不是为了供人欣赏，不是仅有艺术的价值。而是干什么的？教导人民平好恶，其实就是去除好恶之心，返回做人的正道。人心本定，没有分别执着，没有好恶；好恶也是染污。所以，"志于道"，这是评价技艺好坏的标准，也是科技创新、文艺创新必须遵从的方向。艺术该不该发展，科技该不该发展，用什么来评价？好坏的标准在哪里？看它是不是符合道，这才是最终的标准。

再读孔子那句话，"礼云，礼云，玉帛云乎哉？乐云，乐云，钟鼓云乎哉？"就有不同的理解、不同的意境了。礼呀，礼呀，难道就是呈现玉帛这些形式吗？乐呀，乐呀，难道就是敲钟打鼓吗？这些仪式虽然很重要，要做得很规范，但这并不是最终的目的。最终的目的是引发内心的恭敬，回归本性的真我状态，找到那个真正的自己。所以，中国传统的礼乐并不注重或仅仅停留在外在的仪式，这些礼仪形式的设计，在其终极意义上，都是为了帮助人回归自性，找到真我。如祭祖之礼，就是通过礼乐的仪式培养人的恭敬心、感恩心，提倡孝道。提倡孝道有什么好处？就是回归"一体"的真我。

"孝"这个字，上面是"老"字的一半，下面是一个"子"字，这就是告诉人们，上一代还有上一代，下一代还有下一代，过去无始，未来无终，自始至终都是一体的。无始无终都是一体的，就叫"竖穷三际"。而从横的方面，讲兄弟之间的友悌，又把这种友悌之心推而广之，"四海之内，皆兄弟也"，就叫"横遍十方"。而"竖穷三际，横遍十方"的东西是什么？就是我们的本性，就是庄子所说的"天地与我并生，而万物与我为一"。这些都是对自性，对真我的一种描述。所以，提倡祭祖，把孝悌之心尽至圆满，就可以回归自性，找到"真我"。中国人把"尽孝"又称为"孝道"，就是因为尽孝至圆满就可以通达道。所以，儒家的学问具有"极高明而道中庸""下学而上达"的特点。能够达到很高明的境界，但是它的做法，采取的方式却是平常。比如孝道，不离日常云为父子之伦，但是又超越日常云为父子之伦，可以直通大道，找回真我。所以，**尽孝受益最大的是谁？其实还是自己。**它能够让我们回归自性，找到真我。

真我就如同大海，而假我就如同大海的水泡。如果每一个水泡都执着于这个水泡是我，那个水泡是他，还和别的水泡产生对立，这就是凡人，没有找到真我。而真正回归自性的人，就是这个水泡破灭了，回归大海，发现原来整个大海才是真正的我。认识到宇宙人生真相，并且找到这个真我的，被儒家称为"圣人"，道家也称为"圣人"，在王阳明那里称为"大人"，他说："夫大人者，以天地万物为一体者也。"注意，这里他说的不是"与天地万物为一体者也"，因为有"与"，就有"我"和"天地万物"的对立。他是"以天地万物为一体者也"，这是真正明了一体关系的人。大人就是达到天人合一，证悟"天地与我并生，万物与我为一"真相的人。当悟到真相，回归真相，怎么还会和别人对立？和别人对立，其实就是和自己对立。回归自性，找到真我的人，自自然然可以做到"天下为公"。

所以，"大道之行"是什么时候？是五帝的时候。"五帝"，历史上有多种讲法，一种讲法是指黄帝、颛顼、少昊、尧、舜。实际上，讲到古代帝王，伏羲氏、神农氏、黄帝等，不止五个，这是举出五个代表。为什么说"在五帝之时，大道之行"？后面就接着讲了，"**天下为公**"。就拿尧舜来讲，尧舜都是采取禅让制，尧把王位禅让给舜，舜把王位禅让给禹。孔子祖述尧舜，最赞叹的就是尧舜的禅让制。为什么？因为尧舜把天下都可以禅让，其余哪一件事是不可以让的？到了三代之英，就是夏商周，就不是禅让了，就变成"天下为家"了，就是父亲把天下传给儿子，儿子传给孙子，就不是"公天下"了。"天下为公"，"公"与"私"相对，也当"共"讲，尧舜能够把天下禅让，把天下当成是天下人共有的。他们为什么能禅让？主要原因就是尧舜有圣人之德，又居天子之位，所以不把天下当成私家的来看待。还有一个次要原因，尧帝的儿子丹朱，舜的儿子商均，德能都不足以治理天下。尧舜以天下为公，谁有能力、有道德，就把天下交给谁来治理。"天下为公"，要讲究事实，后面就是这些事实。

"**选贤与能**"，"贤"，代表有美好道德的人；"与"，古代也当"举"字讲；"能"，有能力治理天下的人。"选"和"与"都是动词。如果"与"不当动词，选举贤德与有能力的人，也讲得通。这是就人而言。

"**讲信修睦**"，这是就事情而言，讲求信用，讲求和睦。这都是教化的效果。选举贤能之人出来，最重要的职责就是办教育。教育的根本就是学做圣人，学做圣人当然就能够讲信修睦。

"**信**"是信实，实实在在的。什么是实在？一般人讲信用，说话讲信用，这就是讲信。但是真实的信用，是从本性中出来的。本性中出来的信，才是道德的根源。所以，"信为道源功德母"。"信"是修学的本源，是一切功德的母体。"讲信"，就儒家而言，就是开发人人都有的本性，也就是《中庸》讲的"天命之谓性"，把本性彰显出来，才能真正做到信。

"修睦"，"修"就是修持，"睦"就是和睦。"睦"还有相亲相爱的意思。和睦很重要，孟子说："天时不如地利，地利不如人和。"贤能之人办政事，必须重视教育，而教育要把握根本，就是教人"讲信修睦"。那么，如何讲信修睦？讲信修睦表现在哪些方面？这就是下面所讲的"故人不独亲其亲，不独子其子"这一段。

"故"是承上启下，也就是说，"讲信修睦"要以下面这些事实来表现，"**故人不独亲其亲，不独子其子**"。不只是亲爱自己的父母，也把他人的父母当成自己的父母。对于晚辈，"不独子其子"，不仅仅把自己的孩子当成孩子，也要把他人的孩子当成自己的孩子一样对待。

当然也有人问了："天下那么大，全国的父母亲，全国的儿女，怎么照顾得来？"儒家讲推己及人，你怎样爱护自己的父母儿女，就怎样爱护天下的父母儿女。这里要讲缘分，天下的父母儿女不能普遍照顾，但是左邻右舍社区里的人，再扩充到你所接触到的城市里的人，只要遇到了，就可以做到"不独亲其亲，不独子其子"。比如，遇到小孩跌倒了，就要像自己的孩子跌倒一样去扶起来；在公共汽车上遇到老年人，就要主动让座。这就是"不独亲其亲，不独子其子"，每个人都能做到。

治理天下的人，要使天下老人都得到很好的赡养，"**使老有所终**"，生活得安全、有保障，能够"考其终命"，这也是"五福"之一。"考终命"就是"得其善终"。虽然家里有儿女，但是国家的领导者要制定政策，教育儿女怎样奉养老人，尽到孝道，而且要鼓励人们奉养老人。

通行本还有一句："壮有所用。"壮年人有所用，不要让他失业，在壮年能够把能力发挥出来，无论学哪一门技艺学问，都要让他发挥作用。

"幼有所长"，幼年人要让他成长，包括身体、智慧、道德都要有所成长。

从老年人到幼年人，年龄不同，都要使之有所终、有所用、有所长，把天下这些人都照顾到。

"鳏寡孤独废疾者，皆有所养。"这些是具有特殊身份的人：男性老而无妻的称为鳏夫；女性老而无夫的称为寡妇；孤是少而无父，即孤子，母亲不在称哀子，父母都不在叫孤哀子；老而无子的称为独；废疾者，指身体有残缺或疾病的。要让这些人都得到照顾、赡养，生活没有匮乏。

"是故谋闭而不兴"，"谋"就是阴谋；"不兴"就是不起来了。如果做到以上所说的，阴谋奸诈的事情就没有了。"盗窃乱贼而不作"，偷盗作乱的都不会起来。"是谓大同"。

这里"谋闭而不兴"是最重要的一句话。特别是"谋"字，古人有不同的解释。有人解释为奸诈，欺骗人；有人解释为阴谋，都是损害他人的谋略。但是雪庐老人把这个"谋"字解释为：总结一句，就是妄想。诈骗固然不好，就是不诈骗，自己想做某件事情，虽然不损害人，但是为自己着想、谋算、计划，这都是妄想。有起心动念就是妄想。

在"大道之行，天下为公"时，真正有道的人，以天下万物为一体，没有这些妄想，特别是为自己私利而谋划的想法。他所想的，都是为人，不为自己。有妄想，再执着妄想，就把本有的智慧掩盖了。"谋闭"，就是把为自己谋划的妄想压伏下去，不让它起现行。如何伏？凡是与自己有利害关系的、自私的念头一起，就要觉悟这是妄想，马上警惕。这就是"不怕念起，就怕觉迟"。凡夫人人都有妄念，时时都有妄念，很难伏，但是就要在难伏时把它伏下去，要随时提醒自己。所以，要懂得在"谋闭而不兴"上用功，这是学做圣人最重要的一句经文。儒家经典处处指归到学做圣人。平时也要像前面所讲的，好好用功，"一切为公"，把前面的这些话时时提起，才有后面这一句的起用。

第六讲　治国以礼，修礼以达义

这一讲继续学习《群书治要·礼记》，请看《礼运》篇：

【今大道既隐，天下为家，各亲其亲，各子其子。大人世及以为礼，城郭沟池以为固，礼义以为纪。以正君臣，以笃父子，以睦兄弟，以和夫妇，以设制度，以功为己。故谋用是作，兵由此起。禹、汤、文、武、成王、周公，由此其选也。此六君子者，未有不谨于礼者。】

前面讲了大同社会，是指五帝时期，小康是在三王时期。"三王"就是指夏商周三个朝代。从夏朝开始，就是家天下。五帝时期是"公天下"，"天下为公"。为什么到三王时期就变成了"家天下"？五帝时期，尧舜都是圣人，他们把王位禅让给贤能之人。到禹的时候，他也是圣人，也没有私心，也想把天下交给贤能之人，但是朝廷里的大臣们建议，不要选贤举能了，就把天下交给他的儿子启。因为启有道德、有才能，足以治理天下。于是禹采纳了大臣们的建议。从禹开始，就把天下传给儿子，儿子再把天下传给孙子，开启了"家天下"的传统。

这里讲"今大道既隐"，"隐"就是去掉了，没有了。到孔子的时候，大家已经不知道什么是大道了。大道既隐，天下人，特别是在位的人也不懂得大道是什么意义，也不知道天下为公，早就天下为私，把天下看作自己家的私事了。"**天下为家**"，这个家，下面是一个"豕"字，就是家里养的猪，也即家里的私有财产，就是私的意思。

"**各亲其亲，各子其子**。"从天下诸侯、卿大夫到一般人，每个人都只是亲近、亲爱自己的父母，都只是爱护自己的儿女。

"**大人世及以为礼**"，"大人"，就是当时各国诸侯。他们采取世袭制，国君年纪老了，或者去世了，把位传给儿子，父子相传就称为"世"，兄弟相传称为"及"。比如，夏朝的天子死了，传给儿子，儿子没有儿子，就传给弟弟，这叫"兄终弟及"。"以为礼"，这种世及变成制度，就是礼制。礼就相当于后来的宪法，但是实际上比法所包含的道理深刻得多。

为什么？因为礼是根据道理、真理来制定的。礼的形式是可以随着时代有损有益，有的可以保存，有的可以改变，礼的本质却是不可以改变的。**礼的本质是自卑而尊人，自己谦卑，尊敬别人。这个道理是不变的。**为什么礼要遵循这样的道理？因为自己谦卑，尊敬他人，就能够开发自己的本性。印光祖师讲，修学没有什么秘诀，如果你要问秘诀，就是诚敬。**诚心、恭敬是修学的秘诀。**《中庸》讲，至诚心可以感通本性，至诚之道，可以前知，可以有预先知道的能力。为什么能有预先知道的能力？凡是事情有先后都是假象，有至诚心就可以灭除假象，这就是至诚心的作用。所以，至诚之道，可以前知。修学的秘诀就在这个"诚"字，一诚就能够感通自己的本性。

"敬"，就是恭敬退让，**自卑尊人**。凡与他人有利害关系时，自己退让，一让就没事了，息事宁人。所以，"让"和"争"是相反的。一争夺，处处是敌人、是障碍，而退一步海阔天空。让，让什么？要把世间人所要争的东西，包括财物、权力统统让出去。为什么要让出去？因为这些东西是暂时的，是生灭法。而本性就是被这些生灭的东西给掩盖了，所以，要把财色名利统统让出去，学做圣人。成圣成贤没有什么秘诀，就是一个"让"字。让得干干净净，就成就圣人，就把本性完全开发出来了。

从位来讲，天子的位置、诸侯的位置，都是由父亲传给儿子，如果没有儿子就传给弟弟，并且通过礼制把这些都规定下来，这就是"家天下"。既然是家天下，就需要国防。"**城郭沟池以为固**"，"城"就是国家的城墙；"郭"，是城墙外面再加一道外围城墙，就是外城墙。"沟"，就是外城墙外很深的一道壕沟，平常没有水；壕沟以外再有一道，叫"池"，里面是有水的。这只是为了保护自己的国家，防御外患，没有侵略别人的意图，还是不错的。如果每个国家只是防御，而不主动侵略别国，也就没有战争。

"**礼义以为纪**"，以礼义为纲纪。"**以正君臣**"，用礼义来协调五种最基本的人伦关系。首先，是君臣之间的关系。君臣之间重要的就是一个"正"字，君主是正人君子，以正道治国、带领臣子。《淮南子》："成康继文武之业，守明堂之制，观存亡之迹，见成败之变，非道不言，非义不行，言不苟出，行不苟为，择善而后从事焉。由此观之，则圣人之行方矣。"周成王和周康王继承文王和武王的基业，遵守明堂制度，明察前代兴亡，看清国家成败的演变，不符合道义的话不说，不合乎礼义的事不做，言论不随便出口，事情不随便去做，择善而从。由此看来，圣人的行为是方正的，可以为大众所效仿。

做君主的要正，君主正才能把国家治理好，上行而下效。然而从周成王、周康王到汉代近千年，想治理好天下的君主非常多，太平盛世却没有再出现，这是什么原因？《汉书》用一句话就点明了原因："以其舍法度而任私意，奢侈行而仁义废也。"因为君主不再以常理常法来治理国家，私心生起，奢侈盛行，仁义废除。所以，君主以正道率领臣子是至关重要的。

《礼记》："下之事上也，不从其所令，而从其所行。上好是物，下必有甚矣。故上之所好恶，不可不慎也，是民之表也。"下级奉事上级，不是服从他的命令，而是服从他的行为。上级喜欢某一个东西，下级一定有比他更加喜欢的，所以，上级喜好或厌恶某样东西就不能不谨慎，因为他是人民的表率。《说文解字》把"教"解释为"上所施，下所效也"，告诉人们，**良好有效的道德教育必须是"上行下效"**。

孔子也强调了在位者的德行对整个社会风气的影响，他说："君子之德风，小人之德草，草上之风必偃。"在位者的德行像风，一般百姓的德行像草，风向哪边吹，草就向哪边倒。实践证明，君德对于整个社会的道德风气有至关重要的影响。

臣子也要以正道奉事君主，帮助君主治国。与"正"字相反的就是"邪"。古人提倡臣子要忠，"忠"并非现在一般人认为的"愚忠"。**臣子也是以道为最终的旨归，是以道事君，这才称为"正"**。《荀子》："从命而利君，谓之顺"，顺从君主的命令，是有利于君主的，这才叫"顺"；"从命而不利君，谓之谄"，服从君主的命令，但是这个服从是不利于君主的，这叫"谄媚"；"逆命而利君，谓之忠"，违逆君主的命令，但有利于君主的，这叫"忠"；"逆命而不利君，谓之篡"，违逆君主的命令，也不利于君主的，这叫"篡"，"篡权"的"篡"。"不恤君之荣辱，不恤国之臧否，偷合苟容，以持禄养交而已，谓之国贼。"这就明确指出，既不体恤君主的荣辱，也不考虑国家的命运，一味投合君主，苟且容身，这样的臣子是"国贼"。可见，真正的"忠君"，并非不顾道义、不论是非地忠于某个君主，甚至暴君，而是协助君主"行道""弘道"。

经典中特别强调这个"道"字。《周易》："立天之道曰阴与阳，立地之道曰柔与刚，立人之道曰仁与义。"做君主、做臣子也必须有仁义之心。《群书治要·典语》："王所以称天子者，以其号令政治，法天而行故也。"王之所以称为天子，就是因为他要效法天来行天道。《群书治要·三略》："夫人之有道者，若鱼之有水，得水而生，失水而死。故君人者，畏惧而不敢失道。"这都告诉我们，忠君是在"正名"基础上的忠君，就是君像君的样子，他是在行道，**忠君是以行道为出发点和最终目的**。君臣能守住"正"字就是仁政，失去"正"字就是暴政。

"以笃父子"，"笃"当"厚"字讲，父子之间讲究恩情，用礼义来使父子之间的恩情更加深厚。父子有亲是天性，古人特别重视孝道，并且把它视为仁爱之心的根本。《孝经》："不爱其亲而爱他人者，谓之悖德；不敬其亲而敬他人者，谓之悖礼。"《论语》："君子务本，本立而道生。孝弟也者，其为人之本与？"《孟子》："仁之实，事亲也者。"

"孝悌"，不仅仅能培养知恩报恩、饮水思源的意识，树立重恩义、讲道义的行事原则，而且教人爱人从爱父母做起，然后爱其长上、爱其民人，进而"仁民而爱物"，做到"民胞物与"，人民都是我的同胞，万物都是我的伙伴，直至"天地与我并生，万物与我为一"。这就是成为圣人回归自性的境界了。这种由近及远、推己及人的自然亲情，不仅符合人的道德心理与道德情感的发展规律，还可以使人回归自性明德，通达"以天地万物为一体"的自性。孝道孝道，就是讲"孝"可以通达"道"，可以回归自性，充分体现儒家"极高明而道中庸""下学而上达"的特点。

儒家的孝道内容不仅深刻，而且宏富。孝不仅要养父母之身，还要养父母之心、养父母之志。养父母之心，首先要尊敬父母；尊敬父母，要对父母和颜悦色，柔声下气，还要做到孔子所说的"父母唯其疾之忧"，父母仅仅为你的疾病而担忧，完全没有必要为其他事情而担忧，这才是真正的孝子。比如，如果兄弟不能和睦相处，会让父母担忧,所以"兄弟睦,孝在中";如果夫妻关系处理不好,让父母担忧,是不孝,所以要做到"夫义妇德";如果没有把儿女教育好,不能培养出承传家道家业的人才,也会让父母担忧,所以要重视家教家风,"至要莫如教子";如果到学校读书,不敬老师,也会让父母担忧,所以,孝子也必然尊师重道。可见,由孝悌修身,就可以把五伦关系,人际交往中的各种伦理关系都处理好。

作为领导干部,养父母之心还包括忠于职守、严以用权等公德方面。比如,领导干部以权谋私、权钱交易,就会让父母战战兢兢,不知道自己的孩子哪一天东窗事发,锒铛入狱。这就是《弟子规》所说的"德有伤,贻亲羞"。和领导、同事之间不能和睦相处,让父母担忧,这也违背孝的精神。一个领导干部能够念兹在兹,自然一言一行、一举一动都会小心谨慎,时刻保持警醒,这样不仅不会贪污受贿、腐败堕落,还会竭忠尽智、清正廉明。所以,中国自古以来就有"求忠臣于孝子之门"的说法。

从孝敬父母培养起仁爱心、恭敬心的为官者,在家能够做到"父母呼,应勿缓;父母命,行勿懒;父母教,须敬听;父母责,须顺承",到工作岗位也能够做到"领导呼,应勿缓;领导命,行勿懒;领导教,须敬听;领导责,须顺承"。《论语》:"其为人也孝弟,而好犯上者,鲜矣;不好犯上,而好作乱者,未之有也。"《孝经》:"爱亲者不敢恶于人,敬亲者不敢慢于人;爱敬尽于事亲,而德教加于百姓。"有孝心的领导者尊敬自己的父母,进而就尊敬天下的父母,不仅自己力行孝道,也教导百姓力行孝道,起到"君亲师"的作用。

历史上,汉武帝时期实行"郡举孝廉"的人才选拔机制。地方官负责把这个地方具有孝廉品质的年轻人举荐出来,由国家培养,成为官吏的后补，结果出现了"名臣辈出，文武并兴"的局面。晋朝的孝子吴隐之，"心正不惧饮贪泉"，成为操守廉洁的楷模。宋朝岳飞牢记母亲教诲，"精忠报国"，成为忠臣名将的典范，为后世所景仰。据《浦江县志》记载，郑宅镇的"郑义门"，从宋代、元代、明代、清代出仕的173位官吏中，上至礼部尚书，下至普通税令，竟然没有一名贪官污吏，人人勤政廉洁，忠君爱民。什么原因？就是因为自幼受到以孝悌为基础的《郑氏轨范》的家规教育。历史上不计其数的事例证明，私德与公德之间的关系密不可分，如果一个官员在私德方面严于律己，真正做到养父母之心，就必然能够移孝于忠，在公德方面作出相应的表率，做到心底无私天地宽，做一个正直有守的臣子。

下面讲"以睦兄弟"。"睦"当"顺"字讲，兄弟之间应该互相和顺。"睦"也有相亲相爱的意思。《弟子规》说："兄道友，弟道恭。"怎样才能做到？《弟子规》有两句话，对于处理兄弟之间的关系也特别好用。第一句话就是"财物轻，怨何生"，第二句话就是"言语忍，忿自泯"。如果彼此看重兄弟情谊，把财产看得轻一点，怨恨又怎么可能产生？交流的时候，言谈举止互相忍让一下，愤愤不平的心自然就泯灭了。

"以和夫妇"，夫妇之间要注重和气。古时讲夫妻如同琴瑟调和。琴代表夫，瑟代表妇，琴瑟同时演奏，在音声方面很和谐，这叫"琴瑟友之"。琴瑟弹奏起来，就像两只手互相帮助。"友"在古代的写法就是两只手互相搀扶。"琴瑟友之"告诉我们男女有别，要互相帮助：男主外，创造经济收入，这就要求男子有恩义、有道义、有情义；女主内，就是负责家务、教育儿女。教育儿女很重要。儿女没上学前，都由母亲教，要让儿女在母爱中自然养成待人接物的善心，这不是一般的学校教育能够办到的。除了用母爱教育儿女之外，母亲的一言一行、一举一动，乃至在家里处理各种事务，都是教育儿女，儿女看在眼里，自然就学会了。

现在"夫妇有别"不讲了，女人也走出家庭，到外面工作。辛苦了一天，回来还要承担家务，这是一般的家庭，可以说承担着双重压力。虽然丈夫也帮忙，但女人做的事还是少不了的，不如古时那样专心做家事、教育儿女效果好。古人讲，至要莫如教子。人生最重要的事就是把儿女教育好。所谓"不孝有三，无后为大"，就是指没有承传家道家业的后继人才。

教育儿女要依靠圣贤教育。现在很多人教育儿女都是顺着孩子的恶习气，什么是恶习气？比如，贪欲，怠惰，还有暴力倾向。圣贤教育就是"去残暴"，而现代很多教育都是"顺残暴"。这些恶习气不改，就难以开启明德，回归自性。所以，女人按照圣贤教诲教育儿女非常重要。古人特别强调女子德范，不是对女子的歧视，而是对女子的重视。因为如果女子不重要，她有没有德行都无关紧要，也就不必强调她的德行了。正是因为承担着传宗接代、教育后代继承人的重要职责，所以，女子的德行对于家庭的兴旺，乃至民族的强盛都至关重要。

英国著名思想家斯迈尔斯，在《品格的力量》第二章《女性的素养决定一个民族的素养》中这样写道："女人的影响在世界各地都是一样的。不管在哪个国家，她们的状况影响着这个民族的道德、行为方式和品格。哪里的女人品质恶劣，那个社会的品质也就恶劣。哪里的女人道德高尚、有教养，那个社会就繁荣进步。"所以，重视女子的德行是各个开明思想家的共识。

这里是讲"夫义妇德"，就像琴瑟一弹奏起来，家道兴旺，还都是随顺圣贤教育。开启儿女的仁心，爱护一切人，乃至爱护动物，爱护植物，和天地万物为一体，达到"天人合一"的境界，这些都是在家里养成的。总之，君臣、父子、夫妇、兄弟、朋友这五伦关系都要讲究礼义。这是就人事而言。

下面就事情来讲。"以设制度"，办任何事都要遵循一定的方法，设定一定的法度，没有法度不能成事。法度就是讲规矩，要建立各种制度。很多人误以为中国人不重视制度建设，其实，这是对中国传统文化很大的误解。古人的法制、礼制都非常健全，而且渗透到生活中方方面面，一切活动该怎么办都有依据。读《周礼》《仪礼》《礼记》就明白了。

"以功为己"，"功"，有本领、能力的意思，包括用身体做的事情，用智慧研究的成果，也都是为自己，就像西方人发明的版权、知识产权。中国古人不讲版权，书的后面都写着欢迎流通，功德无量，希望越多的人学习受益，利益更多的人。

"故谋用是作，而兵由此起。"大同世界不用谋，用大道。到这时就不再用大道了，用谋略、阴谋，结果谋用一兴起，战争也就起来了。"兵"，就是武器的意思，后来也指拿着武器作战的人。"谋闭"的"谋"，前面讲过，就是妄想的意思，因为妄想把自己本有的真心智慧蒙蔽了。"谋闭"就是把妄想伏下去。这里讲"谋用是作"，妄想不仅没有伏下去，而且通通用出来，阴谋巧诈都是妄想生出来的，战争也因此而起。要想免除战争，就要按照圣人的教育，把每个人的妄心伏下去，才能消弭战争。

"禹、汤、文、武、成王、周公，由此其选也。此六君子者，未有不谨于礼者。"夏禹、商汤、周文王、周武王、周成王、周公这六个人，是最注重礼义的，用礼义把国家治理好，因而被选中。这六位君子，每一位都是谨于礼，在礼义方面做得完善，以礼义严格要求自己，然后再以礼义治国。

【言偃复问曰："如此乎，礼之急也？"孔子曰："夫礼者，先王以承天之道，以治人之情，故失之者死，得之者生。诗云：'人而无礼，胡不遄死？'故圣人以礼示之，天下国家可得而正。"】

子游再次问道："礼就这么重要吗？"孔子说："先王以礼来承顺天道，治理人情，通达人心。因此，失去礼，就会死；得到礼，就会生。"

"诗云：'人而无礼，胡不遄死？'"这句话出自《诗·鄘风·相鼠》。《诗序》："《相鼠》，刺无礼也。"古人常赋之以刺无礼。《相鼠》这篇，常常被人用来讽刺不讲礼的人。《诗经》："相鼠有体，人而无礼；人而无礼，胡不遄死？"意思是说，老鼠还有体，做人反而不守礼。做人如果不守礼，何不赶快去死？人而无礼，就像老鼠一样害人，招人讨厌，人人喊打，这样活在世上还有什么意思？因此圣人用礼来明示人，民众学礼、懂礼就容易教导，天下国家也可以得到治理。

"是故礼者，君之大柄，所以治政安君。""柄者，所执以治物也。人君执礼以治国，犹匠人执斧斤之柄以治器也。故人君执礼以治国，则政治而君安也。""柄"，就是理治器物用以握住的手柄。君主执持礼来治国，就如同工匠执持斧斤的手柄来理治器物、打造器物。因此，君主以礼治国，把礼作为治理国家的凭依，可以使国政得以治理，君心安定。《孝经》也说："安上治民，莫善于礼。"

【故圣王修义之柄，礼之序，以治人情。故人情者，圣王之田也，修礼以耕之，陈义以种之，讲学以耨之，本仁以聚之，播乐以安之。】

这段话做了一个比喻，圣王遵循义的根本、礼的秩序，来调治人情。"治"，就是去除人情中受染污的一面，长养精华的一面。因此，人情是圣王用以耕种的土地，怎么耕种？用修养礼义来耕耘，用倡导道义来播种，播下善良的种子，用讲习学问来除草，通过讲学来扶助正义、去除邪恶，发扬仁爱之心凝聚人心，把仁爱美好的东西聚合到一起，用音乐教化来安定人心。通过音乐可以使内心感动，因而能够坚定巩固。这是把圣人用礼来治国比喻成像耕田一样。

人情很重要，什么是人情？《韩诗外传》有句话说："人有六情，失之则乱，从之则睦。故圣王之教其民也，必因其情，而节之以礼；必从其欲，而制之以义。义简而备，礼易而法，去情不远，故民之从命也速。"这两段话可以互参。

古人怎样通过礼来治人情的？人有六情。"六情"，《荀子·正名》解释为"性之好恶喜怒哀乐，谓之情"。"性"和"情"是两码事，人的本性都是清净无染的、平等的，没有好恶之心。"情"是"性"起了好恶喜怒哀乐。人都有这六种情绪，称为"六情"。

《韩诗外传》卷五对"六情"也有一种解释："人有六情，哪六情？目欲视好色，耳欲听宫商，鼻欲嗅芬香，口欲嗜甘旨，其身体四肢欲安而不作，衣欲被文绣而轻暖。此六者，民之六情也。"人有六种情欲，眼睛想看好的景色，耳朵想听好的音乐，鼻子想闻芬芳的气息，嘴巴想吃甘美的食物，身体四肢想安逸而不劳作，穿衣服就想穿那些绣着花纹、又轻又暖的绫罗绸缎，这六者是民之六情。

其实，这两种说法大同小异，也就是说，人都有好恶、喜怒、哀乐这些情欲的倾向。

下面说："失之则乱，从之则睦。"治理国家，如果不能满足这六种情欲，就会混乱。如果能顺着这六种情欲来治国，满足人的这六种情欲，国家就得到治理。

"故圣王之教其民也，必因其情，而节之以礼；必从其欲，而制之以义。"古代的圣王，比如尧舜禹汤文武周公等圣贤人，教导人民，一定是因循着人民的情欲，但是以礼来节制，不能完全顺着人的情欲而不加节制，那就像水决口一样，伤人必多，所以，礼也被喻为"堤坝"。堤坝一旦被冲开，就会人欲横流，社会就混乱了，所以"必从其欲"，依从欲望，但是还要"制之以义"，还要以礼义来节制，不能完全顺着自己的欲望。为什么？因为"欲是深渊"，人的欲望一旦打开，没有底极，自己想控制都无法控制。所以，一定要使自己的欲望合于礼义，不能过分。

中国古代教育民众都是非常有方法的，是顺着人情去教，不违逆人情，这样才能让人们易于接受。但是顺着人情的同时，要用礼义教化，这样，一言一行、一举一动都不会过分。

比如，人都有爱欲之心，这是人之常情。中国古人的婚礼就显出"因其情，而节之以礼"的特点。既然人们都有这个欲望，就要进行婚配，但是婚配的各个环节都要符合礼的规定。所以，婚礼有很多程序，有六个步骤，每一个步骤都是引导双方承担起婚姻的责任，而不仅仅是满足欲望。

结婚的前三天，要求女方三日不熄灯，男方三日不奏乐。为什么三天不熄灯？因为再过三天女儿就要出嫁了，趁着她还在家，抓紧时间给她为人妻、为人母的教育，怎样做一个好儿媳，做一个好夫人，做一个好母亲。当然，平时从父母的表演已经学得很多了，但是，在婚前的三天，还要抓紧时间，甚至彻夜不眠地接受为人妻、为人母的教育。

中国古人的观念，和现在很多西方所谓"先进"的观念是不一样的。这个"先进"是带着引号的。比如，两个人要结婚了，还要进行婚前财产公证。什么意思？就是担心一旦以后两个人离婚，不要再因为财产而产生纠纷，吵到法庭。一个人还没有结婚，就想到以后可能会离婚，婚姻怎么能够幸福？中国人结婚的时候是怎么想的？两个人是一体的，不分彼此，所以，要白头偕老，共度一生。

《礼记集解》吕大临注解："物不可以苟合，必受之以贲。盖天下之情，不合则不成，而其所以合也，敬则能终，苟则易离。必受之以致饰者，所以敬而不苟也。昏礼者，其受贲之义乎？故自纳采至亲迎，皆男先乎女，所以别疑远耻，成妇之顺正也。"

吕大临说："物不可以苟合，必受之以贲。"这句话出自《周易·序卦传》："物不可苟合而已矣，必受之以贲。""贲者，饰也。""贲"，是修饰、文饰的意思。人与人之间不可以随意结合，必须通过礼来文饰情感。苏轼在《东坡易传》卷九讲道："君臣、父子、夫妇、朋友之际所谓合也，直情而行谓之苟，礼以饰情谓之贲。"君臣、父子、夫妇、朋友之间，如果顺着这个情，直截了当地去表达，就叫"苟"，随便苟且。"礼以饰情谓之贲"，通过礼来文饰情感，就叫"贲"。

"盖天下之情，不合则不成，而其所以合也，敬则能终，苟则易离。必受之以致饰者，所以敬而不苟也。"想来因为天下的情感不结合则不能成全，所以有了结合之道，也就必须采取敬慎的态度。敬慎则能够善始善终，随意结合则容易离散。只接受经过礼义修饰节度的感情，就是敬慎而不随意的表现。比如，男人喜欢女人，女人喜欢男人，就苟且在一起，随便地结合，将来也很容易分开，这就叫"敬则能终，苟则易离"。这也是为什么古人把婚礼看得很重要，要有这么多步骤，这是体现了对婚礼的敬重。

后面说："昏礼者，其受贲之义乎？故自纳采至亲迎，皆男先乎女，所以别疑远耻，成妇之顺正也。"意思是说，婚礼不就是接受经过义礼修饰的情感之义吗？不能有了情感就直接表达，必须通过礼义的文饰，才是合情合理的。因此，婚礼自纳采至亲迎的过程，都是男子先于女子，男子主动，女子被动，这样做的目的是避免嫌疑，远离耻辱，成就妇人顺从贞正的美德。

男大当婚，女大当嫁，男欢女爱是人之常情。就像《孟子·滕文公下》所讲的："丈夫生而愿为之有室，女子生而愿为之有家。"但是有室有家必须遵从礼的规定，不能有苟且的行为。孟子说，假如"钻穴隙相窥，逾墙相从，则父母国人皆贱之"，如果不遵循一定的婚礼制度，甚至有苟且的行为发生，就会遭到父母和国人的轻贱。

元朝吴澄在《易纂言》卷十一也讲："不执贽则不可以成宾主之合，不受币则不可以成男女之合。"这也出自《礼记·曲礼》，意思是说，宾主相见，如果不带着一定的礼物就不能够表示敬意，宾主之间的情谊也就不能加深；男女之间如果没有纳币订婚，则不能亲近往来，更不能有不正当的关系。这都是防微杜渐，让男女双方都对婚姻有慎重的态度。

可见，婚姻之礼也是顺着人情来的。婚礼是人生最重要的场合，大家都很重视，要很隆重。但隆重并不是奢侈浪费、打闹嬉戏，然后就共入洞房，而是要有敬慎重正的态度，这样才能久远。

《礼记·昏义》又讲："敬慎重正，而后亲之，礼之大体，而所以成男女之别，而立夫妇之义也。"孔颖达《礼记正义》："敬慎重正者，言行昏礼之时，必须恭敬谨慎，尊重正礼，而后男女相亲。若不敬慎重正，则夫妇久必离异，不相亲也。"如果没有这种敬慎重正的态度，夫妇相处久了，久而无敬，就没有了这种相亲相爱的感情，就会离异。

《礼记集解》也讲，《礼运》曰："夫义妇顺。此不言顺而言义者，夫妇之道，不患其不顺也，患其苟于顺而伤于义也，失义则顺亦不可保矣，故曰'立夫妇之义'。物之苟合者，亲也不可以久。"《礼运》讲到夫义妇顺，但是在这里没有谈顺，而着重谈的是义，为什么？因为夫妇之道，不担心妇不够顺，而担心什么？"苟于顺而伤于义也"，就是随随便便地恒顺了，这种随顺是伤于义的，是不符合礼义的。如果不符合礼义，顺也就不可常保。因此，这里特别强调"立夫妇之义"。可见，婚礼的设计，目的就是成就两个人长久的幸福，而且给人以教育的作用，培养起人对婚姻的责任感，这就叫"因其情而节之以礼，从其欲而制之以义"。

后面接着讲："义简而备，礼易而法，去情不远，故民之从命也速。""义简而备"，义理虽然简单，却很完备。比如，中国传统的价值观，用五个字就概括了：仁义礼智信。非常简单，每一个价值观只有一个字，易记、易行，很容易在社会上推行。这五个字看起来简单，义理却深广无边。就拿"仁"字来说，既包括"亲亲"，孝敬父母；也包括"仁民"，仁爱百姓；还包括"爱物"，对万物都有仁爱之心。怎样去行仁？孔子又说："己所不欲，勿施于人。""己欲立而立人，己欲达而达人。"这就是行仁的方法。培养人的仁爱之心，从哪里做起？还是从孝敬父母做起。"孝弟也者，其为仁之本与？"一个"仁"字，把它展开来讲，义理丰富完备。

"礼易而法"，礼的设置虽然很简易，但是容易遵守、效法。"法"，就是效法的意思。如果很繁杂，不容易效法，就会让人生起厌烦之心。

现在提倡学习《弟子规》，很多人说《弟子规》太简单，实际上，虽然它看似简单，却把一个人一生为人处事、待人接物的方方面面都概括了，有人把它比作"人生的交通规则"。如果做人不守《弟子规》，就像开车不守交通规则一样，横冲直撞，就会与人发生冲突、对立，乃至失去做人的资格。可见，中国古人做学问的态度都是把复杂的问题简单化，不像西方人那样，把简单的问题复杂化。

下面接着讲"去情不远，故民之从命也速"。古代人设置礼是非常有学问的，离人情不远，设置得合情合理，所以，人们才会迅速地遵从。比如《礼记》，后面讲祭礼，祭礼不能设计得太频繁。为什么？如果频频去祭祀，就会让人生起厌烦之心，就会粗心大意；同时，祭礼也不能设计得太稀疏，如果好长时间也没有一次祭祀，人们就会疏忽了它，甚至给忘了，生不起对祖先的敬意。所以，礼要恰如其分，设置得合情合理，才容易让人遵守。

【故治国不以礼，犹无耜而耕也。为礼不本于义，犹耕而不种也。为义而不讲以学，犹种而不耨也。讲之以学而不合以仁，犹耨而不获也。合之以仁而不安以乐，犹获而不食也。安之以乐而不达于顺，犹食而不肥也。】

这是从反面做比喻。如果治国不用礼，就如同耕地没有耒耜等农具；制定礼却不以义为本，就如同耕地却不播种；推行道义却不讲学，就如同种下种子却不除草；讲学却不合于仁爱，就如同除草却不收获；合于仁爱却不以音乐安定人心，就如同收获却不食用；用音乐来安定人心却不能达到和顺的境界，就如同食用了却得不到健康，那就是功效没有显现。

【四体既正，肤革充盈，人之肥也。】

"四体既正"，《礼记集解》："四体既正者，天君泰然，而手容恭，足容重，无不从令也。""天君"就是指"心"。心主思维，故称心为"天君"。"肤革充盈"，"肤"就是指外面的薄皮，"革"就是指皮肤内的厚皮。《礼记集解》："肤革充盈者，睟面盎背，和顺积于中，而英华发于外也。"仁义礼智根植于心，则神色、肌肤清和润泽，这是仁德修养由内而外的自然表现。"肥"可以翻译成富裕、健康。身心泰然端正，肌肤丰满润泽，这是人的康健。

【父子笃，兄弟睦，夫妇和，家之肥也。大臣法，小臣廉，官职相序，君臣相正，国之肥也。天子以德为车，以乐为御，诸侯以礼相与，大夫以法相序，士以信相考，百姓以睦相守，天下之肥也。是谓大顺。】

"君臣相正"，"相正"就是相互勉励为善，匡正过失。"诸侯以礼相与"，"与"，就是交往、友好。"士以信相考"，"考"，就是成就、成全。

父子笃厚，兄弟亲睦，夫妇和顺，这是家庭的康健；大臣秉公守法，小官清正廉明，官职序位明确，各尽其责，君臣相互匡正，这是国家的康健；天子以道德为车乘，以乐教来驾驭，诸侯之间以礼友好交往，大夫们以法排定次序，士人们以诚信彼此成就，百姓以和睦相处，这是天下的康健，称为"大顺"。

下面还有一段是讲"大顺"在自然界是什么效果。

【故无水旱昆虫之灾，民无凶饥妖孽之疾。故天不爱其道，地不爱其宝，人不爱其情。故天降膏露，地出醴泉，山出器车，河出马图，凤凰麒麟皆在郊棷，龟龙在宫沼，其余鸟兽之卵胎，皆

可俯而窥也。则是无故,先王能修礼以达义,体信而达顺,故此顺之实也。】

"故无水旱昆虫之灾,民无凶饥妖孽之疾。""妖孽"就是反常、怪异的事物,通常被认为是不祥之兆。在"大顺"的时代,不至于发生水灾、旱灾、虫灾等灾害,人民不会遭受饥荒、瘟疫等疾苦。也就是说,天下大顺,阴阳和合,螟螽之类的虫灾都不会发生。

"故天不爱其道,地不爱其宝,人不爱其情。""爱"就是"吝惜"。孔颖达疏:"四时和,甘露降,是天不爱其道也。"上天并不吝惜它的好生之德,大地并不吝惜它的宝藏,人也不吝惜他的才智。意思是说,天地都会出现祥瑞的征兆,人心也达到极善。

"故天降膏露,地出醴泉,山出器车,河出马图,凤凰麒麟皆在郊棷,龟龙在宫沼,其余鸟兽之卵胎,皆可俯而窥也。""膏"就是甘甜。"醴泉"就是甘美的泉水。"山出器车",就是在深山都出现了天然的器皿、车辆。"器",就是指银瓮丹甑之类的器皿。银瓮就是银质的盛酒器,丹甑就是炊器,这都是古代传说中丰年所出现的祥瑞之物。"河出马图",就是指龙马负河图、洛书而出。《中候握河纪》也讲:"尧时受河图,龙衔,赤文绿色。""又云伏羲氏有天下,龙马负图出于河,遂法之画八卦。""郊棷","棷"跟"薮"是相通的,是指湖泊地带,特别是生长着很多草的沼泽湖泊。"沼",就是池子。

这句话是说,所以上天会降下甘露,大地会涌出醴泉,深山会出现天然的车辆和宝器,河水中会有龙马驮出河图与洛书,凤凰和麒麟都会聚集在郊野,龟供奉在宫殿,龙豢养在池中,其他各种鸟兽的卵和幼胎,随处都可以俯身看到。

"则是无故,先王能修礼以达义,体信而达顺,故此顺之实也。""实",郑玄注:"犹诚也,尽也。"出现这样的瑞象没有其他原因,正是由于古圣先王能够修礼以达到义,履践诚信,而达到和顺的境界。所以,这样的太平盛世正是顺应天理人情的必然结果。

这一段,实际上也集中体现了古人"天人合一""天人感应"的思想。"天人合一"的基本精神就是,人是大自然运行的一分子,人应该顺应宇宙自然变化的规律和秩序来安排生产和生活。天的运行有一定的规律,人的活动也应该顺应这种规律,只有顺应以和谐为特征的宇宙秩序和发展规律,才能减少或者避免天灾人祸,最终,有益于人自身。

中国古人关于天人关系的思想,特别强调"无逆天数""必顺其时",讲究"天时地利人和""人法地,地法天,天法道,道法自然"。在这种观念的影响下,中国人一直保持着与自然界,与一切生物和谐发展的关系。这种"我们都是生命有机体的一部分"的思想,在中国漫长的历史中产生了很深的影响。人与自然界是一种和谐一体的关系,人与自然环境之间也存在一种不为人所意识到的互动关系。

对于西方人而言,他们很难认识到这一点。《易经》:"观乎天文,以察时变;观乎人文,以化成天下。""天文"就是指天象,包括恒星、行星,以及云气等天象,也就是自然界的变化。李淳风《乾坤变异录·天部占》:"天道真纯,与善为邻。夫行事善,上契天情,则降吉利,赏人之善故也。行其不善之事,则天变灾弥,日月薄蚀,云气不祥,风雨不时,致之水旱,显其凶德,以示于人。"古人观天象的目的是得知人事的吉凶。对于帝王而言,就是要得知预示着政治、经济、军事、社会等变化的天象。

中国自古以来,天文机构都是政府的重要部门,《周礼》就有记载,以后尽管朝代有更迭，外族来统治，但是太史令的官职没有变化。李约瑟在《中国科学技术史》卷四中这样写道："希腊的天文学家是隐士、哲人和热爱真理的人，他们和本地的祭司一般没有固定的关系。中国的天文学家则不然，他们和至尊的天子有着密切的关系，他们是政府官员之一，是依照礼仪供养在宫廷之内的。"这在不明了天人之间相互感应关系的西方人看来，是很难理解的。十九世纪维也纳的一位学者弗兰茨·屈纳特说："中国人竟敢把他们的天文学家，西方人眼中最没用的小人，放在部长和国务卿一级的职位上。这该是多么可怕的野蛮人啊！"但实际上，说别人野蛮，是因为自己的科技还没有达到理解别人的程度。

现在很多人觉得传统文化很神秘，为什么觉得神秘？因为很多传统文化中的论述是现代科学没有办法证明的。为什么没有办法证明？因为科学才几百年的历史，它证明不了几千年所累积的经验，解释不了某些现象也是可以理解的。

实际上，人的善恶，对于自然确实有着一种潜移默化的影响。通过改变人的心念起到改善自然环境的效果，被称为"心灵环保"。这也给我们现代的环保以借鉴和启示。也就是说，我们要保护环境，改善自然环境，除了通过先进的科技和设备，从外部进行努力之外，也要加强伦理道德的教育，培养人的爱心，净化人的心灵。这样，人发出纯净、善良、美好的信息，"境随心转"，社会环境和自然环境也会因此变得更加美好。

第七讲　学礼可以成器

这一讲继续学习《群书治要·礼记》，请看《礼器》。孔颖达《礼记正义》讲，根据郑玄的《目录》："名为《礼器》者，以其记礼，使人成器之义也。故孔子谓子贡：'汝，器也。'曰：'何器也？'曰：'瑚琏也。'"这是讲《礼器》的篇名。

之所以被称为《礼器》，因为它记述的是关于礼的事情，而且人学礼可以成器。《论语》里孔子对子贡说："你是器。"子贡问："什么器？"孔子说："瑚琏。"瑚琏是一种礼器，礼器就如法器，具备传法的资格，可堪造就。学礼可以让我们为人处事、待人接物、动容周旋，都符合礼的要求，成为文质彬彬的君子，可以造就圣德，还可以传礼，教人以礼。

陈澔《礼记集说》："器有二义，一是学礼者成德器之美，一是行礼者明用器之制。"学礼者可以成就德器的美善，行礼者可以明了礼仪中所用器物的制度，这一篇在刘向的《别录》中，归于《制度》。

孙敬轩《礼记集解》："此篇以忠信义理言礼，而归重于忠信；以内心外心言礼之文，而归重于内心。"这里强调了**学礼既要重视义理，也要重视力行**，行礼要注重实质而不能仅拘泥于形式。所以后面又讲："《礼运》篇言礼之行于天下，而极其效于大顺，由体而达之于用也。此篇言礼之备于一身，而原其本于忠信，由外而约之于内也。二篇之义相为表里。"《礼运》篇讲的是，礼如果通行天下，能够达到大顺的境界，这是讲由体达用；而《礼器》篇讲的是，如果一个人具备礼，而且特别重视礼的根本——忠信，就可以由外在的行为约束人的内心。这两篇义理互为表里。

方悫也说："形而上者谓之道，形而下者谓之器，道运而无名，器运而有迹。《礼运》言道之运，《礼器》言器之用。"他还说："形而上者谓之道，形而下者谓之器，这个道运行是不可名状的。""道可道，非常道；名可名，非常名。"但是，礼器的运行、运用是有迹可循的。

所以，《礼运》讲的是道的运行，《礼器》讲的是礼器的运用，两篇可以合参。这也是提醒我们，如果学礼仅仅拘泥于外在的形式仪表，或者仅仅停留在对器物制度的熟悉上，而不以忠信为本，在心性上有所提升，就不能通达形而上的道，取得"下学而上达"的效果。

总之，这一篇对于礼物、礼数与礼义的关系都有所涉及。前面也讲到，"人情以为田，修礼以耕之"，学礼就是通过导达人情，对人情有所约束引导，而达到身心和乐、家庭和睦、社会和谐、世界和平。因此，《论语》中孔子说："礼之用，和为贵，先王之道，斯为美，小大由之。"

为什么这么重视礼？因为它可以达到和的效果。"和"并不是最高的境界，关于"和"和"中"的关系，《中庸》讲："喜怒哀乐之未发，谓之中；发而皆中节，谓之和。"人的喜怒哀乐爱恶欲，都没有发出来的那种状态，称为"中"，这是人的本性。但是一般人对此很难理解，这个境界也很难达到，所以就退而求其次，求"和"的状态。"和"的状态就是喜怒哀乐爱恶欲都发出来了，但是都不过分，符合礼的节度，能做到欲而不贪，发乎情，止乎礼。所以，古人说："礼之用，和为贵。"学礼的目的就是在节文斯情的基础上达到身心的和谐，而且还可以进一步向上提升，回归本性的清净无染。这才是"至于道"，是最终的目的。

下面看这篇经文。

【礼释回，增美质，措则正，施则行。其在人也，如竹箭之有筠，如松柏之有心。二者居天下之大端，故贯四时而不改柯易叶。君子有礼，则外谐而内无怨。故物无不怀仁，鬼神飨德。】

"**礼释回**"，"释"就是消除，"回"就是邪僻，礼可以消除邪僻。"**增美质**"，"质"就是才性、品性，"美"就是善，增长善美的品性。"**措则正**"，"措"是举措。"**施则行**"，"施"是措施。

孔颖达《礼记正义》："用礼为器，能除去人之邪恶也。礼非唯去邪而已，人有美性者，礼又能益之。若以礼用事，事皆行也。"一个人学礼，不仅可以去除邪恶，而且还增益善美的品性。如果事事用礼，则事事都可以运行得很好、处理得很好。

关于礼消除人的邪僻，增益人的品性，学习《弟子规》可以体会到。《弟子规》说："斗闹场，绝勿近；邪僻事，绝勿问。"这都是让我们防患于未然。斗闹场合不要接近，像现在的一些 KTV 包间，还有游戏、赌博场所，都不要接近。邪僻之事不要过问。

中国古人对于欲望看得很清楚，一旦放纵欲望就会沉溺其中，不能自拔。一旦沉溺于感官欲望的满足，聪明智慧就会下降，心思不定，注意力不能集中，孝心、恭敬心全都抛到脑后，没有恩义、情义、道义可言。如果领导者放纵欲望，他的心思也必然不在如何治理政务上，还容易被邪臣所挟制。

《群书治要·淮南子》记载，齐威王的王后死了，他想重新立一个王后，但是立谁？他没有确定下来，就命令群臣商议此事。薛公田婴想迎合齐威王的心意，但是他不知道齐威王到底喜欢谁，于是就想了一个办法。他献上十只玉耳饰，特别赞叹了其中的一只。第二天田婴搞清楚那只玉耳饰被赐给哪个妃子了，然后就劝威王立那个妃子为王后。齐威王很高兴，从此就格外器重田婴。这个故事告诉我们，领导者的意图、嗜欲一旦显现于外，被人所了解和掌控，就会有人投其所好，喜欢财就给你送财，喜欢色就给你送色，喜欢出名就让你出名。古人说"无欲则刚"，只要你有欲望，就容易被人利用，然后胁迫你，让你为他做事。所以，领导者要懂得节制，甚至放下欲望。

一旦欲望不加节制，就会助长越轨的行为。"放越轨"，放纵就会逾越正轨，逾越礼。逾越礼虽然不是犯法，但是礼一旦被破坏，整个社会就会人欲横流。古人把礼比作堤坝，如果认为堤坝没有用，而把它废弃，日后必然洪水泛滥，伤人必多。

现在一些社会风气，引导人放纵欲望，很多青年男女过着颓废的生活。怎么扭转？很困难。礼就是防微杜渐，是保护人的心性不受染污的高度智慧，可惜很多人不懂，还批判它。引导这些不良风气的人和商家，所造成的后果也非常严重。现在的一些年轻人教育不好，行为失去了礼的规范，这就是"放越轨"。

"轨越则礼亡，虽圣人不得全其行矣。"这句话是《申鉴》上的话。如果常规被超越，礼仪教化也消亡了，即使圣人来了，也很难维护正道，让他品行端正。

当然，现代社会也有一个便利条件，就是有高科技，有电视、网络等。如果我们借此宣讲伦理道德，不出三年五年，就可以使社会恢复正常。但问题在于现在的网络、电视、媒体宣讲伦理道德教育的少之又少，而引起欲望、暴力的内容却非常多，这就比较难了。

解决的办法就是"宣文教以章其化"。古人把问题产生的原因以及解决问题的办法都告诉我们了，就是提倡学习经典，提倡文化教育，以文化人。"文"就是文章、文字、礼乐、曲调等，包括文艺作品，电影、电视剧，还有微视频，都要起到伦理、道德、因果教育的作用，使人转恶为善，转迷为悟，转凡成圣，变化人的气质。比如，听了这个流行歌曲，本来没有孝心，变得有孝心了；看了这部电视剧，本来不懂得感恩，变得感恩了；看了这场文艺表演，本来不畏惧因果，现在懂得恶有恶报了。这都是"以文化人"，潜移默化改变人的气质。这就是"宣文教以章其化"。礼能够消除人之邪恶，增益人美善的品性。以礼修身则身端正，以礼行事则事皆行。

礼有防患于未然的效果，正如古人所说："礼者，禁于将然之前。"它可以防非止恶。用礼来行事，事皆行。办什么事，什么事都能成功。《论语》："四海之内，皆兄弟也。"怎样做才能四海之内皆兄弟？"君子敬而无失，与人恭而有礼，四海之内，皆兄弟也。"君子对每个人都很恭敬，为人处事、待人接物没有什么过失，处处看到对方的需要，对每个人都彬彬有礼，走到哪里，哪里的人都是自己的兄弟姐妹。关键在哪里？关键在于他懂礼、守礼。

而现在的孩子走到哪里，和人家相处不到一个星期，不是不喜欢别人，就是别人不喜欢自己。原因在哪里？原因很简单，就是没有学习最起码的礼——《弟子规》。《弟子规》一千零八十个字，概括了为人处事、待人接物最起码的要求。现在的孩子没有学过，走到哪里，都和人家产生对立、冲突和矛盾。这就是孔子所说的"不学礼，无以立"。

领导者与被领导者如果能以礼相处，结果就会君臣一体同心。《论语》也说："君使臣以礼，臣事君以忠。"领导者用礼来对待臣子，被领导者一定竭忠尽智，尽心尽力完成领导交给自己的任务，彼此是互相感恩、互相团结、互相合作，是一体同心。所以，君臣一体，什么事办不成？

后面再讲："其在人也，如竹箭之有筠，如松柏之有心。""竹"就是大竹。"箭"，篠也，就是小竹子。"筠"，是竹外的青皮。孔颖达说："言人情备德由于有礼，譬如竹箭四时葱翠由于外有筠也。"人之所以具备完美的德行，是因为有礼，有礼的约束，人情才不会随意放纵。"四时葱翠"，四季都是郁郁葱葱，因为外面有青皮。又说："人经夷险，不变其德，由礼使然，譬如松柏陵寒而郁茂，由其内心贞和故也。"一个人经历各种各样的危险，无论是风平浪静，还是遇到大风大浪，都不改变他的德行，为什么？就是因为他有礼。这就如同松柏，虽然经历了寒冷，却郁郁葱葱，更加繁茂，"由其内心贞和故也"。松柏有心吗？松柏的心是实心。人有礼就像松柏有心，"贞"是正的意思，内心和正。

王懋竑说："竹箭中虚，故以筠言；松柏中实，故以心言。"竹箭的中间是虚心的，所以用竹箭的外皮来做比喻；而松柏的中间是实心的，所以用松柏的心来做比喻。"竹箭有筠，饰于外者，似礼之文；松柏有心，主于内者，似礼之本。"学礼可以使人既具有内在的本质，又有外在的文饰，这就是文质彬彬的君子。所以，礼之于人，犹如竹箭之有青皮，松柏之有实心。

"二者居天下之大端，故贯四时而不改柯易叶。""二者"就是指竹和松柏。"端"是根本，"大端"就是大本。孔颖达说："松竹居于天下，比于众物，最得气之本也。""贯"就是经的意思。"柯"就是枝丫。王懋竑谓："贯四时而不改柯易叶，犹所云'虽之夷狄，不可弃也'。"这句话意思是，竹与松居于天下，最得气之大本，故能历经寒暑而枝叶不凋零改易。一个人有礼，也能够达到这样的效果。外表柔韧，内心和泽，所以能够不变如一。

后面又说："**君子有礼，则外谐而内无怨。**"这句话是譬喻君子内外俱美，与一切万物和谐相处。孔颖达疏："谓于外疏远之处，与人谐和。于内亲近之处，无相怨恨。以其有礼接人，故内外协服也。"君子有礼，则外能谐和，内无怨恨，无论远近，关系都能处理好。

"**故物无不怀仁，鬼神飨德。**""怀"就是归，归附。"飨"，通"向"。这句话就是陈澔在《礼记集说》中所注："人归其仁，神歆其德。"君子有礼，能够内外谐和，因此，万物无不因其仁心而归附，甚至连鬼神也向慕其德。

【先王之立礼也，有本有文。忠信礼之本，义理礼之文。无本不立，无文不行。】

"本"，内也。"文"，外也。"有本有文"，就是合内外而言。内，指忠信；外，指礼的义理。前者是指礼的内容，后者是指礼的形式。**先王制礼，既有内在之本质，又有外在之形式。**

孔颖达疏："礼之为本，即忠信是也。忠者，内尽于心也；信者，外不欺于物也。内尽于心，故与物无怨；外不欺物，故与物相谐也。""物"，指自己以外的人或者和自己相对的环境。这说明什么？**说明忠信是礼之本，礼的本质。学礼、行礼也要以忠信为本。**

《论语》记载孔子的弟子子张来请教："一个人怎样才能在社会上行得通？"孔子说："言忠信，行笃敬，虽蛮貊之邦行矣。言不忠信，行不笃敬，虽州里行之哉？"如果一个人言语忠诚、信实，行为笃厚、恭敬，即使到蛮夷之地也行得通，人家也欢迎你。相反，如果言语不信实，行为不厚道，即使在邻里之间也行不通。

义理，礼之文也。礼虽以忠信为本，但是又须以义理为文饰。"得理合宜，是其文也。"这就是告诉我们，行礼、学礼既要重视忠信——礼的本质；也要重视义理，也就是礼的外在文饰。

"无本不立，无文不行。"郑玄注："言必外内具也。"即内须忠信，外须义理。礼如果没有忠信便不能成立，若没有仪式便无法推行。礼的内在本质与外在形式必须兼备，须同时重视。

【礼也者，合于天时，设于地财，顺于鬼神，合于人心，理万物者。故天不生，地不养，君子不以为礼，鬼神弗飨。】

"设"就是合的意思。"设于地财"，就是合于地理之宜。"理万物者"，"理"就是顺的意思，顺于万物。孔颖达《礼记正义》："夫君子行礼，必须使仰合天时，俯会地理，中趣人事，则其礼乃行也。"

"天不生"指不合天时之物。比如冬天的瓜，夏天的橘子，这就是不合天时之物。"地不养"指不顺地宜之物。"若山之鱼鳖，泽之鹿豕也。"比如山上的鱼鳖，还有水泽里的鹿豕。水泽应该是长鱼鳖的地方，山林应该是跑鹿、跑野猪的地方。"居山以鱼鳖为礼，居泽以鹿豕为礼，君子谓之不知礼。"《礼记》后面讲到，如果居在山上，却以鱼鳖作为贡品，居在水泽旁，却以鹿豕作为贡品，君子就认为他不懂礼。这就是"地不养"。

吴澄《礼记纂言》："以天不生者为礼，则逆天之时矣。以地所不养者为礼，则逆地之理矣。"所以，祭祀要选择当地当季的产物。其实，这也是教人养生之道，顺应天道自然的规律安排生产和生活，包括治理政事也是如此。

"鬼神弗飨"，"飨"通"享"。孔颖达《礼记正义》："先王制礼，所以能顺鬼神者，以鬼神是有德之人，死乃祀为鬼神。礼既合于人心，故得顺于鬼神也。"中国传统文化中的神，就是有德之人。他们活着的时候，对国家有贡献，有值得学习和效法的地方，"死乃祀为鬼神"。他们活着的时候就是有德之人，礼能够顺人心，当然也能够顺鬼神。

这段话意思是，礼，上合天时，下合地宜，顺于鬼神，合于人心，顺于万物。因此，凡是不应天时而生、不合地宜所产，君子不用以作礼，鬼神亦不享用其祭。

【是故昔者先王之制礼也，因其财物而致其义焉。故作大事必顺天时，为朝夕必放于日月。为高必因丘陵，为下必因川泽。】

"财物"，不是财物、财产，而是材质、特性。圣人制礼，是顺着万物的材质、特性而尽其物用。"故作大事必顺天时"，"大事"就是祭祀和战争，"国之大事，在祀与戎"。

孔颖达《礼记正义》："财物大莫过于天，故顺天时而行也。"先王制礼，必顺着万物之材质、特性而尽其物用，而大的财物没有比天更大的了，所以要顺天时而行。

如何顺应天时？《春秋左传·桓公五年》："启蛰而郊，龙见而雩，始杀而尝，闭蛰而烝。""启蛰而郊"，按夏正所说："建寅之月，蛰虫启户，郊祭天也。"小动物冬眠已经过去，开始出来活动，这时郊祭上天，举行祭天之礼。

"龙见而雩"，"建巳之月，龙星昏而见，雩祭天求雨也"。"龙见"不是龙出现了，是龙星昏而见。这时才举行雩礼，祭天求雨。

"始杀而尝"，谓"建酉之月，阴气始杀而尝祭宗庙也"。"杀"也有霜杀草的意思，就是开始下霜。阴气肃杀，这时举行尝祭宗庙之礼。

"闭蛰而烝"，谓"建亥之月，烝祭宗庙"。"闭蛰"，小动物要进入冬眠，冬天来了。"烝"，众的意思。"万物皆成，可荐者众。"万物都成熟了，可用以祭献的贡品众多，这时，举行烝祭之礼，祭祀宗庙。

祭祀必须顺应天时。

"为朝夕必放于日月","朝夕"就是朝礼和夕礼,"放"就是依的意思。孔颖达《礼记正义》:"为朝,谓天子春分之日,朝日于东门之外;为夕,谓天子秋分之夕,祀月于西门之外也。日是阳,故朝旦用事;月为阴,故晚夕用事也。日旦出自东方,故于东方而朝之;月初生出自西方,故于西方而祀之。"先王制礼都是顺应天时来进行。

"为高必因丘陵","为高"就是指天圆而高,所以,祭天必须在圆丘之上。"为下必因川泽",因为地在下,而且是方的,古人认为天圆地方,所以,祭地必须在方泽之中。

这句话是说,古之先王制礼,顺应万物的材性,而求其物用之宜。故举行祭祀必须顺应天时,天子必依日月运行之规律,于春分之日,朝日于东门之外;秋分之夕,祭月于西门之外;冬至必登圆丘而祭天;夏至必临方泽而祭地。

【是故因天事天,因地事地。因名山升中于天,因吉土以飨帝于郊。升中于天而凤凰降,龟龙格;飨帝于郊而风雨节,寒暑时。是故圣人南面而立,而天下大治。】

"**是故因天事天,因地事地**。"天高,故以高处事天,就是上文讲的"为高必因丘陵"。地卑,故以卑下处事地,也就是上文所讲的"为下必因川泽"。君王以高处祭天,以卑下处祭地。

"因名山升中于天","名"就是大,"名山"就是大山名岳。"升中","升犹上也,中犹成也"。"升",就是上报。"中",就是成就。"升中",就是上报成就。郑玄注:"谓巡狩至于方岳,燔柴祭天,告以诸侯之成功也。""燔"就是烧的意思。天子巡狩到四方山岳,烧柴以祭天,向上天呈报诸侯功业。

"因吉土以飨帝于郊","吉土",郑玄注:"王者所卜而居之土也。"也就是古代帝王通过占卜而确定的居处之地。"飨帝于郊","以四时所兆祭于四郊者也"。兆,就是设坛祭祀。孔颖达《礼记正义》:"此谓祭五方之帝,因其所卜吉土以为都,飨祭五方之帝于都之四郊。"这里所讲的是祭祀五方之帝。以帝王所占卜的吉土作为国都,在国都的四郊设立祭坛,祭祀五方之帝。

这句话意思是,借由名山大岳,烧柴以祭天,向上天呈报诸侯功业;借由吉土,在其四郊祭五方之帝。

"升中于天而凤凰降,龟龙格。""格"就是至的意思。孔颖达疏:"天下太平,故凤凰随德而降,龟龙感化而至。"这句话是说,烧柴以祭天,向上天呈报诸侯功业。功成而天下太平,阴阳之气和合,而感来祥瑞之物,凤凰应德而降,龟龙感通而至。这都是天人感应的结果。

"飨帝于郊而风雨节,寒暑时。""飨"就是祭祀。"节"就是适度。"时"就是不违,当暑则暑,当寒而寒。郑玄注:"五帝,主五行,五行之气和而庶征得其序。五行:木为雨,金为旸,火为燠,水为寒,土为风。""庶"就是众的意思。"征"就是征验的意思。"庶征"就是各种征验。《书·洪范》:"庶征,曰雨,曰旸,曰燠,曰寒,曰风。"各种征验都出现了。"旸"就是日出。"燠"就是暖,热。"雨以润物,旸以干物,燠以长物,寒以成物,风以动物。五者各以其时,所以为众验。"五行之气和谐,则雨、旸、燠、寒、风各种自然现象井然有序。

"是故圣人南面而立,而天下大治。"祭五帝于四郊,风调雨顺,寒暑应时,圣明的君主南面而立,天下即可长治久安。为什么能长治久安?就是因为能顺应天时地利,还有人情,以礼来治理国家。

【是故先王制礼也以节事,修乐以导志,故观其礼乐而治乱

可知。】

"是故先王制礼也以节事"，孔颖达疏："礼为反本，故用礼以节万事。"礼是返回根本，所以，先王制礼来节度万事。

"修乐以导志"，就是修正音乐以导达心志，勉力向善，且行之不倦。

"故观其礼乐而治乱可知"，孔颖达疏："若能以礼节事，以乐导志，则国治也。若不以礼节事，不以乐导志，则国乱也。"这句话是说，如果用礼乐来治国，国家就会安定；不用礼乐治国，国家就会混乱。

《孝经》也说："安上治民，莫善于礼；移风易俗，莫善于乐。"所以，用礼乐治国，国家就得以治理，不用礼乐治国，国家就混乱，这是一层意思。另一层意思，就是吴澄在《礼记纂言》中所说："礼正而乐和，则知其国治。礼慢而乐淫，则知其国乱也。礼乐者，与人交接之具，君子治国，谨慎其所以与人相接者。"礼端正，乐和谐，就能知道国家治理得很好；礼简慢，乐也都是靡靡之音、邪僻之音，就知道国家动乱不安。虽然都用礼乐治国，但是所用的礼乐不同，结果也就不同。礼乐是用以与人交往的工具，所以，君子治国，对于制礼作乐要谨慎。

观察一个国家的礼乐，就能知道其治乱兴衰，这在历史上有很多例子。《晏子春秋》记载，有一天齐景公没上早朝，晏子看到杜扃等候在朝堂前，就问："君王为什么没来上早朝？"杜扃回答说："君王昨晚整夜未眠，所以没来上早朝。"晏子又问："君王为何整夜未眠？"杜扃回答说："梁丘据进献了一名叫虞的善乐之人，他篡改了齐国的古乐，君王整晚都在听新乐。"晏子听了，马上按照礼法，把乱改古乐的人关了起来。齐景公很生气，就质问晏子："为什么把虞关起来了？他昨天为我唱歌，唱得很动听，令我很开心。"晏子说："因为他用靡靡之音祸乱君心。"景公说："诸侯外交的事务、治理百官的政务，我都已经交给您管理了，您把这些事处理好就够了，至于我喝什么酒，听什么音乐，希望先生就不要干预了。音乐为什么一定要听古曲？"晏子说："古乐消亡，礼法就会随之消亡；礼法消亡，政教也会随之消亡；政教消亡，国家便会跟着消亡。音乐与国家兴亡是息息相关的。听靡靡之音会导致国运衰败，我怕君王背离政教行事。"说到这里，晏子还为齐景公举了很多历史典故来加以说明："商纣王作《北里》，周幽王与周厉王的乐曲，也都是淫靡鄙下，所以才导致国家灭亡。君王您为什么要轻易改变古乐？"齐景公也很难得，一经提醒，马上悔改："很不幸，我拥有国家的政权，但是做事不够谨慎，不加思索，胡乱讲话。您讲得很有道理，我愿意接受您的劝告。"

这个故事告诉我们，音乐和国家的政事密切相关，"移风易俗，莫善于乐"。所以，孔子到一个地方，首先听一听这个地方流行什么音乐，据此就能推断该地民风怎么样。

观察一个地方的流行音乐，就知道这个国家的国运，这在历史上也有先例。《左传》记载，吴国的公子季札精通音乐。鲁襄公二十九年，季札出访鲁国。鲁国是周公之后，保存着完备的先王礼乐和各国的国风。季札到了鲁国，就要求观乐。当他听到郑风，认为郑国的音乐过于细弱，没有远虑持久之风，他说："郑国将来亡国要比别的国家早。"后来郑国被韩国所灭，果然比宋国灭于齐国早了八十九年，比鲁国灭于楚国早了一百一十九年。这说明了音乐和政治相通的道理。

这段话是说，先王制礼来裁度万事，修乐来引导心志。制礼是使人返回根本，修乐是劝人向善。故而观察一个地方的礼乐，便可知其国家之治乱。

下面学习《内则》篇。

孔颖达疏，按郑玄《目录》云："名曰《内则》者，以其记男女居室，事父母舅姑之法，此于《别录》属《子法》。以闺门之内，轨仪可则，故曰《内则》。"之所以被称为《内则》，就是指在家族之内，男女居室，男女之间怎样相处？男女有别，怎样侍奉父母公婆等法则。

《内则》反映了古人修齐治平的重要思想。《大学》："古之欲明明德于天下者，先治其国，欲治其国者，先齐其家，欲齐其家者，先修其身。"而《内则》就是齐家之法，可以把它视为古人在实践层面把伦理道德的规范贯彻于家庭，乃至国家天下的具体仪轨。王夫之说："治天下者修明之以立治教，则治道之行不出于此矣。"如果治理天下的人把《内则》修好了，并以此确立治国的政教，那么治国平天下都不出于此。这可以说是以小见大，由此及彼。

为什么齐家就可以治国平天下？古人说："一屋不扫，何以扫天下？"治国平天下和齐家所需要的真诚恭敬之心，是一不是二。正是在家庭中与父母舅姑等亲族的相处，培养了一个人的真诚恭敬之心。之所以能够以小见大，原因就在这里。

【子事父母，鸡初鸣，咸盥漱。冠緌缨端，毕绅缙笏，左右佩用，以适父母舅姑之所。及所，下气怡声，问所欲而敬进之，柔色以温之。父母有过，下气怡色柔声以谏。谏若不入，起敬起孝，悦则复谏。父母怒，不悦而挞之流血，不敢疾怨，起敬起孝。父母既没，将为善，思贻父母令名，必果。曾子曰：孝子之养老，乐其耳目，安其寝处，以其饮食忠养之。父母之所爱亦爱之，父母之所敬亦敬之，至于犬马尽然，而况于人乎？】

"子事父母，鸡鸣初，咸盥漱"，"咸"，皆。"盥"，洗手。"漱"，漱口。

"冠绥缨端"，"冠"，戴上帽子，摄冠。冠带结于颌下叫"缨"，所余者下垂叫"绥"，垂绥。"端"，端服，玄端，士服也。"士服"，古代的一种黑色礼服，属于士人的服饰，庶民穿的是深色礼服。

"韠绅缙笏"，"韠"，蔽膝，也就是古人围于衣服前面的大巾，用以蔽护膝盖，以苇为材料。古代都是席地而坐，因此有蔽膝。"绅"，大带。"缙"，插上。"笏"，竹制的长方形记事板，笏板。

这句话是说，人子侍奉父母，鸡叫头遍就应该起身，洗手漱口，戴好帽子，垂下帽绥，结好帽缨，穿上正服，绑上蔽膝，系好大带，把笏插好。

"左右佩用，以适父母舅姑之所。"左右佩戴好日用的佩物，然后前往父母公婆的处所。为什么要佩戴这些东西？"备尊者使令也"，以备长辈随时差遣使用。"适"，去，往。"舅姑"，公婆。

"及所，下气怡声，问所欲而敬进之，柔色以温之。""下气"，声气低下。"怡"，悦美。"温"，"温，藉也，承尊者必和颜色也"。承奉父母、尊者，必须和颜悦色。就如《礼记·祭义》所说："孝子之有深爱者，必有和气；有和气者，必有愉色；有愉色者，必有婉容。"对父母有深爱的孝子，一定有和柔的语气；有和柔语气的，一定有欢愉的神色；有欢愉神色的，一定有温婉的容貌。

这句话是说，到了父母、公婆所居住的地方，和声和气，询问父母、公婆喜欢吃什么，恭恭敬敬进奉给父母，和颜悦色地承事父母。

"父母有过，下气怡色，柔声以谏。谏若不入，起敬起孝，悦则复谏。"孙星衍《礼记集解》："谏之所以不入者，必己之孝敬有未至，故复兴起其孝敬,冀以感动乎亲而复进其说也。"劝谏父母,之所以父母听不进去,一定是因为自己的孝敬之心没有达到极致。因此,又重新兴起孝敬之心,希望感动父母,再次进谏,让父母听进劝告。孔氏曰:"犯颜而谏,使父母不悦,其罪轻;畏惧不谏,使父母得罪于乡、党、州、闾,其罪重。"孔颖达说,犯颜而谏,让父母不高兴,做儿子的罪过轻。这是相对于什么来说的?如果你畏惧不敢进谏父母,使父母在乡、党、州、闾获罪,做儿子的罪过就重。所以,父母有过错,人子要和颜悦色、柔声细语予以劝谏。如果谏言不被接纳,就要更加恭敬地孝顺父母,等父母愉悦再进谏言。父母本来就很不高兴,甚至火冒三丈,这时去劝谏,就会火上浇油,达不到预期目的。所以,劝谏也要有智慧,要抓住时机。趁父母高兴去劝,就比较容易接受。

"父母怒,不悦而挞之流血,不敢疾怨,起敬起孝。""挞",击,鞭打。即使招致父母生气发怒,鞭打自己以致流血,也不应心存怨恨,反而要更加恭敬、孝顺。因为父母对我们有养育之恩,父母生气有其理由,不会无缘无故。即使父母鞭打自己,也不应该心存怨恨。一个人心有怨恨,说明内心还有瞋心。对父母有瞋心,对别人也会有瞋心。所以,侍奉父母的过程,让一个人把"我"给放下,"我"慢慢淡化。"我的意思""我的想法""我的主意",都慢慢放下。

"父母既没,将为善,思贻父母令名,必果。""贻",遗,遗留。"令名",美名。"果",坚决。孔颖达疏:"子事父母,父母虽没,思行善事,必果决为之。"父母过世了,你想着去做善事,也一定要果断去做,要把善事做成。

高愈曰:"为善未决,去恶未勇,人情之常也。喜其荣亲,则善必为;恶其辱亲,则恶必去。荣辱不击于其身而击于亲,盖孝子之心如此。"一个人作善不果断，去恶不够勇敢，不能勇于改过去恶，这是人之常情。但是为善能让父母欢喜，让父母荣耀，孝子也会欢喜，他做善事一定会很果断，要把它做成；厌恶这个恶会侮辱父母，他也会勇于去恶。

这句话是说，即使父母已经过世，子女想到行善会给父母带来好的名声，必当坚决去做。这也是对父母的孝心使然。

"曾子曰：'孝子之养老，乐其耳目，安其寝处，以其饮食忠养之。父母之所爱亦爱之，父母之所敬亦敬之，至于犬马尽然，而况于人乎？'"孝子奉养父母，备礼乐以使父母耳目愉悦，使父母起居安适，对饮食等各个方面都尽心仔细地照料侍奉。父母所钟爱的，自己也应当钟爱，父母所恭敬的，自己也应当恭敬，就是对父母所钟爱的犬马也是如此，更何况是对父母所敬爱的人？这就是爱屋及乌。

这段话让我想起一位老人家经常说的，你们这一代年轻人，没有恭敬心。我们觉得自己已经很有恭敬心了，为什么还说我们没有恭敬心？真是"人不学，不知道"，人不比较，也不知道自己的差距。古人侍奉父母的这种恭敬心，对照一下自己侍奉父母的恭敬心，就知道差距在哪里了。用侍奉父母的真诚恭敬心去对待一切人事物，还有什么事情处理不好？还有什么人际关系不能和睦？一个人有这样的恭敬心对待父母公婆，怎么可能出现不孝父母，不赡养父母，甚至打骂父母的情形？所以，礼有防患于未然的效果。

当然，现代社会和古人的生活环境有所区别，生活节奏有所加快，不一定要效法古人这种孝养父母的仪式，但是要从中学习古人孝养父母的恭敬之心。

接下来是《玉藻》篇。孔颖达《礼记正义》说，按郑玄《目录》

云："名曰《玉藻》者，以其记天子服冕之事也。冕之旒以藻纫为之，贯玉为饰。此于《别录》属《通论》。"这一篇之所以被称为《玉藻》，就因其所记是天子服制，还有礼帽。"旒"，礼帽前后悬垂的玉串。"旒以藻纫为之"，"藻"，冕上系玉的五彩丝绳；"纫"，细带。天子礼帽前后悬垂的玉串，是以五彩丝绳系在一起的，称为"玉藻"。

通观全篇，其实不仅仅记载了天子服冕之事，不仅仅记载了这些具体细节。孙星衍《礼记集解》："此篇首记天子诸侯衣服、饮食、居处之法，中间专记服饰之制：始冠，次衣服，次笏，次韠（bì），次带，次及后、夫人、命妇之服，其前后又杂记礼节、容貌、称谓之法。《礼记》中可以考见古人之名物制度者，此篇为最详。"这篇记载的内容很多，如天子、诸侯的衣服、饮食、起居等礼法，还有一些服饰之制，如怎么戴帽子，怎么穿衣服，怎么插笏板，怎么把大带系好，以及后、夫人、命妇的服制，前后又杂记一些礼节、容貌、称谓的礼法。

《群书治要》摘录这方面内容并不多，所辑录的也与服冕名物制度之事没什么关系，而是强调为政者要培养仁爱之心，因为有不忍人之心，才有不忍人之政。

【年不顺成，则天子素服，乘素车，食无乐。君无故不杀牛，大夫无故不杀羊，士无故不杀犬豕。君子远庖厨，凡有血气之类，弗身践也。】

"年不顺成，则天子素服，乘素车，食无乐"，指大札大灾之年。大札，指疫病；大灾，指自然灾害。"素"，本色，白色。"素服""素车"，不加妆彩的衣服、车具。素车，"以白土垩车也"。垩，用白土涂饰。天子素服素车，都是自我贬损，以示罪己之义。遇到瘟疫灾荒之年，天子身穿白色衣裳，乘坐白土涂刷之车，进餐时不奏乐。

"君无故不杀牛，大夫无故不杀羊，士无故不杀犬豕"，"故"，指祭祀之时。"君子远庖厨"，"庖厨"，厨房。《孟子》："君子之于禽兽也，见其生，不忍见其死；闻其声，不忍食其肉。是以远庖厨也。"君子看到禽兽活生生的，就不忍看到它被杀死；听到它的叫声，就不忍心吃它的肉，所以远离庖厨。为什么？保全自己的恻隐之心、同情之心。

"凡有血气之类，弗身践也"，"弗"，不；"践"，"当为翦声之误也"，和"翦"字是一个意思，是读音相近造成的错误。"翦"，宰杀。

这句话是说，国君不当祭祀之时不杀牛，大夫不当祭祀之时不杀羊，士人不当祭祀之时不杀狗、猪。君子远离厨房，凡是有气血生命的，君子都不亲自宰杀。这样做是为了保全恻隐之心。

中国人不仅讲养身，还讲养生、养心、养性。《论语》："仁者寿。"一个人有仁爱之心，自然会健康长寿，这是更全面的养生之道。

第八讲　圣人治天下从亲亲开始

这一讲继续学习《群书治要·礼记》，请看《大传》。孔颖达《礼记正义》讲，按郑玄《目录》云："名曰《大传》者，以其记祖宗人亲之大义。"这篇之所以称为《大传》，因为它所记载的是祭祀祖先、侍奉人亲最重要的义理。

孙星衍《礼记集解》："此篇之义，言先王治天下必自人道始。篇中言祭法，言服制，言宗法，皆所以发明人道之重，而篇末尤归重于亲亲。"本篇的义理是讲先王治理天下一定要从治人道开始。篇中论述祭祀、服制、宗法等，都是为了阐发人伦大道的重要性。《群书治要》所辑录的内容，把本篇要义归于圣人治天下之道，特别是在篇末，强调治人道以"亲亲"为要。

下面看经文。

【圣人南面而听天下，所且先者有五，民不得与焉。一曰治亲，二曰报功，三曰举贤，四曰使能，五曰存爱。五者一得于天下，民无不足，无不赡。五者一物纰缪，民不得其死。圣人南面而治天下，必自人道始矣。】

"圣人南面而听天下，所且先者有五，民不得与焉。""且先"，指无暇顾及其他。孔颖达疏："圣人受命即位，未遑余事，所且欲先行者，而有五种之事。"圣人受命即位治理天下，没有时间顾及其他，以这五件事情为先。孙星衍《礼记集解》："虽皆所以为民，而犹未及乎民也。"这五件事虽然都是为了民众，但是还没有直接谈及民众。

现在进行"不忘初心，牢记使命"为主题的党性教育，中国共产党人的初心和使命是什么？在十九大报告中，习总书记明确提出："中国共产党人的初心和使命，就是为中国人民谋幸福，为中华民族谋复兴。"那么，如何为中国人民谋幸福？这里所讲的就很有启发。民众尚未在这五件事情当中，但是这五件事情做好了，人民的幸福生活自然得以保证。这也说明中国古人做事不是就事论事，而是从根本入手。

哪五件事情做好了，人民的幸福就有保障了？"一曰治亲，二曰报功，三曰举贤，四曰使能，五曰存爱。"孔颖达疏："五者急事在前，后者次之。"五者是按照急缓的先后排序的。

"一曰治亲"。什么叫"治亲"？就是治人道之事。《礼记集解》："盖人道别而言之，则有亲亲、尊尊、长长、男女之不同；合而言之，祖祢、子孙、昆弟、男女皆亲也，尊之亲之长之别之，皆所以治亲也。"

简单地说，就是落实亲亲、尊尊、长长、男女等不同的伦理关系，做到父子有亲，长幼、尊卑有序，男女有别，就可齐家，进而治国，故急在先，列在首位。这就是《大学》说的，齐家才能治国的道理。国是千万家，千万个家都治理得和睦，社会自然和谐。

"二曰报功"。"功"，功臣。"报功"，回报有功劳的人，比如封为诸侯之类的。这件事缓于亲亲，故次治亲。

"三曰举贤"。"贤"，贤能、贤德之人。有德行，又有能力，这样的人要举荐出来做官。已经回报了有功劳之人，但是如果还有隐居的贤德之士，虽然尚未建立功勋，也要举荐任用，因此次于报功。

"四曰使能"。"能"，指有道艺、才能之人。既无功劳，又非贤德，但是有道艺，用现在的话来说，就是有技能，也应该任用，并且给予酬劳，使他们各当其职，发挥其应有的作用，使能轻于贤德，故次之。

"五曰存爱"。"存"，察，分辨。"爱"，仁爱。"存爱"，就是要分辨那些仁爱存心的人。治亲、报功、举贤、使能，对于为政而言已经足够了，但还应该辨别在侧陋下民之中，虽非贤能而有仁爱之心的人，赏赐他们。为什么要赏赐他们？就是让人们效法，也生起仁爱之心。这样做的目的，是倡导一种崇尚道德的社会风气。

为什么崇尚道德的社会风气尤其重要？这一点《韩诗外传》阐述得更加清楚："古者必有命民。"什么叫"命民"？古代君王下诏命封赏的平民百姓。为什么要封赏他们？"民有能敬长怜孤、取舍好让、居事力者，命于其君。命然后得乘饰车骈马，未得命者不得乘，乘皆有罚。"平民百姓中，有能尊敬长辈、怜悯孤儿、懂得谦让、做事尽心尽力的，君主就会下诏命给予封赏。

从这里可以看到，古代的制度是顺着人情设计的。《韩诗外传》有这样一句话："故圣王之教其民也，必因其情而节之以礼，必从其欲而制之以义。"这句话也反映了中国古圣先贤治国的高度智慧。古圣先贤知道人有七情六欲，所以要顺着人情的欲好来治理国家。人情都喜欢发财，喜欢当官，喜欢受人尊重，这是人之常情。所以，圣人从来不否认人之常情，像孔子在《论语》中也讲："富与贵，是人之所欲也。"他首先肯定，人都是喜欢富贵的。治理国家就要顺着这种喜好，人们才愿意接受。

那么，怎样才能发财？怎样才能当官？怎样才能受人尊重？古人就设计了这样一套制度，其中就有选官的原则："爵非德不授"，爵位，领导的位置，没有德行的就不授予。这样，人们就会争先恐后地培养自己的德行，因为如果没有德行，就不可能被提拔做官，不可能被封爵位，得到领导的位置。还有一句"禄非功不与"，"禄"就是俸禄，就如同现在的工资。俸禄，没有功劳就不给予。实行这样的制度，人们就会争先恐后去为国家建功立业。因为贡献大，俸禄就越丰厚。

这段话也出于同样的道理。平民百姓虽然身份、地位微贱，但是他很有德行，一言一行、一举一动对社会风气的好转都起到引领作用，给社会大众作出良好的表率。比如，他尊敬年长之人，怜悯孤儿，就可以培养、激发人们的仁慈之心、同情之心。如果人人都有仁爱之心、同情之心，社会风气就会淳厚。对社会有这样的贡献，国家就给他下诏封赏。

"取舍好让"，面对利益，能够谦让为先、礼让于人，这样的人国家不能让他吃亏。如果越是谦让，越是让他吃亏，结果是什么？结果就是人人都会去争、去抢。现在有句话说："不哭的孩子没奶吃。"如果大家都要通过哭闹才能获得应得的利益，哭闹就会成为自然。所以，人越是谦让，越不能让他吃亏，越要给他必要的封赏。有了这样的鼓励，人们就更加愿意彼此谦让。

"居事力者"，做事很负责任，尽心尽力把事情做得圆满，考虑周到，这样的人要受到封赏。这也是为大家树立榜样，告诉我们应该向做事竭忠尽智的人学习。

"命然后得乘饰车骈马，未得命者不得乘，乘皆有罚。""骈"，两马并驾一车。如果一个人有这样的德行，君主又诏命给予封赏，那他就可以乘坐装饰华美的两匹马拉的车子出行。如果没有君主的诏命封赏，就不能随便乘坐这样的车子，不然就会受到处罚。这样做的结果是什么？"故其民虽有余财侈物，而无礼义功德，则无所用其余财物。"一个人即使有多余的钱财，但是不讲礼义，没有对国家建功立业，就不能使用多余的财物，使用了就是僭礼。

而如果一切向钱看，谁有钱就尊重谁，谁有钱就可以享受特殊的待遇，这样做的结果，就会促使人们想方设法去谋取财利而不是追求道德。人们到机场常常听到："请头等舱和商务舱的人先行登机。"如果改成"请道德模范先行登机""请老弱病残孕先行登机"，所引导的社会风气就大不相同。

古人设置制度都是要培养人的德行，让人愿意去做一个有德行的人，做有德行的人不吃亏，而不是把财利放在第一位。如果事事都是"金钱至上"，以金钱多少评价一个人的价值，那就是对社会风气的错误引导。为什么现代社会很多事情都是见利忘义？就是为了财富不择手段的结果。所以，说某种制度是不是合理，关键看它能否引导、鼓励人们向善，培养德行，使有德行的人受到尊重，得到提拔、重用。所以，**中国古代制度并非不完善，它是以把人培养成好人、把好人选拔到领导的位置为核心来进行制度安排的**。

后面接着说："故其民皆兴仁义而贱财利。"这样的制度一施行，有德行的人受到皇帝封赏，人们就不会再把财利看得很重，而是看中德行、仁义。中国传统社会有两种人最受尊重，第一种是医生，第二种是老师。为什么这两种人最受大众尊重？老师和医生都有一个共同特点：为社会大众的付出无私无求，不讲条件。医生医人的身命，老师给人慧命，所以，这两种人最受社会的尊重。

"贱财利则不争，不争则强不凌弱、众不暴寡。"这些都是有连带、因果关系的。因为人们把财利看得很轻，把仁义看得很重，就不会再去争夺财物。不争夺财物，就不会出现以强凌弱、以众欺寡的事。这些都是从制度的根本设计上培养人向善好德之心。这段话对于我们如何为中国人民谋幸福有很大启发。

总结一下，这五件事情就是：第一，治人道；第二，封赏有功之臣；第三，举荐有德之人；第四，任用有才之人；第五，辨别能仁爱存心之人。

后面接着讲："五者一得于天下，民无不足，无不赡。五者一物纰缪，民不得其死。""一得"，孙星衍《礼记集解》："犹言尽得也。""无不足"，力足以自给。"无不赡"，财足以自养。"五者一物纰缪"，"物"，犹事也，就是事情。"纰"，犹错也。"纰缪"，就是谬误。

"五事得则民足，一事失则民不得其死，明政之难也。"夹注的意思是说，五件事情都能做到，则民众财力便能自足；有一件事情没有做到，民众就无法安享天年。这说明为政不易。"政之难，即为政当存心此五事，应使五者尽足而不可纰缪。"就拿任贤而言，如果任用的不是贤德之人，而是暴虐之人，民众就可能受其迫害，无法尽享天年。

《说苑》就记载了这样一个故事。齐宣王到社山打猎，社山的父老一齐来慰问齐宣王。齐宣王说："父老们辛苦了！赐令父老们的田地免收租税。"父老乡亲都拜谢宣王，只有闾丘先生没有拜谢。齐宣王说："父老们认为太少吗？再赐令他们不服徭役。"闾丘先生还是没有拜谢。齐宣王又说："父老们都拜谢，只有先生你不拜谢，难道我有什么过错吗？"闾丘先生说："听说大王要来巡游，所以才来慰劳大王，希望从大王这里得到长寿，从大王这里得到富裕，从大王这里得到尊贵。"齐宣王说："人的死生有一定的时限，不是我所能给予的，所以无法使先生长寿；粮仓虽然充实，但那是用来防备灾害的，所以无法使先生富裕；大官没有缺额，小官又太低贱，所以也无法使先生显贵。"闾丘先生回答说："这些都不是我所敢乞求的，只希望大王能够挑选有美好德行的人在这里做官，使法令制度公平，这样我就可以稍微多活几年；按时赈济百姓，不烦扰百姓，这样我就可以稍微得到富足；希望大王发布命令，让年轻的尊敬年老的，这样我就可以稍微得到尊贵。现在大王赐我们田地不交租，这样仓库就将空虚；赐我们不用服徭役，这样官府就没有人役使。这些本来就不是我敢希望的事。"一个百姓能说出这番道理，确实非常难得，虑事也是非常长远。齐宣王赞叹说："讲得好！"从这个故事可以看到，任贤确实可以达到使民众长寿、富贵的目的。

现在的社会问题看似五花八门，就像树叶一样繁多，根本出在哪里？根本的问题在于人的良心坏了。所以，制度设计就要围绕鼓励人向善、好德的方向努力。这样才能使贤者在位、能者在职，使有德者受到尊重。这样，社会风气才能淳厚。

"**圣人南面而治天下，必自人道始矣。**"圣人治理天下，必从治人道开始。这里所说的人道，就是上面所讲的五件事。

【是故人道亲亲。亲亲故尊祖，尊祖故敬宗，敬宗故收族，收族故宗庙严，宗庙严故重社稷，重社稷故爱百姓，爱百姓故刑罚中，刑罚中故庶民安，庶民安故财用足，财用足故百志成，百志成故礼俗刑，礼俗刑然后乐。】

"**是故人道亲亲**"，"亲亲"，亲爱父母。夹注上说："言，先有恩。"为什么中国人讲百善孝为先？因为人生在世，父母的养育之恩最重，没有谁的恩德超过父母。孝敬父母，培养了一个人知恩报恩、饮水思源的意识，树立了一个人恩义、情义、道义的处世原则。如果这个处世原则树立不起来，他不会什么原则都没有，取而代之的是以利害为原则。这件事对我有利有好处，我就全力以赴；由利变成害了，那我就不会竭忠尽智。这个人对我有好处有利，我就尽心尽力，由利变成害了，那对不起，我就会做出忘恩负义的事。

《孝经》："不爱其亲而爱他人者，谓之悖德；不敬其亲而敬他人者，谓之悖礼。"一个人不爱他的父母而去爱别的人，是和德行相悖离的；一个人不尊敬他的父母而去尊敬别的人，是和礼的要求相悖离的。为什么是相悖离的？比如，逢年过节送礼，我们对谁的礼物挑得最精心、最用心？一般都是对领导、对生意合作伙伴，很少人是对父母。逢年过节，我们是想着对父母尽心尽力照顾关心，还是想着带儿女去旅游？出门在外，是想着给儿女买礼物让儿女开心，还是想着给父母买礼物让父母欢心？所以，中国人讲的孝，培养的是一个人的仁爱之心。而一般人讲的爱，是一种"情爱"，是一种"我喜欢"，其中还是有自私自利的情感在。

比如，我们亲父母一下，觉得父母需要这种亲爱，是考虑到父母的感受，这种动作叫作"仁爱"。小孩很可爱，我们亲他一下，是因为"我"觉得他很可爱，是满足"我"的需要，培养的是"情爱"。中国人为什么讲百善孝为先？因为孝培养的是一个人的仁爱之心。如果笼统说都是爱，那就区分不出哪一个是仁爱，哪一个是情爱。所以，治人道以亲亲为本，以亲亲为重。在孝敬父母、奉事师长的过程中，把自己放下。只有把自己的意思放下越多，才越能看到对方的需要，而不是把自己的想法、知见强加于人。

"**亲亲故尊祖**"，能够亲爱、孝敬父母，必能孝敬父母的父母，而祖父母也有他们的父母，这就像木之有根、水之有源。一个饮水思源、知恩报恩的人，必然尊敬祖先。

怎样尊祖？就是通过祭祀。《论语》也说："慎终追远，民德归厚矣。""追远"，包含两重意思，一是祖宗过世已久，二是父母过世已久。为什么"慎终追远，民德归厚"？一个人连祖先都念念不忘，想着定时去祭祀，对于眼前的父母，哪有不照顾的道理？他不可能一面去祭祀祖先，一面还打爹骂娘，于情于理都不可能。一个人能够祭祀祖先，感念祖先的恩情得多么深厚！所以，中国人特别重视祭祀。

"尊祖故敬宗"，孔颖达疏："祖既高远，无由可尊，宗是祖之正胤，故敬宗。""正胤"，正宗的后嗣。祖先高远，没有办法表达尊敬，宗是祖先正宗的后嗣，所以，尊重祖先必然爱敬宗族。因为宗族都是祖先的后裔。

"敬宗故收族"，"收"是聚。爱敬宗族，就能以上下尊卑、亲疏远近的次序团结族人。

"收族故宗庙严"，"严"，尊严有序。孔颖达疏："若族人散乱，骨肉乖离，则宗庙祭享不严肃也。若收之，则亲族不散，昭穆有伦，则宗庙之所以尊严也。"如果族人离散，骨肉乖离，宗庙祭祀就不能庄重严肃。如果能够团结族人，亲族不相离散，且昭穆有序，就可以使宗庙肃穆庄严。

什么是昭穆有序？《礼记·王制》："天子七庙，三昭三穆，与太祖之庙而七。诸侯五庙，二昭二穆，与太祖之庙而五。大夫三庙，一昭一穆，与太祖之庙而三。士一庙。"这是讲宗庙制度，一般是太祖庙在中央，东为昭，西为穆。

天子的七庙是哪七庙？首先是四亲庙，"四亲"指父亲、祖父、曾祖父、高祖父。还有"二祧（tiāo）庙"，就是高祖的父亲，还有高祖的祖父，也称天祖和烈祖。还有"始祖庙"。这是一般的七庙。

《礼记》所记载的是根据周朝的礼制，郑玄注："此周制七者，太祖与文王武王之祧与亲庙四。"朱骏声在《说文解字通训定声》中解释："周制天子七庙，太祖四亲之外，有文武世室二祧也。诸侯五庙，大夫三庙，士一庙。其制太祖庙在中，昭东穆西，昭庙在东面，穆庙在西面，皆别为宫院。凡亲过高祖，则毁其庙，以次而迁。"根据周朝礼制，天子七庙是指太祖庙和四亲庙，"二祧"指的是"文武世室二祧"，就是文王和武王。"世室"是什么意思？就是世世不毁，也就是文王和武王的祧庙永远立在宗庙之内，不外迁。

按照礼制，凡是远过高祖，就要迁出宗庙。迁出的神主到哪里去？迁入祧庙，即远祖庙。帝王对远隔数世之祖，依照礼制将其神主迁入远祖之庙。但是文王和武王的庙不会迁出。由此可见，周人对他们开国祖先的恭敬、感恩以及追念之心。

"宗庙严故重社稷"，"社"，指土地神。"稷"，指谷神。"社稷"合在一起就是国家的代称。孔颖达疏："此以下并立宗之功也，始于家邦，终于四海，若能先严宗庙，则后乃社稷保重也。"这里讲的是立宗庙的功效。如果一个人重视宗庙祭祀的肃穆，也一定会重视国家。因为国家不保，他的宗庙也就保不住了，所以，"宗庙严故重社稷。"

"重社稷故爱百姓"，"百姓"，这里是指百官。孔颖达疏："既有社稷可重，故有百官可爱也。"既然很重视国家，希望把国家治理得安定，他一定会爱护百官，因为百官负责具体治理国家的工作。

"爱百姓故刑罚中"，"百姓"仍然是百官的意思。"中"，得当，无偏颇。孔颖达疏："百官当职，更相匡辅，则无淫刑滥罚，刑罚所以皆得中也。"百官尽好职责，互相匡正辅佐，就不会滥用刑罚，刑罚得当而不失偏颇。

《尚书》："刑，期于无刑。"什么意思？古人设立刑罚，不是以惩罚人为快，而是达到没有人触犯刑罚的目的。就像我们现在讲的武，是以武来止武，止戈为武。为什么要讲武力？并不是想称王称霸，侵略别的国家，滥杀无辜，而是希望以武止战，这个选择是不得已的。

就像抗日战争，如果不去抗日，被杀的民众会非常多，这也是以杀止杀，是不得已而用之。这说明中国古人治理国家是按照天道。天道最大的特点就是"有好生之德，天道好生而恶杀"。设置刑罚也是如此。

《汉书》："以礼义治之者，积礼义；以刑罚治之者，积刑罚。"用礼义治理国家，积累的就是礼义；用刑罚治理国家，积累的就是刑罚。"刑罚积则民怨背，礼义积而民和亲"，刑罚用多了，人民就会怨恨背叛；礼义积多了，人民就会和睦亲爱。"故世主欲民之善同，而所以使民善者或异"，世代君王都想让人民德行美好，这个意愿都是相同的，但是他们用以使人们德行美好的办法却不相同。"或导之以德教，或驱之以法令。导之以德教，德教洽而民气乐；驱之以法令者，法令极而民风哀"，有的是用道德教化来引导，有的是用法令来驱使。用道德教化来引导，德教盛行，人们的精神状态就表现出欢乐；用法令驱使的，法令严酷，民风也就呈现出哀怨。

《汉书》记载了酷吏严延年的故事。严延年身材短小，却精明强悍，办事灵活敏捷，甚至可以胜过以精通政务而著称的子贡和冉有。作为一郡的长官，凡是下属忠诚奉公的，他就会像对待自家人一样去优待、亲近，一心为他们着想，居官办事也不顾个人得失，所以，在他的治理范围之内，没有什么事是他不知道的。

但是，严延年有一个很严重的问题，他过于痛恨坏人坏事，所以被他伤害的人很多。他尤其擅长写狱词以及官府的文书，比如，他想要诛杀的人，他就亲自写奏折，他的狱词写得好，上面核定这个人的死罪很快就通过。冬天行刑，他命令郡下各县把犯人都押解到郡上，集中在郡府一起处死，一时间竟血流数里。因此，郡里的人给他起了一个外号，叫"屠伯"。"伯"就是老大，说他是屠宰的老大。结果，在他治理的地区，"有令则行，有禁则止"，全郡上下一派清明。

有一次，严延年的母亲从东海来看望他，本来是想和他一起行祭礼的。母亲到洛阳，正好碰上严延年处决犯人，血流了好几里地，她非常震惊，于是就在道旁的亭舍去住，不肯进入郡府。严延年还是一个"孝子"，当然这个"孝"是带着引号的。他出城到亭舍拜见母亲，母亲却关着门不愿意见他。他在门外脱帽叩头，过了好一阵，母亲才愿意见他。母亲斥责他说："你有幸当了一郡的太守，治理方圆千里的地方，但是没有听说你以仁爱之心教化百姓，让老百姓都保全平安，反而利用刑罚大肆杀人，以此建立威信。难道身为百姓的父母官，就应该这样行事吗？"从这段话可以看到，这位母亲是深明大义之人，已经看出儿子处事不妥当。严延年赶紧向母亲认错，重重地叩头谢罪，还亲自为母亲驾车，把母亲带回郡府。

祭祀完毕，母亲对严延年说："苍天在上，明察秋毫，岂有滥杀而不遭报应的？想不到我人老了，还要看着壮年的儿子身受刑戮。"这说明母亲已经预见到，儿子以后的结果一定是不好的。母亲说："我走了，离开你回到东边的老家去，为你准备好葬身之地。"母亲回到家乡，见着他同族的兄弟，又把同样的话讲给他们听。过了一年多，严延年果然出了事。东海郡的人没有不称颂严延年的母亲贤明智慧的。

读古书，包括读《群书治要》，确实看到很多有智慧的读书人，他们深明大义，看到一个人眼下的所作所为，就可以推断出他的结局如何。这是什么原因？因为古人从小熟读经书，读经明理，"经者，常也"，讲的是恒常不变的规律，就是古人所说的"天道"。"天"就是自然而然的意思，天道有什么规律？它有好生之德，好生而恶杀。所以，处理政务，办任何事情都应该顺应天道，要以仁恕之心对待百姓，不应该苛刻，淫刑滥罚。

古人把地方官称为"父母官"，所谓"民之父母"，本应爱民如子。《盐铁论》有这样一句话："故为民父母，似养疾子，长厚恩而已。"对犯罪的百姓应该是什么样的态度？就像对待生了病的孩子一样。哪有父母因为孩子一生病就把他抛弃的？作为父母官，对待百姓不过是增施恩惠宽厚相待罢了。哪有对儿女屠戮的道理？如果把人民，包括犯罪的人，放在自己的对立面，把逮捕多少人、杀戮多少人、判了多少人的刑罚作为自己的功绩，而毫无怜悯之心，这与天道不相符合，结果自然不好。所以，古人看一个人的所作所为，就知道他和天道相不相应，就能判断其兴衰成败。

《孔子家语》记载了孔子的弟子季羔的故事。季羔在卫国做狱官，亲自判处了一个人的刑罚。什么刑罚？刖足之刑，把他的双足给砍掉。后来卫国动乱，季羔逃跑，而被他砍掉双足的人，正好守护城门。他对季羔说："这个墙，有一个缺口。"季羔就说："君子不跳墙。"他又对季羔说："这里有一个洞可以藏身。"季羔说："君子不钻洞。"这个人又说："这里有一间房屋可以藏身。"于是季羔就躲进去了。当追赶他的人都走了，季羔要离开，他对这个人说："我不能违逆君主的法律，所以亲自判你刖足之刑。现在我遇到危难，正是你报怨的时候，你不仅没有报怨，反而还帮助我逃跑，这是什么原因？"这个人回答说："被判刖足之刑是因为我犯了罪，这是无可奈何的事。当时您治我罪行的时候，是先判了别人的罪，然后才判我的罪，就是希望我能得到减免，这一点我看出来了。在我被判定罪刑，将要行刑，您面带愁容，有伤痛不忍之心，这一点我也观察到了。您这样做，并不是对我有什么偏见，您也不认识我，而是仁德君子自然就有这种表现。"君子看到人民犯罪，他是一种哀怜之心，他会想，这个人从小没有接受良好的教育，没有学习传统文化，才走上犯罪之路。被判以刖足之刑，多么可怜！多值得同情！他不是觉得，这个人罪有应得，真是活该！一念存心不一样，给被判刑的人的感受也就不一样。他说："这就是我爱戴您、帮助您的原因。"

孔子听说这件事，说："善哉为吏！其用法一也，思仁恕则树德，加严暴则树怨。公以行，其子羔乎！"子羔这个官做得真不错！同样是依法办事，心存仁恕之心，树立的就是德行；太过严厉苛暴，树立的就是怨气。既能够秉公执法，又体现了德行，还有这种关爱百姓的存心，这说的不就是子羔吗？只有子羔能够做到啊！

同样是做司法工作的，但是存心不同。有的是虐民，而且以虐民为乐；有的看到百姓犯罪就发怒，还施以残酷的刑罚，从而树立自己的威严，还以此为荣耀；有的却是心怀怜悯之心。百姓对他们的回报也是截然不同的。这里讲到了"刑罚中"，爱百姓，刑罚才不会苛虐，没有滥施刑罚的现象。

下面讲，"刑罚中故庶民安"。孔颖达疏："上无淫刑滥罚，故庶民安也。"在上位的没有滥用刑罚，百姓就会安居乐业。《盐铁论》亦说："古者周其礼而明其教，礼周教明。不从者，然后等之以刑。刑罚中，民不怨矣。"古代的君王是怎样用刑的？首先要完善礼义，昭明教化。礼义完备，教化昭明，还有不服从的人，再按照违法犯罪的程度处以刑罚。刑罚得当，老百姓就没有怨言。"今废其德教，而责之礼义，是虐民也。"现在废除仁德的教化，却苛求百姓遵守礼义，这叫虐害百姓。

《孔子家语》也记载了这样一个故事，说的是同样的道理。孔子在鲁国任大司寇,有父子两个人互相控告,孔子就把他们关进同一个牢房,三个月都没有进行判决。后来父亲撤诉,孔子就把他们给释放了,没有再追究。鲁国大夫季孙听说了,很不高兴。他说:"司寇,您欺骗了我。您曾经说过,孝是治国的根本。现在杀一个不孝之人,就可以警诫全国的百姓都尽孝,但是您不杀他,反而把他给赦免了,这是什么原因?"

孔子说:"上失其道,而杀其下,非理也。"身居上位的人没有教育、引导百姓,没有教导人走正道、行孝悌,结果百姓犯了罪,就处以刑罚,甚至把他们杀掉,这是不符合情理的。"不教以孝,而听其狱,是杀不辜也。"不教导百姓培养孝心,而用孝的标准来审判官司,给人判刑,这是杀害无辜之人。"三军大败,不可斩也;狱犴不治,不可刑也。"全军溃败不可以斩杀士卒,司法混乱不可以惩罚百姓。为什么?后面讲:"上教之不行,罪不在民。"这是因为身居上位的人,没有实行道德教化,罪责并不在百姓身上。"夫慢令谨诛,贼也",法令松弛不严谨,但是诛杀甚严,这叫残害百姓。"征敛无时,暴也",横征暴敛没有一定的时节,称为暴政。"不诫责成,虐也",不事先教化百姓,却苛求他们遵纪守法,这是虐政。"政无此三者,然后刑可即也",杜绝这三个方面,然后才可以用刑。

孔子接着讲应该怎样教导人,给人以道德的教化才是有效的,也是有步骤的。孔子说:"既陈道德,以先服之。"首先要给人们宣讲孝悌忠信礼义廉耻的道理,并且以身作则,让人们信服。现在的思想道德教育为什么不得力?一个重要原因,就是把道德教育变成了说教,也就是说得很好、讲得很好,但是自己没有做到。如果在位者不能率先垂范,只是希望下属去做,下属就很难信服。"上行而下效",道德教育不是靠说教，不像知识的传授，而是需要教育者的身教来带动，所以，教育者和领导者先受教育，身体力行，才有效果。人们明白了是非善恶美丑的标准，就不会轻易作恶了。

现在对很多人来说，这个标准并不明确。譬如，我们从小学一直上到博士，上了很多课，有没有一堂课教导我们如何孝敬父母？你说孩子很逆反，孩子不会知恩报恩，孩子是小公主、小皇帝，自我中心很严重，对父母是"一言九顶"，父母说一句话，他给你顶九句，为什么是这样的结果？因为他不知道孝的标准在哪里。现在的标准，没有像《弟子规》"入则孝"那样，把如何在家孝敬父母，方方面面都讲得很具体。

《弟子规》开篇就说："父母呼，应勿缓；父母命，行勿懒。父母教，须敬听；父母责，须顺承。"这四句话做到了，孝才有基础。但是没有明确孝的标准，就会出现什么样的问题？有个人犯罪被抓起来，人家说这个人不孝，他振振有词："我对我的父母很好，你怎么知道我不孝？"《弟子规》说："身有伤，贻亲忧；德有伤，贻亲羞。"德行上有损，有不足，都被抓起来，关进监狱了，他还振振有词，认为自己是一个孝子。说明这些道德规范没有明确地给大家宣讲，没有家喻户晓。

宣讲了道德还是不行，该怎么办？"则尚贤以劝之"，要尊重贤德之人，劝勉百姓向善。所以，尊重贤德之人非常重要，因为贤德的人能够身体力行，把这些孝悌忠信礼义廉耻的道理不仅讲出来，而且做出来，让大家学习效仿。古人特别尊重贤德之人，因为他们能够兴起教化。

"又不可，则废不能以惮之。"还是不行，就要罢黜那些不能遵守

第八讲 圣人治天下从亲亲开始

道德规范的人，让人们生起畏惧之心。"若是，百姓正矣。"如果这些全都做到了，百姓自然端正。"其有邪民不从化者，然后待之以刑，则民咸知罪矣。"倘若还有一些奸邪之徒顽固不化，最后才给他们以刑罚的制裁，这样民众就能够明理而知耻，羞于犯罪。"是以威厉而不诚，刑措而不用也。"这样就不需要严厉、苛责的政令，刑罚也可以搁置不用。

"今世不然，乱其教，烦其刑，使民迷惑而陷罪焉，又从而制之，故刑弥繁而盗不胜也。"现在世间却不是这样，是什么样？《孔子家语》讲了当时出现的问题：教育混乱，刑罚繁多，使人迷惑，人们不知不觉就犯了罪，结果又用刑罚制裁他们。刑罚愈来愈繁多，犯罪的人却数不胜数。

"世俗之陵迟久矣，虽有刑法，民能勿逾乎？"社会的风气由盛转衰已经很久了，虽然有刑法，老百姓能不越轨犯法吗？这段阐述非常明确，告诉我们先要对民众施以教化，如果民众因没有伦理道德的教化而做了邪曲不正的事，应该给予宽恕。宽恕之后，一定要兴起伦理道德的教化，让人们知道做人的本分。这样刑罚得当，又兴起伦理道德教育，民众就安定了。

下面讲，"**庶民安故财用足**"，人民都安居乐业，财用自然富足。"**财用足故百志成**"，"百志"，就是各种愿望。孔颖达疏："百姓足，君孰与不足？既天下皆足，所以君及民人百志悉成，是谓'仓廪实，知礼节；衣食足，知荣辱'也。"百姓都很富足，君主也就富足了；天下都富足了，君主和人民的各种愿望都能够达成。孙星衍《礼记集解》："财用足，则富可以备礼，和可以广乐，百志之所以成也。"财用富足，就可兴起礼义道德的教化。因为富足之后，如果没有道德伦理的教育，就会像《孟子》所说的："饱食、煖衣、逸居而无教，则近于禽兽。"人们富足之后，就可把礼义做得很周全。"和可以广乐"，音乐教育也可以做得很好，这样一来，各种志愿都可以达成。

"百志成故礼俗刑"，孔颖达疏："刑亦成也。天下既足，百志又成，则礼节风俗，於是而成，所以太平告功成也。""礼俗刑"，"刑"是成的意思。天下富足了，各种愿望达成，这样自然而然形成礼节风俗，天下也能太平。

"礼俗刑然后乐"，孔颖达疏："乐谓不厌也。礼俗既成，所以长为民庶所乐而不厌也。""乐"就是不被厌弃，因为社会的礼仪风俗已经形成，在上位的就为民众所喜欢，而不被民众所厌弃。

整段话是说，是故人道亲爱自己的父母，就能尊敬祖先；尊敬祖先，就能爱敬宗族；爱敬宗族，就能团结族人；团结族人，就能使宗庙肃穆庄严；宗庙肃穆庄严，就能重视国家；重视国家，就必然爱护百官；爱护百官，刑罚就能得当；刑罚得当，民众就能安居乐业；民众安居乐业，就能财用充足；财用充足，就能达成各种愿望；各种愿望都能达成，礼俗就能形成；礼俗形成，人人都能安乐。

【《诗》云："不显不承，无斁（yì）于人斯，此之谓也。"】

"斁"，厌弃，厌倦。孔颖达疏："诗云：'不显不承，无斁于人斯，此之谓也者。'此周颂清庙之篇，祀文王之庙，美文王之功，言文王之德，岂不光显乎？言光显矣。文王岂不承先父之业乎？言承之矣。'无斁于人斯'，斁，厌也。文王之德，既能如此，无见厌于人，谓人无厌倦之者。斯，语辞也。今尊祖敬宗，人皆愿乐，亦无厌倦，故云'此之谓也'，谓与文王相似矣。"

孔颖达的这段疏比较长，告诉我们这句话出自《周颂·清庙》，讲的是祭祀文王之庙，赞美文王的功德。文王之德难道不光明显赫吗？文王难道没有继承尊奉先人的事业吗？文王之德光明显赫，继承尊奉先人的德业，因而为民众所喜爱而不被厌倦。如果我们也能够效仿文王，也一定会为人所喜爱而不是厌倦。

　　文王确实做到了这段话所描述的，从亲亲开始，最后人民都尊重爱戴他。《大学》这样称赞文王："为人君，止于仁；为人臣，止于敬；为人子，止于孝；为人父，止于慈；与国人交，止于信。"

第九讲　移风易俗，莫善于乐

这一讲继续学习《群书治要·礼记》，请看《乐记》。

郑玄云："名《乐记》者，以其记乐之义。"因为它所记载的是乐的义理，所以称为《乐记》。可以说，《乐记》是中国古代关于乐理最重要的文章，详细记述了音乐的起源、作乐的方法以及音乐的功效。"乐也者，圣人之所乐也，而可以善民心，其感人深，其移风易俗。故先王著其教焉。"强调重视礼乐教化，认为礼乐对于协调人的内在情感和外在言行，社会安定，至关重要。这与《孝经》"安上治民，莫善于礼；移风易俗，莫善于乐"的思想是一致的。

古代圣王治理天下，运用礼乐刑政，乐排在第二位，仅次于礼；中国传统文化也常常被称为"礼乐文化"，说明乐教在国家治理中起到至关重要的作用。

下面看经文。

【凡音之起，由人心生也。人心之动，物使之然也。感于物而动，故形于声。】

"凡音之起，由人心生也。"郑玄注："以宫、商、角、徵、羽五声相杂而和合成章谓之音。"也就是宫商角徵羽，杂比曰音，单出曰声。

"人心之动，物使之然也。"孔颖达疏："物，外境也。"就是与我相对的他物，包括人事物等。音之所以产生，是由人心。而人之所以心动，是外在的人事物使然。

"感于物而动"，《说文解字》解释，"感"，动人心也。所以，我们经常说感动。"感"，也有迷惑的意思。《吕氏春秋·有度》："使人不能执一者，物感之也。"高诱注："感"，惑也。也就是说，使人不能专一、制心一处，是因为外物的迷惑。

"故形于声"，"形"，犹现也，显现、流露的意思。人心受不同外境所感而生起不同之情，于外便显现为不同之声。比如，人心如果感受到死丧之物而兴动，于口则显现为悲戚之声；如果感受到福庆之物而兴动，于口则显现为欢乐之声。

这段话是说，所有"音"的兴起，都是由心而产生的。人心的萌动是受外境所感而致。人心因感于外境而情动于中，显现于外则为声。

《礼记正义》："此一节，论乐本之事，乐的根本，名为乐本者。乐以音声为本，音声由人心而生，此章备论音声起于人心，故曰乐本。"

【乐者，音之所由生也，其本在人心之感于物。是故其哀心感者，其声噍（jiāo）以杀（shài）；其乐心感者，其声啴（chǎn）以缓；其喜心感者，其声发以散；其怒心感者，其声粗以厉；其敬心感者，其声直以廉；其爱心感者，其声和以柔。六者非其性，感于物而后动，是故先王慎所以感之者。故礼以导其志，乐以和其声，政以一其行，刑以防其奸。礼乐刑政，其极一也，所以同民心而出治道。】

"乐者，音之所由生也，其本在人心之感于物。""由"，就是来源。乐本源于音而生，因此，可以说音是乐的来源。"本"，孔颖达疏："本，犹初也"，即本源之义。"究其本源，乐由音成，音由声就，声由情动，情由心感。"由此可知，乐的本源在于人心对外物的感受。这里区分了乐、音、声。

"是故其哀心感者，其声噍以杀。""噍"，急也，急促之义。"杀"，衰微之义。若丧其所欲，必哀感于心，形于声则必然急促衰微。

"其乐心感者，其声啴以缓。""啴"，宽也。若人得其所欲，必乐感于心，形于声则必然随而宽缓。

"其喜心感者，其声发以散。""发"，郑玄注："发，犹扬也。"即发扬。"散"，放散。"得顺其心，心必喜悦，形于声则必然发扬放散。"

"其怒心感者，其声粗以厉。""厉"，猛厉。若遭遇恶事，心生恚怒，形于声则必然粗暴而猛厉。

"其敬心感者，其声直以廉。""直"，不邪。"廉"，廉隅也，廉直方正。如果遇到地位尊贵之人或者自己处于尊高的地位，一定是心生严敬。内心有所畏惧，表现在声音上就是廉直方正，不敢说那些邪曲不正的话。

"其爱心感者，其声和以柔。""和"，调也，调和。"柔"，软也，柔软。若心中有所爱慕，形于声则必然调和柔软。

"六者非其性，感于物而后动，是故先王慎所以感之者。""六者"，指以上所说的因哀乐喜怒敬爱而生起的六种声。"非性"，不是本性本具的。方性夫曰："静者天之性，动者人之情，无所感则静，有所感则动。六者感于物而后动，故曰：'非性也。'"也就是说，人的天性本自静寂，没有因六情产生的六声。六声之所以产生，是由于人心感于外物而情动于中，随其所感发的六种情绪而应和成六声。这六者不是本性本具的。圣人制礼作乐，目的是不让人因外境迷惑心性，故云"先王慎所以感之"。

这六声是人心受外境所惑而起了妄动。人心之动，缘于外境的感发。耳目等所接之境自然会影响内心的状态，所以，必须谨慎于外境事物对心性的迷惑。古圣先王对此十分慎重。

"故礼以导其志，乐以和其声，政以一其行，刑以防其奸。""礼以导其志"，"导"是引导。"志"是六志，也就是好恶喜怒哀乐六种情志。

怎样引导人的情志？《论语》讲"志于道"，读书志于圣贤，志于求道，**而非志在赚钱**。现在很多人拿着圣贤学问去赚钱，就如同捧着一个金饭碗去讨饭吃，非常可惜。

《大学》开篇就说："大学之道，在明明德。"自性里有无尽的德能、无量的相好、无量的财富。所以，要引导人志于道，明明德。《论语》也讲："志于道，据于德，依于仁，游于艺。"要引导人爱好仁义道德。孔子说："我欲仁，斯仁至矣。""士不可以不弘毅，任重而道远。仁以为己任，不亦重乎？死而后已，不亦远乎？"也都是让人志于道，以弘仁为己任。

君子应当以求道为志向，"据于德，依于仁"，但是道、德、仁都是难知难言，怎么办？就要借助于礼，"行而后知"。**先行，然后才有所体悟，有所了解；先行礼，然后去体悟什么是仁，什么是道，什么是德，这也是孔子教学法的特别之处。**颜子赞叹孔子："博我以文，约我以礼。"赞叹孔子"循循然，善诱人"，善于引导人。也就是说，通过学文、习礼，逐步体悟到什么是仁，什么是德，什么是道，体会到"学而时习之，不亦说乎"。所以说，"道德仁义，非礼不成"。

学仁从哪里下手？从"学礼"开始，以落实"五伦十义，言忠信，行笃敬，去争行让，惩忿窒欲，改过迁善"为基础。比如，你越让，心量越大，量大福大，越能体会到"君子坦荡荡"的境界；越施越多，越多越施，越慷慨，越不吝啬，越能去除贪心。《说文解字》解释："礼，履也。"礼的特点就在于"可履践而行"，而且，"其教化也微，其止邪也于未形，使人日徙善远罪而不自知也"。它的教化效果非常微妙，它能制止邪恶，制止邪思邪念于未形之中，使人每一天都向善远罪却不知不觉。所以，孔子特别强调学礼的重要性："不知礼，无以立也。""君子博学于文，约之以礼，亦可以弗畔矣夫。"

孔子最得意的弟子颜回问仁，他回答说："克己复礼为仁。"颜回请问其目。子曰："非礼勿视，非礼勿听，非礼勿言，非礼勿动。"也就是所有不符合于礼的现象、音声、言辞乃至意念，都不要去看、去听、去讲，更不要起心动念。"勿动"的"动"，本质上是指心念的起动，也即起心动念。

程子对这一章格外推崇，作《四箴》来发明大义，就是《视箴》《听箴》《言箴》《动箴》。前三箴侧重讲身动会影响内心的中正和平。《视箴》："心兮本虚，应物无迹。操之有要，视为之则。蔽交于前，其中则迁。制之于外，以安其内。克己复礼，久而诚矣。"意思是说，人心本自空虚清净，感应于物无有痕迹。操持本心的关键就在于戒慎于所观视。当邪蔽交于目前，内心就会随而迁流变化。因此，制止外在的所视之物，以安定内心；克己复礼，久久为功，就能够达到诚的境界。《中庸》讲："诚者，天之道也。"这就是回归本性。

《听箴》："人有秉彝，本乎天性。知诱物化，遂亡其正。卓彼先觉，知止有定。闲邪存诚，非礼勿听。"人都有美好的禀赋，本乎天性。邪知外物的诱化，使之丧失本有的中正。那些卓越的先觉之人，知道物化迁流的祸患，所以求所定止，防止邪蔽，保存真诚，凡是不符合礼的，都不去听。可见，心虽为一身之主，生而虚静，但它和外物相接，必要借助于目见耳闻。而与外物相接，就有被外物所诱化、随物迁流的危险。如邪蔽交于目前，淫声荡于耳际，就会引发欲念的萌动，本心也会随而迁化，丧失本有的中正状态。操持本心，首先要做到的就是戒慎视听，使接触的外境都依于礼。先觉之人，求所定止。而定止之要，以约束视听为先，使"奸声乱色，不留聪明；淫乐慝礼，不接心术"，这样才可以保证先天善性的全复。所以，我们每一天接触的人事物，如微信、微博、网络信息，都要小心谨慎，因为心性会潜移默化地受到影响。

《言箴》则强调心动言出，言出心随，很容易流为散漫不经，而且言语于个人的祸福荣辱关系重大，所以，一定要涵养口德，"发禁躁妄""非法不道"，如此，保守本心的清净专一。

程子《四箴》所强调的，其实也就是《论语》所讲的"不使不仁者加乎其身"，以免不觉之间受到不良熏染而迷失本性。明白了这个利害关系，对于耳目口鼻身等感官所交流、接触的人、事、物就不能不慎重，以杜绝不善之源。这就是程子在《序》中所言："制于外，所以养其中也。"

"乐以和其声"，"和"是调和、谐和，"声"也可以理解为心声。关于音乐和谐民心的效果，《史记·乐书》有所描述："闻宫声者，使人温舒而广大；闻商声者，使人方正而好义；闻角声者，使人恻隐而爱人；闻徵声者，使人乐善而好施；闻羽声者，使人整齐而好礼。"

舜王曾做五弦琴，弹奏了《南风》这首琴曲，起到什么样的教化效果？"解民之愠""阜民之财"，能够解除民众心里的不良情绪，甚至还可以让百姓生活富足。为什么有这样的教化效果？因为"闻徵声者，使人乐善而好施"，如果人人都喜欢布施、喜欢帮助别人，那么，布施的人越施越多，人生境遇越来越好；受到施舍的人，物质生活也会越来越丰富。音乐教化让人情绪平和、乐善好施，自然也可以使国家安定、社会和谐。所以，圣人治理国家特别重视"乐教"。

孔子重视音乐教育，以"六经"教育学生，其中就有《乐经》。孔子也最了解音乐的特性，严于善恶之辨，所以，主张放郑声，用韶舞。

到了秦汉，《乐经》失传，"六经"就剩下"五经"，但是《书经》《礼记》，以及《史记·乐书》，还都保留了重要的乐理，可以奉为《乐经》。

比如，《书经·虞书》记录了这样一段话："帝曰：夔！命汝典乐，教胄子。直而温，宽而栗，刚而无虐，简而无傲。"舜帝命夔主管音乐，教导他和卿大夫的子弟。经过音乐的教育，可以使人的性格变得正直而又温和。有的人的确很正直，觉得自己有理，结果就理直气壮，往往失去了温和的态度。"宽而栗"，为人宽和而恭谨。有的人一随和，往往就流于随意，失去恭敬心，但是，礼乐的教化可以让人既保持宽和，又有威仪，庄严恭敬。"刚而无虐"，刚强而不暴虐。"刚"，有刚正、刚直、刚强的意思。《易经》："天行健，君子以自强不息。"就是说，人要有自强不息的品质，而又不流于暴虐。"简而无傲"，简约而没有傲慢。这些都是乐教的结果。

舜帝接着说："诗言志，歌永言，声依永，律和声，八音克谐，无相夺伦，神人以和。"诗表现的是人的志向、志愿；"歌永言"，"永"是延长的意思，用歌把诗延长吟咏出来，所以，诗称为"诗歌"；"声依永"，"声"就是指宫商角徵羽五声，五声的高低和延长的吟咏相配合；"律和声"，再用音律来调和歌声。

"八音克谐，无相夺伦"，"八音"是指金石丝竹匏（páo）土革木八种不同材料做成的乐器。

"金"是用金属制作的乐器，如编钟。

"石"是以石头如汉白玉等，制成磬一类的乐器。磬的大小厚薄不同，发音也就不一样，一般是用牛角加木棒来敲击磬，声音清脆悦耳。

"丝"是指琴瑟上的弦。下面讲一下琴瑟。"瑟"，一般宽而长，体积较大，古人过世要办理丧事，为了腾出空间，先除瑟，就是先把瑟搬出去。《礼记》也讲："士无故，不撤琴瑟。"可见，琴瑟在古人生活中具有重要的地位。古人感慨说，琴瑟是圣贤之乐，能动天地、感鬼神。琴瑟在北方是用梧桐木制作，在南方是用杉木。《白虎通》对琴有这样一个定义："琴者，禁也。"禁止的禁，"禁淫邪，以正人心也。"这句话概括了古人制琴的深意。人无事就容易胡思乱想，通过弹琴，使人心定在一处，制止邪思邪念，达到静定的效果。这就是《大学》所说的"知止而后有定"。止在何处？止在琴上。弹得久了，就有定力；定力有了，就能把心安定下来；安定下来再去思虑，"虑"就是静虑，就会有所得。为什么？因为你心定了，心静了，就会体悟出很多东西。

传说上古时期，伏羲氏看到凤凰落在桐木上，于是就用梧桐木做琴的面板，制造了古琴这种乐器。桐木的木材非常轻，属阳，面板是弧形的，象征着天，古人讲天圆地方。用梓木做琴的底板，梓木的木质比较重，属阴，象征着地，底板是平的。木头砍下来，晒在屋檐下，要经过父、子、孙三代，木头才能晒干晒透，音质才好。琴瑟做成，弹一百年左右，木板会出现裂纹，裂纹的间隙比较宽，叫"蛇腹断"；再弹一百年，裂纹就比较密了，叫"牛毛断"；弹到三百年，木板会出现一朵一朵类似梅花的图案，叫"梅花断"。

"竹"是指竹管，横吹的叫笛，竖吹的叫箫。箫又叫尺八，因长一尺八寸而得名。制作八寸，需要十目九节的竹管，每节能开两个孔。

"匏"是葫芦一类的植物果实，用来做笙、竽的底座。

"土"是用泥土烧制成的埙。

"革"是兽皮，用来做鼓面。

"木"指木制的打击乐器柷敔（zhù yǔ）。柷，是用木头做成，形状就像方形木箱，但是上宽下窄，用木棒撞击它的内壁发声，表示乐曲即将开始；敔，状如伏虎，背面刻有锯齿，演奏时用一支一端破成细条的竹筒，逆刮虎背的锯齿，以示乐曲的终结。

舜帝说，诗是表达情志的，歌是唱出来的语言，五声与吟咏相配合，用六律来和谐五声。只要八类乐器的声音协调，不互相乱了伦次，神明和人都会由此达到和。夔回答舜帝时说，他击石拊石，能使百兽跟着起舞。

这段文字把音乐教育的目的，创作乐词、乐谱，制作乐器的原理和方法，以及感化人心的效果，都讲得非常清楚。

关于音乐教育的重要性，可以说，古今中外的思想家都达成共识。古希腊著名哲学家毕达哥拉斯、柏拉图，对音乐教育都非常重视。他们都认为，教育的目的就是灌输一种对和谐的爱。音乐不仅仅是娱乐，我们可以通过欣赏和接触音乐的美而成为和谐的人。在教育中，音乐也被用来传授道德，因为它可以控制人身上极富欲望和侵略性的部分，比如毕达哥拉斯就通过音乐来塑造弟子的品格。他提出，人的实际追求可以通过对感官的反复灌输而形成，这一事实对于人类而言至关重要。通过观看美好的形式形态和聆听美妙的韵律曲调而实现对美的追求，可以帮助人去除败坏的品格，达到对激情欲望的控制，恢复精神原本的和谐。

毕达哥拉斯不仅把音乐作为塑造人格的重要手段，也用音乐来治疗精神疾病。他曾对着一个醉汉吹奏不同的曲调，而制止了他的疯狂行为，恢复了清醒的头脑。他还设计了通过曲调检查和治疗各种身体及精神疾病的方法。其中最令人惊叹的是，他曾亲自弹奏受神明启示而设计的曲调，轻松控制住了弟子出现的精神问题，比如沉溺在痛苦和愤怒中的激情、遗憾和嫉妒，对创伤的恐惧，各种形式的欲望和侵略性，食欲不振以及懈怠、懒惰和狂热等。适合的音乐就像精心调制的救命药草，可以转烦恼为和谐的美德。通过音乐为人展现和谐的存在，可以重建人的身体这个小宇宙的秩序。

毕达哥拉斯的成功并非出于偶然，他掌握了音乐这种语言，认识到通过音乐可以影响心灵的和谐，具有增加或者解除激情的作用。中西方的传统典籍中，都有无数运用音乐调节情感、治疗疾病、涵养心性的实例。这种重视音乐功能的传统特别值得现代的领导者借鉴，把乐教作为治国的重要手段。人人都能欣赏德音雅乐，接受好的音乐教育，心地和善柔软，自然不会为非作歹，也不会走向暴力和偏激。这就是"乐以和其声"。

"政以一其行"。"政"是政令、法律；"一"是统一，使归于一致。通过政令、法律把人的行为都统一到孝悌忠信、礼义廉耻、仁爱和平。如果没有统一的政令、法律，就会出现《墨子》所说的状况，"一人则一义，二人则二义，十人则十义"。遇到问题，就不知道何去何从，谁是谁非。所以，用政令、法律来统一人的行为。

"刑以防其奸"，用刑罚防范凶奸，使民众不再流于放荡邪僻。

"礼乐刑政，其极一也"，"极"是至的意思。用四事齐之，使其同归于和，不为非作歹，"**所以同民心而出治道**"。这句话是总结前面讲的礼乐刑政四者的功效。"言民心所触，有前六事不同，故圣人用后四者制之，使俱得其所也。"人有哀乐喜怒爱敬六种情志的不同，圣人用礼乐刑政这四者来对治：用礼来引导人民的情志；用乐来和谐人民的心声；用政令、法律来统一人民的行为；用刑罚来防治奸邪。礼乐刑政四者的旨归都是一致的，都是使民心同归于和而达致治平之道。

【凡音者，生人心者也。情动于中，故形于声。声成文，谓之

音。是故治世之音安以乐，其政和；乱世之音怨以怒，其政乖；亡国之音哀以思，其民困。音声之道，与政通矣。】

"凡音者，生人心者也"，所有的音都产生于人心。至于如何产生的，下面接着讲："情动于中，故形于声。声成文，谓之音。""情"就是感情。

《荀子·正名》讲，"性之所好恶喜怒哀乐谓之情"，其实也就是上面所讲的六种情志，喜怒哀乐好恶。韩愈《原性》讲，"情也者，接于物而生也"，也就是当我们的眼耳鼻舌身意，接触外界六尘——色声香味触法，起心动念，进而产生分别执着，就有了喜怒哀乐爱恶的感受。

宋朝秦观《心说》讲："即心无物谓之性，即心有物谓之情。"也就是说，当心与尘相接触，心如如不动，没有被外物染污，这时的心就被称为性。这就是禅宗所讲的"百花丛中过，片叶不沾身"，也即六祖惠能大师所讲的"本来无一物，何处惹尘埃"，这个状态就称为性，也称为真心；当心与尘接触，如果被外物所染污，也即有了起心动念、分别执着，这时就称为妄情。为什么称为"妄"？因为它本来没有，是虚妄的。

"情动于中，故形于声。"《史记·乐书》也有这句话，张守节《史记正义》说，"中，犹心也"，"情动于中"的"中"就是指内心。这句话意思是说，感情萌动于内心，所以流露于声，就是宫商角徵羽五声。

"声成文，谓之音。""文"是指曲调，宫商角徵羽五声按照高低长短强弱的乐音，组成一定的旋律、曲调，就称为音。

"是故治世之音安以乐，其政和；乱世之音怨以怒，其政乖；亡国之音哀以思，其民困。""治世"就是太平盛世。治世和乱世的区别何在？《荀子·大略》："故义胜利者为治世，利克义者为乱世。"也就是说，做到义以为上，使义战胜利的世间，就称为治世；反之，见利忘义，为了追求利益不择手段，不顾礼义廉耻，就称为乱世。

"其政乖"，"乖"是反常谬误。"哀以思"是悲伤而哀愁。

这句话是说，太平盛世的乐曲安详而喜乐，可以感受到政治的和谐；乱世的乐曲怨恨而愤怒，可以感受到政治的混乱反常；亡国之音悲伤而哀愁，可以感受到民众的困苦。

《吕氏春秋》对乱世之音就做了以下描述："乱世之乐，为木革之声，则若雷，为金石之声，则若霆，为丝竹歌舞之声，则若噪。以此骇心气，动耳目，摇荡生，则可矣；以此为乐，则不乐。故乐愈侈，而民愈郁，国愈乱，主愈卑，则亦失乐之情矣。"

乱世的音乐，演奏木制革制的乐器，声音就像打雷；演奏金属石制的乐器，声音就像霹雳；演奏丝竹乐器，声音就像大嚷大叫。用这样的声音来扰人精神，震动耳目，放荡性情，倒是可以办得到，但是不可能给人带来和乐。所以，音乐愈是奢华放纵，人们愈是抑郁，国家就愈是混乱，君主的地位就愈是卑下，这样也就失去了音乐本来的意义。

《乐记》也讲，人性本来是平和安静的，但是由于受到外部环境的影响，而产生种种贪嗔痴的心。当这些情欲没有被很好地控制，以及人的自觉心被物质世界所扰乱，人们就迷失自性而为欲望所淹没，进而滋生叛乱、违抗、狡黠和欺骗，以及普遍的不道德，出现以强凌弱、以众欺寡、弱肉强食、鳏寡孤独老弱病残无所养的局面。这都是乱世的表现。乱世之音怨恨而愤怒，从中可以感受到政治的混乱反常。

"亡国之音，哀以思，其民困。"将欲灭亡之国，它的乐音哀伤而忧思。这是因为亡国之时，民心哀思，所以乐音也哀思，是人困苦的缘故。亡国之音哀伤而忧思，可以感受到民众的困苦。

"**音声之道，与政通矣**。"这句话是总结，如果政和，则声音安乐；如果政乖，则声音怨怒。因此，音乐与政治是相通的。孔子每到一处，先听那里流行的音乐，就知道这个地方民风的善恶，还有政事的得失。所以，孔子说："移风易俗，莫善于乐。"

音声之道与政治是如何相通的？接下来讲相通的道理：

【宫为君，商为臣，角为民，徵为事，羽为物。五者不乱，则无怗懘（chān chì）之音矣。宫乱则荒，其君骄；商乱则陂，其臣坏；角乱则忧，其民怨；徵乱则哀，其事勤。羽乱则危，其财匮。五者皆乱，迭相陵，谓之慢。如此，则国之灭亡无日矣。】

"**宫为君**"，宫是五声音阶的第一音级，它的声音极低极长。郑玄注《月令》："宫属土，土居中央，总四方，君之象也。"宫在五行中属土，土居中央，木居东方，金居西方，水居北方，火居南方。土居中央，总帅四方，是君主之象。传说伏羲氏制五弦之琴，五弦以丝多声重者为尊，宫弦最大，用的是八十一丝，所以尊宫为君，是其他四声的统帅。由此也想到古时高明的看相师，只要听一个人的声音，就可知其命运，这也是有道理的。

"**商为臣**"，郑玄注《月令》："商属金，以其浊次宫，臣之象也。"商弦七十二丝，它的低长仅次于宫，如同臣的地位，尊贵仅次于君。

"**角为民**"，郑玄注《月令》："角属木，以其清浊中，民之象也。"角弦用的是六十四丝，它的声音半清半浊，在高下清浊之间，因此比之以民。

"**徵为事**"，徵是五声音阶的第四音级，徵弦用五十四丝，其声清澄，郑玄注《月令》："徵属火，以其徵清，事之象也。"事在人为，故比之以事，列于民后。

"羽为物"，羽是商声的子音，羽弦用四十八丝，其声最清。郑玄注《月令》："羽属水者，以其最清，物之象也。比之以物。"物就是财的意思，列于五声最末，就是教人必先尽职责而后再求财利。

宫商角徵羽五声，在政则比之为君臣民事财五事。宫声代表君；商声代表臣；角声代表民众；徵声代表事；羽声代表财物。

"五者不乱，则无怗懘之音矣。"为什么用五声？因为数之中，五能致中和。"怠懘"应该是"怗懘"。孔颖达疏："怗，敝也；懘，败也。"敝败，就是不和之貌也。"怗懘"就是音调不和谐。五声若是有序而不乱，就不会生出不和谐的音调。

"宫乱则荒，其君骄。""荒"就是荒废、弃置。"骄"是骄傲、骄纵。宫为主声，如果宫调混乱，则五声皆随之荒废。《史记·乐书》："凡人都有血气心智等天性，却没有不变的喜怒哀乐等常情，人心受外物的感应产生波动，然后心术的邪正也就显现出来了。人君心志细小而笃好繁文缛节的，促迫而气韵微弱的乐声就产生，其民多悲思忧愁；人君疏缓大度，不拘细行的，简易而有节制的乐声产生，治下的百姓也必享安乐；人君粗疏刚猛的，亢奋急疾而博大的乐声产生，其民表现出来就是刚毅；人君廉正不阿的，庄重诚挚的乐声产生，民众整肃而且相互礼敬；人君宽裕厚重，谐和顺畅的乐声产生，治下的百姓多慈爱亲睦；人君放纵淫邪不正派，乐声也必猥滥琐屑，不能长久，百姓也多淫乱。"

"商乱则陂，其臣坏。""陂"是偏颇，邪僻不正。商为配声，如果乱了，曲调必然邪僻不正。"臣"泛指各级官吏。"坏"是变质腐败。若是商调混乱，曲音邪僻不正，从中可以看出各级官员的昏庸腐败。

"角乱则忧，其民怨。""忧"是忧愁。"怨"是怨恨。角声比民，民众为什么会产生怨恨？那一定是上失其政，人民不能安居乐业。若是角调混乱，曲音忧虑愁苦，从中可以看出民众因为不能安居乐业而心生怨恨。

"徵乱则哀，其事勤。""哀"是哀苦。"勤"是劳倦辛苦。徵声次高次清，若乱则其音变浊。徵声比民，听到徵声哀伤痛苦，就可以知道，为政者一再施劳于民，导致民众辛苦劳倦。

"羽乱则危，其财匮。""危"是不安的意思。羽声极高极清，若乱则其音危惧不安。"匮"是空乏的意思。羽声比物，听到羽声危惧不安，就可以知道上下都不知节用，导致财物匮乏。

"五者皆乱，迭相陵，谓之慢。如此，则国之灭亡无日矣。""迭相陵"就是互相侵扰。若五声不和，互相侵扰，就称为慢。"慢"就是滥无节制。"无日"，就是为时不久，旦夕可俟。当这种慢乐出现，亡国的日子就快到了。

司马迁说："夫乐不可妄兴也。"作乐者和听乐者都要非常慎重。古时作乐的必须是圣人，现在如果没有圣人，怎么办？可以把儒经作为作乐的理论依据，不可盲目创新，更不可盲目抄袭追捧国外一些乐曲。既非言志，又没有宫商角徵羽所含的意义，何谓乱，何谓慢，都无从谈起，基本属于古人讲的乱世之音。

《太平御览》记载了两则论音乐的故事，可以证明音乐与政治相通的道理。一个故事是发生在唐高宗调露元年，皇太子李贤使乐工在东宫新作了一首《宝庆曲》，命乐工在太清观演奏。始平县的县令李嗣真听了，便对两位道士说："此乐宫商不和，是君臣相阻之征。角徵失位，是父子不协之兆。杀声既多，哀调又苦，如果国家无事，太子将受其咎。"意思是说，这首乐曲宫商不和谐，这是君臣互相障碍的征兆；角声和徵声失位，这是父子不和谐的征兆。而且杀伐之声过多，哀愁的调子特别悲苦，如果国家不会发生什么事，太子就会受到罪责。结果，第二年八月，太子得罪了天后武则天，高宗爱莫能助，太子被废为庶人。

另一个故事讲的是唐朝开元末年，凉州进奉新曲，唐玄宗招待诸王在便殿欣赏。乐曲终了，诸王都称贺万岁，赞叹这首曲子，只有唐玄宗的大哥宁王李宪默然不语。玄宗就问："你怎么不说话，也不赞叹？"李宪说："我听这首曲子宫声离散而缺少徵声，商声混乱而又有残暴之音。夫宫者君也，商者臣也，宫不胜，则君体卑，商有余，则臣事僭，臣恐异日臣下有悖乱之事，陛下有流离之祸，莫不兆于斯曲也。"他说，宫声代表了君，商声代表了臣，宫的力量不够，说明君不够受尊重。商声过重有余，说明臣有僭越的行为。恐怕日后会有臣下悖逆叛乱之事，陛下会有流离之祸，这都可以从这首曲子看到征兆。后来安禄山造反，玄宗出奔四川，才知道宁王所料不虚。

乐的原理与诸经一样，不能违背。违背就是离经背道，必然会严重伤害人心。有见识的人一听，就能推知会有不好的结局。

【郑卫之音，乱世之音，比于慢矣。桑间濮上之音，亡国之音，其政散，其民流，诬上行私而不可止也。】

"郑卫之音，乱世之音"，春秋战国时期，郑国和卫国之音都很乱，都接近于慢，让人听了，有五行相克、五脏违和之感。特别是郑音尤其淫乱，所以，孔子要"放郑声"。《论语》中，孔子说："恶郑声之乱雅乐也。"《乐记》后面我们还会讲到，子夏也批评郑卫之音都属于陷溺人心的"溺音"。后世以"郑卫之音"泛指淫靡的音乐。用现在的话来说，就是靡靡之音。

"比于慢矣"，同于"无礼乖度"。郑玄注曰："比，犹同也。"虽乱而未灭亡，故云"比于慢"。

"桑间濮上之音，亡国之音"，《史记·乐书》记载，濮水之上有地名桑间，在濮阳南。春秋时期，卫灵公即位之初，到晋国会见晋平公，途经濮水，夜间水上有鼓琴之声，他感叹闻所未闻，于是命乐师涓将听到的音乐整理出曲谱。到了晋国，便为晋平公弹奏这首曲子，结果尚未弹奏一半，晋平公的乐师旷慌忙用手按住琴，说："且止！不要弹了。这是亡国之音，不可弹奏。"晋平公不解地问："何以见之？"师旷奏曰："殷末之时，纣王命师延作靡靡之乐，纣听之而忘倦，即是此声。到了武王伐纣，师延抱琴向东逃跑，跳到濮水之中。有喜好音乐的人路过此处，声音便从水中流出。师涓途中闻听的，一定是在濮水之上。"

师旷说："濮上之音是亡国之音，不可听完。"但是晋平公为了满足自己的喜好，还是坚持听完，问师旷："还有比这更动人的音乐吗？"师旷说："有。"平公就请师旷弹奏。师旷说："您的道德信义不够深厚，不能听这样的曲子。"平公说："寡人只有听曲这一个喜好，但愿能够听到。"师旷无奈，取琴弹奏起来。结果弹奏第一遍，就有千载玄鹤十数只，飞集堂下廊门之前；弹奏第二遍，这些玄鹤都伸长脖子鸣叫起来，还舒展翅膀，随琴声跳起舞来。平公一看大喜，起身就为师旷祝酒，又问："还有比这更动人的曲子吗？"师旷说："有。过去黄帝合祭鬼神时所奏的曲子比这还动人，只是您德义太薄，不可以听。如果听了，会生出祸乱。"平公说："寡人已经老了，还在乎祸乱吗？我喜好的只有听曲，但愿能够听到。"师旷不得已，取琴弹奏起来。弹奏第一遍，就有白云从西北天际出现；弹奏第二遍，狂风暴雨骤然而至，直刮得廊瓦横飞，左右之人吓得惊慌奔走。平公也非常恐惧，吓得伏在廊屋之间不敢出来。后来晋国大旱三年，五谷不生。

"**其政散**"，"散"是散乱。孔颖达疏："其政散者，谓君之政教荒散。"君主的政教荒废散乱。

"**其民流**"，"流"是放纵。民众放纵情欲，毁败礼仪法度。

"**诬上行私而不可止也**"，"诬"是诬罔、欺骗。君既失政，臣下则必诬罔于上。"行私"，怀挟私心行事。

整段话是说，郑卫之音是乱世之音，已等同于无礼乖度。桑间濮上之音是亡国之音。从中反映出君主政教荒废散乱，民众放纵情欲，臣下欺罔于上，各自怀挟私心行事而无法禁止。

【**是故知声而不知音者，禽兽是也。知音而不知乐者，众庶是也。唯君子为能知乐，审声以知音，审音以知乐，审乐以知政，而治道备矣。是故不知声者，不可与言音。不知音者，不可与言乐。知乐者，则几于礼矣。礼乐皆得，谓之有德。**】

"**是故知声而不知音者，禽兽是也。**"郑玄注："禽兽知此为声耳，不知其宫商之变。"禽兽知宫商角徵羽之声，而不知五声之和变。可见，声易识而音难知。

"**知音而不知乐者，众庶是也。**""众庶"就是平民。平民知歌曲之音，而不知乐之大理。可见，知音尚且比较容易，知乐则极难。

"**唯君子为能知乐**"，"君子"是大德圣人，能知极乐之理，故云"为能知乐"。君子要治民化俗，须用礼乐。所以，须首先知乐。

所有的音都是从人心生起。禽兽只懂声而不懂音；平民知歌曲之音，而不知乐之大理；只有德才出众的君子才能对乐通晓。

"审声以知音，审音以知乐，审乐以知政，而治道备矣。""审"，孔颖达解释为"审识"，即察知的意思，"备"就是完备。

音由声而生成，所以先察知其声，然后可以知音；乐由音而生成，所以先察知其音，然后可以知乐。乐与政治相通，先察知其乐，然后可以知政。"审乐知政"，是因为乐由音、声而生，声乃感善恶而起，若能审乐，则知善恶之理，知善恶是非，则知为政化民之道。政善乐和，音声皆善，人事无邪僻，则治理国家的政策、措施也就完备了。所以，"察知其声，然后可以知音；察知其音，然后可以知乐；察知其乐，然后可以知政"。

"是故不知声者，不可与言音。不知音者，不可与言乐。知乐者，则几于礼矣。"不知声者，不可与之谈音。不知音者，不可与之谈乐。知乐者，便近于礼了。"几"，郑玄注："近也，听乐而知政之得失，则能正君臣民事物之礼也。"孔颖达疏："知乐则知政之得失，知政之得失，则能正君臣民事物，故曰'近于礼矣'。"为什么说"近于礼"？因为礼包含万事，万事全都备具，才是达于礼。仅能知乐，是但知君臣民事物而已，未能达于礼。

"礼乐皆得，谓之有德。""礼乐皆得"，使得礼乐皆得其所。这是讲君主重视礼乐教化。这样的君主，可以称为有德之君。德者，得也。得到什么？就是得礼乐之道。

【乐之隆非极音，食（sì）飨之礼非致味。】

"隆"，隆盛。郑玄注："隆，犹盛也。"

"极音"，崇重音律之美，极尽听觉上的享受。

"食飨"，以酒食祭祀宗庙。孔颖达疏："食飨，谓宗庙祫祭。"祫祭，也就是古代天子诸侯所举行的，集合远近祖先神主于太祖庙的大合祭。

"致味"，极尽滋味之美。

孔颖达疏："乐之隆盛本在移风易俗，非崇重于钟鼓之音，故云非极音也。食飨之隆，在于孝敬，非在致其美味而已。"

陈澔《礼记集说》："乐之隆盛，不是为极声音之美；食飨禘祫之重礼，不是为极滋味之美。"意思是说，乐的盛大隆重，本在于移风易俗，不是为了极尽声音之美；举行以酒食祭祀宗庙的祫祭大礼，本在于孝敬，不是为了极尽滋味之美。

【是故先王之制礼乐，非以极口腹耳目之欲，将以教民平好恶而反人道之正。】

"平好恶"，平和好恶。《吕氏春秋·大乐》："欢欣生于平，平生于道。"高诱注："平，和。""反"同"返"，返回，还归。"人道之正"，正确的立人之道。《易·说卦》："立人之道曰仁与义。"

古圣先贤制礼作乐，不是用以追求口腹耳目的欲望，而是用来教化民众平和好恶，还归正确的立人之道。特别是音乐，不是娱乐至上，也不是为了欣赏，而是用以涵养性情，回归做人所必须的仁义礼智信。用现在的话来说，音乐教育也是素质教育的重要组成部分。

柏拉图在《理想国》中，借苏格拉底的口特别强调："音乐教育之所以比其他的教育重要得多，是因为节奏与乐调有着最强烈的力量，能够浸入心灵的最深处。"一个孩童从小就受到好的教育，节奏与和谐在他的心灵深处就牢牢地生了根，他会变得温文有礼；如果受了坏的教育，结果就会相反。而且，一个受过适当教育的儿童，无论是人工作品，还是自然物，对其缺点也最为敏感，因而对丑恶的东西非常反感，就像厌恶难闻的气味一样，不自主地会加以谴责；而对于优美的东西就会非常赞赏，感受到鼓舞，并从中汲取营养，使自己的心灵成长得既美且善。对于美丑，能够培养出正确的好恶，虽然尚且年幼，还仅仅知其然而不知其所以然，但是一旦长大，理智来临，就会似曾相识，向前欢迎理智。他所受的教养使他同气相求。

一个真正受过音乐教育的人，心灵会有一种内在的精神美，表现在体态举止上，也会有一种调和的美。在社会交往中，由于心灵的统一作用，他与同道中人必然同气相求，一见如故；而对于浑身不和谐的人，避之唯恐不及。而正确的爱，不就是对美的、有秩序的事物的一种有节制的、和谐的爱吗？这种爱与纵情、任性泾渭分明，音乐教育的最终目的就是抵达这种对美的爱。当然，这里的美包括真善美。柏拉图的这段论述把音乐教育对心灵的成长为什么至关重要，为什么"成于乐"的道理讲得非常清楚。

其实，不仅仅音乐教育是为了培养这种对真善美的爱，一切好的艺术熏陶，也即素质教育，都是为了抵达这种对美的爱。这种爱就是柏拉图所说的正确的爱，就是对美的、有秩序的事物的有节制的、和谐的爱。也就是毕达格拉斯所提出的，人的实际追求可以通过对感官的反复灌输而形成。通过观看美好的形式形态，如名画，聆听美妙的韵律曲调，如名曲，实现对美的追求。这一事实对于如何进行素质教育至关重要。从这里也可以体会到，**什么是素质教育，就是通过欣赏美的、善的、正确的东西，而培养一种对真善美的自然而然的亲近和追求。**

中国自古以来都很重视素质教育，就像前面《文王世子》篇讲的："凡三王教世子，必以礼乐。乐所以修内也，礼所以修外也。礼乐交错于中，发形于外。立太傅、少傅以养之，太傅审父子君臣之道以示之，少傅奉世子以观太傅之德行而审喻之。太傅在前，少傅在后，入则有保，出则有师，是以教喻而德成也。"这种教育是从孩提有识之日，就亲近孝仁礼义之人，远离邪人，不见恶行。"故太子乃生而见正事、闻正言、行正道，左右前后皆正人。夫习与正人居之，不能无正，犹生长楚之乡，不能不楚言也。孔子曰：'少成若天性，习惯如自然。'"

　　太子所接受的教育就是现代人所说的素质教育，而且是完善的素质教育。所谓素质教育，用儒家的话来说，就是明明德的教育，是对清净本性的自然回归，培养对真善美的自然的爱，对美好的、和谐的人事物的自然的亲近，对丑恶的、邪曲的人、事、物的自然的远离。所以，通过包括以礼乐为主要内容的素质教育，达到心地清净、以身观身的境界，结果就是同声相应、同气相求。换句话说，如果一个人修身有成，对于同道中人和邪恶之人都有识别能力，对于那些不和谐的人自然会有所甄别，自然会亲近善友，远离恶人。所以，**一个人修身有没有功夫，从他能否识人就能够看出来。这就是素质教育。**

第十讲　圣人制礼作乐以涵养性德

今天继续学习《乐记》。

【先王之制礼乐，人为之节。衰麻哭泣，所以节丧纪也；钟鼓干戚，所以和安乐也；婚姻冠笄，所以别男女也；射乡食飨，所以正交接也。】

这一段是写圣人制礼乐的目的。"**先王之制礼乐，人为之节。**""人为之节"，孔颖达引南朝庾蔚之《礼记略解》："人为，犹为人也。言为人作法节也。"人为就是为人，先王制礼作乐，作为人的行为法度。

在这一段之前，《礼记·乐记》有段话讲述了天下大乱的原因：人在初生的时候，本性都是安静的，也就是本自清净。但是受到外界环境影响，心能够一一感知，而且容易生出好恶。如果内心的好恶之念不能节制，外在又受到物欲诱惑，本自清净的、纯净纯善的自性，就会被埋没而不能显现。而那些外物不断地影响人，如果不能自我检点约束，就一定会被外境所同化。被外境所同化，就会埋没自性而穷极贪欲，于是生出违逆不顺、巧诈虚伪之心，做出恣纵逸乐、犯上作乱之事。因此，强者胁迫弱者，人多势众者凌辱势单力孤者，聪明者欺诈愚笨者，勇敢者困辱懦弱者，病人得不到疗养，老弱孤独之人得不到合适的安置。这是导致天下大乱之路。为了避免天下大乱，圣人才制礼作乐，以节制人的贪欲好恶。

下面讲一些具体的礼仪。

"**衰麻哭泣，所以节丧纪也**"，"衰麻"，古代的丧服一般是用粗麻布制成，披在胸前，名衰衣。另有葛麻布带系在头部或腰部，名麻绖。"衰麻"代指丧服。

"节丧纪",就是节制丧事。《礼记·文王世子》有这样一段话:"丧纪以服之轻重为序,不夺人亲也。"郑玄注曰:"纪,犹事也。""丧纪"就是丧事。前面也讲到五服,五服内的亲属,与亡者的关系越近,穿的丧服越粗;与亡者的关系越远,穿的丧服越精细。所以,跟亡者关系最近的直系亲属,穿的丧服是最粗的。这就是通过丧服的礼制来节制丧事。

除了丧服,还规定了服丧时间。亲人过世,服丧时间的长短,是跟死者的亲属关系决定的。《礼记·三年问》有这样一句话:"至亲以期断。""期"就是一年,一个人为他最亲的亲属服丧,以一年时间为限。为什么是一年?"天地则已易矣,四时则已变矣,其在天地之中者,莫不更始焉,以是象之也。"一年之中,天地四时已经完成一轮更替,天地之间的万事万物也都有了新的开端,而人的行为也应该顺应天道自然,失去亲人的哀痛,经历了一年的时间,可以得到平复,可以恢复正常的生活。

但是按照礼制的规定,子女要为父母服丧三年,这又是什么原因?《论语》中,孔子的弟子宰予就曾经提出这个问题,他说,三年的丧期,似乎太久了。三年君子不行礼,礼从此而坏。三年君子不作乐,乐从此而失。而且旧年的稻谷已尽,新的稻谷已经收获,一年中钻燧取火的木材也都改换了一遍,似乎一年之期足够了。

对此,孔子什么态度?孔子感叹说:"宰予不仁啊!"说他没有仁德之心。"一个婴儿生下来,要三年才能离开父母的怀抱。为父母服丧三年,是天下通行的制度,难道宰予就没有父母三年的怀抱之养吗?"对于子女而言,不仅与父母血脉相连,因为父母才拥有生命,而且还得到了父母无私无求的呵护与哺育。婴儿从呱呱坠地到说话走路,大概三年才不需要父母抱着，我们能够深切感受到父母养育儿女的深恩。

其实，父母对儿女的养育又何止三年？可以说是贯穿人的一生。中国人有句话说："母活一百岁，常忧八十儿。"作为子女，为父母服丧三年，也不过是报父母的恩情于万一，这是人情之自然。因此，子女为父母守丧，理应比对一般的至亲之人更重，在一年服丧期的基础上加倍，延长到二十五个月。所以，三年实际上是二十五个月，到第三个年头就可以了。

《礼记·三年问》记载："三年之丧何也？曰：称情而立文，因以饰群，别亲疏贵贱之节，而不可损益也。"郑玄注："称情而立文，称人之情轻重，而制其礼也。""称"就是衡量。守丧三年是根据什么来制定的？创伤深重，复原的日子就长，悲痛得厉害，平复的时间就慢。守丧三年的规定，就是根据内心哀痛程度而制定的与之相称的礼文，因而是不可以随意增减的。

《贞观政要·论礼乐》也说："礼，非从天下，非从地出，人情而已矣。人道所先，在乎敦睦九族。九族敦睦，由乎亲亲，以近及远。亲属有等差，故丧纪有隆杀，随恩之薄厚，皆称情以立文。"意思是说，礼不是从天而降，也不是从地下来的，而是根据人情事理制定的。**而人道首要就是使九族和睦；九族和睦，要从孝敬父母开始，由近及远。**亲属之间有亲疏差别，所以，丧礼也有隆重和简省的差别，都是依据恩情厚薄不同，合乎人情来确定标准。所以，古人制礼的一个原则是"称情以立文"，在这些具体的礼仪节度背后，都有古圣先王对人类自然情感的深刻洞察。同样，这些渗透在日常生活中的礼仪，又反过来潜移默化地培养和陶冶人的德性。

"钟鼓干戚，所以和安乐也"。"干"，就是盾；"戚"，就是斧。这些都是武舞所执之具。古代的舞有文舞、有武舞，武舞经常执盾、斧，也就是干戚。"和安乐"，如果人过分贪图安逸享乐而远离礼义，就用钟鼓干戚之乐来调和。

"婚姻冠笄，所以别男女也"，"婚姻"，就是嫁娶之事。《礼记·经解》："昏姻之礼，所以明男女之别也。"郑玄注："昏姻，谓嫁娶也。""昏"用的是黄昏的"昏"，因为古代的婚礼必在黄昏之时举行，为其阳往而阴来之故。《白虎通·嫁娶》也说："昏时行礼，故谓之婚也。"昏礼在五礼之中属嘉礼，是继男子的冠礼和女子的笄礼之后，人生的第二个里程碑。

周代已经逐渐形成一套完整的婚嫁礼仪。《仪礼》有详细规制，整套婚礼分六个阶段，称为"六礼"，就是纳采、问名、纳吉、纳征、请期，还有亲迎。

"纳采"，由男方请媒人向物色好的女方提亲。"问名"，郑玄注："问名者，将归卜其吉凶。"贾公彦疏："问名者，问女之姓氏。"女方家长接纳提亲之后，女方将女儿的年庚八字带返男方占卜吉凶，这也是为了避免近亲结婚。"纳吉"，卜得吉凶，确定双方年庚八字没有相冲相克，也没有近亲结婚，再去通知女方。"纳征"，孔颖达疏："纳征者，纳聘财也。征，成也。先纳聘财而后婚成。""纳征"也称"纳成"，也就是男方往女家送聘礼。经过这道仪礼，婚约就成立了。"请期"，男方择定合婚的良辰吉日，并征得女方同意。"亲迎"，也是最隆重的礼仪，就是在结婚吉日，穿着礼服的新郎亲往女方家迎娶新娘。

后来历朝历代的婚制，都是在"六礼"婚制的基础上加以变化。到了近代，通常只把"亲迎"称为婚礼，而把"亲迎"前面的五项称为议婚、订婚等过渡性的礼仪。

男女的结合为什么需要通过婚姻的方式？《昏义》说，这是因为男女有别。古人观察到，男女之间存在着天然的差异，需要规定一种合理的秩序来适应这种差异。婚姻就是这样的秩序。

《礼记·昏义》讲到婚礼的意义："昏礼者，将合二姓之好，上以事宗庙，而下以继后世也。故君子重之。""将合二姓之好"，古人有礼的规定，同姓不婚。所以，婚礼是把两个不同的姓氏合在一起，这就叫美，这就叫善。上要奉祀宗庙、祭祀祖先，下要传宗接代，把祖先良好的家道、家风、家业承传下去。就如《礼记·中庸》所说："夫孝者，善继人之志，善述人之事者也。"什么是孝？就是善于继承先人遗志，善于循行先人未竟的事业。所以，古代的圣明君王都非常重视婚礼。平常人也非常重视婚礼。这也是提醒人，个人不是独立于家族而存在的。古人说"人无伦外之人"，一个人的出生是无数代先祖血脉传承的结果。婚姻之所以神圣而郑重，就是因为它让生活在血缘体系中的个人，担起了绵延家族血脉的责任。而且，通过婚姻将原本没有血缘关系的家族结合在一起，成为新的血亲团体。如何使这些血亲团体代代承传？那就是每个人都必须承担起对整个家族的责任。

当然，古人也并不忽视情感在婚姻中的重要性。古代婚礼中，有一个环节就是"合卺"，也就是把一个葫芦劈成两半，作为盛酒之器，夫妻各饮半瓢酒，象征着夫妻双方合而为一，也是提醒夫妻双方，原本就是一体的。葫芦瓜的丝是苦的，酒是甜的，喝了这个酒，意味着夫妻从此要同甘共苦。喝完酒，还要把这两个葫芦瓜系在一起，挂在墙上，提醒夫妻双方在今后的生活中，看到葫芦瓜，就想起两个人结合时的初心。所以，**婚礼就是使夫妻双方树立一体的观念，不分彼此，同甘共苦。**

"冠笄"，郑玄注："男二十而冠，女许嫁而笄，成人之礼。"古代男子二十岁举行加冠之礼，一般天子、诸侯根据需要可以提前到十二岁。女子十五岁行笄礼，以簪束发，象征着成年。通过这些礼来区别男女，这就是"别男女"。

因为男女本身有生理和心理上的区别，在家庭中的职责也各有分工，所以才作婚姻、冠笄之礼来正之。《礼记·昏义》："敬慎重正而后亲之，礼之大体，而所以成男女之别，而立夫妇之义也。"

礼由此成男女之别。男女有别，而后有夫妇的道义；夫妇有道义，而后才有父子亲情；父子有亲情，而后才有端正的君臣关系。婚礼关系到五伦关系的和谐。所以说，**婚礼是礼的根本，这个本，是从"人伦关系的开始"这个意义上讲的**。虽然夫妇二人没有血缘关联，但通过夫妇结合、生儿育女，才产生了父子关系、兄弟关系，缔结和开创了血缘关系。所以，两性通过婚礼的合法程序才能成为"有义"的夫妇；夫妻关系确立，父子之间纯正的血缘关系才能明确，这就是"而后父子有亲"，家庭才能稳定；最后才能"君臣有正"，使得社会秩序井然，天下安定。《中庸》说："君子之道，造端乎夫妇。"

《孔子家语》也有这样一段话："昔三代明王之必敬妻子也，盖有道焉。妻也者，亲之主也；子也者，亲之后也，敢不敬与？是故君子无不敬也。"夏商周三代的圣明君主必定是尊重、爱护妻子儿女的。妻子是祭祀祖宗、照顾父母的主妇，儿子是祖先的后代，怎能不尊重？所以，君主对于妻子儿女没有不尊重的。

由此可见，妻子是"亲之主也"，她要负责祭祀祖先、孝敬公婆、助夫成德、和睦妯娌、教育子女，所以，她的责任无比重大。承担如此重大的责任，定然也很辛苦，所以，丈夫会感恩妻子、敬重妻子。

古人说娶一个好的妻子可以旺三代，而娶一个不好的妻子可以败三代，这也不是夸张。正因如此，古人对女子的教育比男子的教育更加重视，所以才出现了《女诫》《内则》《女论语》《女范捷录》等专门针对女子德行教育的"女四书"。重视女子德行，并不是传统社会压迫女子、轻贱女子，恰恰相反，这是重视女子。为什么？假设女子的德行无关紧要，何必如此重视？好的母亲来自好的姑娘，好姑娘是世界的源头，如果源头受到染污，怎能保证整个水流的清澈？所以，**中国人很早就认识到女子德行、母教，对于社会和谐、天下太平至关重要。**

实际上，对女子和女子德行的重视，不仅是中国人的专利，所有先进的、开明的思想家，开明的民族，开明的文化，都重视对女子的教育。比如，英国著名道德学家斯迈尔斯就说："民族只不过是家庭、人民和母亲的最终结果而已。可以肯定的是，一个民族的品格，可以通过女人的教养和优雅而得以提升。"可以说，正是中国传统重视女子德行和母教的文化，塑造了中华民族的优秀品格，使中华民族得以生生不息，绵延不绝。

二战之前就有一些欧洲学者一直在讨论：为什么四大文明古国，唯有中华文明承传至今，保持五千多年经久不衰？经过研究，他们得出结论：那是因为中国人特别重视家庭教育。历史证明，这个结论是合理的。

中国人对于家庭教育的重视从胎教就开始了，贯穿人的一生，一直到"慎终追远"。周文王的母亲太妊就特别重视胎教。史书记载："周太王少子季历，娶太妊。太妊之性，端一诚庄，惟德之行。及其有娠，目不视恶色，耳不听淫声，口不出傲言，能以胎教子。而生文王，母子皆圣也。"正因为文王的母亲是一位圣人，所以才把文王也培养成圣人。文王的祖母太姜、夫人太姒也都是圣母,历史上把她们称为"三太"。正是"三太"的良好母教,奠定了周朝八百年的基业。后世把夫人尊称为"太太",就是期许对方像"三太"一样,培养出圣贤儿孙。

重视从家庭开始进行伦理道德教育,至今仍然有其合理性,为什么?因为人一出生,首先面对的就是家庭关系。正是在家庭中,孩子从父母,特别是母亲身上,学会为人处世的基本原则和态度。在这个意义上,可以说世界冲突的根源在家庭,在父子、夫妻、兄弟之间的冲突。一个人在家里和父母,和伴侣、兄弟都不能和睦相处,走到社会,又怎能与陌生人和睦相处?所以古语讲:"闺阃乃圣贤所出之地,母教为天下太平之源。"如果一个孩子在家庭中受母亲言传身教的影响,知道如何去孝敬父母、友爱兄弟,与人和睦相处,以和为贵,形成谦恭有礼、严谨诚信的态度,培养起孝悌忠信礼义廉耻的品德,走上社会,自然就知道如何与领导、同事、朋友,还有陌生人和睦相处。

斯迈尔斯也说:"女性的影响力到处都是一样的。在所有国家,她的性情气质都影响着民族的道德、习俗和品格。"在中国古人看来也是如此。女人对国家民族的贡献,可能不在于自己的事业有多辉煌,而在于把儿孙培养成孔子、孟子、范仲淹、林则徐那样的圣贤人。假设女子和男子一样能干,两个人的事业都很辉煌,却忽视了儿女教育,结果儿女成了纨绔子弟,甚至年纪轻轻就不务正业,锒铛入狱,那再辉煌的事业也不过是昙花一现,一个家族,乃至一个国家怎能可持续发展?如果缺少良好家教的子女又沦为腐败的官员、不诚信的老板,甚至犯罪分子,这对国家和民族的危害有多大?

法国作家约瑟夫·德·梅斯特尔这样说:"千真万确,女人没有创造出什么杰作,她们没有写出《伊利亚特》《被解放的耶路撒冷》《哈姆雷特》《菲德尔》《失乐园》《答尔丢夫》，没有设计出圣彼得大教堂，没有创造出《弥赛亚》，没有雕塑出《阿波罗》，没有画出《最后的审判》，她们既没有发明代数和望远镜，也没有发明蒸汽机，但她们所做的事情，比所有这一切都更伟大、更优秀。因为正是在她们的膝头，造就出了正直、高尚的男男女女——这才是世界上最杰出的作品。"

反观**现在的社会，缺少圣贤君子，根源在哪里？就是缺少圣贤的母亲**。现在夫妻双方都去赚钱，儿女教育这件事就被忽视了。由于缺少对母亲所承担的教育子女的神圣使命的深刻认识，使得一些母亲放弃了教育子女这个对国家民族具有深远意义的重要职责，而去追名逐利，这不能不说是舍本逐末。所以，古代的礼确实值得现代人反思和借鉴，而不是去盲目批判。

"**射乡食飨，所以正交接也。**""射乡"，依郑玄注，指大射礼和乡饮酒礼。大射礼是为了祭祀择士而举行的射礼。乡饮酒礼也属于嘉礼，是一种尊老敬老的宴饮活动。射礼、乡饮酒礼都含有尊贤养老的思想。特别是乡饮酒礼，使一乡之人在宴饮欢聚之时，就潜移默化地受到教化。这种习俗，在社会起到了敦亲睦邻、止恶扬善的作用，在历史上也产生了深远的影响。

乡饮酒礼是怎样进行的？《礼记·乡饮酒义》就展现了乡饮酒礼上，尊老精神是如何通过仪礼的方式表达出来的。在古代，每五百家为一党，党正掌管一党的道德教化和祭祀活动，有点像现在的乡长或者镇长，也就是地方长官。"乡饮酒之礼，六十者坐，五十者立侍，以听政役，所以明尊长也。"在乡饮酒礼上，六十岁的长者坐在席上，五十岁的人站在一旁服侍、陪侍，听从差遣，以此表明对长者的尊敬。

后面还说："六十者三豆，七十者四豆，八十者五豆，九十者六豆，所以明养老也。民知尊长养老，而后乃能入孝悌。""豆"就是指盛食物的器具，类似于高脚盘。六十岁的人面前陈设三豆，三盘食物，七十岁者陈设四豆，八十者陈设五豆，九十者陈设六豆。豆象征着对长者的供养，长者年岁越大，所获得的食物供养也就越多。乡饮酒礼上，处处透露出按照年龄来定的秩序，以此向百姓传达出养老尊老的道德观念。而养成这种养老尊老的风气，也是为了培养孝悌的德性。一个人对陌生的老人都尊敬，回到家里对自己的父母怎会不尊敬？

但是，古人为什么不通过讲道理、做宣讲的方式，对乡人进行孝悌的道德教育？《乡饮酒义》有这样一段耐人寻味的话："君子之所谓孝者，非家至而日见之也，合诸乡射，教之乡饮酒之礼，而孝弟之行立矣。"君子所说的孝，不是通过挨家挨户讲道理、天天见面做宣讲的方式加以教导，而是集合百姓观看乡射礼，通过乡饮酒礼来教导他们。这样一来，百姓自然而然就懂得如何行孝悌。事实上，百姓也许根本不懂很多关于孝悌的深刻道理，但是在既庄重又亲切的宴会上，从宾客不同的身份、不同的角色，到年齿不同所受待遇不同，都鲜明直观地让在场的百姓感受到一种尊老的气氛，心中对老者的尊重之情油然而生。

乡饮酒礼是一种尊老敬老的礼。由此也可以看到，尊老敬老是中华传统美德，自古以来就非常受重视。《孔子家语》记载，鲁哀公向孔子请教："大夫们都劝我，要大力提倡尊重年长之人，这行得通吗？"孔子说："如果您果真能够做到这一点，从此，普天之下的百姓都要仰赖您的无量功德，哪里仅仅是鲁国受益？"可见，敬老尊老这件事非常重要，不仅关系到一个国家的福祉，还关系到天下。

哀公又说："为什么这么说？尊老敬老，尊敬年长的人有这么重要吗？"孔子说："在过去，有虞氏（就是舜），尊敬有德行的人，同时特别尊重老年人；夏后氏，尊重有爵位的人，同时也格外尊重老年人；殷商人，尊重世禄之家，同样也尊重老年人；周朝人，尊敬孝敬父母的人，同时也尊敬老年人。虞、夏、殷、周是天下的盛世王朝，没有遗弃老年人的。老年人受到天下人的尊敬已经很久了，仅次于侍奉自己的父母，也就是仅次于孝。因此，在朝廷里爵位相同时，以年长者为尊；七十岁以上的人，上朝可以拄着拐杖，国君向他询问事情，要给他安置座位；八十岁以上的人便不在朝廷里做官了，国君要询问事情，必须亲自到他家里去请教。于是，敬老之风扩展到整个朝廷。走路的时候，不敢与年长者并肩而行，不是错肩行走，就是跟随在身后。古礼中，跟父辈走路要随后而行，跟兄长走路要错肩于侧；路上遇见老年人，不论是乘车还是骑马，包括对其侍从人员都要避让，头发斑白的老年人，自己不用挑着担子，而由年轻人代劳，于是敬长之风就延伸到道路上了；在乡里提倡敬老，老年人就不会缺衣少食，强壮的人就不敢侵犯弱小，人多不会欺负人少，于是，敬长之风就扩展到州郡街巷了。古代还规定，五十岁就不承担跟随打猎的劳役了。也就是说，五十岁开始就算老年，就不承担朝廷的劳役，也不再参加上山打猎之类的事。分发猎物，要给年长的人多分一些，于是敬长之风就扩展到捕猎的活动中，猎人也懂得敬长。在部队，爵位相同的，以年长者为尊，于是敬重长上就扩展到军旅。圣贤君王以孝悌之道教化百姓，从朝廷开始，推行到道路上，到达州县、街巷，连打猎的人都仿效，军队里也相互学习，于是，天下百姓以此作为道义的准则，宁死也没有人敢去违犯。"哀公听了，说："这真是太好了！"可见，敬老尊老是中华传统美德。

1984年12月7日,《人民日报》发表了一篇评论《中青年干部要尊老》,作者就是当时任河北正定县委书记的习近平。这也是习总书记第一次在《人民日报》发表署名文章。在论述尊老的传统美德时,习总书记引经据典,如孟子的"老吾老以及人之老"、郑板桥的"新竹高于旧竹枝,全凭老干为扶持"等,体现了对中国尊老敬老传统的重视。

十八大以后,习总书记更是亲身践行尊老爱老的优良传统。2014年元旦前夕,习总书记来到北京一家敬老院看望老人,指出:"尊老敬老是中华民族的传统美德,爱老助老是全社会的共同责任。"在2014年会见全国离退休干部先进集体和先进个人代表时强调:"要在全社会广泛形成尊重老同志、爱护老同志、学习老同志的良好社会氛围。"

2017年11月17日,在与全国精神文明建设表彰大会的代表合影时,习总书记让两位年事已高的道德模范坐在自己身边,场景暖心感人。

从1984年在《人民日报》发表第一篇署名文章,到一直以来对老干部工作的高度重视,可以看到习总书记对中国传统尊老敬老的传统以及治国智慧,有着深刻的理解和认同。这不是小事情,确实像孔子所说的,尊老敬老不仅仅关系到一个国家的太平,甚至关系到整个天下的太平。为什么?因为天下人为人处事、待人接物都是以恩义、情义、道义为原则,做事是有规矩的,不会恃强凌弱,这是非常重要的。

提倡尊老敬老,就是提倡不忘本。如果不是这种知恩报恩、饮水思源,不是以恩义、情义、道义为处事原则,取而代之的就是功利原则。功利就是以"这件事是不是有利于我"来作为评价标准,而不是以"是否有利于最大多数人的最大幸福"作为标准进行取舍,这样就会出现《乐记》所说的"强者胁弱,众者暴寡,知者诈愚,勇者苦怯,疾病不养，老幼孤独不得其所"的现象。

过去有很多人向西方学习，以功利主义原则为人处事，认为老人只有消费没有生产，把老人视为包袱、负担，对老人，包括自己的父母，失去了应有的尊重。这都是没有教化，或者对教化不够重视导致的。

礼仪对德性涵养潜移默化的塑造力量，对于今天的思政课教育也很有启发。怎样使思政课、道德教育课深入人心？宣讲是一方面，还要借助具体礼仪的推行，比如成人礼、尊师礼等，目的是使人明辨是非善恶，行为有所依止。因为没有礼，人做错了事，自己都不知道，因为没有标准，没有学过。包括我们，也没有系统地学习古代的这些礼，也会时常做一些不知不觉违反礼仪的事。所以，道德教育、思政课可以通过礼仪涵养人的心性，起到潜移默化的作用。

"以礼治国"或者说"礼乐制度"，具有鲜明的中国特色，它可以"绝恶于未萌，起敬于微眇"，具有防患于未然的效果。古人建国，三年之内一定是制礼作乐，颁布礼乐，让人们的行为有明确的依止。今天建设中国特色社会主义制度，也要重视和借鉴古人以礼治国的经验。这对于促进形成社会文明风尚、促进社会文明进步，都至关重要。

"食飨"，指以酒食宴请宾客之礼。《孔子家语·论礼》说："食飨之礼，所以仁宾客也。"通过食飨之礼规范交接的礼节，这叫"正交接"。后面又说："礼节民心，乐和民声，政以行之，刑以防之。礼乐刑政四达而不悖，则王道备矣。"礼用以裁节民心，使人"毋不敬"，一切恭敬。"乐和民声"，借用乐的五声和律吕来调和民众的声音。"政以行之"，孔颖达疏："用禁令以行礼乐也。"用政令来推行礼乐。"刑以防之"，孔颖达疏："若不行礼乐，则以刑罚防止也。"用刑罚来防止不行礼乐的行为。"四达而不悖","四达"就是达于四方。礼乐刑政四事达于四方而民不悖逆,"则王道备矣",王道之治就完备了。王道和霸道是相对的,通常是指以仁义治理天下的政治主张。

古圣先贤创制礼乐作为人的法度。丧服和哭泣的礼仪是为节制丧事而制定的;钟鼓干戚之乐是为调和贪图逸乐之人的心行而制作的;婚礼、冠礼和笄礼,是为区别男女之分而制定的;大射礼、乡饮酒礼和食飨之礼,是为规范交际而制定的。礼是用来裁节民心的,乐是用来调和民声的,发布禁令是用来推行礼乐的,动用刑罚是防止礼乐不能推行。

中国自古就提倡王道而反对霸道。"王道"其实很简单,用《弟子规》的一句话来概括,就是"势服人,心不然;理服人,方无言"。用权势或者军事实力使人臣服自己,他是口服心不服,但是用道义服人,人家是"心悦而诚服"。一些西方国家却不明白这个道理,近几百年来,奉行的是霸道文化、霸权文化。

1924年,孙中山先生对比了西方的霸道文化和东方的王道文化,在"大亚洲主义"的演讲中这样讲道:"就最近几百年的文化讲,欧洲的物质文明极发达,我们东洋的这种文明不进步。从表面的观瞻比较起来,欧洲自然好过亚洲。但是从根本上解剖起来,欧洲近几年是什么文化?是科学的文化,是注重功利的文化。这种文化应用到人类社会,只见物质文明,只有飞机炸弹,只有洋枪大炮,这是一种武力的文化。这种专用武力压迫人的文化,用我们中国的古话来说就是'行霸道'。所以,欧洲的文化是霸道的文化,我们东洋向来轻视霸道的文化。还有一种文化,好过霸道的文化,这种文化的本质是仁义道德。用这种仁义道德的文化,是感化人,不是压迫人,是要人怀德,而不是要人畏威。这种要人怀德的文化，用我们中国的古话来说就是'行王道'。所以亚洲的文化，就是王道的文化。"

《群书治要·淮南子》有这样一句话："今谓强者胜，则度地计众；富者利，则量粟称金。如此，则千乘之君无不霸王，万乘之国无破亡者矣。国之亡也，大不足恃；道之行也，小不可轻。由此观之，存在得道，而不在于大；亡在失道，而不在于小也。"这段话说得非常好：现在有人认为只要强大就可以制胜，于是便丈量本国的地域、计量本国的人口。认为只要富有，国事就顺利，所以热衷于计量储存的粮食、称量金银。如果真是这样，拥有千乘马车的君主无不可以称霸诸侯，有万辆马车的大国便永远不会灭亡。然而，国要亡，即使很大也靠不住，施行王道政治，即使很小的国家也不可轻视。由此看来，国家所以存在，是因为有道，而不在其大；国家之所以灭亡，在于失道，而不在其小。东方的文化是王道文化，西方的文化是霸道文化。讲王道就是讲仁义道德，讲霸道就是主张功利强权。讲仁义道德，是用正义公理来感化人，而讲功利强权，是用洋枪大炮来压迫人。

孙中山先生在演讲中也指出："现在世界文化的潮流，就是在英国、美国，也有少数人提倡仁义道德。至于在其他各野蛮之邦，也有这种提倡。由此可见，西方之功利强权的文化，便要服从东方之仁义道德的文化。这便是霸道要服从王道，这便是世界的文化日趋于光明。"这就是王道政治和霸道政治的区别。

第十一讲　大乐与天地同和，大礼与天地同节

这一讲继续学习《乐记》篇。

【乐由中出，礼自外作。大乐必易，大礼必简。乐至则无怨，礼至则不争。揖让而治天下者，礼乐之谓也。】

这段话讲的是礼乐产生的根源，以及大礼大乐的特点，通过礼乐教化能够达到的理想效果。

"乐由中出，礼自外作。"音乐是由内心发出的，表现的是内心的和平安静。而礼则表现为外在的行为，"敬在貌也"，也即礼表现出的是外貌的恭敬。

"大乐必易，大礼必简。"大乐是指典雅庄重的音乐，用于帝王的祭祀、朝贺、宴享等典礼。"易"是平易，大乐必然简易平和，最盛大的乐也仅仅是一唱三叹而已。这说明典雅的音乐，节奏不求繁复，也不必有很多音节。

古希腊著名哲学家柏拉图在《理想国》中强调："节奏务求简洁和凝练，因为在一切艺术之中，音乐是刺激感官与情绪最剧烈的艺术，所以，无论对于演奏者还是听众，都要格外讲求情感与理性的平衡，处处有一个恰如其分的节度，而不能够流于狂妄。"柏拉图在谈到对城邦护卫者的音乐教育时指出："过度的快感可以扰乱心智，容易与骄纵淫荡相融。倘若一种庸俗的漫无法纪的革新，弥漫于艺人的队伍，他们如醉如痴听从毫无节制的狂欢支配，还狂妄无知地说：'音乐里没有真理，是好是坏，都只能听凭听者的快感来判定。'他们创造出一些淫靡的作品，又加上一些淫靡的歌词，这样就会在群众中养成一种无法无天、胆大妄为的习气，使他们自以为有能力去评判乐曲和歌的好坏。

而一旦对音乐的普遍的妄想风行，自由就接踵而来。人们都自以为他们知道，其实他们'并不知道'，就不再有什么恐惧。随着恐惧的消失，无耻也跟着来了。"这是柏拉图在《法律篇》中的一段阐述。

为什么柏拉图特别强调节奏务求简洁和凝练？他说："复杂的音乐产生放纵，而质朴的音乐教育则能产生心灵方面的节制。而歌词的风格和心灵的精神状态是一致的，良好的文辞、乐调、节奏，都来自良好的精神状态、心理状态。"也就是说，有了这种良好的精神状态、心灵状态，才能创作出好的文辞、乐调和节奏。他说："艺术表现得动人，一定是从心灵的纯洁而来。"可见，乐是从内心发出来的，是心灵状态的反映，典雅庄重的音乐必然平和而简易。

"大礼必简"，这种典礼也是简单而朴素的，比如祭祀中用的"玄酒腥鱼"就非常简单。"玄酒"，古代祭礼中用的清水。因为礼重根本，酒是由水制成的，水是酒的根本，所以，祭祀时只供水。《礼记·礼运》记载："故玄酒在室。"孔颖达疏："玄酒，谓水也。以其色黑，谓之玄。而太古无酒，此水当酒所用，故谓之玄酒。"所以，祭祀用清水代酒，非常简易。"腥鱼"，没有煮熟的生鱼。主要都是为了表达内心的恭敬，这些都是"大礼必简"的例子。

"乐至则无怨，礼至则不争。"乐教推行，人心中就没有怨恨；礼教推行，人与人之间便不会争斗。古时圣王毫不费力，垂衣拱手就可以使天下得到治理，这就是礼乐发挥的作用。因为好的音乐是从平和的内心发出来的，所以它也使人内心平和；礼节表现在外在的恭敬行为，而这种恭敬行为又进而影响内心。人人都接受礼乐教化的熏陶，自然内和外静、无怨无争，社会和谐，天下太平。所以，"**揖让而治天下者，礼乐之谓也**"。这说明礼乐对人内在的心灵和外在的行为都会产生潜移默化的影响，达到润物细无声的效果，让人在不知不觉中远恶迁善，变得文质彬彬。所以，中国文化也称为礼乐文化，"安上治民，莫善于礼；移风易俗，莫善于乐"。

【大乐与天地同和，大礼与天地同节。和，故百物不失；节，故祀天祭地。明则有礼乐，幽则有鬼神。如此，则四海之内，合敬同爱。】

这一节阐明"礼乐与天地合德"，明智的君王如果善用礼乐治国，遵循礼乐教化，可以获得显著的成效。

"**大乐与天地同和**"，天地之气和合，风调雨顺，就能够化生万物，万物得以自然成长。典雅庄重的大乐，顺应阴阳律吕的规律，也可以生养万物，这就是"大乐与天地同和"。"**大礼与天地同节**"，天地的形态，有高下大小的不同，比如，有山川湖泊，有高原、平原、丘陵、河谷等，典雅庄重的仪礼也是分别尊卑贵贱的秩序，与天地相似，这就是"大礼与天地同节"。

"**和，故百物不失**"，因大乐与天地同和，能够生成百物，故百物不失其性。大乐就像和风细雨，变化人的气质于潜移默化之中，不失万物清净无染、淳朴自然的本性。相反，设想一下，如果是狂风暴雨会如何？万物不仅不能自然生长，还会被损害。所以，音乐宜和谐，其节奏不能像天地之间的狂风暴雨，否则，就会对万物的生长造成损害，有损万物的本性。

这句话告诉我们，音乐确实能够对万物产生影响，有助于或者有害于万物的生长。有心理学家对植物做实验，把植物分在三个地方种植，其他条件都同样，只有一个条件不同，就是音乐：其中一个地方让植物听古典音乐，一个地方什么都不听，另一个地方就听摇滚乐等浮躁的音乐。三个月过去，发现植物的长势大不相同：听古典音乐的植物，长势是最喜人的，欣欣向荣，花开得也好；什么也不听的植物处于中间状态；而听了浮躁音乐的，长势最差，甚至很多都枯萎了。这说明好的音乐确实有助于万物的生长。这种思想可以应用于农业，怎样让农作物长势更好？就是让它听德音雅乐。这个实验也被一些人实际运用在种植当中，确实取得了好的效果，这也是有经典依据的。

"节，故祀天祭地"，大礼与天地同节，讲究尊卑上下的秩序，而天地无私，有生养成就万物的功德，为了回报天地的伟大功德，就要祭祀天地。祭祀天地，是为了回报天地的生养成就之恩，培养一个人知恩报恩、饮水思源的意识，而不是求天保佑自己事事顺利。

当然，孔子也说："我祭则得福。"为什么？为什么参加祭祀就能得福佑？这也是有道理的，因为福田心耕。回报最丰厚的福田有三种：恩田、敬田和悲田。祭祀把人的恭敬之心引发出来，培养了恭敬心。而感恩天地，把人的感恩之心也引发出来了。所以，是这种诚敬心、感恩心让人得福。所以，学习礼，不能只是在一些仪式上做文章，而不去深入了解其教育内涵。

比如拜财神，很多人误以为我在财神面前放上一些钱，他就能够保佑我发财。为什么要拜财神？财神一般供文财神范蠡，因为他三聚财三散财，很会赚钱，更会花钱。这是告诉我们，布施才能得财富，财富是结果，拿钱去帮助别人是因，越施越多。拜财神并不是让你给他礼拜鞠躬，给他放十块钱，明天就保佑你赚一百万。看到财神像，就想到向范蠡学习三聚财三散财的做法，舍得舍得，才能够获福。

同样，祭祀天地，为什么有教育内涵？祭祀天地，首先，让我们有敬畏之心，不敢去做坏事。《易经》："积善之家，必有余庆；积不善之家，必有余殃。"一个人不敢去做坏事，有敬畏之心，自然会远祸得福。而且拜天地，知道有天道的存在，要顺应天道来生产生活，不能违背自然规律。一年有四季，春生夏长秋收冬藏，搞农业要不违农时，办政治也要按照这个次第。比如，春季选拔人才，秋季问斩处罚犯人。天道好生而恶杀，天道都是成就万物、生养万物，它有好生之德。人按照其特点来治理国家，就会"礼主刑辅"，以伦理道德礼仪教化为主，以刑罚为辅，这也是"一阴一阳之谓道"。

再看"天无私覆，地无私载，日月无私照"，天地有一种平等无私的情怀和对万物一视同仁的包容关爱。为什么国家领导人提出，爱护百姓，在脱贫致富的路上一个都不能少，这就是效法天地的精神。再看《孟子》所说的："亲亲而仁民，仁民而爱物。"不仅要把人民当成自己的兄弟姐妹，还要以这种仁爱之心关爱万物，包括关爱动物，关爱自然生态，不能破坏生态、破坏环境。再者，自然万物都是种瓜得瓜，种豆得豆，这叫因果规律。想得好的结果，必须去种好因。所以，祭祀天地有这么多好处，怎能不得到福佑？

"明则有礼乐，幽则有鬼神"，圣王既能使礼乐与天地同和同节，于显明之处尊崇礼乐以教人，又于幽冥不见处尊敬鬼神以成物。"一阴一阳之谓道"，有阳就有阴与之相对。孔子也说："敬鬼神而远之。"

"如此，则四海之内，合敬同爱"，如果圣王能够如上所说，推行礼乐以治理天下，四海之内就会合其敬爱。具体而言，因为行礼有方，四海之内合其敬，大家都行同样的礼，有同样的恭敬心。因为行乐有方，四海之内齐同其爱，达到"四海之内皆兄弟"的境界。这说明礼乐具有培养敬爱之心，促进社会和睦的功能。

这段话是说，典雅庄重的音乐与天地一般同其协和，庄严隆重的典礼与天地同其节度。因为大乐与天地同其协和，所以百物不会失其本性；因为大礼与天地同其节度，所以可以用来祭祀天地。圣人在人间推行礼乐教化，于幽冥之处尊敬鬼神以成物。这样，四海之内就会合其敬而齐同其爱。

【王者功成作乐，治定制礼。五帝殊时，不相沿乐；三王异世，不相袭礼。】

这一章名曰《乐礼章》，主要讲王者为治，必制礼作乐。

"王者功成作乐"，"功成"是指天子功业既成，最重要的就是统一天下。先王统一天下，是因为得到了民心，是乐民之所乐的结果。所以，统一天下后，就命令作乐，以应民所乐之心。

"治定制礼"，"治定"，最重要的"治"就是教化人民。"礼以体别为义，今治人得体，故制礼应之。""用质教民治定者，则制礼省略也。若用文教民而治定者，则制礼繁多也。"王者功业成就，开始作乐；社会安定教化人民，开始制礼。是以乐随王者之功，礼随治世之教。

"五帝殊时，不相沿乐；三王异世，不相袭礼。""五帝"，上古时的五位帝王，史书中说法不一。《大戴礼记·五帝德》和《史记·五帝本纪》，认为是黄帝（轩辕黄帝）、颛顼（高阳）、帝喾（高辛）、唐尧、虞舜。《书序》认为是少昊（挚）、颛顼、高辛、唐尧、虞舜。《易·系辞下》认为是伏羲、神农、黄帝、唐尧、虞舜。《礼记·月令》认为是太昊（伏羲）、炎帝（神农）、黄帝、少昊、颛顼。说法不一，不影响我们对经义的理解。我们以《礼记·月令》为准。

五位帝王处于不同时代，"不相沿乐"，不共用一种乐曲。"沿"就是因的意思。"三王异世"，"三王"也有不同说法。东汉赵岐注《孟子》，认为是夏禹、商汤和周文王。东晋范宁注《谷梁传》，认为是夏禹、商汤和周武王。"异世"也是指不同的时代。"不相袭礼",不共用一种礼仪。这是说,圣王用礼乐治理天下,这是共同的,但是礼乐的形式在各个时代有损有益,随时可改。

《论语》中孔子说:"殷因于夏礼,所损益,可知也;周因于殷礼,所损益,可知也。"也是说礼的本质是不变的,但是表现形式是随着时代变化有损有益。比如,古代最重的礼就是三跪九叩首礼,但是到现代,再行三跪九叩首礼,就会被人笑话迂腐。现代最重的礼变成三鞠躬礼,但是本质都是表示恭敬。五帝所处的时代各不相同,所以不沿袭前代的音乐;夏商周三王世事相异,也不沿用前代礼制,都是各有减少与增加。

【故圣人作乐以应天,制礼以配地。礼乐明备,天地官矣。】

"官",任事。各得其事,各司其职。

这一节讲的是圣人作礼乐以应天配地。圣人效法天地之道制礼作乐,礼乐又能为功于天地,反过来作用于天地,赞天地之化育,使得天地之事各得其宜。所以,圣人作乐以对应上天冲和虚静、涵容万象的胸襟,制礼以对应大地尊卑有序、万物生长各循其道的法则。礼乐一旦明达完备,天地万物便可各得其所、各安其位。

【地气上跻,天气下降,鼓之以雷霆,奋之以风雨,动之以四时,暖之以日月,而百化兴焉。如此,则乐者天地之和也。】

"跻",就是升的意思,地气上升。"奋",《周易·系辞上》作"润",滋润。"暖"同"煊",照耀,温暖。"百化兴焉",《史记·乐书》写作"百物化兴焉"。

这段话的意思是,地气上升,天气下降,又有雷霆应势而动,以风雨来滋润,以春夏秋冬四季交替来运转,以日月之光照耀温暖,从而使万物得以化生。这样，音乐才真正效法并体现了天地之间的和谐。由此可见，乐是源自天地自然的和谐与秩序，真正伟大的音乐能够类比自然的和谐，只有这样的音乐才是有意义的、可取的。

【礼者，所以缀淫也。是故先王有大事，必有礼以哀之；有大福，必有礼以乐之。哀乐之分，皆以礼终。】

"礼者，所以缀淫也。""缀"，止，"淫"，过度。"大事"，指死丧之事；"大福"，指祭祀吉庆之事。礼制是用来制止过分放纵的行为，因此，古代先王遇到死丧等大事，必定有衰麻、哭泣等礼节，以表达哀思；遇到祭祀吉庆之事，必定通过礼节来表达欢乐。哀痛、欢乐的分寸、限度，都通过礼恰如其分地表达出来。

【是故先王本之情性，稽之度数，制之礼义，合生气之和，道五常之行，使之阳而不散，阴而不密，刚气不怒，柔气不慑，四畅交于中，而发作于外，皆安其位而不相夺也。】

"度数"，陈澔解释："度数，十二律上生下生损益之数也。礼义、贵贱、隆杀、清浊、高下各有其义也。"十二律，就是古乐的十二调，古代乐律学用语，是一种定音方法。古人是用管径相同的竹管和金属管，制成校正乐律的器具，以管的长短来确定音的高低。从低音管算起，成奇数的六个管为阳律，名曰"六律"，就是黄钟、太簇、姑洗、蕤宾、夷则、无射。成偶数的六个管为阴律，名曰"六吕"，即大吕、夹钟、仲吕、林钟、南吕、应钟。六律是以竹为管，六吕以铜为管。十二律在乐就精简为宫商角徵羽五声，因为数之中"五"能致中和。

"生气"，指阴阳二气。"五常"，指五行，孔颖达疏："言圣人裁制人情，使合生气之和，道达人情以五常之行，谓依金木水火土之性也。""五常"是金木水火土五行之性。

"密",就是封闭。"慑",就是恐惧。"四畅",孔颖达疏:"谓阴阳刚柔也。"

这段话是说,古代先王作乐,本于人的本性和情感,根据五音十二律的度数,以礼义来裁制人情,使之既符合阴阳二气的和谐,又依循五行之性,即金木水火土的引导,从而使阳气发扬而不至于散失,阴气收敛而不至于郁结,使刚烈之气不至于发怒,柔顺之气不至于恐惧。阴阳、刚柔在内心都和畅通达,表现于外也都各安其位,不相侵陵、冲突。

【土弊则草木不长,水烦则鱼鳖不大,气衰则生物不遂,世乱则礼慝而乐淫。是故其声哀而不庄,乐而不安,慢易以犯节,流湎以忘本。感条畅之气而灭平和之德,是以君子贱之也。】

"土弊",就是土地贫瘠。"水烦",就是水泽频繁扰动。"遂",就是长成。"礼慝而乐淫",孔颖达疏:"慝,恶也。淫,过也。世道衰乱,上下无序,故礼慝;男女无节,故乐淫。"

"感条畅之气",孔颖达疏:"感,谓感动也。条,远也。畅,舒也。言淫声感动于人,损长远舒畅之善气,而损灭平和之善德矣。""感",就是感动、扰动,使人的长远舒畅之善气受到扰动,从而泯灭平和之善德。这是孔颖达的解法。王念孙认为,"条畅"应该读为"涤荡","涤荡之气,谓逆气也。上文其声哀而不庄云云,谓奸声也。涤荡之气与平和之德正相反。奸声、正声各以类相动,故曰万物之理各以类相动也"。在王念孙看来,"条畅"实际上是涤荡之意,涤荡之气就是逆气。《史记·乐书》以及《说苑·修文》中,也都写作"感涤荡之气",这也是一种解法。

根据孔颖达疏,这句话是说,土壤贫瘠,草木就不能生长,水泽频繁扰动，鱼鳖就不能养大。阴阳二气衰乱，生物就无法生成。世道衰乱，上下无序，礼就会被废弃，音乐便会放纵淫逸。乐声哀怨而不庄重，欢乐而不安详，散慢而迭相陵犯，让人沉迷于声色而忘失本性。人们被这种乐声干扰，破坏其原本自然舒畅的正气，泯灭平顺祥和的善德。因此，君子向来都贱弃这类乱世之声。

【凡奸声感人而逆气应之，逆气成象而淫乐兴焉。正声感人而顺气应之，顺气成象而和乐兴焉。唱和有应，回邪曲直，各归其分，而万物之理，各以类相动。】

这一段是说，乐有奸声、正声的区别，各以类相感，君子应该去淫声，用正声。

"凡奸声感人而逆气应之"，"奸声"，奸邪之声。"感人"，感动于人。这里的感动，用现在的话说，也有刺激的意思。"逆气"，违逆之气、奸邪之气。人既感奸邪之声，则有奸邪之气来应。

"逆气成象而淫乐兴焉"，既感奸邪之声，心又感奸邪之气，二者相合而成象，淫乐遂兴。初听奸邪之声，奸邪还不是很严重，如果心又感奸邪之气，乱象就形成了，不可救止，就像商纣王作靡靡之乐一样。

"正声感人而顺气应之，顺气成象而和乐兴焉"，正声感动于人，就有顺气来应。既闻听顺声，又感得顺气来应和，二者相合而成象，和乐的音乐就兴起，就如周室太平而作颂声一样。

"唱和有应"，初有奸声、正声感人，这是"倡"；后有逆气、顺气应之，这是"和"。善倡则善和，恶倡则恶和，这是"唱和有应"。

"回邪曲直，各归其分"，"回"，乖违。"邪"，邪僻。乖违邪僻以及曲直，各归其善恶之分限。也就是善归善分，恶归恶分。

"而万物之理，各以类相动"，善恶各归其分，这也说明，万物的情理是各自以其类别而自相感动。

这段话意思是，但凡奸邪的声音刺激人心，就会有违逆之气与它相应。奸邪之声与违逆之气相互感应，又化而成象，则淫乱之乐就会产生。而纯正无邪的声音感动人心，就会有顺畅之气与它相应。纯正无邪的声音与顺畅之气相互感应，化而成象，则和谐之乐就会产生。在这一唱一和相互感应之间，乖违与乖违之气相应，邪僻与邪僻之气相应，曲直亦如此相应，各归其分。宇宙万物的道理，也都是以同类相聚，彼此感应互动的。这讲的就是"同声相应、同气相求"的道理。

为什么要"行有不得，反求诸己"？因为你自己是什么样的人，就会感应什么样的人和你相应，感召什么样的人成为你的朋友，成为你的下属，成为你的领导。

【是故君子反情以和其志，比类以成其行。奸声乱色，不留聪明，淫乐慝礼，不接心术，惰慢邪僻之气，不设于身体，使耳目鼻口、心智百体，皆由顺正，以行其义。】

"是故君子反情以和其志"，就是反去淫弱之情理，以调和其善志。"比类以成其行"，比拟善类，以成己身之美行。

"奸声乱色，不留聪明"，不使奸声乱色留停于耳目，令耳目不聪明。"淫乐慝礼，不接心术"，不使淫乐慝礼连接于心术，也即心对于放纵的音乐和邪恶的礼仪不留存挂念。

"惰慢邪僻之气，不设于身体"，因为耳目心术所为皆善，故怠惰邪僻之气无由来入，不施设于身体。也即身体不会受到惰慢邪僻之气的影响。

"使耳目鼻口、心知百体，皆由顺正，以行其义"，既然邪僻不在于身，那么，耳目口鼻、心想智虑乃至整个身体，皆从和顺，都能遵循正道而实践正义的行为。"由"，就是从的意思。

因此，君子必然要抑制情绪欲望的泛滥，而端正志向，与志同道合的人切磋相长，以成就善行。使奸邪的声音、淫乱的色相，不存留于耳目；淫佚的音乐、邪僻的行为，不染污自己的内心；怠惰、傲慢、邪僻的习气，不沾染自己的身体四肢。

【然后发以声音而文以琴瑟，动以干戚，饰以羽旄，从以箫管，奋至德之光，动四气之和，以著万物之理。故乐行而伦清，耳目聪明，血气和平，移风易俗，天下皆宁。】

前一段讲的是，君子要远离奸邪之声，听用雅正之乐。这一段接着讲雅正之乐的特点，说明大乐的德用可以移风易俗，安定天下。

"**然后发以声音**"，就是用声音发动心志。《诗大序》说："诗者，志之所之也，在心为志，发言为诗。情动于中而形于言，言之不足，故嗟叹之，嗟叹之不足，故咏歌之，咏歌之不足，不知手之舞之足之蹈之也。"诗展现的是人的意志，当情感还在内心没有表达出来，被称为"志"；把情感用语言表达出来，就称为"诗"；发以声音，心志用声音来发动，把诗再拉长声音吟唱出来，就称为"歌"。用金石土革丝木匏竹八种材料做成的乐器演奏歌曲，再伴之以舞蹈，才称为"乐"。和谐雅正的音乐，能达到不可思议的教化效果。

"**而文以琴瑟**"，《礼记集解》说："文以琴瑟，谓琴瑟合于歌咏而文饰之，堂上之乐也。"用琴瑟应和歌咏以文饰声音，是堂上之乐。"**动以干戚**"，"干"是盾，"戚"是斧。前面也讲过，干戚是武舞所执之具，就是用干戚来舞动。"**饰以羽旄**"，以羽旄装饰乐具。"羽旄"，是文舞所用之具。"**从以箫管**"，以箫管随从诸乐。

对于这三句话，孙希旦《礼记集解》："干戚武舞，故言动。羽旄文舞，故言饰。从，随也，箫管轻，故言从。此皆堂下之乐也。"

"**奋至德之光**"，是指用上面所描述的诸种音乐，奋动天地至极之德，感得神明来降。奋，就是震动、奋动。"至德之光"，就是指天神降临，地神出现，先祖庇佑。

"**动四气之和**"，感动四时之气序和平，使阴阳顺序。也就是春夏秋冬不失其序，不逆时令。"**以著万物之理**"，"著"就是成的意思。乐既和平，故能成就万物之道理，也就是风调雨顺，寒暑应时。

"**故乐行而伦清，耳目聪明，血气和平，移风易俗，天下皆宁。**""伦"，就是类的意思。正乐施行而人伦端正，万类清美。人听之则耳聪目明，血气和平。转变粗敝恶劣的风气，改革昏乱的习俗，人不做恶事，因此天下安宁，万物各得其所。也就是说，实行正乐，能够端正人的道德规范，和合阴阳。

这段话是说，用声音把心志表达出来，与琴瑟相和而成乐章，挥动干戚而成武舞，用羽旄作饰而成文舞，随之用箫管伴奏。用此音乐焕发出天地至德的光辉，引导阴阳刚柔四气顺畅中和，以显示万物运行的法则。正乐通行而人伦正位，万类清美，使人耳聪目明，心气为之和平，良善的风俗随之潜移默化而蔚然成风，天下因此太平。

【魏文侯问于子夏曰："吾端冕而听古乐，则唯恐卧；听郑、卫之音，则不知倦。敢问古乐之如彼，何也？新乐之如此，何也？"对曰："今君之所问者乐也，所好者音也，相近而不同。"文公曰："敢问何如？"对曰："夫古者天地顺而四时当，民有德而五谷昌，疾疢不作而无妖祥，此之谓大当。然后圣人作为父子君臣，以为纲纪。纲纪既正，天下大定。天下大定，然后正六律，和五声，

弦歌《诗》《颂》。此之谓德音，德音之谓乐。今君之所好者，其溺音乎？"】

这段话实际上是讲了"音"和"乐"的区别。"端冕"，郑玄注："玄衣也。古乐，先王之正乐也。""端"，正式的玄色朝服；"冕"，礼帽；"古乐"，古代圣王的正乐。魏文侯问："我正襟危坐，穿着端服，戴着礼帽，听古代圣王的正乐，结果唯恐睡着。"就像有人听讲座，打不起精神，昏昏欲睡。"但是听郑卫之音，就不知疲倦。"就像有人看肥皂剧，看了一集又一集。这说明什么？对郑卫之音非常爱好，甚至沉湎其中。魏文侯就问了，为什么听古乐会出现这样的情况？而听新乐却不知疲倦？

春秋时代，就有了古乐和新乐的区分。所谓古乐，是指自黄帝、尧舜以来，圣贤相传的雅乐，如舜的《韶》、禹的《夏》等。节奏缓慢庄重，培养人的中和之气，富有教化意义。新乐则是指当时人们所作的淫声乐曲，如郑卫之音，恣意放荡。

子夏回答说："现在您所问的是乐，而您所喜好的却是音。乐和音虽然相近，其实不相同。"文侯问："请问，音和乐到底有什么不同？"子夏回答说："古时候天地和顺，四季有常，民有道德，五谷丰盛，疾病不生，又没有凶兆，都是恰到好处，这称为'大当'。"《礼记集解》："大当，言天地之间无不得其当也。""当"，就是说真正的乐，不失其天地和谐、政治清明、人民安乐的实质，用现在话来说就是太平盛世。"然后圣人出现了，确定父子君臣的名分纲纪；纲纪确立，天下才真正安定；天下安定之后，端正六律，调和五声，用琴瑟等乐器伴奏，歌唱《风》《雅》《颂》等诗篇，这叫德音，这样的德音才叫乐。而您现在所喜欢的，恐怕是使人沉溺放纵的靡靡之音吧。""溺"，譬喻人情沉湎而不反。孔颖达称之为"淫溺"。

【郑音好滥淫志，宋音燕女溺志，卫音趋数烦志，齐音敖僻骄志。四者淫于色而害于德，是以祭祀弗用也。为人君者，谨其所好恶而已矣。君好之则臣为之；上行之则民从之。《诗》云："诱民孔易。"此之谓也。】

"郑音好滥淫志"，孔颖达疏："滥，窃也，谓男女相偷窃。言郑国乐音好滥相偷窃，是淫邪之志也。燕，安也。溺，没也，言宋音所安，唯女子，所以使人意志没矣。卫音既促且速，所以使人意志烦劳也。齐音敖很辟越，使人意志骄逸也。"

郑国的音乐，滥相偷窃，毫无节制，使人心志淫邪放荡；宋国的音乐过于安逸，使人心志沉溺；卫国的音乐急促快速，使人心志烦劳；齐国的音乐狂傲邪僻，使人心志骄逸。这四种音是"淫于色而害于德"，都使人过分沉湎、放纵情欲，有害于培养美德，不能称之为"乐"。所以，祭祀不能用这样的靡靡之音，因为靡靡之音会败坏中正之德。

最后，子夏还提醒魏文侯："作为国君，一定要谨慎选择自己的好恶。因为国君喜好什么，臣下就会做什么；上层干什么，百姓就会跟着干什么。"《诗经》说："诱民孔易。""孔"，很，非常。诱导老百姓很容易，也就是上行下效，国君喜欢什么，就会带动整个社会兴起这样的风气。

儒家认为，以道为主导的音乐，有益于心性的提升；而以满足感官刺激作为主导的音乐，则会导向社会混乱。《乐记》说："君子乐得其道，小人乐得其欲。以道制欲，则乐而不乱；以欲忘道，则惑而不乐。"在古人看来，音和乐是有所不同的。低层次的音，悖逆天道中庸的原则，对人性的宣泄毫无节制，会引导人走向颓废，甚至暴戾的极端，最终毁灭人性，这也被称为亡国之音。而高层次的乐是天道的体现，使人在享受音乐的同时，能够受到道德的熏陶，涵养心性，是入德之门。换句话说，只有符合于道的音才称为乐。

【君子曰："礼乐不可斯须去身。"致乐以治心，致礼以治躬。心中斯须不和不乐，而鄙诈之心入之矣；外貌斯须不庄不敬，而慢易之心入之矣。】

"易"，就是轻易。

君子说："人不可片刻离开礼乐。"致力于乐，是为了陶冶心性，因为乐从内心发出，所以能陶冶心性；致力于礼，是为了调整身体与言行，礼是表现于外在的行为，所以能修正心行。一个人的心中如果有片刻不和顺、不喜乐，卑劣而虚妄的念头就会乘虚而入，利养贪欲就会产生。外貌如果有片刻不庄重、不恭敬，轻忽怠慢的念头也会乘虚而入。

【故乐也者，动于内者也；礼也者，动于外者也。乐极则和，礼极则顺。内和而外顺，则民瞻其颜色而不与争也，望其容貌而民不生易慢焉。】

乐是调理人的内心，礼是规范人外在的行为。音乐至美能使人和畅，礼仪至善能使人恭顺。内心和畅而外貌恭顺，人们望见他的外貌神情，就不会与他起抗争之心；看见他的仪容风度，便不会产生轻视侮慢的念头。

【是故乐在宗庙之中，君臣上下同听之，则莫不和敬；在族长乡里之中，长幼同听之，则莫不和顺；在闺门之内，父子、兄弟同听之，则莫不和亲。故乐者，所以合和父子、君臣，附亲万民

是先王立乐之方也。】

　　这一段是讲音乐的普遍流行，可以在人民中间形成平和的气氛。具体而言，音乐在宗庙中演奏，君臣上下一同聆听，就无不和睦恭敬；在宗族乡党中演奏，长幼一同聆听，就无不和睦依顺；在家门之内演奏，父子、兄弟一同聆听，就无不和睦亲密。所以，音乐是为了协调父子、君臣之间的关系，而使万民归附亲顺，这才是古代圣王立乐的宗旨所在。总之，音乐的目的就是"和"。

第十二讲　祭祀的道理与孝相通

这一讲继续学习《礼记》，请看《祭法》。

郑玄《目录》："名曰《祭法》者，以其记有虞氏至周天子以下所制祀群神之数。"这一篇之所以命名为《祭法》，因为它所记载的，是自虞舜至周天子以来所制定的祭祀群神之数，论述了他们之所以能被列入祀典的原因，目的是表彰他们的功勋，垂之后世，以让后人饮水思源、知恩报恩。

【夫圣王之制祭祀也，法施于民则祀之，以死勤事则祀之，以劳定国则祀之，能御大灾则祀之，能扞大患则祀之。】

"法施于民"，《汉书·韦贤传》中，"法"当作"功"，有功于民众的应祭祀。这段是讲祭祀的原则：有功于民众的应祭祀，操劳国事而死的应祭祀，有安邦定国勋劳的应祭祀，为大众防御重大灾害的应祭祀，保卫民众、抵御重大外患的应祭祀。孔颖达《礼记正义》举了一些例子："法施于民，若神农、后土、帝喾、尧及黄帝、颛顼、契之属是也。以劳定国，若禹是也。御大灾，捍大患，若汤及文武也。"这是下一段要讲的，实际上现在也依然延续这个原则。

2019年10月1日，新中国成立七十周年大庆。国庆的前一天，也即9月30日是国家烈士日，党和国家的领导人向人民英雄敬献花篮，向为共和国建设事业英勇献身的烈士默哀，瞻仰人民英雄纪念碑。在敬献花篮仪式前，习主席还来到毛主席纪念堂，瞻仰毛主席的遗容。这些都是党和国家领导人代表全体国人，缅怀老一辈革命家，追思革命先烈的丰功伟绩。10月1日庆典活动中，有各种方阵，有一个是战旗方阵，树立了一百面英雄的战旗，这一百面英雄的战旗，就是一百部英雄的历史。还有致敬方阵，那一张张照片上的人，都是为安邦定国作出重大贡献的人。

整个庆典都是让人铭记先辈的丰功伟绩，缅怀他们的精神和风范，教导人饮水思源、知恩报恩。因为只有不忘民族和国家的历史，才能培养爱国家、爱民族的情感，才能珍惜这来之不易的奋斗成果，才能像先辈一样牢记使命、勇于担当，为实现中华民族伟大复兴贡献力量。可以说，这些庆典的礼仪都渗透着浓浓的传统文化底蕴，一定意义上都是对中华传统祭祀礼仪的继承与弘扬。

当然，现代社会多了一些纪念的形式，除了建纪念馆、纪念碑，还有拍纪录片、电影、电视剧、动漫、微视频等方式。这都是教育后人不忘历史，缅怀先烈为国献身的精神。这些其实都是祭祀精神的延续。

【是故厉山氏之有天下也，其子曰农，能殖百谷；夏后氏之衰，周弃继之，故祀以为稷；共工氏之霸九州也，其子曰后土，能平九州，故祀以为社。】

"是故厉山氏之有天下也，其子曰农，能殖百谷。"郑玄注："厉山氏，炎帝也，起于厉山，或曰烈山氏。"厉山氏就是炎帝，因为他兴起于厉山，也称烈山氏。农是厉山氏的后世子孙，名柱，能种植百谷。《国语》："神农之名柱，作农官，因名农。"当厉山氏（也即炎帝）统治天下的时候，他的儿子叫农，因为能指导人民种植各种农作物，受到后人祭祀。

"夏后氏之衰，周弃继之，故祀以为稷。""弃"，周的始祖，后稷的名。尧使弃居稷官，教民耕种，后封于邰，号曰后稷。孔颖达疏："以夏末汤遭大旱七年，欲变置社稷，故废农祀弃。"夏朝末年，汤遇到大旱七年,所以他改置社稷,从那以后就开始祭弃作为谷神,而不再祭祀农。农和后稷先后被当作谷神来祭祀。

"共工氏之霸九州也,其子曰后土,能平九州,故祀以为社。"郑玄注:"共工无录而王谓之霸,在太昊、炎帝之间。""后",就是君的意思,为君而掌土。"社",土神。共工氏征服了九州,他的儿子后土能区划九州的国土,使人民各得其所,所以,被奉为土神来祭祀。

【帝喾能序星辰,尧能赏均刑法,舜能勤众事,鲧鄣洪水,禹能修鲧之功,黄帝正名百物,颛顼能修之,契为司徒而民成,冥勤其官而水死,汤以宽治民而除其虐,文王以文治,武王以武功,去民之灾,此皆有功烈于民者也。】

"**帝喾能序星辰**","帝喾"是黄帝的曾孙,号高辛氏,都西亳(今河南偃师县西),在位七十年。帝喾有四妃四子,姜嫄生弃,就是前面讲的后稷,是周的祖先;简狄生契,是商的祖先;庆都生尧,就是尧舜禹的尧;常仪生挚。这四个儿子都非常了不起。

帝喾根据星辰的运转,确立了旬、月、年纪时法,以十日为旬,三旬为月,十二个月为一年,使人们耕种和休息都有一定的时间可遵循,使农业生产不失其时。

"**尧能赏均刑法**",这句话有两种句读。一种是"尧能赏均、刑法"。"赏均",就是公平地行赏;"刑法",就是罚恶用刑不失法度。孔颖达《礼记正义》是这样断句的:"尧以天下位授舜,封禹、稷官得其人,是能赏均平也。五刑有宅,是能刑有法也。"尧以天子之位禅让于舜,又封禹、稷为官,可谓任官得其人,这是能公平地赏善,这叫"赏均";又设立五刑制度,罚恶用刑有法可依。

另一种句读,陈澔《礼记集说》:"尧能赏,均刑法。""能赏,当其功也。均刑法，当其罪也。"也就是赏当其功，罚当其罪。当然，无论怎样句读，都不影响这句话的意思，就是尧能公平地赏善罚恶。

"**舜能勤众事**"，《尚书》记载，虞舜出身侧陋微贱，尧帝听说他聪明敏睿，想让他继承帝位，但在此之前，通过各种难事考验他。

首先，让他教化百姓。舜恭敬地完善"五典"之教，又从高辛氏后人中选出八位贤能之人，世称"八元"，令他们传布五典之教，也就是"父义、母慈、兄友、弟恭、子孝"，结果人民悦从，没有违背教诲的。又让舜摄理百官事务，舜从高阳氏后人中选出八位贤能之人，世称"八凯"，帮助处理各种事务，结果事事治理得井井有条。后来又让舜在宫廷四面的门户迎接诸侯，让他从事外交工作。结果舜以宾客之礼迎接，处处体现出优美的德行。又让他担任地位显要的职务，总领万机之政，结果阴阳和合，风调雨顺，暴风骤雨都能按时令而作，不再错乱生灾。这表明舜的德行合于天心。尧帝通过种种考验，决定把天子之位禅让给舜。

舜统治期间，发生三苗叛乱，开始舜是派禹率领各国诸侯去征伐。但是过了三十天，三苗之民仍然违逆帝命，不肯服罪。这时，伯益谏言说，只有德行才可以感通上天，无论多远，都能到达。"惟德动天，无远弗届。满招损，谦受益，时乃天道。"骄满给人招来损失，自谦让人受益，这是自然而然的道理。至和之德能感通神明，何况三苗？禹接受他的建议，随即撤回军队，开始大设文德之教。"远人不服，则修文德以来之。"远方的人民不归服，怎么办？广泛地施行文德教化招徕他们。结果，七十天后，三苗归服。

《尚书》注解上说，征讨不能归服，放弃武力后主动到来，说明什么道理？就是《大学》所说的："古之欲明明德于天下者，先治其国。"如果自己的国家能治理好，让人羡慕，都愿意学习，自然就能平治天下。舜无论是在即位前，还是即位后，都是为国事不辞辛劳，"勤众事"。

"鲧鄣洪水，禹能修鲧之功"，陈澔《礼记集说》："修者，继其事而改正之。"鲧治理洪水九年，采取堵的方法，结果没有成功。后来他的儿子禹，改用疏导的方式而治水成功。

"黄帝正名百物，颛顼能修之"，黄帝指轩辕氏，被誉为中华始祖。据说古代的文字、历法、养蚕、舟车、音律等，都创始于黄帝时期。颛顼是黄帝之孙、昌意之子，帝高阳。孔颖达《礼记正义》："上虽有百物，而未有名，黄帝为物作名，正名其体也。"上古时期虽然已经有了百物，但是尚未命名。黄帝为百物命名，为物体正名，颛顼加以补充修订。

"契为司徒而民成"，孔颖达《礼记正义》："契为尧之司徒，司徒掌五教，故民之五教得成。"契是尧的教育部长，掌管五教，就是前面讲的"父义、母慈、兄友、弟恭、子孝"。《孟子》认为五教就是五伦教育，"父子有亲，君臣有义，夫妇有别，长幼有序，朋友有信"。陈澔《礼记集说》："司徒，教官之长。民成，化民成俗也。"契担任舜的司徒官，使人民普遍受到教化。

"冥勤其官而水死"，冥是契的六世孙，任水利之官，尽忠职守，称玄冥，后因治水殉职。

"汤以宽治民而除其虐"，汤放逐夏桀于南巢，成汤以宽和的政令治国，革除了夏桀的暴政。

"文王以文治，武王以武功，去民之灾"，"烈"，是业的意思，"功烈"就是功业。文王以礼乐法度治国，武王伐纣以武力平定天下，为

第十二讲 祭祀的道理与孝相通

百姓铲除了祸害。

"**此皆有功烈于民者也**",这句话是总结,以上这些都是对人民有功业的人。

【及夫日月星辰,民所瞻仰也;山林、川谷、丘陵,民所取财用也。非此族也,不在祀典。】

"族",就是类的意思。

又如日月星辰,是人民所瞻仰和尊崇的,山林、川谷、丘陵,人民从中获得生活所需,所以也列入祭祀的范围。这是教人尊重、敬爱自然,也是中国古人"天人合一"思想的体现。

人的生产生活,丝毫离不开大自然的赐予,如果不能对自然界心存感恩,不能尊重自然界的客观规律,违背自然大道,过度地向自然索取,甚至为了发展经济,不惜破坏自然生态,为了满足口腹耳目之欲,伤害自然界的动植物,最终必然是有害于人类自身,甚至还会失去生存家园,得不偿失。

为什么古人这样重视这些祭祀之礼?为什么今天还要讲这些传统的祭礼?如果我们对天地自然生起一种敬畏之心、感恩之心、仁爱之心,很多灾害是可以防患于未然的。《论语》:"礼之用,和为贵,先王之道,斯为美。"正是这些礼仪教化,可以和谐人与人、人与社会、人与自然、人与天地万物的关系。

这次疫情如果在一定程度上能够提醒国人,顺应天地自然之道来生产生活,重新体悟"天地与我共生,而万物与我为一"的宇宙观,重新认识"天人之际,合而为一"的自然观,重新树立"人法地,地法天,天法道,道法自然"的生态观,重新理解"民胞物与"的价值观,重新领会"亲亲而仁民,仁民而爱物"的道德观,摆正人在自然界中"与天地参"的位置,"赞天地之化育",保持与自然万物和谐一体的关系,真正走可持续发展之路,这就是不幸中之大幸,不仅可以帮助中华民族,也可以帮助全人类转危为安,化险为夷。

这是《祭法》,下面看《祭义》。

郑玄《目录》:"名曰《祭义》者,以其记祭祀斋戒荐羞之义也,此于《别录》属《祭祀》。"之所以以《祭义》为名,因为它所记载的,是祭祀、斋戒、进献贡品等的义理。

方慤曰:"陈乎外者祭之法,存乎中者祭之义。君子于祭,岂徒法为哉,亦有义存焉尔。"显示于外的是祭祀的方法,比如礼仪、服饰、贡品等,隐藏其中的是祭祀的义理。君子祭祀,难道只是为了符合外在的祭祀礼法吗?还要懂得其中的义理。

这篇不仅讲述了祭祀的义理,还讲述了礼乐养人的作用,以及孝亲敬老之道。为什么从祭祀又讲到了孝亲敬老?孙希旦《礼记集解》:"盖事死事生,其道一也,故因祭而言孝。事父事兄,其道一也,而敬老之义即因事兄之心而推之者,故又因孝亲而言尚齿。"意思是说,事死者,如事生,侍奉死者和侍奉生者的"道",是一不是二,所以,从祭祀自然就讲到了孝道。又因事父与事兄其道一也,敬老也就是事兄之心推而广之,所以,又从孝亲谈到了尊敬老年人。

下面看经文。

【祭不欲数,数则烦,烦则不敬;祭不欲疏,疏则怠,怠则忘。是故君子合诸天道,春禘秋尝。】

"祭不欲数","数",在这里念"朔"。《广韵》解释:"频数也。"

"疏则怠","怠",懈怠。

"春禘秋尝","禘",春天祭祀叫禘。"尝",秋天祭祀叫尝。秋天新的谷子收获，尝新谷之祭。这都是按照季节的变化，春天举行禘祭，秋天举行尝祭。

这段话是说，祭祀不可太频繁，如果太过频繁，就会使人厌烦。有了厌烦情绪，就会失去恭敬之心。祭祀也不可太稀疏，太稀疏就会使人怠慢。心生怠慢，就容易淡忘。所以，君子顺应天时季节的变化，春天举行禘祭，秋天举行尝祭。

后面还有小字注解："忘与不敬，违礼莫大焉。合于天道，因四时之变化，孝子感时而念亲，则以此祭之也。"最严重的悖礼行为，莫过于怠慢、淡忘和没有恭敬心。合于天道，孝子随顺季节变化而感念逝去的亲人，所以选择在这时祭祀他们。

【霜露既降，君子履之，必有凄怆之心，非其寒之谓也。春雨露既濡，君子履之，必有怵惕之心，如将见之。乐以迎来，哀以送往。】

"履"，踩，踏。"濡"，沾润。"怵惕"，心中震动的样子。

秋天霜露覆盖大地，君子踏霜而行，自然有一种悲凉的感觉，这不是因为寒冷，而是因为思念逝去的亲人。春天雨露沾润大地，君子踏露而行，自然有一种震惊的感觉，似乎逝去的亲人也像春天一样重回人间。

"乐以迎来，哀以送往。"孔颖达《礼记正义》："祭初似若来，故乐；祭末似去，故哀。"祭祀之初，人们心怀欢喜，如同迎接亲人将要到来；祭祀结束，又如同送别亲人远去，不禁满怀悲哀。

【致斋于内，散斋于外。斋之日，思其居处，思其笑语，思其志意，思其所乐，思其所嗜。斋三日，乃见其所为斋者。】

郑玄注："致斋，思其五者也。散斋，不御，不乐，不吊耳。见所为斋者，思之熟也。""致斋于内"，斋戒时对内调摄内心，也即使内心放在"思其居处，思其笑语，思其志意，思其所乐，思其所嗜"之上，这就是"致斋，思其五者也"。"散斋于外"，对外要断绝房事、娱乐、吊唁等交际活动，也就是郑玄所说的"不御、不乐、不吊"。

"斋三日，乃见其所为斋者。"这样清净、真诚、恭敬地斋戒三日，就可以见到所要祭祀的亲人。就像孔子"见先哲于羹墙"，因为孔子天天都在想着尧帝、舜帝这样的圣人，以他们作为榜样，"念之久久"，久而久之，就能够"见尧于羹"，喝汤的时候，从汤里看到尧的影子，"见舜于墙"，在院子的墙上看到舜帝。

这段话是说，祭祀之前要内外斋戒。内斋就是调摄身心，外斋即断绝一切交际。斋戒之日，要时刻思念逝者生前起居、音容笑貌、志意趣向、嗜好口味等，这样，亲人才能活现在心里。所以，看一个人斋戒时的样子，就知道他思念亲人的程度如何。

【祭之日，入室，僾然必有见乎其位；周旋出户，肃然必有闻乎其容声；出户而听，忾然必有闻乎其叹息之声。】

"僾然"，依稀，仿佛。

"周旋"，行步周旋，以行荐俎酌献之礼。

"忾然"，就是叹息之声。

祭祀当天，进入宗庙，仿佛见到亲人就在神主所居的位置上；礼拜过后，供奉贡品，酌酒敬神，行步周旋，直至礼毕，心中肃然，亲人的音容笑貌好像就在眼前；出门之后，耳边仿佛还听到亲人发出的深深叹息声。

【是故先王之孝也，色不忘乎目，声不绝乎耳，心志嗜欲，不忘乎心，安得不敬乎？】

说到先王对亲人的孝敬，那是真正做到了亲人的面容从未离开眼前，亲人的声音从未离开耳边，亲人的志趣爱好从未离开自己的心间，怎会有丝毫不恭敬？当然，孝子平日也是如此，并非祭祀的时候才是如此。

【君子生则敬养，死则敬享。唯圣人为能飨帝，孝子为能飨亲。】

"死则敬享"，"享"就是祭祀。

"唯圣人为能飨帝"，"飨"就是祭祀，"帝"就是上天。

君子对于父母，活着时恭敬地奉养，过世后则恭敬地祭祀。只有圣人才能真正祭祀至尊的上天，只有孝子才能真正祭飨双亲。也就是说，只有圣人和孝子至诚恭敬地祭祀，才能使受祭者亲临祭坛享用祭品。

祭祀重实质不重形式，圣人恭敬上天，一定是因循天道、仁爱之心来治理民众。《尚书》："天视自我民视，天听自我民听。"因为圣人有仁爱之心对待人民，所以上天也欢喜享用祭品。孝子在父母活着的时候，就能养父母之身、心、志，"事死如事生"，父母过世后也仍然如此，就像下文要讲的，"必求仁者之粟以祭祀父母"。德行无亏，能够光大父母之德，无损父母之名，这样的孝子以至诚恭敬之心祭祀，才能感得父母亲临祭坛享用祭品。

【先王之所以治天下者五：贵有德也，贵贵也，贵老也，敬长也，慈幼也。此五者，先王之所以定天下也。贵有德，为其近于道也；贵贵，为其近于君也；贵老，为其近于亲也；敬长，为其近于兄也；慈幼，为其近于子也。】

孙希旦《礼记集解》："德者，行道而有得于心。人有一德，虽未必遽尽乎道之全，然亦道之所散而见也，故曰'近乎道'。"有德的人虽然不能尽行道之全体，但是力行其中一德，也是道的一种表现，所以说"近乎道"。

古圣先王特别重视以下五项来治理天下，哪五项？第一，尊重有德行的人，也即《孟子》所说的"德一"；第二，敬重有社会地位的人，也即《孟子》所说的"爵一"；第三，敬重年老的人，也即"齿一"；第四，敬重比自己年长的人；第五，爱护晚辈。这五项是先王用以安定天下的方法。

尊重有德行的人，是因为他们接近于道；尊重地位尊贵的人，是因为他们接近大众拥戴的君长、国君；尊重老人，是因为他们近似于父母；尊敬年长者，是因为他们近似于兄长；慈爱晚辈，是因为他们近似于子女。这是说，治国和治家的道理是一样的。《论语》也讲："孝弟也者，其为仁之本与？""夫仁者，己欲立而立人，己欲达而达人。""己所不欲，勿施于人。"所以，行仁的方法就是推己及人，也即"老吾老以及人之老，幼吾幼以及人之幼"，把这种孝悌之心推而广之，就是这五项治理天下的原则。

【曾子曰："身也者，父母之遗体也。行父母之遗体，敢不敬乎？居处不庄，非孝也；事君不忠，非孝也；莅官不敬，非孝也；朋友不信，非孝也；战陈无勇，非孝也。五者不遂，灾及于亲，敢不敬乎？"】

"遗体"，"遗"就是留的意思。

"莅官不敬"，"莅"，临的意思，"莅官"就是担任官职。

"战陈无勇"，"陈"和"阵"是相通的。

"五者不遂"，"遂"就是成的意思，也就是做到。

曾子说："人的身体，原是父母的身体所遗留下来的一部分。使用父母遗留下来的身体，怎么敢不恭敬？所以，日常起居不庄重，就是不孝；事奉国君不竭忠尽力，就是不孝；担任官职不认真负责，就是不孝；跟朋友交往不讲信用，就是不孝；作战时没有勇敢的精神，就是不孝。这五点如果做不到，灾祸就会牵连父母，怎敢有丝毫不恭敬？"

日常起居不庄重，包括生活习惯不规律，个人生活不能自理，甚至还有吃喝嫖赌等不良习气，都会让父母担心，这就是不孝。为国效力不能尽忠，在现代社会，就是不能为人民服务，更何况为一己之私而出卖国家利益、背叛人民？那就是大不孝。担任官职不认真负责，就是不孝，更何况以权谋私、贪污受贿、权钱交易？让父母战战兢兢，那更是不孝。朋友之间不诚信就是不孝，更何况做出背信弃义、忘恩负义的行为？作战不勇敢就是不孝，更何况临阵逃脱、通敌求荣？

一个人做事，心里常常念着父母，就不会铤而走险，一失足成千古恨。古人说："诸事不顺，皆因不孝。"一个人没有孝心，做事无法无天，不仅仅是不顺利，而且必有灾祸。孝确实是护身符，有孝心的人不敢胡作妄为。

【夫孝，置之而塞乎天地，敷之而横乎四海，施诸后世而无朝夕。《诗》云"自西自东，自南自北，无思不服。"此之谓也。】

孔颖达《礼记正义》："置，谓措置也。言孝道措置于天地之间，塞满天地。言上至天，下至地，谓感天地神明也。敷者，布也。布此孝道横被于四海。言孝道广远也。"孝的意义，放在天地之间就会充满天地，普及起来会遍及四海，孝行传承于后世就会无时不在，这说明孝可以突破时空的限制。《诗经》："从西到东，从南到北，没有不遵从的。"说的正是这种情形，"竖穷三际，横遍十方"，行孝行到圆满，就可以回归自性。

【孝有三：小孝用力，中孝用劳，大孝不匮。思慈爱忘劳，可谓用力矣；尊仁安义，可谓用劳矣；博施备物，可谓不匮矣。父母爱之，喜而弗忘；父母恶之，惧而无怨；父母有过，谏而不逆。父母既没，必求仁者之粟以祀之。此之谓礼终。】

"孝有三：小孝用力，中孝用劳，大孝不匮。思慈爱忘劳，可谓用力矣；尊仁安义，可谓用劳矣；博施备物，可谓不匮矣。"

"小孝用力"，陈澔《礼记集说》："庶人思父母之慈爱，而忘己躬耕之劳，可谓用力矣，此'其下能养'之事也。"一般的庶民感念父母的慈爱教养，而忘记了自己耕种奉养父母的辛劳，这可以称为"用力"养。这就是所谓"其下能养"之事，以体力孝养父母，赡养父母之身。

"中孝用劳"，孔颖达《礼记正义》："诸侯、卿、大夫、士尊重于仁，安行于义，心无劳倦，是可谓用劳矣。"陈澔《礼记集说》："此'其次弗辱'之事也。"诸侯、卿、大夫、士能尊重仁德，安行道义，内心没有疲劳厌倦之感，称得上是用功劳来孝养父母。这就是所谓"其次弗辱"之事，不辱没父母的名声，养父母之心。

"大孝不匮"，陈澔《礼记集说》："匮，乏也。"又说："博施，谓德教加于百姓，刑于四海也。备物，谓四海之内，各以其职来助祭也，可谓不匮也。此即大孝尊亲之事也。"这主要是讲天子，不仅孝敬自己的父母，而且将孝敬之心推而广之，以仁爱广施天下，德教加于百姓，使四海之内都受到影响，也兴起孝心。结果，天下诸侯带着四海之内的物产，各自按照他们的职位前来助祭，这就可以称作"永不匮乏"。这就是所谓"大孝尊亲"之事。

孝道有三等。"小孝"靠的是劳力侍亲，"中孝"靠的是建立功劳，

"大孝"是能永恒保持孝心，又能使天下人不失孝心孝行。想到父母抚育的恩德，而忘记自己的劳累辛苦，这是普通百姓用体力行孝；遵循道德，安于仁义，为国家建立功业，这是官宦用功劳行孝；天子以仁爱广施天下，德教加于百姓，天下诸侯带着四海之物产前来助祭，这可以称作"永不匮乏"。

"父母爱之，喜而弗忘；父母恶之，惧而无怨；父母有过，谏而不逆。"父母喜爱自己，便高兴欢喜而不忘亲恩；父母讨厌自己，便戒惧反省而毫无怨言，没有一点点埋怨父母之心；父母纵有过失，只是婉言相劝而不忤逆指责。这就是顺而谏之，先顺从父母，然后再选择好的时机委婉劝谏。《弟子规》也说："亲爱我，孝何难；亲憎我，孝方贤。"当父母对我很慈爱，孝敬父母不难做到；但是当父母憎恶我，我还能保持孝心，这就难能可贵了。

"父母既没，必求仁者之粟以祀之。此之谓礼终。"纵然贫穷困顿，也不用恶人接济的财物来祭奠父母，一定是以自己正当所得的财物，这才是有始有终的孝亲之礼。古人说："事死者，如事生。"父母在世，"身有伤，贻亲忧；德有伤，贻亲羞"。父母过世，也要秉持这种态度，不能使自己德行有伤，也损害父母的名声。

第十三讲　礼之用，和为贵

这一讲继续学习《礼记》。请看《祭义》篇。

【乐正子春下堂而伤其足，数月不出，犹有忧色。门弟子曰："夫子之足瘳矣，数月不出，犹有忧色，何也？"曰："吾闻诸曾子，父母全而生之，子全而归之，可谓孝矣；不亏其体，不辱其身，可谓全矣。故君子跬步弗敢忘孝也。今予忘孝之道，予是以有忧色也。壹举足而不敢忘父母，壹出言而不敢忘父母。壹举足而不敢忘父母，是故道而弗径，舟而不游，不敢以先父母之遗体行危殆。壹出言而不敢忘父母，是故恶言不出于口，忿言不及于身。不辱其身，不羞其亲，可谓孝矣！】

这一段讲的是一个故事，这个故事在第一讲就提到了。乐正子春，春秋鲁国人，曾参的弟子，以孝著称。乐正子春有一次从堂上走下来，不慎扭伤了脚，好几个月都没有出门，一直面有愁容。门弟子曰："老师，您的脚不是好了吗？您好几个月都不出门，到现在还面带愁容，这是为什么？"乐正子春说："我从前听我的老师曾子说过，父母完完整整地生下我们，我们死时也要完完整整地留下这个身体，归还给父母，这才称得上孝顺。没有毁坏父母遗留下的身体，没有辱没为人一世的善名，这才是圆满的孝顺。"

所谓名师出高徒，为什么？因为学生在老师身边，老师言传身教，受到潜移默化的影响。孔子的弟子曾子，虽然不够聪敏，但是因为好学也学有所成，被称为"宗圣"。

《论语》记载了曾子的一段话："士不可以不弘毅，任重而道远。仁以为己任，不亦重乎？死而后已，不亦远乎？"曾子认为做士人就不能够不弘毅,因为士人的责任重大,而所行之道遥远。"士"不是一般的普通百姓。古代把人分成四类,分别为"士、农、工、商"。士是读书人,"农、工、商"是生产者和营利者。士既不生产也不营利,是尽全力来学道,专求于学,专讲道,专讲做人的道理。而要把人道讲得清楚透彻,就必须通达天道。

所谓"天道敏生,地道敏树,人道敏政",但是对于天道,一般人很难体悟,从哪里学起?从"己欲立而立人,己欲达而达人""己所不欲,勿施于人"这个忠恕之道学起。虽然士、农、工、商都需要学习,但农、工、商不需要通达,而士则需要通达。

《论语》也记载,子游到武城做官,孔子去考察,听到了弦歌之声,说:"割鸡焉用牛刀。"子游回答说:"从前我听夫子您说过'君子修学则爱人,小人修学则易使也'。"不修学的人不能发布或者听从命令。君子,也就是在位者修学,能够用仁爱之心对待百姓;百姓修学,就会听命于在位的君子。士就是全神贯注地、专一地修学、悟道、体道、讲道、行道,他和商人不同,是纯粹不生利而分利。

士农工商,士排在最前面,这是为什么?因为"君子喻于义,小人喻于利""君子谋道不谋食,忧道不忧贫"。孔子也说:"朝闻道,夕死可矣。"也就是说,古人把道德仁义看得比财利更加重要,因为财利能够暂时解决眼前的问题,但是不能够长远解决根本问题。所以,儒家以"志于道""读书志在圣贤"为最终目的。当然,这并不意味着修学就必然贫穷,其实,经典教学有四种功用,那就是"立德、立身、通窍、属文"。

首先,"立德",可以成就一个人的德行。"国无德不兴,人无德不立",德无论对于国家还是个人,都至关重要。"立身",经典教学也有立身之功，以知识、技能、素质立身于社会。"通窍"，用古人的话来说就是开悟，能够明心见性。还有"属文"之功，也就是写文章。"立德、立身、通窍、属文"，顺序也是很有讲究的，不能颠倒，德是本，技艺是末。

道有体有用，用就是行仁，士有通达时，也有贫穷时。孟子说"达则兼济天下"，通达时就以仁治国平天下，"穷则独善其身"，贫穷时就修养自身，弘扬仁道。当士人的一言一行、一举一动，都是按照仁道去做，就是在影响别人，这就是在弘扬仁道，而且弘扬仁道是"一日不死，一日不休"，所以，士必须弘毅。

"弘"就是大的意思，无论是见识，还是学问、心量，一切都要广大。古人说"一事不知，儒者之耻"，如果有一件事自己不知道，那都是学儒者的羞耻，这说明儒者的见识学问很广博，没有不通达的事情。而且读书能够举一反三，学以致用，就像孔子说的："诵《诗》三百，授之以政，不达；使于四方，不能专对；虽多，亦奚以为？"即使把《诗经》三百篇都背熟，倒背如流，处理政事却不通达，不能把所学的落实在日常生活、工作，为人处事、待人接物中，背诵得再多，也没有用。所以，"弘"不仅是学问、见识要广大，还要心胸广大，"海纳百川，有容乃大"。

现在的读书人，如果对国家的政策没有见识，也无法提出对社会问题的解决方案，或者心量狭小，只盯着名闻利养，就不能称为"士"，只能称为"精致的利己主义者"。古代的士所读之书是圣贤书，所以通达圣贤之道，有能力对社会的治理、国家的安定、天下的太平提出应对之策。这也是为什么读书人——"士"，特别受重视和尊敬的原因。

"毅"，包咸的注解是"强而能断也"。"强"不是"暴"的意思，而是《易经》乾卦所讲的"天行健，君子以自强不息"的意思。天道具有自强不息的精神，比如太阳，每一天从东方升起，从西方落下，自古至今，一年四季，春夏秋冬，寒来暑往，没有一天是中断的，这就是天的自强不息。人的本性中也有这种自强不息，"自"就是自性，就是好学上进，没有止息，这就是"强"。"断"就是有决断，而正确的决断必须运用智慧，所以，弘毅的"毅"就是既自强不息，又有智慧决断。

为什么士必须要"弘毅"？因为"任重而道远"，肩负的责任很重大，行走的路程很遥远。士肩负何种重任？在今天，平天下就是士的责任。士小能治国，再小能齐家、能修身，这都是士的责任。很多人志向很远大，要成就大事，促进世界和平，这就是古人所说的平天下，要从哪里做起？《大学》讲："自天子以至于庶人，壹是皆以修身为本。"要担当大事，必须从修身做起，从自强不息、厚德载物做起。

当今世界冲突不断，根源在哪里？根源就在于家庭，在于父子、兄弟、夫妻之间的冲突。一个人在家里不能孝顺父母，友爱兄弟，夫妻都不能互相信任，在社会上，他必然和他人发生冲突。更进一步讲，冲突的根源在自身，就是真心本性和习性之间的冲突。真心本性是纯净纯善的，习性却是自私自利的，充满贪嗔痴慢疑各种烦恼。当利益摆在面前，首先想到的是利他还是自利？如果每一个人都要利己，唯利是图，冲突就会随之而起；如果每一个人都能见利思义，冲突才能真正化解。所以，真正促进世界和平，承担治国平天下的重任，要从修身、修心做起。

学习传统文化，就要做到普天之下没有我恨的人，没有我不能原谅的人，没有我不爱的人，这样才能承担起促进和平的使命。所以，修身是承担重任的基础。一个胸怀大志的人，想治国平天下，弘扬传统文化，促进世界和平，却不能克服贪嗔痴慢疑，障深慧浅，如何实现宏愿？能说不能行，不是真学问。《格言别录》也说："以圣贤之道教人易，以圣贤之道治己难；以圣贤之道出口易，以圣贤之道躬行难；以圣贤之道奋始易，以圣贤之道克终难。"这是提醒人们，修身、齐家、治国、平天下是一个长期的日积月累的过程，不是一蹴而就的，不能半途而废，得少为足。

"仁以为己任，不亦重乎？"以行仁为自己的重任，须臾不离开仁，责任不是很重大吗？人为什么应该以弘扬仁德为己任？"仁"字，"亻"加上一个"二"字组成，这是两个人的相处之道，仁者爱人，这是"仁"字最基本的含义。想到自己就要想到对方，换位思考，将心比心。不懂得为他人着想，人就会自私自利，结果就是《孟子》所说的："上下交征利，而国危矣。"只有仁义之道，才是君王应当重视的。

《贞观政要》记载，贞观四年，房玄龄向太宗报告，盔甲和兵器的完备已经超过隋代。太宗怎么说的？太宗说，虽然保卫国家需要武器，但维护国家安定和平最重要的是仁义。君臣上下，一心为百姓着想，使百姓安居乐业，这才是最重要的武备。太宗强调："我用来维护国家安定，最重要的武备是仁义，而不是兵器。"古人说，即使是大国，"忘战必危"，忘记战争是危险的，"好战必亡"，好战一定会亡国。像隋炀帝时，武器充足，装备完善，财力雄厚，但依旧没能阻止亡国。

"以利为名，则有不利之患矣。"如果把利益看得最重要，那么人生，包括整个社会，都会产生不祥和祸患。孟子说，"王曰'何以利吾国'"，假如每个国君都说，怎样利益自己的国家，"大夫曰'何以利吾家'"，国家各级领导干部也都说，怎样利益自己的家族，"士庶人曰'何以利吾身'"，读书人和老百姓也都说，怎样利益自己，结果必然是唯利是图。从上面的领导者到底层的老百姓，每一个人都谋求私利，国家就危险了。

为什么危险了？孟子接着说，"万乘之国"，一个拥有万乘车马的大国，这在当时也是实力雄厚的国家了，但是如果大夫都谋取私利，国君就会被"千乘之家"的大夫篡位。大夫谋取私利，下面的士人也会谋取私利，大夫也会被士人推翻。如此一来，整个国家就没有安定可言。

当今的世界，受到西方功利主义价值观的影响，从国际上国家之间的交往，到家庭中家庭成员之间的交往，普遍以利益为指归，缺乏伦理道德和道义。结果在家中出现了不孝父母、打骂父母，甚至伤害父母的禽兽不如之事。兄弟因为财产、遗产吵上法庭，夫妻之间同床异梦、喜新厌旧、见异思迁，没有道义可言，家庭就危险了。

孟子说："未有仁而遗其亲者也"，没有一个有仁爱之心的人会遗弃他的父母；"未有义而后其君者也"，也没有一个重视道义的臣子会轻慢他的君主。所以，解决办法是什么？重要的是整个社会要兴起仁义道德的教化，转自私自利为见利思义，这样才能化解整个时代的危机。"建国君民，教学为先"，如果全世界各国、各党、各级领导人，都能学习《群书治要》，以仁义忠恕、真诚慈悲为治国理念，矛盾冲突自然就会化解，世界和平自然就会到来。这也是为什么汤恩比先生说："能够真正解决21世纪社会问题的，唯有中国的传统文化。"因为中国的文化，是符合天道的称性的文化，所谓"得道者多助，失道者寡助"。

所以"任重而道远"，"道远"就是承担大道。"死而后已，不亦远乎?"这个路程不是很遥远吗?就如曾子,他一生力行孝道,临终还让弟子打开他的被子,检查自己的身体是否完好。"身体发肤,受之父母,不敢毁伤",所以曾子临终说:"而今而后,吾知免夫。"从今以后,我不用再担忧没有尽到孝道了。曾子这些话,都是他一生躬行实践的心得体会。当然,他的言行自然也会影响他的学生。

《礼记·檀弓》还记载了"曾子易箦"的故事。鲁国大夫季孙子为了表达对曾子的敬意,送给曾子一块大夫专用的竹席。后来曾子得了重病,卧床不起,他的学生乐正子春前去探望,听到侍僮指着曾子的睡席好奇地问:"这是大夫用的席子吧,多么华美啊!"曾子说:"这是季孙子赐予我的,我现在坐不起来,无力去更换这张席子。"因为他并不是大夫,用这样的席子是违礼的,于是便让儿子把席子换下来。儿子说:"您的病这样重,身体不便移动,还是等天亮后再换吧。"曾子说:"你爱我,还不如这个侍僮。"

"君子之爱人也以德,细人之爱人也以姑息。"君子爱人是成就对方的道德,让他时时有警觉、有提升,不能违背礼。而小人爱人,是姑息对方的过失,甚至放纵他的欲望,满足他的要求,却不过问是否符合礼。所以曾子说:"我何必要用这块席子?我能守礼而终就足够了。"儿子只好扶起父亲更换床席。曾子还未躺稳,就过世了。曾子确实做到了"死而后已",他这句话感动了无数后人,流传千古。大圣大贤的言论,都是出自真正力行的功夫。

正是因为曾子力行孝道,也让弟子子春深受影响。所以子春说:"故君子跬步弗敢忘孝也。今予忘孝之道,予是以有忧色也。"跨上一足曰"跬",连跨两足为"步","跬步"实际上就是半步。子春说,君子即使迈出半步路,都不敢忘了对父母的孝道,这回我竟然忘了孝道,所以，我才会面有愁容。

"壹举足而不敢忘父母，壹出言而不敢忘父母。壹举足而不敢忘父母，是故道而弗径，舟而不游，不敢以先父母之遗体行危殆。壹出言而不敢忘父母，是故恶言不出于口，忿言不及于身。"

"道"就是正路，"径"是邪僻的小路、捷径。"是故恶言不出于口，忿言不及于身。"《大学》说："言悖而出者，亦悖而入。"如果你说的话是悖理悖德之言，也会被别人回骂。做人应该每走一步路都不敢忘记父母，每说一句话都不敢忘记父母。正因为每走一步路都不敢忘记父母，所以走路必定选择宽广的正道，而不贪图捷径，不去走那些不安全的羊肠小路。过河时必定选择乘船，而不轻易游水，因为不敢拿先父母遗留下来的身体去冒险。正因为每说一句话都不敢忘记父母，所以，绝不会说恶言恶语，这样也就不会招致别人辱骂。

"不辱其身，不羞其亲，可谓孝矣！"自己这个身体没有蒙受羞辱，也没让父母蒙受羞辱，这才可以说是孝顺。这就是《弟子规》所说的："身有伤，贻亲忧；德有伤，贻亲羞。"不仅父母生前如此，父母过世，也要如此。

可以说，**孝是一切德行产生的根本，是一切教化的根源。**人如果不知恩报恩，忘恩负义，这是结果，原因何在？就像有些受资助的人，连一句感恩的话也没有。很多人说，这个社会需要感恩教育，事实上，如果一个人连父母这么大的养育之恩都不记在心上，想着念念去报答，对于陌生人的资助，又怎么可能记在心上？这就是孝道的缺失。

现在提倡热爱祖国、热爱人民，但是如果一个人连自己的父母都不能爱，对自己的兄弟都不能帮助友爱，怎么可能对陌生的人民去关爱？"爱祖国、爱人民"就像道德大厦的第五层，它的根基就是孝敬父母、友爱兄弟、尊敬老师。如果根基都没有，就希望第五层、第六层，那建起来的是空中楼阁，听起来很高尚，实际上做不到。

现在有青少年动不动就离家出走，甚至自杀。很多专家说："我们需要生命教育。"实际上，如果学了《孝经》，"身体发肤，受之父母，不敢毁伤"，有孝心，有知恩报恩之心，知道自己的做法会对父母造成伤害，还会轻易离家出走，走上轻生的道路吗？包括现在的犯罪率，特别是青少年的犯罪率上升，什么原因？因为觉得这都是个人的私事，没有想到父母对他的担忧，更没有想到回报父母的养育之恩，养父母之心，养父母之志，让父母放心。

还有贪污受贿、以权谋私，很多高官锒铛入狱，这也是"德有伤，贻亲羞"，带给父母的是无比的羞辱，怎能对得起父母的养育之恩？还有那些啃老族、遗弃老人、打骂父母的现象，都和没有孝道的教育直接相关。所以，孝是多么重要！孔子的弟子有子说："孝弟也者，其为仁之本与？"经典上的任何一句话都不是白说的，只要理解其深意，很多社会问题就会迎刃而解，这也是为什么要学经典的意义。

【虞、夏、殷、周，天下之盛王也，未有遗年者。是故天子巡狩，诸侯待见于境，天子先见百年者。】

"未有遗年者"，"年"就是"齿"，也就是上了年纪的人。虞夏商周，虞就是虞舜，还有夏商周时期天下最伟大的帝王，他们都没有忽略对老年人的尊敬。天子巡行视察时，诸侯率领众人在边境上迎候，天子到达后，首先主动去看望这个国家年满百岁的老人。礼，就是倡导敬老尊老的意识，天子向诸侯国的国君询问这些老人的住所，然后亲自前去探望，这是到诸侯国所做的第一件事。

虞舜、夏、商、周四代之治，都是根据当时的社会状况，施以恻重点不同的教诲，目的是随时救弊。如《孔子家语》所说："在过去，有虞氏尊有德行的人为贵，同时特别尊重老年人；夏后氏尊有爵位的人为贵，同时特别尊重老年人；殷商人尊世禄之家为贵，同时特别尊重老年人；周人尊孝敬父母的人为贵，同时特别尊重老年人。"他们所尊崇的人虽然有不同，但在尊敬老年人这一点上却是共同的。也就是说，凡是盛世的君王，没有遗弃老年人的。因为盛世的君王都是以恩义、情义、道义的原则来治国处事，不抛弃曾经对国家有贡献的老年人，才不会出现见利忘义、忘恩负义的社会风气，也不会出现恃强凌弱的不良现象，这都是盛世的特点，文明社会的标志。

看一个社会是否文明，怎么看？当然，GDP 的增长，经济的发展，是重要的参考，但这仅仅是一个方面，另外，像爱老、尊老、敬老，也是一个重要标志。其他如犯罪率，特别是青少年的犯罪率低，离婚率低，环境保护好，生态文明程度高，都是衡量社会文明的重要指标。这样的社会才是均衡、全面发展的社会。

这是《祭义》，下面看《祭统》。

之所以篇名称为《祭统》，是因为它所记载的是祭祀的根本，"统"就是"本"的意思。这一篇主要阐明了祭祀的重要性，**祭祀是教育的根本，恭敬是祭祀的根本。没有了恭敬心，不重视祭祀，无论孝亲还是事君，都不得其正。**下面看经文。

【凡治人之道，莫急于礼。礼有五经，莫重于祭。夫祭者，非物自外至也，自中生出于心也，心怵而奉之以礼，是故唯贤者能尽祭之义。】

这段话很重要。"凡治人之道，莫急于礼。"这句话强调礼的重要性。在治理社会的各种举措中，没有比礼更要紧的了。前面也讲过，礼具有四种功用：定亲疏、决嫌疑、别同异、明是非。礼可以帮助人们确定远近亲疏的关系，避嫌决疑，区别异同，明辨是非。《左传·隐公十一年》："礼，经国家，定社稷，序民人，利后嗣者也。"礼具有治理国家、安定社稷，让人们懂得尊卑有别、上下有序，利益后代的重要作用。**为什么礼具有这些重要作用？因为礼源于天地的秩序。**

《左传·昭公二十五年》有一个故事，讲了礼的本质，还有它的重要性。昭公二十五年，诸侯在黄父会盟，郑国的子太叔谒见晋国的赵简子，赵简子向他询问揖让进退之礼。子太叔回答说："这是仪，不是礼。"赵简子就问："敢问什么是礼？"

子太叔回答说："我曾听先大夫子产说：'夫礼，天之经，地之义，民之行。'也就是说，**礼是上天的常道，大地的法则，民众行为的依据**。天地的常道，民众实际上都在效法，效法上天、日月星辰的运行，依循大地高下刚柔的本性，而滋生了六种气象，也就是阴阳风雨晦明，是为"六气"。这六气又生出世间运行所使用的五材，即金木水火土；五行之气，入口为酸咸辛苦甘五种味道；显露于眼，它就是五种颜色，青黄赤白黑；贯通于耳，则为五种声调，宫商角徵羽。这五味、五色、五声，如果过分，就会使人迷惑混乱，迷失恒定之性。也就是说，无论是滋味还是声色，如果过分了，就会伤害人恒常不变的本性。"

《老子》也说："五色令人目盲，五音令人耳聋，五味令人口爽。驰骋畋猎，令人心发狂。难得之货，令人行妨。"那怎么办？

子太叔说："要制定礼，来奉养人的恒定之性。人有好恶喜怒哀乐这六种情绪，所以人君为政，应该审慎权衡适宜时代的礼法，来节制好恶喜怒哀乐六种情志，使之不过节。**礼节礼节，就是用礼来节度好恶喜怒哀乐这六种情绪**。悲哀时有哭泣，快乐时有歌舞，高兴时有施舍，愤怒时有战斗，悲哀、快乐的情绪不失常规，才能与天地的本性相和，因此也才会长久。也就是说，**古人制礼作乐，就是为了使人的情志保持平和的状态。**"

《中庸》也说："喜怒哀乐之未发，谓之中；发而皆中节，谓之和。"对于"中"，很多人达不到，一个人怎么会没有喜怒哀乐？喜怒哀乐没有发出来的状态，才称为"中"。这是一般人难以企及的，那么就退而求其次，求"和"的状态。喜怒哀乐都发出来了，但是都没有过分，都符合礼的节度，这就是"和"。"礼之用，和为贵，先王之道，斯为美，小大由之。"

赵简子一听，说："太伟大了，礼真是宏大深奥啊！"

子太叔回答说："礼是上下的纲纪，天地的秩序，也是民众得以生存的依靠。因此，先王特别尊崇它。人们能够自我调整情志，以达到礼的要求，就叫作成人。"什么叫"成人"？**就是能够按照礼的要求，调整自己的情志，使自己的情绪总是处于平和的状态。**"说礼宏大深奥，不是很适宜吗？"

赵简子听了，说："我愿意终生奉行这些话。"

这段话强调，礼之所以重要，是因为它是"天之经，地之义，民之行"，对于调整人的情志，回归本性中和的状态，具有重要的作用。

但是礼和仪又不同，《左传·昭公五年》还有一个故事，强调它们的区别。这是学礼的过程中要特别重视的。

鲁昭公到晋国去，从接受郊外的慰劳之礼，以至赠送财物，都没有失礼的地方。晋平公对汝叔齐说："鲁君不也很精通礼吗？"汝叔齐回答说："鲁君哪里懂得礼呀！"晋平公就说："为什么说他不懂礼？"

汝叔齐回答说："这是仪而不可以说是礼。礼是用来保有国家、推行政令、无失百姓的，但是现在鲁国的政令在三家大夫之手，不能收回来。有子家羁这样的人才却不能重用，违反与大国的盟约，又欺侮虐待小国。在他人危难之际获取利益，却不知道自己也有危难。公室的军队一分为四，百姓就食于三大家族。"三大家族就是三家大夫。"臣民中没有人心存公室，没有人为公家着想，没有人为昭公谋划未来。身为一国之君，危难将要降临自己身上，却不忧虑自己的处境。礼的根本与枝末，区别就体现在这些地方，他却反复地演习礼仪，以礼仪为急务。说他精通礼，不是相差得太远了吗？"

君子说："汝叔齐很懂礼。"这是一句评论。这就说明学礼要重实质不重形式。礼的本质是真诚、恭敬、仁义、感恩之心，外在的赠品、祭品这些都是形式。就像有一些地方学习传统文化，鞠躬鞠得很圆满，九十度鞠躬礼，但是人与人之间不能和睦相处。一个人在外面做义工，打着学习弘扬传统文化的名义，但对父母都不孝敬，跟兄弟不能和睦相处，这都是重形式而没有实质，和礼是大相径庭的。

前面讲过"大乐必易，大礼必简"。孔子也强调："礼云礼云，玉帛云乎哉？乐云乐云，钟鼓云乎哉？"真正庄重典雅的音乐一定是和易的，真正庄重典雅的礼也是简易的。礼乐都是重实质不重形式，很多人批判传统文化讲求繁文缛节，这是大大的误解。那是仪，不是礼。孔子反复强调："礼，与其奢也，宁俭；丧，与其易也，宁戚。"礼与其搞得很奢华、很有排场，不如节俭。丧事与其仪礼周到，宁可表现出发自内心的哀戚。这都是强调学礼要重实质不重形式。当然，形式也很重要，因为通过外在的礼仪形式，可以通过规范人的行为，让人生起恭敬和感恩之心。但是仅仅强调仪，而没有实质，那就和礼相差甚远。

第十四讲　祭礼：诚敬心得福

这一讲继续学习《礼记》。前面学到《祭统》：

【凡治人之道，莫急于礼。礼有五经，莫重于祭。夫祭者，非物自外至者也，自中出生于心也，心怵而奉之以礼，是故唯贤者能尽祭之义。】

上一讲学习了"凡治人之道，莫急于礼"，下面看"礼有五经，莫重于祭"。礼有五种："吉、凶、宾、军、嘉"。

"吉礼"，就是祭祀之礼，包括祭天、祭祖、祭神等。

"凶礼"，比如丧礼、荒礼，比如某个地方发生饥馑、瘟疫，天子通过撤乐、减膳等礼仪表示同情；还有吊礼，比如诸侯国或盟国发生水旱、烽火等天灾人祸时表示慰问；恤礼，比如国家遭遇内乱外患，邻国要给予支持和援助。

"宾礼"，指诸侯与周天子，以及诸侯之间的朝觐会同之礼。

"军礼"，与军事活动密切相关的礼仪。

"嘉礼"，在喜庆欢会活动中的礼仪，包括六类：饮食礼，各级贵族、庶民的饮酒和进食礼；婚冠礼，包括公冠礼、士冠礼及婚娶之礼；宾射礼，举行射箭活动，宾主按等级遵循的不同礼仪；飨燕礼，也就是筵宴之礼；脤膰礼，也就是举行祀典后，将祭肉分赐给助祭者的礼仪；还有贺庆礼，遇到喜庆进行祝贺的礼仪。

"吉、凶、宾、军、嘉"五礼，没有比祭礼更重要的了，所以，将祭礼排在最前面。祭礼为什么如此重要？《荀子·礼论》："礼有三本：天地者，生之本也；先祖者，类之本也；君师者，治之本也。"这是强调天地是万物生长的根本，没有天地就没有办法长养万物；先祖是人的根本,没有先祖,哪有后代子孙?国家领导者和老师是治理的根本,如果没有领导者的运筹帷幄和老师的辛勤教导,就没有安定和平的社会环境。

祭祀的目的,就是通过定时举办礼仪,表达对天地万物、先祖,以及有恩于自己的人的恭敬和感恩,目的就是教导人不忘本。中国人特别热爱祖国,为什么称为祖国?因为那是祖宗所在的地方。中国人为什么这么爱国?这和中国人重视祭祀的传统密不可分。现在虽然不像古人那么重视了,但是还有孝道的影响,祖国,就是父母、兄弟同胞所在的地方,因为有孝亲的观念,对祖国也特别热爱。

中国人供奉"天地君亲师",这也有经典的依据。而且从"天地君亲师"的写法可以体会到,古人将教育落实在日常生活中的点滴存心。"天地"两个字要写得很宽阔,意味着天宽地阔,要效法"天无私覆,地无私载"的包容精神、承载万物的德行。"君"下面的口必须封严,意思是君无戏言、一言九鼎,不能随便开口。"亲",正体字"親"字,上面有个"目"字,这个目不能封严,意思是亲不闭目。这既是对父母长辈的祝福,希望他们健康长寿,也是念念想到,父母祖先在察看着儿孙的一言一行、一举一动,所以要心存敬畏,即使独处一室,也要慎独,不做令父母祖先蒙羞的事。"师"字,正体字"師",要省略左上角的短撇,意思是师不可撇,不能把老师撇在一边。"师者,所以传道授业解惑也。"尊师才能重道,不能忘记老师的教诲,也就是不能忘记圣贤之道。这些写法,都是提起后人的孝敬和感恩之心。

祭天、祭祖、祭神等各种形式的祭祀,祭祖的教育内涵是最显著的。《论语》也讲"慎终追远,民德归厚",民风淳厚,这是结果,因是什么?因就是国家重视丧祭之礼,提倡知恩报恩、饮水思源、不忘本的孝道教育。一个人连祖先都念念不忘，想着定时祭祀，对于眼前的父母，哪有不照顾、不孝顺的道理？有一位老教授对祭祀的含义体会得非常深刻，写了一篇文章："祭之旨在不忘本，所谓报本反始也。古礼首重祭礼，诚属心性极则之理，而表现于吾人日常生活中者也。真一切行门之大根大本也。"

祭礼是什么？是心性极则之理在日常生活中的表现。所以，不要把祭礼看成一种表面形式，它实际有极深的内涵。换句话说，孝道就是"心性极则"的道理。中国的汉字"孝"，上面是"老"字的一半，下面是"子"。老一代和子一代是一体的，合而为一，这叫'孝'。如果分开了，那就不孝了。现在人常说代沟，代沟就是父母跟儿女分开了，那怎么叫孝？儿女没有孝心，遇到一些不好的机缘，就会背叛父母，到学校也会背叛老师，出来工作也会背叛国家、背叛人民，所以，孝非常重要。而上一代还有上一代，过去无始，下一代还有下一代，未来无终。这无始无终，都是一体，这叫作"孝"。讲到极处，孝道代表的是尽虚空遍法界，所谓"竖穷三际，横遍十方"。从时间上讲，过去、现在、未来都是一体的；从空间上讲，尽虚空遍法界都是一体的，一切众生和我都是一体的。这是什么？这就是我们的本性、心性。成圣成贤也不过是孝道的圆满而已。

孟子说："尧舜之道，孝弟而已矣。"又说："道在迩而求诸远，事在易而求诸难；人人亲其亲，长其长，而天下平。"道，本来就在身边、在近处，但是人人都认为它很深奥，到远处去求；事情本来很容易，但是很多人都到难处去求。其实，人人都能亲爱父母、尊敬长辈，天下自然太平。尧舜都是圣人，他们的道是什么？就是"孝弟而已矣"，这就是"心性极则"之理。祭礼能够启发我们的孝心、一体的心，这就是帮助人转凡成圣。祭礼就是把心性极则之理体现在日常生活中，是一切行门的大根大本。

祭祀的宗旨就是教导人不忘本。所谓"返本报始"，教育意义就很重要了。为什么？因为现在有些人不孝父母，所以，提倡祭祖，带动更多人孝顺父母、纪念祖先，意义就很大。进一步讲，我们也不希望祖先的文化、传统，断在这一代手中，我们还要去继承祖宗的道业、家法，所谓源远流长，这就是孝道教育。为什么中华民族能够五千年长盛不衰？就是因为人们有这种一体的观念。不是只有自己而没有他人，没有家族，没有社会，没有国家，没有天下，那样是不可能让世界和平的。传统文化、传统礼仪都是称性的，和我们的心性相应，这也是我们深具信心的根本。

中华文化重视伦理道德教育，为解决纷繁复杂的社会乱象提供了出路，中华文化的根本是孝道，祠堂祭祖教人返本报始，教人孝道。人有孝心，他就不会作恶。为什么？因为他想到自己作恶，对不起父母，对不起祖先；进而能够"笃人伦"，处理好五伦关系，使"父子有亲、君臣有义、夫妇有别、长幼有序、朋友有信"。五伦关系都处理好了，人人都能这么做，社会风俗自然就变得淳厚，这就是"淳风俗"。社会风俗淳厚，国家安定繁荣，进而世界也能太平。

国家提倡"构建人类命运共同体"，从哪里做起？必须恢复孝道教育。祭祀不是一件小事，不可小看。中华文化讲的道德仁义，是大众得到和平安乐、福慧自在的基础。人人都能敬祖先、爱父母，自然身心和谐、家庭和睦、社会安定、天下太平。

"**夫祭者，非物自外至者也，自中出生于心也，心怵而奉之以礼，是故唯贤者能尽祭之义。**"这说明，祭祀并不是外在的人、事、物所要求的，而是源于内心对父母、祖先的感念之情，这种内在的感念之情表现于行为就是祭礼。既然祭礼是对父母、对祖先内心感念之情的外在表现，所以，必须具备诚敬之心，做到毕恭毕敬。像孔子在《论语》中说的："祭如在，祭神如神在。"祭祀父母、祖先，就好像父母、祖先在面前一样恭敬，祭祀神明，就好像神明在面前一样，不敢有丝毫怠慢，这样就能有"我祭则得福"的效果。

祭礼的意义可以概括为三方面。首先，祭礼能够长存孝思，培养人的恭敬心和不忘本的厚道情谊。人心厚道，懂得见利思义、知恩报恩，社会风气自然变得淳厚。

第二，祭祖除了这些礼仪，还有一项重要内容，就是昭述祖德，因而也是传承家道、家风、家文化的重要方式。古来用于祭祖的宗庙，天子有七庙，诸侯有五庙，大夫有三庙，士人有一庙，庶人，也就是平民没有庙，但是家家户户都有祠堂，供奉祖先的牌位。每到春秋祭祀，全家族的人被召集在宗庙或祠堂，听讲祖先的德行。家族中哪一朝哪一代，有哪一位有德行的祖先，他对国家有什么贡献，他有什么德行，我们可以效法。作为后代子孙，一言一行、一举一动都要小心谨慎，不要因为自己的言行给祖宗抹黑。

比如，杨家的堂号叫"四知堂"，就是因为东汉太守杨震不收"四知财"。有天知，有神知，有你知，有我知，这是"四知财"，所以，他拒不接受。因为他的这种廉洁作风，使得杨家后人出现了"四世三公"的盛况。每到春秋祭祀，就要把杨震的德行讲给后代子孙听，杨家的后代子孙接受了这种廉洁的教育，潜移默化，就继承了这种廉洁有守的家风，代代相传。这样，祭祀成了道德教育的机会场合。由此可见，中国的反腐倡廉教育，实际上在家庭中已经开始了。

第三，古代有"百姓宗祠"，现在可以建设"中华民族万姓先祖纪念堂"。根据中国科学院袁义达、杜若甫编著的《中华姓氏大辞典》，中国历史上出现的姓氏达两万三千多个。祭祀中华民族万姓先祖，宣讲孝悌忠信礼义廉耻仁爱和平的民族精神，有助于中华民族形成一体的价值观。对内可以凝聚十四亿同胞的人心，对外可以团结世界各地的华人，使得万众一心。在推动中华文化走向世界的同时，也促进全球各族形成爱好和平的文化氛围。

这里就强调，祭祀不是外在的事物要人去这样做，而是源于内在，出自人的内心。内心对亲人至诚的感念表现于行为，便是祭礼。

【是故君子之教也，外则教之以尊其君长，内则教之以孝于其亲。是故君子之事君也，必身行之。所不安于上，则不以使下；所恶于下，则不以事上。非诸人，行诸己，非教之道也。是故君子之教也，必由其本。顺之至也，祭其是与！故曰："祭者，教之本也已。祭而不敬，何以为也？"】

"**是故君子之教也，外则教之以尊其君长，内则教之以孝于其亲。**"君子施教，对外要尊敬尊长，对内要孝敬父母。这里就自然延伸到属下对领导要忠、要敬。"忠"，就是竭尽全力；"敬"，就是要有恭敬心。为什么要忠？因为臣子选择奉事君主，就意味着认同君主的道德仁义、施政纲领等。既然认同，就要尽力奉事。"忠"的一个表现就是君主有过失，臣子有劝谏的责任，所以，能否犯颜直谏，是中国古代评价忠臣的重要标准。如果君主的过失很大，臣子连续劝谏三次，君主依然不改，臣子就可以离开了。反之，既然臣子没有离开，就说明他是认同君主的，作为臣子，就要有忠有敬。君臣上下一心、齐心协力，才能成就功业。这就是团队精神。中国古人实际上是最讲究团队精神的，也知道怎样具有团队精神,臣子知道自己和君主是一荣俱荣、一损俱损。

君子施教,对外对内,怎样才能教好?"**是故君子之事君也,必身行之**。"君子奉事国君,一定身体力行。《说文解字》把"教"解释为"上所施,下所效",告诉人们身教胜于言教。良好有效的道德教育,不同于知识的教化,不能只是靠言语去教导,一定要有身教。现在很多家长说,这个孩子怎么说都不听,领导说这个下属怎么说都不听,老师说这个学生怎么说都不听。这句话就很有味道了,把教育变成"说教",而没有把正确的表演出来,所以才会有逆反。良好的"教"是正己化人,自己端身正行做到了,才能教导别人,使别人受到感化。

《德育课本》记载了这样一个故事。唐朝有一个官员叫张镇周,他本来是在寿春当官,后来被调回到自己的家乡舒州当都督。被调到自己的故乡任职,可想而知,那里有很多亲朋故旧,如果他徇私枉法,老百姓就会生起怨气;如果他一律铁面无私,又有伤亲情。怎么办?他在上任前,先回到故居大摆宴席,请亲朋好友大吃大喝了十天,大家都很高兴。到了第十天,亲朋好友要离开了,他又送给每人一个大礼包,里面都是金银绸缎,大家非常欢喜。他流着眼泪说:"我回到自己的故乡当官,而官员与人民要保持好距离。过了今天,我就再也不能跟你们这样常常吃喝畅谈了,以后凡事都要秉公处理。"

这些亲朋好友在这里吃了十天,又接受了他的厚礼,听他说了这么一番真诚的话,看到他发自内心的难受,当然能够体会到他为官的难处。所以,他上任后,没有亲戚朋友通过私人关系向他求情,他处理事情不徇私枉法,老百姓都心悦诚服,民心也就很快安定下来。刚开始，老百姓可能会有担心，他会不会偏向自己的亲朋好友，偏向自己的故旧，但是他处事公平，让大家生起信心，所以也没有人心不平。君子奉事君主，必须首先身体力行，端正好自身，才能教化好百姓。

"所不安于上，则不以使下；所恶于下，则不以事上。非诸人，行诸己，非教之道也。"这段话就是孔子讲的"恕道"的具体化，"恕"就是"己所不欲，勿施于人"。再具体一点，对于上级的做法感到不安的，就不要以这样的方式施加给下级；凡是不愿意下级做的事，也不要以这样的方式对待上级。批评别人不该做，自己却这样做，这都不合教化的道理。

当然，一个人必须扩充自己的仁爱之心，换位思考，将心比心，才能身体力行。所以，一个人能教育好他人，也是因为自己修身有成。这就是《大学》讲的："自天子以至于庶人，壹是皆以修身为本。"

"**是故君子之教也，必由其本。**"君子的教化一定是从根本上来教，根本是什么？就是孝道。教育是上行下效，身教重于言教。教育儿女孝道，如果自己的父母已经过世了，怎么身教？下面就讲到重点了。

"顺之至也，祭其是与！"能够把恭敬之心、孝顺之心体现到极致的就是祭礼。父母在世孝敬父母，可能是惧怕父母的权威，父母过世了，还能祭祀父母，则纯粹出于孝子思念、感恩父母的诚心。在上的人定时追念父母祖先，在下的人从他身上也学到了孝道，"**故曰：'祭者，教之本也已。'**"所以，祭礼是教化的根本。现在都希望重视道德教育、道德建设，但是，有没有抓住根本？这里告诉我们，祭礼是教化的根本。"祭而不敬，何以为也？"如果心无恭敬之念，为什么还要去祭祀？这就指出了重点，即领导教导下属，老师教导学生，父母教导儿女，都必须自己有恭敬孝顺之心。恭敬孝顺之心不是装出来的，不是为了教育而表现的,而是发自内心,才能让人受到感化。

《圣谕像解》记载了明仁宗的一个故事。明仁宗做太子的时候,有一次明成祖到南京,退朝之后,就召东宫官杨士奇,问道:"你辅佐太子已经很长时间,对太子的德行也很了解,太子的为人到底怎么样?"杨士奇回答说:"殿下仁孝恭敬,非常人可比。"明成祖问:"能不能给我举一些具体的事例来说明?"

杨士奇说:"每逢祭祀,太子一定会亲自检查所有的祭器,从不把这件事委托给别人。去年按照惯例要举行祭礼,太子正好得了痛风病,医生告诉他,要服药发汗才可以。太子说:'如果吃了药发汗,怎么亲自参加祭祀?'左右的人就劝他:'您可以让别人代替您参加祭祀。'太子回答说:'皇上把祭祀的使命交付给我,而我又派遣别人来代替,这不是违背君父的命令吗?'所以,他就带病参加祭祀,祭祀完毕,出了一身的汗,结果痊愈了。再比如,每每给皇上您进奉食物,包括其他物品,太子一定亲自检查,亲手把封条封好,然后才派遣他们出发,不敢轻易把这些事委托给他人做。"明成祖听了,说:"这都是为人子应该做的事情。"

杨士奇说:"自古以来大圣大贤,就是把他该做的事情做到了极致而已。"也就是说,人之所以成为圣贤,也没有什么奇特之处,只不过是毕恭毕敬、认真负责地尽到了自己的本分而已。正是因为这种恭敬心,才把自己该做的事情做到了极致。换句话说,一个人能不能把该做的事情做到极致,取决于自己的恭敬心足不足。所谓"一分诚敬得一分利益,十分诚敬得十分利益"。谁得利益?当然是自己得利益。换句话说,不能把该做的事情做到极致,就是因为恭敬心不足。这就是明仁宗"躬阅祭器"的故事。

这个故事也告诉我们，祭祀必须心存恭敬。太子对于祭祀这样诚敬，上行下效，百官自然能把国家治理得很好。因此，君子的教化必须从根本教起，而把孝顺之心体现到极致的，不就是祭礼吗？所以，祭祀是教化的根本，如果对祭祀产生轻慢怀疑，没有恭敬之心，何必还去祭祀？今天谈祭祖不是为了凑热闹，更不是为了图形式，而是要从根本上着眼，这个根本就是自己的心地。现在学传统文化的人很多都迷于形式，我们常常强调要重实质不重形式，很多人却恰恰相反，重形式不重实质。

《祭统》这段话说明了通过祭祖践行孝道的教育意义。

关于修身要重实质不重形式，可以参考一下林则徐写的《十无益》。这篇文章是林则徐写给他的子孙后代的，对于人们非常有启发。

第一，"存心不善，风水无益"。很多人学习传统文化，抓不住重点，喜欢找人给自己看看风水，门应该从哪儿开，桌子应该怎么摆放，墙应该怎么布置，背后应该靠着什么，前面应该放什么。这些都不是根本。如果一个人心地不善，即使给了他风水宝地，也按照风水师的设计规划改造了，但是过了一段时间，好的风水又被破坏了。古人说"福人居福地，福地福人居"，最重要的是心地，一个有福德的人，所到之处，自然一片吉祥。

第二，"不孝父母，奉神无益"。现在很多庙宇，烧香拜神的人很多，为什么来烧香拜神？很多人是求升官、求发财、求保佑、求健康。但一个人如果在家连父母都不能孝敬，这么大的恩德都不能记在心上，想着去报答，怎么可能感得神明保佑？那些有功于社会的人，过世后，人们把他供奉为神加以纪念，目的是让后人从他们身上学到其德行风范。比如人们供的财神——文财神范蠡，就是从范蠡身上学会布施，也即获得财富的方法。他三聚财三散财，如此三次，大家认为他很会赚钱，把他供为财神。希望看到财神像，学到"舍得舍得，不舍就不得"，这才是供财神的教育内涵。但是现在学一些形式，礼只留下了仪，内涵、实质少有人讲了。

第三，"兄弟不和，交友无益"。很多人对外边的同学朋友彬彬有礼，生怕言语冒犯，但是在家里，和自己的兄弟姐妹说话就不客气了。很多人从小没有学习怎样为人臣，怎样为人子，怎样为人弟，怎样为人妹，怎样为人妻，所以，家庭关系搞不好。什么原因？就是因为"人不学，不知道；人不学，不知义"。

比如这个女子，没有学做女子之道，不知道"男子是天，女子是地"，女子要效法大地，要厚道，要包容万物。说女子是地，并没有贬损的意思，大地对于万物的生长非常重要，人们的衣食住行，一切的资源都离不开大地。女子没有学会包容，结果就会硬碰硬。这样会出现什么情况？夫妻关系就很难和睦。作为女子，要学会以柔克刚，这是女子需要学的一个内容。

现在很多兄弟不和，很多人为了一点点财产就吵上法庭，也是因为不懂得兄弟相处之道。古人把兄弟比作手足，说明非常看重兄弟姐妹之间的深情厚谊。《弟子规》有两句话，对于处理兄弟之情也非常有用。第一句就是"财物轻，怨何生"，兄弟姐妹把财产看得淡一点，把骨肉之情看得重一点，又怎会产生怨恨？另一句就是"言语忍，忿自泯"。兄弟姐妹在交流的时候，言语上互相忍让一下，少说一句，愤愤不平的心自然就泯灭了，又怎么可能吵起来、打起来？一个人在家里不能和兄弟相处，走上社会和他人也难以和睦相处。

法照禅师写了一首诗，写的就是兄弟之间的深情厚谊。这首诗是这样写的："同气连枝各自荣，些些言语莫伤情。"一家的兄弟姐妹，就像一棵大树长出的枝杈，长大了，各自发展，成家立业，这叫各自荣。"些些言语莫伤情"，不要因为一些言语的不忍让，伤害彼此的手足之情。"一回相见一回老，能得几时为弟兄。"逢年过节聚在一起，突然发现对方多了几根白头发，脸上多了几条皱纹，确实是"一回相见一回老"，我们还有多长时间守在一起，互相关心、互相照顾？"弟兄同居忍便安，莫因毫末起争端。"兄弟姐妹之间，只要守住一个忍字，便相安无事，千万不要因为芝麻大一点的小事就吵上法庭，彼此不能够宽容。

《朱子治家格言》也说："居家戒争讼，讼则终凶。"一家人在一起过日子，最忌讳的就是把对方送上法庭，即使这个案子你赢了，但是伤害了兄弟之情，说明你连兄弟都不能容纳，心胸窄到一定程度。从这里也就知道，你这个人前途不会很远大。"眼前生子又兄弟，留与儿孙作样看。"如果兄弟和睦相处，为下一代的和睦相处、兄友弟恭，也做了好的榜样。从这首诗能够感受到，古人兄弟姐妹之间的深情厚谊。

一个人连兄弟姐妹都不能照顾，连一奶同胞都不关心，对朋友也好不到哪儿去。中国古人择友，首先，看他孝不孝敬父母，其次，看他友不友爱兄弟。如果他不孝父母，对兄弟姐妹也不友好、不照顾，这个人就不可交，他对朋友肯定不是真心的，一定是因为有利可图。

第四，"行止不端，读书无益"。读书志在圣贤，至少也要做一个君子。古人读书是为了提升自己的道德学问，而不是像现在很多人读书是为了赚钱，有一个好的前程，生活有所着落。如果读很多书，但是做事思想言行都不正，都偏颇了，这个书就白读了。

现在有人能把所学的课程倒背如流，但是不能落实在生活中。"锄禾日当午，汗滴禾下土"，考试能得一百分，吃饭还是把白花花的大米、馒头扔得到处都是，这就是有知识没有文化。不要认为自己读了很多书，官位很高，就有文化。可能我们还不如农村的老太太，因为她懂得惜福，懂得节俭，虽然没学很多书本知识，但是孝悌忠信、礼义廉耻都能一一落实，这叫有文化。

第五，"做事乖张，聪明无益"。"乖张"就是不循理，不符合情理，与人情事理都背离。这样的人虽然有聪明智慧，但是对社会没有利益。《弟子规》告诉我们"首孝弟，次谨信"，先培养对父母、兄弟的孝悌之心，然后才学习其他。一个人没有德行，做事技巧却很高明，反而给社会国家造成很大危害。比如小偷的技术很高超，他的技术越高超，对国家的危害就越大。

第六，"心高气傲，博学无益"。博览群书，其实也为了提高自己的道德学问，结果我们学得越多、读的书越多，没有变得更谦虚，反而越来越瞧不起别人，不把别人放在眼里，越来越不懂得尊敬人，学得再多，对修身也毫无益处。《颜氏家训》有一段关于读书、求学目的的论述，特别值得现代知识分子警觉。这段话是这样说的："夫学者，所以求益耳。见人读数十卷书，便自高大，凌忽长者，轻慢同列，人疾之如仇敌，恶之如鸱枭。如此以学自损，不如无学也。古之学者为己，以补不足也；今之学者为人，但能说之也。古之学者为人，行道以利世也。今之学者为己，修身以求进也。夫学者犹种树也，春玩其华，秋登其实。讲论文章，春华也；修身利行，秋实也。"

这段话写得很好，提醒我们不要把"学儒"搞成"儒学"，知与行不合一。这段话翻译过来就是：学习的目的是为了求得长进，可是有人读了十几卷书，便自高自大，欺侮长者，轻视同辈。这样，别人自然像对仇敌一样恨他，像对鸱枭那样讨厌他。这样求学对自己并无益处，还不如不学。古代求学的人是为了充实自己，以弥补自身的不足，现在求学的人是为了向别人炫耀，只能夸夸其谈。古代求学的人是为了利益他人，推行自己的主张，造福于社会。就如孔子，周游列国，推行自己的仁爱学说，目的并非是为了自己升官发财，而是为了使自己的学说能够为国君所用，造福更广大的人群，造福于社会。现在求学之人，是为了自身需要，增长才干，以求做官。学习就像种果树一样，春天可以赏玩它的花朵，秋天可以摘取它的果实。什么是花果？讲论文章好比赏玩春花，修身力行才是秋天的果实。可见，真正的学问是把所学的经典在生活中落实，使自己的德行，以及为人处事、待人接物的能力有所提升，最基本的也要做到仁义礼智信，把五伦关系处理好。

第七，"时运不济，妄求无益"。时节因缘不成熟，即使你想方设法、忙忙碌碌地妄求，也达不到预期目的。观察自然界的现象，给我们很多启发，比如瓜熟蒂落、水到渠成、春生夏长、秋收冬藏。如果事业还处在春生的阶段，就不要指望立刻就有收获。"欲速则不达，见小利则大事不成"，时节因缘还不成熟，你非要怎么样，让自己有压力，也很难达到预期的效果。古人说"随缘而不攀缘"，讲的就是这个道理。

第八，"妄取人财，布施无益"。有的人贪污受贿，营私舞弊，贪了钱，又拿出其中一点点去做布施，去做慈善，为了博取虚名，这就是伪君子。布施的目的是杜绝悭贪，因为人都有贪心，通过布施，让你不要那么吝啬。经常取不义之财，布施也不会有真正的效果。

第九，"不惜元气，医药无益"。不珍惜自己的身体，不懂得养生保护自己，吃再多的药，对健康也是没有用的。比如，很多人饮食起居都不正常，该休息的时候不休息，该吃饭的时候不吃饭，暴饮暴食，还过度贪图财色。伤了元气，即使再好的医生、再好的医药，也没有帮助。

第十，"淫恶肆欲，阴骘无益"。贪着女色，做事太过分，骄奢淫逸，即使祖宗有阴德，或者自己做了很多慈善之事，也不会转变命运。就像往杯子里注水，但是杯子底下有一个漏洞，水装得再多也没用，都会漏掉。所以，"未论行善，先须改过"，积功累德之前，先要弥补自己的过恶。古人说"天道祸淫最速"，天道自然的规律，给那些淫乱放纵的人带来灾祸是最迅速的。一个人淫恶肆欲，过分地放纵欲望，特别是邪淫，会损害自己的福报，让自己身心不安。如果家人知道了，还会为他的这种行为感到羞耻。他的事业也会不顺利，经常出状况。身体还会有疾病。又因为邪淫，还要经常蒙骗家人，也会犯妄语、绮语等过失。

中国古人说"万恶淫为首""欲是深渊"。如果一个人沉迷欲望而不能自拔，那就是发展了兽性，而忽视了灵性的提升。比如，有人追求卿卿我我的婚外情，不仅破坏了自己的家庭，也会破坏别人的家庭。看一个人有没有发展前途，《尚书》说了这样几句话："内作色荒，外作禽荒。甘酒嗜音，峻宇雕墙。有一于此，未或弗亡。"在宫里迷恋女色，外出喜欢打猎、游戏，没有节制；喜欢饮酒，沉溺于靡靡之音；住的房屋又高又大，雕梁画栋，极尽奢侈。以上几种情况，只要有一种，就没有不灭亡的。人为什么会锒铛入狱？不是别人让你锒铛入狱的，都是自作自受、自取灭亡。这些都是值得警惕的。林则徐的《十无益》，也有助于我们看问题、做事情，都要看到根本、做到根本。

下面接着讲《经解》。

郑玄说："名曰《经解》，以其记六艺政教之得失也。""六艺"，就是六经。孔子在世的时候，"赞周易，删诗书，定礼乐，修春秋"，以这六部经典来教授弟子。孔子过世后，弟子们尊称孔子所删定的典籍为"经"，把孔子对六经宗旨的评述，称为"经解"。孔颖达云："六经，其教虽异，总以礼为本。"六经的教导虽然侧重点不同，但是总体上都以礼为本，都落实在礼上。《经解》是总述六经宗旨，最后归于礼，特别强调了礼对于治理国家，以及社会生活的重要性。

下面看《经解》篇第一段。

【天子者，与天地参焉，故德配天地，兼利万物，与日月并明，明照四海而不遗微小。其在朝廷，则道仁圣礼义之序；燕处，则听雅颂之音；行步，则有环佩之声；升车，则有鸾和之响。居处有礼，进退有度，百官得其宜，万事得其序。《诗》云："淑人君子，其仪不忒。其仪不忒，正是四国。"此之谓也。】

"**天子者，与天地参焉**"，孔颖达《礼记正义》："天覆地载，生养万物，天子亦能载生养之，功与天地相参齐等，故云'与天地参'。"上天覆盖万物，大地承载万物，对万物都有生长养育之恩。天子也能够生长养育万物，功德与天地相齐等，所以与天地并列为三。既然天子承担着这样重大的责任，所以，古人对天子的教育和要求也就非常严格，甚至从太子就开始了，重视对继承人的教育。

《群书治要·汉书》强调了古人对太子的教育：夏朝天子传承十几世，殷朝天子传承二十多世，周朝天子传承三十多世，但是到了秦朝，天子传承到第二世就中断了。人性本来相差不大，为什么夏商周三代君主，有道而能长久，秦朝的君主无道而暴亡？这其中的缘故显而易见，就是教育继承人的方式不一样，对继承人教育的重视程度不一样。

《汉书》讲，太子一出生，就要给他以礼仪的教化，而且习礼具体严格：让有德行的成年男子背着他，还有专门的官员穿上端服，戴上礼帽，然后带着太子行祭天之礼，就是拜天。路过宫门，宫门是国君处理朝政的地方，本来是背着太子的，这时就要把太子放下来。路过供奉祖先的宗庙，要小步快跑，表示对祖先的恭敬。这都是教导孝道恭敬。从太子小时候，教育就开始了，恭敬心就是在日常生活中培养起来的。

周成王尚在襁褓中，就已经请了召公为他做太保，周公做太傅，太公做太师。"保"，就是保护太子的身体，包括为他讲解养生之道，按照自然节律饮食起居，保持身心和谐；"傅"，就是以道德仁义来教导他；"师"，就是以圣贤教诲来启发他，包括讲一些治国平天下的道理。这是三公的职责。不仅如此，还要设立"三少"，就是少保、少傅、少师。这些人和太子每天生活在一起。他们负责把太师、太傅、太保所教导的表演在生活中，让太子随时看到、学到。

太子懂事了，三公、三少再给他讲明孝仁礼义的道理，引导他在生活中落实，并且把那些邪曲不正、奸邪之人驱逐，让他们远离太子，不让太子看到不好的行为。还要选出天下品行端正的君子，以及孝顺友悌、见闻广博、有道德学问的人，让他们陪伴太子，朝夕相处，同出同入。这些人和太子一起成长，也是接受圣贤教诲的熏陶，志同道合，其实也就是培养下一代的朝臣。朝廷重臣，很多都是从这些人当中选拔出来。

太子从出生，所见的是正事，所听的是正言，所行的是正道，前后左右全是正人君子。这就是孔子所说的"少成若天性，习惯如自然"，从小品德养成，就像习惯一样自然而然。从小接触的都是正确的教导，不正当的全都没有看到，所以，行为自然而然表现出来就是正确的。正是因为太子从小就接受这样严格的教育，长大才能承担起与天地参、赞天地之化育的责任。

"故德配天地，兼利万物，与日月并明，明照四海而不遗微小。"天子的德行必须和天地相配，恩惠普施万物，与日月同明，普照全世界，无微不至，不遗漏任何一个子民。

天地都是无私无求地生养万物，平等利益众生。"兼利万物"，就是普遍地、平等地、没有差别地利益万物。不因为这是大树，就关照一些，那是小草，就不闻不问，也不因为这是大象很温顺，就喜欢、爱护它，那是虎狼，就厌弃它。而是仿效日月无私照的精神，普照四海，恩德普施。

读了这段话就明白，为什么习总书记在十九大报告中强调："全面建成小康社会，一个都不能少；共同富裕路上，一个都不能掉队。我们将举全党全国之力，坚决完成脱贫攻坚任务，确保兑现我们的承诺。"这就是顺应天地之道提出的治国理政的主张，所谓"顺天者昌，逆天者亡""得道者多助，失道者寡助"。从这里我们也能够体会到，为什么中国在走上坡路，而有些国家在走下坡路？一个国家兴盛还是衰落，是有规律可循的，不是由别人造成的，所谓"自求多福""自作自受""多行不义必自毙"。这个道理不明白，就会白白浪费很多的时间、精力，最重要的是自己走在道上。

"其在朝廷，则道仁圣礼义之序。"道有两种解释，第一种通"导"，引导。第二种，《群书治要》小注："道，犹言也"，谈论的意思。天子无戏言，不能谈论那些乱七八糟、道听途说的事情。《弟子规》：

"奸巧语，秽污词；市井气，切戒之。"对于一般民众，尚且如此要求，更何况天子？天子在朝必须谈论仁圣礼义的道理。

《大学》："尧舜帅天下以仁，而民从之；桀纣帅天下以暴，而民从之。"像尧舜禹汤这样的圣王，他们以仁义率领天下，于是全国百姓也兴起了仁义之风。而到了夏桀、商纣王等末世君主，是以暴虐率领天下，结果天下百姓也从而行暴。

《论语》中孔子也说："上好礼，则民莫敢不敬。"在上位的人好礼，民众就不敢不恭敬。"上好义，则民莫敢不服。"在上位的人讲道义，"义"就是宜，凡事做得合情、合理、合法，就没有人敢不服从。所以，在上位的人按照规矩来做，按照道来做，才能让人心悦诚服。

"燕处，则听雅颂之音。""燕处"就是休息的地方，"燕"就是安息、闲居。"雅颂"，《诗经》分风、雅、颂。雅者，正也；雅乐，用于郊庙、朝会等重大典礼的庄重典雅的音乐。颂，赞美祖先、神明或者君王的乐歌。这里"雅颂"就是指纯正的音乐。天子在休息的地方听的是和平清正的音乐，这说明，不能随随便便听靡靡之音，看一些不雅的视频，都是不允许的。

"行步，则有环佩之声"，"环佩"是指佩环、佩玉。"环"，形平而圆的玉器，中间有一个圆孔。"环"象征着周而复始，没有穷尽止息；"玉"象征君子的德行，谦恭和雅，温润如玉。古人佩戴饰物，也是提醒自己的行为，要符合礼义道德。这也是一种重视修身的表现，而不是为了炫富，古人是重德不重财，所以提醒自己也是不遗余力。

比如《论语》："汤之盘铭曰：'苟日新，日日新，又日新。'"汤王在洗脸的盘子上都刻着铭文，每一天洗脸，都想到我的德行也要像洗脸一样，每一天都能改过自新。再比如古人喝酒使用的酒爵，形状像雀，取其鸣"喈喈"，雀的鸣叫之声就是"喈喈"，谐音就是节制的"节"，提醒我们饮酒要有节制。

《孔子家语》记载，孔子在瞻仰鲁桓公的庙时，看到有一个欹器，就是一个倾斜易覆的器皿。孔子就问守庙人："这是什么器皿？"回答说："这就是叫作'宥坐'的器物。"孔子说："我听说过宥坐这种器具，它有一个特点，空着的时候就会倾斜，装水适中的时候就会端正，装满水就会倾覆。贤明的君主用它来警诫自己，放置在自己的座位旁边，所以叫'宥坐'。"孔子对学生们说，试着往里装水看一看。把水灌进器皿，到一半的时候，容器就直立起来了，而当装满水，容器就倾倒了。孔子感叹道："万物之中，哪有一个东西是满而不覆的？"

这时，弟子子路问了一句话："如果想要持满而不倾覆，有什么办法吗？"这个学生问得也很好。孔子说："聪明睿智，守之以愚；功被天下，守之以让；勇力振世，守之以怯；富有四海，守之以谦。此所谓损之又损之道也。"聪明能干又有智慧，就要用愚笨的姿态来保持；功盖天下，就要用推让的姿态来保持；勇力震撼当世，就要用胆怯的姿态来保持；拥有四海的土地财富，就要用谦逊的姿态来保持。这就是谦退再谦退、低调再低调的方法。这是用"宥坐"之器，提醒自己骄满则覆灭的道理。这说明古人特别重视修身。

《韩非子·观行》还记载："西门豹之性急，故佩韦以自缓；董安于之心缓，故佩弦以自急。""弦"指弓弦，弓弦都是紧的；"韦"是软牛皮。"弦紧皮软"，比喻人的性子急缓不同。古人佩弦，警诫自己的性缓，告诉自己要急一点；佩韦，警诫自己的性急，告诉自己要软要缓。后来用"弦韦"代指勉励自己的事物，包括朋友的规劝，也叫"弦韦"。

后来，人们熟悉的是用文字来提醒自己，比如上小学时，教室都有励志的名言，桌子上有座右铭；古人去世有墓志铭。建筑物的名字如太和殿、中和殿、保和殿，也都是用来警诫自己；门的名字也有教育意义，如天安门、和平门、德胜门；路的名字如崇德路、崇明路；桥的名字如广济桥、安济桥；园的名字如颐和园；庄的名字如太平庄，都是取自经典；还有书斋的名字如求阙斋、知不足斋。包括春联，都是对自己德行的期许，还有警示。

现在有些人把财看得很重，赚钱无所不用其极。人们所到之处，看到最多的就是广告，商业广告无处不在。电视的黄金时段，很多都是酒的广告。假如把经典教诲放上一段："积善之家，必有余庆；积不善之家，必有余殃。"全国人民都受了教育，这多好！

"行步，则有环佩之声"，是说天子走路，身上的佩环佩玉发出有节奏的声响。这说明什么？天子走路不急不忙，动作行止都有威仪。不能蹦蹦跳跳，也不能急起来就跑，那都有失威仪。

"升车，则有鸾和之响"，"升"就是登的意思，登上。"鸾和"，都是铃。《韩诗内传》："鸾在衡，和在轼。前升车则马动，马动则鸾鸣，鸾鸣则和应。""鸾"，是车辕前端，马脖子上的横木挂着的铃铛；"和"，是马车车厢前面的扶手上系着的铃铛。人坐到车上，马一动，鸾铃就响，鸾铃一响，和铃就跟着响。鸾铃与和铃都发出悦耳的声音，这说明上车也有上车的威仪。

"居处有礼，进退有度，百官得其宜，万事得其序。《诗》云：'淑人君子，其仪不忒。其仪不忒，正是四国。'此之谓也。""淑"，善的意思，"忒"，差错，"其仪不忒"就是没有差错。日常起居有完备的礼仪，进退有一定的法度，百官便能各得其所，万事都有条有理。《诗经》:"善人君子,威仪完备。因其威仪完备,故能匡正天下。"说的就是这个道理。这一段讲天子遵守礼的教化而有威仪。

《左传·襄公三十一年》也讲了什么叫威仪,以及君主威仪的作用。"有威而可畏,谓之威;有仪而可象,谓之仪。君有君之威仪,其臣畏而爱之,则而象之,故能有其国家,令闻长世。"有威严而使人敬畏,叫作"威";言行举止可使人效法,叫作"仪"。国君有国君的威仪,臣子就会敬畏、爱戴他,以他的言行作为准则并效法之,所以能保有国家,好的名声长存于世。

下面还举了周文王的例子来加以说明。殷纣王囚禁周文王七年,各个诸侯跟随文王而去,这可说是敬爱他。文王听说崇国政德混乱,于是发兵征讨,过了三十天,崇国还不投降,他便退回国内,修明道德教化,然后再次征讨。布的营垒和上次一样,但是崇国降服为臣,其他边远部族也相继归服,这可说是敬畏他。文王的功业,天下人赞颂而效法,以他的言行为准则。文王的德行影响至今,都是因为文王有威仪的缘故。

"故君子在位可畏,施舍可爱,进退可度,周旋可则,容止可观,作事可法,德行可象,声气可乐,动作有文,言语有章,以临其下,谓之有威仪也。"君子在位时使人敬畏,施惠于人,使人敬爱;进退可作为法度,与人交往可作为准则;仪容举止足以观赏,待人处事可以效法;道德品行可以学习,声音气度使人喜悦;动作斯文典雅,说话条理分明。在臣子面前,这就叫作"有威仪"。

《孝经》也说:"君子言思可道,行思可乐,德义可尊,作事可法,容止可观,进退可度,以临其民。是以其民畏而爱之,则而象之。故能成其德教,而行其政令。"意思大同小异。在位的人,讲话不能随便，就像《论语》所说的："一言以兴邦，一言以丧邦。"身为一国之君，每讲一句话，都要考虑影响，讲的话要能为世人所称道，所作所为要让民众欢喜接受，愿意依教奉行，德行道义要让人尊重，做的事要为人效法，容色举止要有可观之处，言外之意就是都很文雅，为人所仰望，处事待人、应对进退都符合法度。这样统领民众，民众对他既尊敬又爱戴，并学习仿效，德教才能得以推行。从这里我们看到，当天子、当领导人非常不容易，一言一行、一举一动都要小心谨慎，要为世人所效法。

第十五讲　从"一体之仁"到"构建人类命运共同体"

这一讲继续学习《群书治要·礼记》的《经解》篇：

【发号出令而民悦，谓之和；上下相亲，谓之仁；民不求其所欲而得之，谓之信；除去天地之害，谓之义。义与信，和与仁，霸王之器也。有治民之意而无其器，则不成。】

"发号出令而民悦，谓之和"，发号施令能让百姓喜悦，这叫作"和"。为什么能让百姓喜悦？因为领导者发号施令，目的是为天下人谋福利。古人说"爱出者爱返，福往者福来"，讲的就是这个道理。就像邹穆公，他能为天下人爱戴，就是因为他自己非常节俭，对百姓却非常宽厚，真正做到了"爱民如子，视民如伤"。

邹穆公有一个命令，喂养野鸭、大雁要用秕谷，不能用粟米。粟米脱了壳就是小米，是人吃的食物。等到粮仓里的秕谷全都用完了，就派人到民间用粟米换秕谷，两石粟米才换一石秕谷。下面的人觉得这样做实在太浪费了，就向穆公请示："两石粟米才换一石秕谷，还不如直接用粟米去喂养。"

邹穆公说："粟米是上等人的食物，不能用来养鸟。周朝有个谚语叫囊漏贮中，意思是说，盛粮食的口袋漏了，但粮食还是漏在更大的容器里。君主是百姓的父母，我们把国库里的粟米转移到百姓家中，难道这就不是国家的粟米了吗？让鸟吃秕谷，为的就是不减损国家的粟米。粟米在国家的仓库里，还是在百姓那里，对我有什么区别？"把私积的粮食和公家的粮食视为一体，这才是真正的富国之道。正因为邹穆公都是为了利益人民，邹国虽然弱小，但是像鲁国和卫国这样的大国，都不敢轻视它，像齐国和楚国这样的大国，也不能威胁它。

邹穆公过世，百姓非常哀伤，邻国的百姓也都朝着邹国的方向表达哀思，民间断绝琴瑟之音长达一年之久。贾谊评论说："故爱出者爱返，福往者福来。"一位国君能以仁爱之心对待百姓，百姓对他的回报也同样是仁爱，能为天下人带来福祉的人，他自己的福气也自然会到来。

当然，不仅仅要关心民众的物质生活，让民众衣食无忧，更要重视民众的精神生活和道德生活。《礼记·学记》："建国君民，教学为先。"**建立一个国家，领导一国百姓，什么是最重要的？最重要的就是兴办伦理道德的教育，把人人教成好人。**这样，人们才能在物质生活丰富之后，还有精神生活的愉悦。

近现代以来，西方社会宣称"上帝死了"，人们不再相信宗教，宗教所承担的伦理道德教育的任务也随之被忽视。在东方，很长一段时间，人们疏离了孔孟儒家的教育。伦理道德缺失，结果就是《孟子》所说的："饱食，煖衣，逸居而无教，则近于禽兽。"左丘明也说："人弃常，则妖兴。"人把做人的常理常法，仁义礼智信五伦八德都给抛弃了，邪辟怪异的事情就来了。在这种社会环境下生活，不可能身心安定。

国家发布政令，不仅要重视经济发展，重视物质文明的提高，重视民生，更应该重视伦理道德教育，重视精神文明建设。这也就要求各级领导干部起到"君亲师"的作用，只有把老百姓教好，全体国人才能过上身心安乐的生活。

古人为什么喜欢做官？做官，可以用自己的所学所能贡献国家、服务人民，而且有一笔收入，可以养家糊口，让家人衣食无忧。因为自己有德行，能够率先垂范，力行仁义礼智信，所以受到社会大众的尊敬。孟子也说："爵一，齿一，德一。"我们尊敬有爵位的人，尊敬上年纪的人，尊敬有道德的人。

古人做官，起到"君亲师"的作用，把老百姓教好了，几乎没有诉讼的案件。无事可做，就生活得很轻松，可以游山玩水，写诗作画。而现在忽视了伦理道德的教育，人与人之间的纷争、怨恨、争讼越来越多。人们虽然富裕了，却"富而不乐，贵而不安"，惶恐不安，牢骚抱怨，身心不乐，也谈不上有知恩报恩的心了。

下一句，"上下相亲，谓之仁"，上下相亲相爱、团结互助，这叫"仁"。"上"是指领导者，"下"是指被领导者。为什么上下能够相亲？原因在于他们之间是一种道义的结合，而不是纯粹功利的结合。

孟子很早就提醒我们："君之视臣如手足，则臣视君如腹心。"领导者把被领导者当成手足加以关爱、照顾，被领导者会加倍回馈，对领导者更加重视、关爱。相反，"君之视臣如犬马，则臣视君如国人"。就像现在的一些领导，认为我把你雇来了，已经给你工资了，你给我出力干活就好了，呼来唤去，不尊重人格。下班后，员工在超市遇到领导，都是什么样的反应？一低头，装没看见就过去了，就像看到陌生人。更有甚者，"君之视臣如土芥，则臣视君如寇仇"。领导把员工看得像泥土和小草一样低贱、不值钱，随意践踏，那员工说起来，都是这样的态度："我们那个领导简直就是一个吸血鬼，甚至连吸血鬼都不如。"就像仇敌一样加以痛恨。原因就在于领导者是一种功利、利害的态度，这样的企业不可能有和谐的文化。

有代表团到企业参观，他们首先到了食堂，考察完非常不满意："给员工这样的饭吃，员工都不应该给老板工作。"中午吃完饭，又到车间考察,考察完,他们更不满意了:"员工用这样的态度工作,老板都不应该给他们饭吃。"员工跟老板之间都没有换位思考,将心比心。企业之所以有利润的增长和长期稳定的发展,少不了一线员工的辛苦付出,所以,做老板的起码要对员工的健康负责任,要把饭菜搞好。你之所以过着安稳的生活,是企业提供了工作机会,是领导担起更多的风险压力,所以,做员工的要尽心尽力,认真负责。

有人说,传统文化是在农耕社会发展起来的,建立在家族血缘关系的基础之上。到了现代社会,社会化大生产和市场经济使得家族血缘关系已经不复存在,传统文化也就失去了赖以生存的土壤。讲这些话的是专家学者,是权威人士,也讲得头头是道,但是实际上并没有抓到根本。**中华传统文化最重要的特点,是强调伦理道德的教育,人与人之间是道义的结合,而非功利的结合。**即使是一家人,存在血缘关系,如果没有伦理道德的教育,也仍然会出现不孝不悌的现象。

古代重视伦理道德教育,一个家族上千口人,几代同堂,仍然其乐融融。有一个很有名的"陈昉百犬"的故事。这家人吃饭长幼有序,如果有一个人没有来,大家都会等他。这种长幼有序无形中影响到他们家养的一百条狗,只要有一条狗还没有来,其他的狗都会东张西望,等这条狗来了,才一起进食。这说明什么?说明关键不在于血缘关系,而在于有没有良好的伦理道德教育。如果没有良好的家风、家教,即使是兄弟姐妹,也可以吵上法庭,甚至反目成仇。关键在于接受了什么样的教育。

中国古人的教育,主张从小就学习礼让、谦让、退让,念念为对方着想。《弟子规》:"兄道友,弟道恭;兄弟睦,孝在中。"兄弟姐妹之间,看重的是恩义、情义、道义。"言语忍,忿自泯;财物轻,怨何生。"如果兄弟姐妹把财物看得淡一点、轻一点，把手足之情看得重一点，怎么可能因为一点财产就起争执？言语上互相忍让一下、少说一句，怎么会起争执？《弟子规》这两句话只要做到了，兄弟姐妹就能够和睦相处。有了这样良好的伦理道德教育，做事念念都为对方着想；遇到利益，也是首先考虑对方，这就是礼让、谦让、退让，怎么会发生争执？

但如果受西方极端个人主义影响，讲自私自利，为了获得自己的利益，就必须和别人竞争。竞争再向上提升，就是斗争；斗争再向上提升，就是战争。尔虞我诈，钩心斗角，这些也都是战争产生的根源。英国著名历史哲学家汤恩比在系统考察了各国发展史，特别是文明发展史、文化发展史之后，从文化学的角度提出："能够真正解决21世纪社会问题的，唯有中国的传统文化。"为什么？因为中国传统文化强调的是"一体的宇宙观"。父子是一体的，君臣是一体的，兄弟是一体的，夫妻也是一体的，朋友也是一体的，我和他人、和动植物、和天地万物都是一体的。既然是一体的关系，就像一个身体一样，谁也离不开谁，就应该是团结互助，就应该是力行仁爱。

古人讲"一体之仁"，就是说要像爱自己的身体一样去爱护他人。"一体"是不分彼此的，你还有"我"，还有"他"，还有这种对立的观念，实际上已经和"一体之仁"有差别了。但是一般人体会不到什么是"一体之仁"，所以就告诉我们"爱人如己"，要像爱自己一样去爱别人。

怎么样做？从"忠恕之道"做起，那就是"己欲立而立人，己欲达而达人""己所不欲，勿施于人"。这都是让我们换位思考，将心比心。《弟子规》也说："将加人，先问己；己不欲，即速已。"任何事，首先扪心自问，我希不希望别人以这样的方式、态度对我，如果不希望，那也不能以这样的态度、方式对待别人。中国传统文化的核心就是"仁义忠恕"，做到这四个字，很多矛盾就会化解。所以，对人要有真诚的仁爱之心。别人对我没有真诚，我还是对别人真诚，还要有仁爱心。那就是"爱人如己"。

"**民不求其所欲而得之，谓之信。**"百姓有所需而不必去求，就能得到满足，这就叫"信"。人民还没有提出要求，但是做领导的，做君主的，已经看到了他们的需求。这说明什么？说明领导者有仁爱之心，念念都关注百姓的福祉，念念想给百姓带来真实的利益，这就叫"信"。如此，就能获得下属的信任。

很多企业，员工就是为了挣工资，养家糊口，也没想到学习传统文化，也没想到学习夫妻相处之道、教育儿女之道，提升自己的人生境界。但是，视野高远的领导者能洞察到员工要实现幸福美满的人生，不仅要有物质上的保证，还必须有正确的人生态度和价值观，所以主动送员工去学习传统文化。一开始，还有很多员工不理解，甚至还会抱怨，但是学着学着，就越来越认识到，领导确实是时时处处念念为自己着想，最后被感化了。这就是"民不求其所欲而得之"。他们的回报是什么？一定是忠心，竭尽全力为企业付出，不讲条件。这就是以心换心的结果。

"**除去天地之害，谓之义。**"消除天地间的灾祸、危害，这叫"义"。《大学》："民之所好好之，民之所恶恶之，此之谓民之父母。"做领导的应该是什么态度？人民喜好什么，自己也喜好；人民厌恶什么，自己也厌恶。人民喜欢人际关系和睦、人伦关系稳定、人生幸福安乐，不要生活在惶恐不安中，做领导的就要兴起道德教育。人民不喜欢颠沛流离，不喜欢战争，战争给人带来的痛苦非常深重，做领导的也要解民之忧、济民之困。历史上，像武王伐纣、汤王伐夏桀，都是迫不得已，解民于倒悬。不是为了实现自己的野心，而是为天下人除害，所以，他们的行为被称为"义举"。

而有的时候，"天下之害"可能就是领导者自身。如果领导者利欲熏心，一定会伤害天下百姓的利益。比如，他为了满足自己的骄奢淫逸之心，心思就不会在治理国家、平治天下，满足老百姓的需要上，国家治理不好，老百姓就处于水深火热之中。甚至为了满足自己的私欲，想方设法盘剥百姓，这样就成了天下之害。所以，领导者必须首先克除私欲。

克除私欲，要有壮士断腕的决心。就像《了凡四训》讲的，改过要发三种心：首先就是耻心，其次是畏惧心，再就是勇猛心。对于自己小的过失，"如芒刺在肉，速与抉剔"，就像肉里扎了刺一样，得马上把它挑出来。对于自己大的过失，"如毒蛇啮指，速与斩除，无丝毫凝滞"，就像被毒蛇咬了手指，得赶快把手指斩断，不能有丝毫犹豫。否则，蛇毒扩散，性命都难保。所以，要毫不犹豫地克除欲望，改过行善。

佛家的寺院有大雄宝殿，里面供奉的都是大英雄，什么样的人被称为"大英雄"？在中国传统文化中，不是战胜千军万马的人，而是能够战胜自己烦恼习气的人。竞争竞争，从来都不是和别人争，都是和自己的烦恼习气做斗争。你能够战胜自己，那就没有什么战胜不了的，这样的人才能成为大英雄。《续小儿语》有这样一句话："威震四海，勇冠三军，只没本事，降伏自心。"降伏自心，战胜自己的贪嗔痴慢，这样的人才被称为"大英雄"。

这次新冠肺炎疫情抗疫过程，中国政府就是对这四句话的完美诠释。也就是说，在疫情初起之时，中国政府之所以能够迅速取得成效，就是因为遵循了这四点。

首先，"发号出令而民悦，谓之和"。2020年农历新年第一天，习总书记在中共中央政治局常委会议上就强调："要把人民群众的生命安全和身体健康放在第一位，绝不能因费用问题耽误患者救治。"这一点赢得了百姓的认可，因而能够万众一心，积极主动地配合政府的各种防疫举措。这和西方某些国家的民众对政府的号召不屑一顾、质疑，甚至以暴力形式反对政府抗疫措施的现象形成鲜明对比。中国政府发号施令的出发点，就是全心全意为广大人民的生命健康和安全负责。

其次，"上下相亲，谓之仁"。2020年5月22日，习总书记参加十三届全国人大三次会议内蒙古代表团的审议时强调："古人讲：'与天下同利者，天下持之；擅天下之利者，天下谋之。'党章明确规定，我们党没有自己特殊的利益，党在任何时候，都把群众利益放在第一位。在重大疫情面前，我们一开始就鲜明提出，把人民生命安全和身体健康放在第一位。我们在全国范围内，调集全国最优秀的医生、最先进的设备、最急需的资源，全力以赴投入疫病救治，救治费用全部由国家承担。人民至上，生命至上，保护人民生命安全和身体健康，可以不惜一切代价。"习总书记还说："无论年龄再大、病情再重，我们也绝不放弃。"这次抗疫斗争中，成功救治的最大患者108岁。

另外，国家从各省派遣340多支医疗队，四万多名医护人员支援武汉，以举世罕见的速度建成了火神山、雷神山医院，还有十六所方舱医院，ICU一天的治疗费用高达百万人民币。"以人为本"的政策、政令，感化了亿万人民，也纷纷投入到疫情防控的工作中。

在抗疫的关键时刻，有无数逆行者舍小家为大家，义无反顾地奔赴战疫的最前线，千千万万的普通百姓众志成城、共克时艰，用各种方式为抗疫贡献一己之力。正如李克强总理在《政府工作报告》所讲的："广大医务人员英勇奋战，人民解放军指战员勇挑重担，科技工作者协同攻关，社区工作者、公安干警、基层干部、新闻工作者、志愿者坚守岗位，快递、环卫、抗疫物资生产运输人员不辞劳苦，亿万普通劳动者默默奉献，武汉人民、湖北人民坚韧不拔，社会各界和港澳台同胞、海外侨胞捐款捐物。中华儿女风雨同舟、守望相助，筑起了抗击疫情的巍峨长城。"

确实，"沧海横流，方显英雄本色"，在这次抗击疫情的过程中，涌现出很多英雄人物。比如，51岁的武昌医院院长刘志明说："一张床位就是一条命。"带领医护人员用三天改造了504张床位，因为日夜连轴工作，身体不堪重负，因公殉职。火神山医院的参与建设者有七千余名，他们不分昼夜地赶工，从方案的设计到建成交付，仅仅用了十天。许多工人完成工作，还坚决不领工资，借此表达对国家的支持。汶川县龙竹村的村民们，驾车36个小时，走了1300多公里，将一百吨蔬菜运抵武汉，分送给六家医院。在灾害面前，举国上下患难与共，前方后方同心协力，海内海外同舟共济，无数平凡的人，用无私和大爱彰显了民胞物与的精神境界，用责任和担当诠释了家国情怀的深沉内涵。

中国之所以能够形成这种"上下相亲"的局面，是因为中国坚持共产党的领导。为什么这么说？西方国家基本上采取两党制或多党制，这就使得政党颁布的政策、采取的措施，大都从本政党，以及与政党相关的少数人的利益为根本出发点。正是这种偏私的存在，使得实行两党制或多党制的国家政府，难以得到最广泛的民众支持。而中国共产党代表中国最广大人民的根本利益，以"立党为公、执政为民"为执政理念，以"全心全意为人民服务"为根本宗旨。特别是在十八大之后，习总书记明确提出："我将无我，不负人民。""人民对美好生活的向往，就是我们的奋斗目标。"中国共产党的领导是中国特色社会主义制度的最大优势。

再次，"民不求其所欲而得之，谓之信"。在这次疫情防控中，中国在国内疫情防控形势依然严峻的情况下，依然无私地向疫情严重的友邦捐赠医疗物资，并且派驻医疗队伍实施援助。同时，还在世界卫生组织被美国威胁断供之际，多次表示支持世界卫生组织，并在疫情期间，先后向世卫组织提供了五千万美元的捐款。不仅如此，在第73届世卫大会上，中国还宣布将提供二十亿美元的国际援助，支持疫情受灾国，在中国建立全球人道主义应急仓库和枢纽，建立三十个中非对口医院合作机制，同时将疫苗作为公共产品供全球使用，等等。

中国从国家领导人、疫控防治专家，到每一个老百姓，都通过各种方式，与世界人民分享中国防控疫情的成功经验和做法，充分体现了"四海之内皆兄弟"的仁爱情怀，以及负责任的大国担当精神。中国政府和中国人民主动对世界各国人民"雪中送炭"的实际行动，就是"民不求其所欲而得之"的表现，让世界人民看到了中国构建人类命运共同体的诚意，也一定会感召越来越多的国家为构建人类命运共同体携手努力。

最后，"除去天地之害，谓之义"。病毒没有国界，不分种族。面对疫情挑战，中国不断呼吁国际合作，呼吁各国人民合作抗击疫情，赢得很多外国政要、智库学者的赞同和认可。他们说："当人类面临公共卫生危机时，中国践行人类命运共同体理念，采取了一系列积极行动。中国向一百多个国家地区和国际组织提供支持和援助，推动抗疫国际合作，体现了大国责任与担当。"

国际合作抗疫，进一步彰显了人类命运共同体理念的重大意义，证明了"构建人类命运共同体"的命题是顺应天道规律。**中国自古以来就提倡"天人合一"，强调"与天地合其德"，而天地的大德就是生养万物，所谓"天无私覆，地无私载，日月无私照"。"天有好生之德"，我们效法天地之德，爱护万物，一视同仁，这就是仁。**王阳明先生也说："夫大人者，以天地万物为一体者也。"正是这种"一体之仁"，让我们提出了"构建人类命运共同体"的命题。

要从根本上除去"新冠"这一天地之间的祸患，必须重新认识中国古人"天地与我共生，而万物与我为一"的宇宙观，重新树立"人法地，地法天，天法道，道法自然"的生态观，重新理解"民胞物与"的价值观。摆正人在自然界中"与天地参"的位置，按照自然规律来生产生活，这样才能"赞天地之化育"，保持人与自然万物和谐一体的关系。要赢得抗疫的胜利，走真正可持续发展之路，必须依靠中国传统文化中的"天人合一"理念，它可以帮助全人类转危为安、化险为夷。

"义与信，和与仁，霸王之器也。有治民之意而无其器，则不成。""器"，用来做事的方法、工具。"义与信，和与仁"，是推行王道、君临天下的必备工具。如果只有统率治理百姓的愿望，而没有统率治理百姓的工具，是不会成功的，而且"义信和仁"，也需要通过礼来表现。在古人看来，要称霸诸侯，也要讲求"义信和仁"，要把"义信和仁"作为称霸天下的工具。所以，对于国家领导者来说，讲求"义信

第十五讲 从"一体之仁"到"构建人类命运共同体"

和仁"是至关重要的。如《荀子》所说："齐桓、晋文、楚庄、吴阖闾、越勾践，是皆僻陋之国也，威动天下，强殆中国，无他故焉，信也。"齐桓公、晋文公、楚庄王、吴王阖闾、越王勾践，原本都是处于偏僻狭小之地的国君，但是后来他们威震天下，使那些中原诸国都感受到威胁。为什么？并不是出于其他，而是因为他们讲求信用，"是所谓信立而霸也"。他们建立了信用，所以才称霸诸侯。

《左传》："信不可知，义无所立。"如果为政者的信用还没有得到彰显，不能为民众所知晓，道义就无法建立。怎样才能让民众信任自己？《群书治要·中论》："欲人之信己，则微言而笃行之；笃行之，则日用久；日用久，则事著明；事著明，则有目者莫不见也，有耳者莫不闻也，其可诬乎？"为政者想被人信任，即使许下一个小小的承诺，也要尽力兑现，并且要久久为功、持之以恒。如此，信义彰显，有目共睹，有耳皆闻，谁还能歪曲事实？

就像中国在提出"构建人类命运共同体"倡议之初，有些国家"以小人之心度君子之腹"，猜疑中国的政治企图。但是，中国继续以诚待人，与世界各国积极开展互利合作，加强国际援助，坚持走共同繁荣之路。特别是在这次抗击疫情的过程中，中国的负责和担当赢得越来越多的国际认可。他们也越来越相信，中国"构建人类命运共同体"确实出于诚心。

反之，如果不能彰显信义，会是什么结果？《荀子》这样说道："不务张其义，济其信，唯利之求，内则不惮诈其民而求小利焉，外则不惮诈其与而求大利焉，内不修正其所以有，然常欲人之有。"这句话说得非常好。不致力于伸张自己的道义，成就自己的诚信，反而唯利是图，在国内不顾后果地欺诈人民、追求小利，对外不顾一切地欺诈与他结盟的国家，以追求大利。不好好治理自己的国家，而常常想侵占别的国家。结果是什么？"如是，则臣下百姓莫不以诈心得其上矣。上诈其下，下诈其上，则是上下析也。"如果这样，臣子和百姓就没有不以欺骗之心来对待君主的。君主欺骗臣民，臣民也欺骗君主，就必然导致上下分崩离析。

"如是，则敌国轻之，与国疑之，权谋日行，而国不免危亡。"这样一来，敌国就会轻视他，与他结交的国家也会怀疑他。权术阴谋日渐猖獗，以至于国家不可避免地出现危机，以至灭亡。"多行不义必自毙"，一个国家的领导者，不遵行仁义礼智信这些治国的常理常法，而是专门靠玩弄权术阴谋来治国，害人者终将害己。在处理国际关系上，并非强权就是公理，也是有道存在的。

中国传统文化，讲的是兴衰存亡的普遍规律。谁按照这个规律去做，谁就"得道者多助"，多助之至，天下顺之；谁违背这个规律，必然是"失道者寡助，寡助之至，亲戚叛之"。学习传统文化，有助于看清当今的国际形势。

第十六讲　从孔子身上看礼的妙用

这一讲继续学习《群书治要·礼记》，请看《经解》。

【夫礼之于国也，犹衡之于轻重也，绳墨之于曲直也，规矩之于方圆也。故衡诚悬，不可欺以轻重；绳墨诚陈，不可欺以曲直；规矩诚设，不可欺以方圆；君子审礼，不可诬以奸诈。】

"犹衡之于轻重也"，"衡"，称衡，也就是秤。"规矩"，"规"，圆规，是用来画圆的；"矩"，是用来画方形的。"故衡诚悬"，"悬"，秤上的悬锤。"绳墨诚陈"，"陈"，陈列，安置。

这段话是说，礼对于治理国家来说，犹如称量轻重必须用秤，确定曲直必须用绳墨，画量方圆必须要用圆规和方尺一样不可或缺。所以，将秤锤准确悬挂，是轻是重，就无法欺骗于人；将绳墨运用到位，是曲是直，就无法欺瞒于人；用圆规和方尺精确地测量，是方是圆，就不会走样。君子懂得礼，小人就不能用诡诈和奸巧欺骗他了。

这段话主要强调礼对于治理国家的重要意义。《左传·昭公二十六年》记载，齐景公和晏婴坐在正厅，景公叹息道："多么漂亮的屋子啊，不知我死后谁会占有它？"这是齐景公自知德能不足，不能长久地保有国家，所以发出感叹。

晏子问："请问君王是什么意思？"景公说："我想，将是有德的人居住在这个房子里。"晏婴回答说："依照君主之言，恐怕是指陈氏吧。陈氏虽然没有大的德行，但是对于民众则有所施舍。君王您向民众征收重税，而陈氏却以丰厚的财物施舍于人，所以人民都归向他了。《诗经》说：'我虽然没有大的德行，但要有喜悦之心，用歌舞相乐。'对于陈氏的施舍，民众已经唱歌跳舞加以颂扬了。如果您的后代稍有怠慢，且陈氏不灭亡,国家就要成为他的国家了。"

齐景公说:"是啊,这可怎么办?"晏子回答说:"只有礼才可以制止这件事。"为什么呢?"按照礼的规定,大夫施惠于民,必须是在大夫封地的范围内,而不能遍及全国。如果想施及全国,也必须让百姓知道,这是国君施予的恩惠。也就是说,必须以国君的名义来施恩惠,而不能变成施私惠于民而收买人心。"

齐景公说:"说得对,可惜我却不能做到。不过从现在开始,我知道礼是可以治国的了。"晏子说:"礼制用来治国已经很久了,可以说是和天地并兴。君王美善而不违礼,臣下恭敬而无二心,父亲慈爱教导子女,子女孝顺而能规劝父母,兄长慈爱而友善,弟弟恭敬而顺从,丈夫和蔼且践行礼义,妻子温柔且端庄正直,婆婆慈祥而不独断专行,媳妇顺从而持家有方,这些都是礼啊!"齐景公说:"说得太好了!"

可以说,以礼治国能长久地保有国家,并且杜绝国家败亡。因为君主懂得礼,奸巧诡诈等违礼的行为一目了然,就可以采取措施防微杜渐。换句话说,国家之所以会败亡,也正是因为违背了礼。

现代社会为什么出现儿女不孝父母、打骂公婆,"君不君,臣不臣",朋友之间没有信用,兄弟反目成仇,夫妻同床异梦的现象?归根结底,就是因为缺少礼的教育。有了礼的教育,很多问题可以在萌芽状态解决。

举一个简单的例子。没有学习《弟子规》这个最起码的礼之前,你问年轻人,你是孝子吗?这个年轻人可能会自信地说:"我当然是个孝子。"但是,真的是孝子吗?把《弟子规》打开,开篇四句话都没有做到,"父母呼,应勿缓;父母命,行勿懒。父母教,须敬听;父母责,须顺承。"当然,并不是说父母做错了,儿女也应该顺从,而是"亲有过，谏使更，怡吾色，柔吾声"。父母有过失，做儿女的有劝谏的义务，但是态度要温柔委婉，和颜悦色。

《礼记》说："孝子之有深爱者，必有和气；有和气者，必有愉色；有愉色者，必有婉容。"很多家庭，儿子训斥父母，说话厉声疾色，这是孝子吗？并不是对父母好，赡养父母，让父母衣食无忧，就是孝子，孝是有具体标准的。如果连《弟子规》里讲的最基本的标准都没有做到，却认为自己是孝子，说明他没有学礼，更不懂得礼。

假如再问，你是好媳妇吗？很多人可能会拍着胸脯说："我当然是个好媳妇了。"看一看《礼记·内则》，好媳妇应该怎样侍奉公婆，就知道自己是不是好媳妇了。

没有学礼，人们都是按照自己的标准来判断是非、善恶、美丑。这就是《墨子》所说的"一人则一义，二人则二义，十人则十义"，到底应该按照谁的标准，众说纷纭。圣人制礼，就是让人们的行为有统一的规范，大家都按照标准来，才不会出现人伦关系的紊乱。

【孔子曰："安上治民，莫善于礼。"此之谓也。】

孔子说："要使君主安宁，百姓得到治理，没有比礼更好的了。"孔子说这句话，也是有切身的实践经验做基础的。孔子曾任中都宰，在他刚刚接手时，中都是一副破败的景象。游民多，乞丐多，盗贼多，社会风气也很败坏，妇人骄奢。孔子担任中都宰之后，推行礼乐教化，凡是饮食起居都有礼的要求。他还制定了养生丧死的礼仪规矩，对原有的书吏差役进行教育，设立地方学校，让少年入校读书，从小进行礼的教化。此外，还提倡节俭，革除奢侈的恶习。

不到一年，中都大治，百姓安居乐业，后人赞叹说："长幼异食，强弱异任，男女别途，夜不闭户，路不拾遗，器不雕伪，行之一年，四方则焉。"年长的和年幼的不在同一桌吃饭，都有不同的位次。身体强壮的和身体弱的，承担的任务不同，如果承担相同的任务，反而不公平了。所以，中国人很早就注意关心弱势群体，特别注意帮助弱小。"男女别途"，古人特别讲究防微杜渐，男女走路是各走一边。

"夜不闭户"，晚上不用关门，睡觉也很安全，不用担心有盗贼。以前出门都不用锁大门，后来栅栏门变成铁门；铁门不行了，还要防盗门；防盗门还不行，要好几层防盗门。这说明人心不安，没有安全感。"路不拾遗"，路上丢的东西没有人捡，因为知道丢了东西很着急，可能还会回来找。"器不雕伪"，用现在的话来说，就是没有假冒伪劣，全都是真材实料。

一年后，中都就成为各个地方效法的榜样，大家都来中都学习。后来鲁定公把孔子调回国都升任司寇。孔子离开中都时，东门外十里人巷，人们排着长队，恋恋不舍地含着泪和孔子道别。这说明，孔子治理中都，确实起到"君亲师"的作用，受到人民尊敬和爱戴，也说明通过礼乐教化，确实可以把国家治理得井井有条。礼是从根本上培养一个人的感恩心、恭敬心、同情心，所以，大家都能够符合礼，感恩心、恭敬心、同情心也都生起来了。人的行为是心性的外现。一个人心地好，不可能做出恶的行为，社会自然井井有条，礼起到不可思议的教化效果。

【故朝觐之礼，所以明君臣之义也；聘问之礼，所以使诸侯相尊敬也；丧祭之礼，所以明臣子之恩也；乡饮酒之礼，所以明长幼之序也；婚姻之礼，所以明男女之别也。夫礼，禁乱之所由生，犹防止水之所自来也。故以旧防为无所用而坏之者，必有水败；以旧礼为无所用而去之者，必有乱患。】

"故朝觐之礼，所以明君臣之义也。""朝觐之礼"，古代诸侯谒见天子之礼。君臣之乱，从根本上说，就是产生于君臣之间没有道义、情义，所以设立朝觐之礼防患于未然。朝觐之礼规定诸侯要定时谒见天子，向天子述职，也是沟通君臣之间的感情，这是用来表明君臣之间的道义。

"聘问之礼，所以使诸侯相尊敬也。""聘问之礼"，古代诸侯之间互相派使者做友好访问的礼节。诸侯之乱，从根本上是产生于不和，所以设立聘问之礼防患于未然。人与人之间不常常见面，就难免胡思乱想，经常见面沟通一下，很多不必要的猜忌也就化解了。设立聘问之礼，是为了诸侯之间互相尊敬，友好往来，互通有无。

"丧祭之礼，所以明臣子之恩也。"君主、父母过世，臣子、儿子都要守丧，并且要定时祭祀。这就是孔子所说的"生，事之以礼；死，葬之以礼，祭之以礼"。臣子、儿子的悖逆，从根本上说产生于没有恩情，因此设立丧祭之礼防患于未然。丧祭之礼，是为了表达臣子、儿子的感恩之情。

"乡饮酒之礼，所以明长幼之序也。""乡饮酒之礼"，乡州、邻里之间定期聚会宴饮，一般是每年春秋两季，各个地方都会集合民众行乡射礼，乡饮酒礼就是在乡射之前的饮酒礼，是以尊老敬贤为主要内容。由最高层的乡大夫，就如同现在的乡长，宴请贡于朝廷的贤良之士。较低层的乡饮酒礼是乡人邻里之间的欢聚。乡饮酒礼主要按照年纪大小来排定位次，年纪不同，所受的待遇也不一样，这就是所谓"序齿"。聚会前先祭祀鬼神，然后按照仪式宴饮。

《孔子家语·观乡射》中，孔子详细介绍了乡饮酒礼的流程。首先，主人要亲自到主宾和副宾家里邀请，其余从宾一并跟从前往。到会场的正门外，主人要先拜迎主副宾，再请从宾入内。随后，主人和主宾彼此三揖，彼此三让，分别升到堂阶东西两侧，主人先献酒给主宾，主宾饮完再回敬主人。主人和主宾之间的礼节比较多，以此显示庄重。到副宾，礼节就减少许多；到从宾，主人献酒就不必回敬了。之后，大家各自就座，彼此敬酒，便不计杯数，但也要有限度，以不耽误正常的工作为度。所以，乡饮酒不是娱乐活动，它所展现的是教育的功能。

主人一般是当地的乡长等官员，主宾一般是当地的贤能之人，或者年长之人。整个乡饮酒礼，处处体现了对主宾的尊敬和礼遇，以此宣导尊重贤才、尊重老人的风气。不仅宾客，即使负责盥洗的侍从，也都有酒喝，无所遗漏，这又体现了对每个人的尊重。饮酒之前，会先请乐工演奏，演奏分为"升歌、笙奏、间歌、合乐"四个步骤。升歌就是由乐工唱三首歌，歌不是普通的歌，都是《诗经》中的诗歌。笙奏就是由乐工吹笙三首，曲子也不是普通的曲子，都是韶音美乐、德音雅乐。随后，歌声与乐声交替进行，最后，声乐相合三首而曲罢。这就是《乐记》所讲的："（乐）在族长乡里之中，长幼同听之，则莫不和顺。"通过乐的演奏，在乡党之间形成一种和顺的气氛。

乡饮酒礼通过以礼致序，以乐致和，达到尊老敬贤的目的。这一场礼仪下来，出入有序，进退有度，举止有节，觥筹往来，声乐交错。这个场景本身就像一首和谐的乐章。乡里乡亲身处其中，既能使浮躁之心安静下来，又能学到尊老敬贤的道理，起到润物细无声的教化效果。乡饮酒礼就是用以明确长辈和晚辈间的秩序，培养一个人谦和庄敬的人生观。

"婚姻之礼，所以明男女之别也。""婚姻之礼"，古人非常重视，因为它是用以辨明男子和女子在家的职责分工。"别"并不是地位上的差别，而是职责上有分工。

"夫礼，禁乱之所由生，犹防止水之所自来也。""乱之所由生"，动乱产生的根源。礼可以从根源上防止动乱的产生，就像堤防阻止洪水泛滥一样。

"故以旧防为无所用而坏之者，必有水败。"认为古老的堤防没有什么用处而毁弃它，必定遭受水灾。

"以旧礼为无所用而去之者，必有乱患。"认为古老的礼仪没有用而废弃，则会有混乱和祸患发生，而且这种祸患不仅仅是在君王活着的时候，死后也不能避免。《孔子家语·六本》记载，孔子在齐国与齐景公会谈，这时左右的人来报告："周王使者刚刚告知，有位齐国先王的宗庙遭受了火灾。"孔子一听就说："这必然是齐僖公的宗庙。"齐景公就问："你是如何得知的？"孔子说："齐僖公破坏礼制，奢侈无度，傲慢自大，招致这样的结果是必然之理。"齐景公找人核查，果然正是齐僖公的宗庙。齐景公大吃一惊，起身向孔子拜了又拜，说："您可真是圣人啊！"孔子如此神验，并非有什么特异功能，只是因为通晓礼。

礼之所以具有调整人伦关系、防止混乱、治理国家的作用，是因为礼是承顺天之道，以治人之情。《礼记·礼运》："夫礼，先王所以承天之道，以治人之情。"礼是承顺天道自然的规律，受到天道的启示而制定的。比如，观察日月星辰的运转，四季的循环往复，既有其常，也必有节制。春天有雨，但不至于淫雨绵绵，才能使万物得以滋润萌生；夏天有暑，但不至于过分酷热，才能使万物得以舒发生长；秋天有风，但不至于猛烈，才能使万物得以收敛贮藏；冬天有雪，但不至于暴虐，才能使万物休养生息，积蓄下一次萌发的能量。假如天地失去节制，或过或不及，必然导致自然灾害。比如雨水太过，就成了涝灾，雨水不及，又会出现旱灾。

同样的道理，人有七情，喜怒哀乐爱恶欲，这七情"弗学而能"，也需要节制。《孔子家语·六本》中说："中人之情也，有余则侈，无禁则淫，无度则逸，从欲则败。"对于一般人而言，有所富余就容易奢侈，没有禁止就容易恣意横行，没有节度就容易骄奢放逸，放纵欲望就容易导致败亡。礼的作用正是在承顺天地之道的基础上治理人情，使得人的欲望保持在合理的范围内，做到欲而不贪。儒家很容易让人接受，因为它承认人有欲望，但是也同时提醒，任何欲望都不能过分，如果过分，也会给人带来灾难。如果违背了礼，也就是违背了天道，情欲放纵，也必然是逆天者亡。所以，孔子通过一个人是不是遵守礼，就能判断出他的结局如何。

【故婚姻之礼废，则夫妇之道苦，而淫僻之罪多矣；乡饮酒之礼废，则长幼之序失，而斗争之狱繁矣；丧祭之礼废，则臣子之恩薄，而背死忘生者众矣；聘觐之礼废，则君臣之位失，而背叛侵陵之败起矣。】

"故婚姻之礼废，则夫妇之道苦，而淫僻之罪多矣。""苦"通"盬"。"盬"音 gǔ，是不坚牢的意思。批注也解释："苦，谓不至不答之属。""不至"，就是夫亲迎而女不至，"不达"，谓夫不答耦于妇。所以，婚姻之礼被废除，夫妇应尽的道义衰微，夫妻之间的关系就不稳固，行为不符合礼，淫乱便会增多。现代人对这一点特别有感触，因为受到西方性自由观念的影响，而丧失了婚姻之礼的教化，结果两性关系越来越随便，越来越混乱。

"乡饮酒之礼废，则长幼之序失，而斗争之狱繁矣。"乡饮酒之礼是明确上下长幼之间的次序，让彼此互相尊敬、互相礼让。如果废弃，长幼尊卑的次序就会模糊、丧失，争斗的官司就会频繁发生，欺凌老人的现象也会出现。

"丧祭之礼废，则臣子之恩薄，而背死忘生者众矣。"丧祭之礼废弃了，为人臣、为人子的恩义淡薄，悖逆祖先、不忠不孝的人就会增多。提倡祭祀，就是让人常常怀念祖宗、父母，不敢作恶，怕的是对不起父母的养育之恩，给父母、祖先抹黑。把丧祭之礼废弃了，人们就会失去知恩图报之心、饮水思源的意识，也没有了使命感和责任感，不忠不孝的事情就会越来越多。

"聘觐之礼废，则君臣之位失，而背叛侵陵之败起矣。""背叛"是指背叛天子，"侵陵"是指侵陵邻国。聘问之礼和朝觐之礼废弃，诸侯不来朝见天子，诸侯之间也没有友好往来，反叛君主、侵陵邻国的祸乱就会随之产生。

这些都说明，礼确实有防患于未然的效果，这些问题要通过礼仪的教化，杜绝在萌芽状态。

【故礼之教化也微，其正邪于未形，使人日徙善远罪而不自知也，是以先王隆之也。《易》曰："君子慎始，差若毫厘，谬以千里。"此之谓也。】

"故礼之教化也微。""微"，一层意思是说，礼教化人，可以防患于未然，在事情刚萌芽时就予以教化。第二层意思，指教化的方式很微妙。不是直接指责训斥，而是如同春风化雨，自然而然。"是以先王隆之也。""隆"，尊崇，重视。

"《易》曰：'君子慎始，差若毫厘，谬以千里。'"孙希旦《礼记集解》："所引《易》曰：'周易无此文，《史记集解》《汉书颜师古注》皆以为《易纬》之辞也。'"《周易》上找不到这句话，经过考证，认为是《易纬》中的。

礼所起的教化作用是很微妙的，潜移默化，防范邪恶于未形成之前，让人不知不觉中天天向善德靠近，而远离罪恶，所以先王都崇尚礼。礼者，禁于将然之前，就是防患于未然，所以是"正邪于未形"。这跟中医相似，中医也讲防病于未然，所谓"上医治未病"，强调按照自然节律饮食起居，这是养生之道。古人说："药补不如食补，食补不如天补。"天补就是按照自然节律饮食起居，这样自然而然就会远离疾病。同样的道理，按照礼的教化来做，人也是自然而然远离邪恶。

"君子慎始，差若毫厘，谬以千里。"君子都是重视事物的开始，一开始若有一丝一毫的偏差，结果会造成很大的错误。《史记·宋微子世家》记载了这样一个例子，商纣王刚刚开始使用象牙筷子，他的叔父箕子就预测到商朝要亡国。为什么？箕子推论，用象牙做的筷子，一定会搭配玉石做的酒杯，用了玉石做的酒杯，就会想把全国各地的珍宝都据为己有，奢侈的车马宫殿也会由此兴起，到时就无法挽救了。箕子屡次进谏，纣王根本不听，还逼走了微子、剖杀了比干。最后果然如箕子所料，纣王骄奢淫逸，积重难返，被天下人唾弃，最后遭到武王讨伐，赴火而亡。

唐太宗说："凡大事皆起于小事，小事不论，大事又将不可救，社稷倾危，莫不由此。"就像树木刚刚开始生长，很容易拔掉，但是等到树木长成参天大树，就很难拔除了。火焰刚刚燃起，很容易扑灭，但是等到火势变大，就很难扑灭了。这是提醒人们在事物有不良开端，刚露出苗头时，就要加以制止。

古人明白这个道理，所以通过礼来起到防微杜渐的作用，在日常生活的点点滴滴中培养恭敬的态度，起到"绝恶于未萌，而起敬于微眇"的作用。在小事上培养恭敬之心，在恶尚未萌发之时就加以杜绝，这就是"正邪于未形"，人的邪恶、邪思、邪行还没有形成，就将其端正。这样就"徙善远罪而不自知也"，不知不觉向着善前进，而远离恶，这就是礼的作用。

下面再看《仲尼燕居》。郑玄《目录》云："名曰《仲尼燕居》者，善其不倦。燕居犹使三子侍之，言及于礼。著其字，言事可法。退朝而处曰燕居。此于《别录》属《通论》。"

所谓"燕居"，就是退朝之后闲居。这篇以《仲尼燕居》命名，就是赞美孔子诲人不倦的精神，即使在退朝之后闲居之时，还让子张、子贡、言游三位学生侍侧，为他们讲说礼。其内容涉及郊、社、禘、尝、食、飨诸礼。尤其是"大飨之礼"，只在这篇有比较详细的论述。《群书治要》仅仅选了其中一段，主要强调礼对于齐家治国不可或缺的价值。

【子曰："礼者，何也？即事之治也。治国而无礼，譬犹瞽之无相与，伥伥乎其何之？譬如终夜有求幽室之中，非烛，何以见之？若无礼，则手足无所措，耳目无所加，进退揖让无所制。是故以之居处，长幼失其别，闺门三族失其和，朝廷官爵失其序，军旅武功失其制，宫室失其度量，丧纪失其哀，政事失其施，凡众之动失其宜。"】

这一段比较长，下面一句一句来学习。

"礼者，何也？即事之治也。"礼是什么？礼，就是使万事万物得以治理的准则、规矩、秩序和制度等。就拿最基本的礼《弟子规》来说，如果能够做到，那很多事情都有条理。比如，"置冠服，有定位，勿乱顿，致污秽。列典籍，有定处，读看毕，还原处"。如果放置衣服鞋子都有定处，不乱扔乱放，衣服鞋子就不会沾染尘土，下一次也容易找到，节省很多时间。

看书，也要有定处，看完把书放回原处。"动物归原"，这是古人基本的训练。如果按照这个要求去做，衣冠、鞋袜、典籍、文具等都会摆放整齐。现在有些大学生，包括研究生、博士生，一推开宿舍门，鞋子扔得到处都是，里面有一股刺鼻的味道。什么原因？这就是没有学习《弟子规》，生活不能自理，养成习惯也很难改。这就是没从小学习礼。

"治国而无礼，譬犹瞽之无相与，伥伥乎其何之？譬如终夜有求幽室之中，非烛，何以见之？""瞽"，就是目盲者。"相"，就是扶相，帮盲人引路的人。"伥伥"，就是茫茫然的样子，没有目标，不知去向。"幽室"，就是暗室。如果治理国家而没有礼，就好像盲人没有扶助者，茫然无助，不知会走向何方，又好比整夜在暗室里摸索，没有灯烛，怎能找见东西？礼就如盲人的引路人，又如暗室的明灯，是行为的指南，治国的依据，不可或缺。

"若无礼，则手足无所措，耳目无所加，进退揖让无所制。""揖让"，就是作揖礼让，古代宾主相见，有入门三揖、入堂三让的礼节。如果没有这种礼，主人让客人，客人再让主人，到底让几次合适？我们现在就经常遇到这样的情况，大家都很客气，"你先走，你先走"，让来让去，谁也不走，就耽误时间了。所以，礼规定三揖三让就可以了。若是没有礼，手脚都不知道该怎么放，耳目也不知道该听什么、看什么，前进后退，作揖礼让，处处不知该依什么样的准则。

"是故以之居处，长幼失其别。"若没有礼可以遵循，在日常起居中，长辈和晚辈就会失去尊卑区别。我们学了《弟子规》，非常有感触。《弟子规》说："或饮食，或坐走，长者先，幼者后。"但是没有学《弟子规》的家庭，吃饭的时候有爷爷奶奶、爸爸妈妈，还有孩子，父母夹起菜就往孩子的碗里放，爷爷奶奶看了，也会夹起菜往孙子的碗里放。这个动作，谁是核心？这一家，孩子是核心，小公主、小皇帝自然就养成了。没有人生来是小公主、小皇帝，都是做父母的没有学礼，不会教，把孩子教成了小公主、小皇帝。古人在这方面非常重视，长幼尊卑也非常明显。

《孔子家语》记载了"陈蔡绝粮"的故事。孔子和众弟子在陈蔡被围，连续困了七天，没有食物可吃，有的弟子心中忧虑，但孔子依然每天不断学习，弦歌不绝，没有一丝抱怨和担忧。子贡看到同学们饥饿困顿，便用自己身上的财物突破重围，换回了一石米，希望给大家解解饥。颜回和子路找了一口大锅，在一间破屋子里为大家熬稀粥。子路有事离开一会儿，恰好这时子贡从井边经过，一扭头，正好看到颜回拿了一小勺粥往嘴里送。子贡有些不高兴，但是他并没有上去质问颜回，而是走进了夫子的房间。

子贡见了夫子，行过礼，就请教夫子："仁人廉士，穷，改节乎？"仁人廉士在穷困的时候，会不会改变节操？孔子回答说："改节，即何称于仁廉哉？"如果一个人在穷困的时候就改变了气节，怎能算是仁人廉士？子贡接着问夫子："像颜回这样的人，该不会改变他的气节吧？"夫子很明确地回答道："当然不会。"子贡便将颜回偷吃粥的事情告诉了夫子。夫子听了并没有很惊讶，他说："我相信颜回的人品已经很久了。虽然你这么说，但我还是不能因为这件事就怀疑他，可能其中有什么缘故吧。你不要讲了，我先问问他。"

夫子把颜回找来，对他说："我前几天梦到自己的祖先，想必是想佑护我们吧，你的粥煮好后，我准备先祭祀祖先。"颜回听了，马上恭敬地说："夫子，这粥已经不可以用来祭祀先祖了。"孔子就问："为什么？"颜回回答说："学生刚才在煮粥的时候，粥的热气散到了屋顶，屋顶被熏，掉了一小块黑色的尘土到粥里。学生就用勺子舀起来，把它倒掉又觉得可惜，于是便给吃了。吃过的粥再来祭祀先祖是不恭敬的。"孔子说："原来如此啊。如果是我，我也一样会吃了它的。"颜回退出去后，孔子回头对几位在场的弟子说："我对颜回的信任，是不用等到今天才来证实的。"这几位弟子也受到了深刻的教育，非常信服。

孔子之所以能够通过这样的方式，引导颜回说出事实真相，就是因为他对颜回的德行非常有信心。根据他对颜回的了解，颜回不可能在老师和同学们都没有吃之前，自己先偷偷地吃，他那样做一定是有缘故的。孔子之所以能以这样的方式探明事实真相，就是因为他知道颜回是一个懂礼的人。

历史上令人赞叹的"贞观之治"，也是以礼治国所成就的。太宗皇帝和长孙皇后都能率先垂范，用礼来要求自己。长孙皇后生了一个女儿，叫长乐公主，她和太宗都非常喜欢这个女儿。女儿出嫁，唐太宗给她备办的嫁妆和陪送要比长公主高出一倍，长公主是皇帝的妹妹。魏徵知道了，觉得这不符合礼，于是就劝谏道："过去汉明帝要赏赐自己的儿子，说了这样一句话：'我儿子的封赏，怎么能和先帝的儿子同等待遇？'长公主确实应该比公主的地位尊贵，情分上虽然有差别，但是礼仪上不能没有等级之别。如果您让公主的陪嫁超过长公主，恐怕在道理上讲不通，希望陛下您能够考虑。"

太宗听了，当然有点不高兴，回到后宫，就把魏徵的这番话告诉长孙皇后。长孙皇后听了，感叹说："我一直都听说陛下您很器重魏徵，却一直不知道是什么原因。今天听了他的谏言，他真的是能以大义劝导皇帝不要感情用事，可称得上真正的国家栋梁之臣。我和陛下有幸结为夫妻，陛下对我以礼相待，情义深重，即便如此，我常常在劝谏的时候，还要看陛下的脸色行事，陛下心情好的时候才敢劝谏，不敢轻易触犯您的威严，更何况作为臣下？从情义上来看，情分生疏，从礼上来说，礼义有隔，怎能和夫妻相比？所以，韩非说劝谏是一件难事，东方朔也说劝谏确实不容易。但是，忠言逆耳而利于行，对于治理国家极为紧要。采纳忠言，社会就会安宁，拒绝忠言，朝政就会混乱。陛下能明白这一点，天下就太幸运了！"

这番话让我们感受到，长孙皇后的贤德确实超过一般人。一般人都会感情用事，非常疼爱自己的女儿，听说有人不同意给她丰厚的嫁妆，一定会很不高兴。长孙皇后却深明大义，反而还对魏徵大大赞叹一番，而且派宦官带着五百匹帛到魏徵家里赏赐给他，就是因为他能够犯颜直谏。长孙皇后确实做到了如理如法，按照礼来治国，才成就了贞观之治，大唐也被誉为"礼义之邦"。

"**闺门三族失其和**。""三族"，经典中有不同的说法。《周礼·春官·小宗伯》："掌三族之别，以辨亲疏。"郑玄注："三族，谓父、子、孙。"再看《弟子规》："父母呼，应勿缓；父母命，行勿懒。父母教，须敬听；父母责，须顺承。"这样孝顺父母，被称为孝子。但是现在不是孝顺父母了，而是孝顺儿子、孝顺孙子，所以有人说："有了儿就成了儿，有了孙儿自己就成了孙儿。"这是什么原因？因为没有礼的教育，父、子、孙三代尊卑的次序颠倒了，家庭也会失去和睦。小孩子被教成小公主、小皇帝，以自我为中心，家风、家道也难以延续。

"朝廷官爵失其序。"朝廷排班的位次，文官、武官怎样排列？是按照官爵的高低？还是按照亲疏远近？按照功劳，还是按照年龄？如果没有礼的具体规定，大家都争先往前站，次序就颠倒、混乱了。

"军旅武功失其制。"行军打仗，听到击鼓或者鸣金，是进还是退？闻听鼓声不进、鸣金不退，应该给予怎样的处罚？如果没有礼，就会失去纪律的保证。军队纪律严明，也是因为有礼来保证。古代有道德学问的人，一看军队守礼的状况，就知道能否打胜仗。

《国语》记载，周襄王二十四年，秦国带领军队去攻打郑国。当秦军经过周天子所管辖的京畿北门，恰巧王孙满看到了，王孙满对周襄王说："秦国的军队一定会打败仗，并且还会受到上天的罪罚。"周天子一听，惊讶地问："你怎么知道他们一定会打败仗？"王孙满说："他们经过周天子所在的地方，是要行礼的，这叫尊重天子。可是他们的军队经过，只是把头盔摘下来，没有脱下身上的甲。走了几步路，马上又跳上了车。三百辆战车的士兵，都是以这样应付的态度来行礼，可见他们的傲慢。"

王孙满接着说："秦国的军队轻狂又骄傲。轻狂，觉得自己很了不起，就不会慎重，不会深谋远虑，做好万全的准备。傲慢则会无礼，做什么事都随随便便。整个军队既不慎重，又随随便便，以这样的态度去打仗，深入危险的地方，必败无疑。"王孙满观察入微，而且因为熟读圣贤书，能够见微知著。果然，秦国去攻打郑国，没有打成，回到晋国的边界，被晋国打得落花流水，三位大将都被捉走。这就是"骄兵必败"的实例。为什么会败？就是因为违背了礼。

"宫室失其度量。"古时宫室的大小，按照级别有不同的规格，不能僭越。像政府机关，按照礼的规定，一定是一级比一级规模小。包括住宅，也各有标准。如果没有礼，宫室的建筑规模就会不合法度。

"丧祭失其哀。"如果没有礼的规定，亲疏远近不同的亲属，应该穿什么样的丧服，服丧多长时间才是适宜的，也会众说纷纭。

"政事失其施，凡众之动失其宜。"政事会因混乱无序而得不到实施，所有的行为举措都会失去分寸。

这段话主要强调礼对于治国特别重要。"贞观之治"的成就和太宗皇帝坚持以礼治国密不可分。当然，在开始推行以礼治国的政策时，也并不是一致同意，也经历了一场辩论。

《贞观政要·论政体》记载，贞观七年，太宗和魏徵漫谈自古以来治理国家的得失，太宗说："如今大乱之后，恐怕不能急于实现大治。"魏徵说："并非如此，大凡人在危难困苦时就忧惧死亡，忧惧死亡就盼望天下太平，盼望天下太平就容易教化。因此，大乱之后更容易教化，正像饥渴的人，对饮食更容易满足一样。"太宗说："贤明之人治理国家，尚且需要百年之久才能消灭残虐，废除杀戮。大乱之后要想大治，怎么可能在短期之内就做到？"《论语》："善人为邦百年，亦可以胜残去杀矣。"太宗认为要恢复太平，即使贤明的人来治理，也需要上百年。

魏徵却说："这话是对一般人来说的，并不能用在贤明之人的身上。如果贤明之人推行教化，上下同心，就会像响之应声那样迅速有效。事情不求迅速，也会很快推行下去。一年就见成效，也并非难事。如果说需要三年才成功，就应该说已经太晚了。"太宗认为魏徵说得有理，但封德彝等人却说："夏商周三代以后，百姓逐渐浮薄奸诈，所以，秦朝专用严刑峻法来治国，汉朝以仁义杂用刑法治国，都是想教化百姓，却没有成功。怎么说是可以教化，却不去教化？如果相信了魏徵的话，恐怕要败乱国家。"

魏徵说："五帝三王治理国家，并没有把百姓换掉，但他们仍能把百姓教化好。可见，施行帝道就成其为帝，施行王道就成其为王。关键在于，治理者是否施行了教化而已。读古书可知，黄帝与蚩尤作战七十多次，天下大乱，而胜利以后，天下很快太平。九黎作乱，颛顼出兵征讨，平定之后，仍不失为治世。夏桀昏乱淫虐，商汤将他赶走，在汤统治之时就实现了太平。商纣荒淫无道，周武王便起兵讨伐，到了武王的儿子成王，也实现了天下太平。如果说百姓日渐浮薄奸诈，再也不会淳朴，那么到现在百姓应该变得和鬼魅无异，还能施行教化吗？"

封德彝等人无法辩驳，但坚持认为魏徵的建议不可行。魏徵引经据典，终于说服了太宗。太宗坚持推行礼仪教化，毫不懈怠。结果几年之间，天下太平，突厥也被打败臣服。太宗对群臣说："贞观初年，人们颇有异议，认为当今不能施行王道，推行道德教化、圣贤教诲，只有魏徵劝朕推行。朕听了他的话，不过几年就有了中原安定、边远外族臣服的结果。突厥从来就是中原的强敌，如今突厥首领却佩刀值宿来做禁卫，部落也跟着穿戴大唐的衣冠。朕能取得这样的成就，都是魏徵的功劳。"

可以说，贞观盛世的创建，与太宗运用《群书治要》的理念，以身作则，重视道德教化，并制定了一套合情、合理、合法的礼法制度密不可分。"贞观之治"的成就，就是以礼治国的成就的典范。通过伦理道德、礼仪的教化，确实可以使社会安定、天下大治，我们确实可以从历史上找到信心。

第十七讲 《中庸》：孔门心法，修学之教

这一讲学习《礼记·中庸》。《中庸》是孔子的孙子子思所作，目的是昭明圣祖之德。

《中庸》原为《礼记》中的一篇，唐朝韩愈和他的弟子李翱提出要重视《礼记》中的《大学》和《中庸》，但是当时《中庸》还没有从《礼记》中独立出来。到宋朝，《中庸》受到理学家推崇，认为是"孔门传授心法"。北宋仁宗年间，出现了《大学》和《中庸》的单行本。

南宋朱熹将《孟子》从子部提到经部，并将《大学》《中庸》《论语》《孟子》合称"四书"。这是对《中庸》进入"四书"的过程的简单回顾。

下面来看《中庸》的题解。程颐说："不偏之谓中，不易之谓庸。"中指不偏，庸指不易。"中者，天下之正道；庸者，天下之定理。"不偏不倚、恒常不变的道理就是中庸。程颢说："《中庸》放之则弥六合，卷之则退藏于密。""六合"指宇宙，即"四方"加"上下"。"放之则弥六合"，也就是至大无外，大到无有边际；"卷之则退藏于密"，至小无内，小到无法剖析，以至于深藏细微不见之处。这讲的是中庸之道的特点。中庸的境界，深不可测，非言语思维所能知之，其味无穷。但是程颐说了一句很重要的话，"皆实学也"，《中庸》通篇讲述的是修学之教。《二程遗书》中有这样一句话："《中庸》之书，学者之至也。善读《中庸》者，只得此一卷书，终身用之不尽也。"《中庸》隐藏着至道，抱定《中庸》一部书，终身受用不尽。因为《中庸》穷理尽性，又切近百姓生活，不离庸言庸行，绵绵密密。《群书治要》从《中庸》节选的只有两段，非常短，却非常重要。

下面进入经文的部分。

【天命之谓性，率性之谓道，修学之谓教。道也者，不可须臾离也；可离，非道也。是故君子戒慎乎其所不睹，恐惧乎其所不闻。莫见乎隐，莫显乎微，故君子慎其独也。子曰："中庸其至矣乎！民鲜能久矣。"】

"天命之谓性"，什么是天命？大家可能认为就是上天赋予的生命。其实不是这样，这里的"天命"指的是宇宙万物及其天然未经任何造作的状态，也就是宇宙万物的本然之体。这称之为"性"，"性"也就是宇宙万有的本体，在外界影响下也不会改变本质。这个"性"还有其他名称，如"本性"，因为是宇宙万物本来本有。另外，还叫"天性"，因为人之性，天然属我。还叫"自性"，因为它并非由外得来。这些名称只是强调的方面不同，所说的都是一个性。这个"性"，也即《大学》开篇"大学之道，在明明德"的"明德"。

魏徵编纂《群书治要》也节选了一些注解："性者，生之质也。""生"并不仅仅指生命，还包括一切非生命。合而言之，就是宇宙万有。"质"也不是气质禀性，而是作本体讲。"生之质"，就是指宇宙万有的本体。这里不能解释为人出生时上天赋予的气质，因为当人出生的时候，气质已不再是人原本的气质了。如果这样解释，"率性之谓道"就变成任由性子做事，那样就比较危险，而且《中庸》也就成了俗学。蕅益大师在《四书蕅益解》里面，将"天"和"命"分别解释："不生不灭之理，名之为天。虚妄生灭之原，名之为命。""天"是不生不灭，"命"是生灭，生灭与不生不灭的合和，就是万法之本，称为"性"。天是性之体，命是性之用，这里的体和用也就是王阳明先生所说的良知和良能。

《群书治要》注:"命者,人所禀受。"命就是人受之于性的表相。天命是合在一起说,天是性之体,命是性之用,体、用是不能分开说的。如金器和金,"以金做器,器器皆金"。金器就是金,只不过有了一定的形状,产生了一定的功用,金器熔化后还是金。"金"指的是性体,"金器"指的是功用。性体与功用是不一不异的关系。又如水波和水,波浪就是水,水也可以形成波浪;但是平静的水可以映照万物,水波不能,这是不一。水波是水的实质并没有改变,这就是不异。

性体,非善非恶,没有善恶之分,功用则可善可恶,有善恶之分。"性体"是无善无不善,是纯净纯善的状态。当它呈现一定的"相",也没有善恶,只有等到起用,产生一定功用,才有善恶。比如钱,纸张作为钱的本体,是没有善恶的。当呈现为钱,如人民币、英镑、美元,也没有善恶。可是起用的时候就有善恶。如果去做有益的事情,比如扶危济困,这是善的。如果去做危害他人的事,那就是恶。

说到善有纯净纯善,还有善恶,两个善并不一样。纯净纯善的善指的是无善无不善,没有染污的状态。自性的本体就是这样的状态。王阳明先生在《大学问》中把本性的特点描述为"自然灵昭不昧者也,是故谓之明德"。它是寂静无为,但又不是死气沉沉,而是"寂而能照,照而能寂",能映照万物,能生万法。《三字经》:"人之初,性本善。""善",就是纯净纯善、没有染污的状态;"初"也不是说人出生的时候,而是指父母未生前的本来面目;"性"指的是人的自性、本性,这是纯净纯善的善。

善恶的善,就是指功能。性体非善非恶,但是功能可善可恶。刚才举了钱的例子。蕅益大师说:"依循善种而发为善行",就称为君子之道,"依循恶种而发为恶行",就称为小人之道。历史上有性善论,有性恶论，这个"性"与"自性"的性不是同一个。性善性恶中的"性"指的是习性。孔子说："性相近也，习相远也。"自性是相近的，都是纯净纯善的，但是习性的差异很大，习性有善有恶。

可能有人会提出问题，既然自性都是纯净纯善，那为什么要说"相近"，而不说是"同一个"？其实"同一个""相近"都是方便说，二者就是不一不异的关系。就好像这间屋子有好几盏灯，每一盏灯都发出光，各有各的光，相互融合，无法分辨出是一个光源还是不同的光。你不能说是一个光，但也不能说不是一个光，就是这样的意思。

纯净纯善，无善无不善，这样的状态才是没有染污的；有善有不善，哪怕是善的，这也是染污。比方说蓝天，我们以蓝天比作自性。上面没有云彩，是没有任何染污的状态，纯净纯善。这时天上出现了云，我们以白云比作善，以乌云比作不善。断恶修善，最后回归纯净纯善，就是要先去除乌云，再去除白云，最后只剩下万里无云的蓝天。这是对"天命之谓性"的解释。

"率性之谓道"，"率"是遵循。"率性"就是循其本性，遵循本性而行就是"道"。道，就好像路一样。人、物各遵循其本性自然，于日用平常之间行在当行的道上。如果依循本性的自然，以之事亲，就是孝；以之事君，就是忠；以之待夫妇，就是和；以之爱物，就是仁；以之处事，则丝毫不差，各得其宜，就是义；以之处长幼尊卑，就是礼；以之明察事物，不出现半点差错，就是智；以之待朋友，就是信。忠孝和仁义礼智信都属于性德，都是从自性彰显出来的。只此率性之处，即依循自性就是大道，此外没有其他的道可循。

"修学之谓教"，"修"是修治，"修学"是指修治习性的浸染，使人皆遵道而行，恢复本性的历程。"教"是指教化，修治之后，推而广之,使人人效法。从理上讲,"自性"也好,还是"率性之道"也好,都是无二无别的。但是,人的天赋气质不等,不是所有人都能率性而行。"北宋五子"之一的邵雍说过一句话:"不教而善,非圣而何?教而后善,非贤而何?"没有教就善的,是圣人的境界。教了变善的,是贤人的境界。还有一类人,"教而不善,非愚而何?"这不就是愚人吗?圣人怕不能依循本性修习的人受到习性的浸染,违背中庸之道,导致祸乱,自害害他,于是依循当行之道来加以修治,作为天下的法则。教人通过格物、致知、诚意、正心,以修其身,又通过礼、乐、政、刑,也就是"节之以礼,和之以乐,齐之以政,禁之以刑",使人人皆能循道而行,以恢复其本性。教育的过程,就是使人从习性回归本性的过程。这就是《大学》开篇所讲的"大学之道,在明明德"。

为什么人可以回归本性?因为"人之初,性本善"。即使有些人的心性被长期蒙蔽,严重染污,但是只要有机缘接受圣贤教诲,良知良能被唤醒,都是可以教得好的,怨仇也是可以化解的。用什么方法?"率性"之外没有其他修法,也没有其他教法。**教人就是依圣言量,依循本性而行道,久而久之,就可以恢复自性。此处一个"教"字最为关键。《中庸》通篇讲述的就是修学之教。**"天命之谓性,率性之谓道,修学之谓教",这三句是全书的总纲领。

"道也者,不可须臾离也;可离,非道也。"须臾,形容时间很短,只有片刻的工夫;离,是舍弃。这是讲,道是片刻都不能舍弃的,如果可以舍弃,那就不是真正的道。郑玄注解:"道,犹道路也,出入动作由之,须臾离之,恶乎从。"道就如同道路,出入、言行都要遵循,如果片刻离开,就会无所适从。"恶"读作乌,是发语词。这一句是承接上文所言,阐明道是遵循我们的自性,道与我们的身心本是一体,无处不在，无时不然，所以片刻也不能舍弃大道。孔门之学是"志于道，据于德，依于仁，游于艺"，**道要有下手处，这个下手处就是仁，仁就如同种子一样，一方面向下扎根，一方面向上发芽。**从仁下手，再往下就可以悟道，行仁就是悟道的方法。违背仁，就是背离道，"君子无终食之间违仁"，无时无刻都不舍弃仁。这是《论语·里仁》孔子说的一段话。

下面一起来学习这段话："子曰：富与贵，是人之所欲也，不以其道得之，不处也。""不处"就是不居，也可以说是不取。富贵可得，但因不合于道则不取。这里讲的可不是普通人，而是"仁人"。"贫与贱，是人之所恶也，不以其道得之，不去也。""贫贱"是人所厌恶的。何晏《论语集解》认为，君子行道，应当是得富贵，反而得贫贱，就是不以其道得之。君子深知，时代有否有泰，如果正好是在否闭之时，纵使依道而行，还是得贫贱，那也不可违而去之。这时假使舍弃了，就是舍弃了所行之道。所以，君子宁守其道，而不去贫贱。

"君子去仁，恶乎成名。"如果君子离开仁，还怎么称得上是君子？"君子无终食之间违仁"，"终食之间"就是吃一顿饭的时间，"违仁"就是去仁，所以君子无时无刻不离开仁。"造次必于是，颠沛必于是。""造次"就是仓促之间，"颠沛"是遭遇危难之际，甚至面临死亡。这时君子之心也一定是聚在仁上，须臾不舍弃仁。倘若身心有瞬息偏离大道，必然就会被不正确的见解、为外界的诱惑所迷惑，于是心便不正，身便不修了。

道，不是玄虚不实，离我们很远的东西。"率性之谓道"，"率性"就是随顺性德，就是道。自性是我们本有的，率性而行，从而回归自性的历程，离开自性别无大道可行。"修学之谓教"，"修学"，修正错误的见解和言行。所以，《中庸》看似玄妙，但是并不离开庸言庸行。

"**是故君子戒慎乎其所不睹，恐惧乎其所不闻。莫见乎隐，莫显乎微。**""君子"就是指志于大道的有德之士。"戒慎"，是警惕、谨慎，去邪存诚。"不睹"，众目看不见的地方；"不闻"，众耳听不见的地方。这是讲君子即使在视之无人、听之无声的地方，也仍然会戒慎恐惧自我修省，不会因为地点隐蔽而有所放纵，也不会因为情节细微而有所疏忽。这就是"莫见乎隐，莫显乎微"。"莫"是无的意思，"见"是"现"，显现、显露的意思。"隐"是暗处，幽暗之中。"微"是细小之事。

君子修学，常存敬畏之心，在众目不睹、众耳不闻的地方，也不敢有稍微懈怠，不敢放纵而忘失正念，须臾之间也不会舍弃正道，这就是存养的功夫。"**故君子慎其独也**"，就是独处也能谨慎不苟。

"慎独"一词在《大学》《中庸》中是重复出现的，重复就一定是重点。《春秋繁露》中有孔子说的一句话："书之重，辞之复。呜呼！不可不察也。其中必有美者焉。""慎独"的重点在哪里？朱熹《中庸章句》："所谓独，是人所不知，而自己所独知的地方。"犹在幽暗之中，于细微之事，这时虽然在行迹上还没有显现出来，但是先兆已经有了。这时别人还不知道，但是自己已经知道了。君子戒慎警惧，对这种情况尤为谨慎，会将欲望、恶念都遏制在将要萌发之际，而不使其在隐微细小之事中滋长，以至于离道越来越远。

《群书治要》还节选了郑玄的注解作为夹注："小人于隐者，动作言语，自以为不见睹、不见闻，则必肆尽其情。""见"，被。小人在独处的时候，自认为言行不会被人听到、看到，就肆意妄为。"若有占听之者，是为显见，甚于众人之中为之也。""占"是"视"。一旦发现有人在观察自己，就会表现得比平时在众人面前还要好。这时要记住《易经》的一段话:"善不积,不足以成名;恶不积,不足以灭身。小人以小善为无益,而弗为也;以小恶为无伤,而弗去也。故恶积而不可掩,罪大而不可解。"大善一定是由小善积累而成,大恶也必定是由小恶积累而成。恶行日积月累,盈满天下,以至于达到无法掩盖和不可解救的地步。"千里之堤,溃于蚁穴",所以,君子修学必定谨小慎微。倘若姑息小恶,以为无伤大体,久而久之,必定养成大恶,堕落于大恶之地还不自知。

《增广贤文》:"凡是自是,便少一是。有短护短,更添一短。"《弟子规》:"倘掩饰,增一辜。"因此,知道了自己的过错,就要勇于改过。如何改过?《了凡四训》讲到改过要发三种心。第一,要发耻心。"思古之圣贤,与我同为丈夫,彼何以百世可师,我何以一身瓦裂。"想一想古代的圣贤人,比如孔子、孟子,他们和我同样是人,为什么他们能够成为百世师表,而我却是一文不值?"耽染尘情,私行不义,谓人不知,傲然无愧,将日沦于禽兽而不自知矣。"过度放纵,追求感官欲望上的满足,偷偷做不仁不义的事情,以为别人不知道,还妄自尊大,自以为是,就这样一天天将要堕落为禽兽还不自知。羞耻的"耻"字对于人来说实在太重要了。孟子说:"耻之于人大矣。以其得之则圣贤,失之则禽兽耳。"所以,知耻是改过最关键的一步。

第二,要发畏心。对因果规律要有敬畏之心,举头三尺有神明,纵使将过恶严密地掩饰,明眼人也是一目了然。而且被人看破,更是一文不值。所以,要深信因果,自己不善的言语、行为、念头要及时觉照,否则,"重则降之百殃,轻则损其现福",怎么可以不生畏惧之心?

第三,要发勇心。"人不改过,多是因循退缩",这就是"士为因循难成事"。就是因为因循二字，很多人道德学问不能增长，也因此耽误一生。所以，要勇猛精进，奋然振作，毫不迟疑，不能等待。

耻心、畏心、勇心，具备这三种心，则不患过不能改。**修学的目的是什么？学做圣贤**。《大学》讲"大学之道，在明明德"，"明明德"是彰明自性明德。修学是修正自己的言语行为，使之合于道。修身要从慎独下手，身处暗室也能将恶念克制于即将萌发之际，就是省察的功夫。慎独是不自欺，不自欺是至诚，至诚就不会欺骗别人，不欺人就不会被人欺。因此，慎独可以改变一个人的一生。倘若闲居独处之时，也能做到谨慎不苟、不自欺，久而久之，就会道心坚固。慎独的功夫养成了，也就不患达不到圣贤的境界。

下面回到《中庸》。"子曰：'中庸其至矣乎，民鲜能久矣。'""至"是达到极点，"鲜"是罕见稀少，但也不是没有。郑玄注："中庸为道至美，故人罕能久行之者。"中庸之德，至善至美，很少有人能长久地行在中庸之道上。这其实是引用《论语》的《雍也》，经文略有不同。《雍也》："子曰：中庸之为德也，其至矣乎！民鲜久矣。"中庸之德达到极点，这个极点是指无过无不及，是可常行之道。世间能行中庸的人稀有难逢，已经很久没见着了。孔子为什么发出这样的感叹？因为孔子生活在春秋末年，礼崩乐坏，天下大乱。春秋共242年，只算大的诸侯国，就有八百。如果连小的诸侯国都算进去，那就不计其数。周公辅佐成王颁布《礼乐》，有1700个诸侯国来朝拜周成王。到了春秋末期，社会动乱更加严重。司马迁在《史记》自序中有这样一段描述："春秋之中，弑君三十六，亡国五十二，诸侯奔走不得保其社稷者不可胜数。"孔子目睹此景，感慨万千，发出了喟然一叹。

中庸是大本达道，至善至美。能行中庸之人，必须具有真实的智慧、仁爱、勇略，智仁勇三达德具足，方能行中庸之道。到此是《群书治要·礼记》所节选《中庸》的第一段。

下面来看第二段。

【子曰："无忧者，其唯文王乎！以王季为父，以武王为子。父作之，子述之。武王缵大王、王季、文王之绪，壹戎衣而有天下，身不失天下之显名。尊为天子，富有四海之内，宗庙飨之，子孙保之。"子曰："武王、周公其达孝矣乎！夫孝者，善继人之志，善述人之事者也。"】

这一节是夫子论文王、武王圣德相承，王有天下。武王、周公都是为天下行道的达道之人。孝为天下之大本，能行孝则为天下之达道。"**无忧者，其唯文王乎**"，这是孔子赞叹文王的圣德。孔子说，天底下能称得上无忧的人，大概就只有周文王了。孔子为何这样说？"**以王季为父，以武王为子，父作之，子述之。**"王季，又叫季历，历是名，季指的是排行。他是周太王古公亶（dǎn）父的第三个儿子，周文王的父亲。武王灭殷商兴周之后，追封季历为王季。文王的父亲是王季，儿子是周武王。"父作之"的"作"，指的是建立法度、制礼作乐。文王的父亲王季有圣人之德，开创了基业，文王奉而行之。"子述之"的"述"，是指继承其志，奉而行之。文王以武王为子，武王也是大德圣人，能够继承文王之志，所以文王无忧。

郑玄注："圣人以立法度为大事，子能述成之，则何忧乎？"圣人以确立法度为国家大事，如果儿子能成就父亲的志愿，那还有什么好忧愁的？这里的"法度"要注意，并不是指法律，而是指治国的常理常法。

《论语》中孔子说："仁者不忧。"因为仁者安仁，安于仁道，行仁爱而无所希求，心安理得，则无有忧愁。孔子又说："德之不修，学之不讲，闻义不能徙，不善不能改，是吾忧也。"对品德不进行培养，对学问不进行钻研，听到善行不能跟着做，有了错误也不能及时改正，这是我所忧愁的。"忧"并不是说圣人还有烦恼，圣人的忧愁是"道之不行"。除此之外，没有可忧之处。

就像文王，当时被商纣王囚禁在羑（yǒu）里，一般人看来，这是当忧愁的事情，但是圣人安之若素，所谓"素患难，行乎患难"。论及智慧德能，圣人都是平等的，都是无忧之圣人。但是这里又说"其唯文王乎"，并不是说其他圣人的境界赶不上文王，只是论其福德，难以比及文王。如帝舜是尽性之大孝，但他上面是父顽母嚚（yín）。顽，心不尊德义。嚚，口无忠信之言。所以，舜的建树其实是从忧患而来。再看尧帝，则是其下子孙不孝。尧的儿子丹朱不尊崇德义，又好争讼。禹的父亲鲧，时常违背法纪，不遵命令，为害族人，而且治水九年毫无功绩。再看商汤，长子早亡，剩下的两个儿子虽然也都登上了帝位，但不久就去世了。所以郑玄注："尧、舜之父子，则有凶顽；禹、汤之父子，则寡令闻。父子相成，唯有文王也。"真正父子相互成就的只有文王。

父子相互成就，但是父子不能相代。《韩诗外传》记载了魏文侯与狐卷子的一段对话。这段对话《群书治要》也有收录。魏文侯问狐卷子："父贤足恃乎？"父亲贤能，子女能依赖父亲吗？狐卷子回答说："不足。"魏文侯又问："子贤足恃乎？"如果子女贤能，父母能依赖子女吗？狐卷子回答说："不足。"魏文侯又问："兄贤足恃乎？"兄长贤能，弟弟能依赖兄长吗？狐卷子回答说："不足。"魏文侯又问："弟贤足恃乎？"弟弟贤能，兄长能依赖弟弟吗？狐卷子回答说："不足。"魏文侯又问："臣贤足恃乎？"臣子贤能，君主能依赖臣子吗？狐卷子还是回答说："不足。"这时，魏文侯变了脸色，生气地说："我向您问五件事，您都说不可以。这是什么意思？"狐卷子回答说："身为父亲，贤能没有超过尧帝的，但是他的儿子丹朱却被流放了。（丹朱是被流放到河南丹水去治水。）身为儿子，贤能没有超过舜帝的，但是舜帝的父亲瞽瞍却不尊德义。身为兄长，贤能没有超过舜帝的，但是舜帝的弟弟象却傲慢不逊。为人弟者，贤能没有超过周公的，但是周公的哥哥管叔却被诛杀了。（'三监之乱'中，管叔被诛杀，蔡叔被流放。）为人臣者，贤能没有超过商汤和武王的，但是他们的君主夏桀和商纣却都（因暴虐伤民而）遭到讨伐。所以，寄希望于他人，是不会达到目的的；仗恃他人，也是不会长久的。君主希望把国家治理好，应当从自身做起，别人又怎么可以依赖？《诗经》说要自己去求得福祉，说的就是这个意思。"所以，"明明德"是明"自身"的明德，"修身"是修自己的身，没有人可以相助。从国君开始，要想治理百姓，也要从修身开始，"壹是皆以修身为本"。

"武王缵大王、王季、文王之绪，壹戎衣而有天下，身不失天下之显名。尊为天子，富有四海之内，宗庙飨之，子孙保之。""大王"的"大"是"太"的古字，"大王"指的是古公亶父，是周文王的爷爷。王季，是文王的父亲。"武王缵大王、王季、文王之绪"，"缵"是继承的意思，"绪"是业，就是事业、功业。这是讲武王能够继承前人没能完成的功业。

"壹戎衣"，"戎衣"指的是战衣，这里借指战争。"壹"，有人解释为一次，但是不太合适，因为武王伐纣并不是一次成功的。《礼记·乐记》记载，《大武》之乐有两次列队，武王是两次出兵。王者作乐一定是实事求是，因为"唯乐不可以为伪"，是不可以作假的。

《史记·周本纪》记载，武王九年，武王在毕这个地方祭祀文王，随后有了"孟津观兵"，"观兵"就是阅兵。武王制作了文王的"木主"，用车子运载着带在军中。武王自称为"太子发"，那时文王已经不在，他已经是武王了，但是他仍然自称为太子，表示随着文王去征伐，不敢自行决断。而且还告诫司马、司徒、司空诸节："严肃谨慎，的确如此！我无知，是靠着先祖留下的有德之臣，继承先祖的功业，严格制定赏罚之法，以此巩固先祖的功业。"

武王渡黄河，船行到河中心，有白鱼跳进船中，武王俯身拾起白鱼进行祭祀。渡过黄河，有一股火从天覆盖下来，落在王居住的屋顶上，变成乌鸦状，颜色是红的，声音还在作响。这时，没有事先约定就集合在孟津的就有八百诸侯。诸侯们都说可以伐纣了，武王却说，你们不了解天命，现在还不行，于是就班师回朝。直到两年后，纣王的昏乱暴虐更加严重，杀死王叔比干，囚禁箕子，太师、少师都抱着商朝宗庙祭祀投奔于周。这时武王向所有诸侯宣告："殷有重罪，不可以不合力伐纣。"于是率领战车三百辆，虎贲勇士三千人，穿戴甲胄的战士四万五千人，东进讨伐。武王十一年十二月戊午日，全军到达孟津，诸侯也都来会合。这是武王再次出兵，牧野之战，一举灭了殷商。武王出兵是尊奉文王之命，继承文王遗志，不敢以有功有德而自居。

"壹"，可以作助词，用以加强语气。此外，孔颖达《礼记正义》："此云壹者，以《经》武王继大王、王季、文王三人之业，一用灭殷。对三人之业为一耳。由三人之业，故一身灭之。"大王、王季、文王三人之业合而为一。"武王缵大王、王季、文王之绪，壹戎衣而有天下"，一举灭殷商而取得天下。

之后，武王没有因为讨伐商纣王而丧失显赫的名声，"身不失天下之显名"。这里就有一个疑问，武王是继承先辈未竟之功业，讨伐商纣而有天下，为什么这里要强调他不失天下之显名？因为伐纣这件事其实是以臣弑君，有篡逆之罪，不应该享有显耀的名声。"不失天下之显名"，是因为先辈积德至厚，天意人心已经归周很久了。像文王治国方圆不过百里，但是天下有三分之二已经心归于周了。

《孟子》说："以力假仁者霸，霸必有大国。以德行仁者王，王不待大。汤以七十里，文王以百里。以力服人者，非心服也，力不赡也；以德服人者，中心悦而诚服也，如七十子之服孔子也。"倚仗强力，假借仁义之名号召征伐，可以称霸诸侯，称霸一定要依靠国力的强大。依靠道德仁义，可以使天下归附，不必以国力的强弱为基础。比如，商汤仅仅用了七十里的土地，文王仅仅用了百里的土地，只是因为他们实行仁政，就使得人心归附。倚仗强力而使人归附的，不会使人心悦诚服，服从只不过是因为自己的实力不够而已。依靠道德，才会使人心悦诚服。

《史记·平原君虞卿列传》也说："汤以七十里之地王天下，文王以百里之壤而臣诸侯。岂其士卒众多哉？"难道是依靠人多势众吗？不是的。是实行仁政，以仁爱化民，人心归附而成王。商纣王贼害仁义之士，虐待百姓，违背人道，天下深受其害。武王伐纣实在是解民于倒悬，《千字文》有一句叫"吊民伐罪"，就是解民于倒悬，百姓生活疾苦，如同倒悬一样。武王伐纣是解救百姓，乃是顺天应人之举，并非是一己之私。《周易》说："汤武革命，顺乎天而应乎人"。武王伐纣，虽然有弑君之迹，但是并没有篡逆之罪。

武王不失天下之显名，"尊为天子，富有四海之内，宗庙飨之，子孙保之"。万国都来归附，而且还被供奉在宗庙当中，接受子子孙孙的祭飨。孔子赞叹武王、周公为大孝之人，孝已达于圆满。"**武王、周公其达孝矣乎！**""其"就是代指武王、周公。"达孝"就是大孝，"达"通"大"。孔子说："武王、周公真正是尽了为人子应有的孝道啊！"顾炎武《日知录》："达孝者，达于上下，达于幽明。所谓孝悌之至，通于神明，光于四海，无所不通者也。"武王、周公不仅是尽性之圣人，而且以孝道而化成于家国天下，垂范于千秋万世。

孔子称赞他们的孝道已达于圆满，理由是什么？"**夫孝者，善继人之志，善述人之事者也。**""善"是善于。所谓孝，就是善于继承先人的志向，善于成就先人的事业。孔子说："三年无改于父之道，可谓孝矣。"这句看似平常的话，在《论语》中多次出现，这是讲孝子居丧三年。古代守孝有"丁忧"制度，父母过世，子女要守丧三年，三年不能做官，不能婚娶，不能赴宴，也不能应考。这些不能做，该做的是哀思父母，就好像他们依然还在，要追念他们的德行，缅怀他们的教诲，不改父之道。

《论语》说："慎终追远，民德归厚矣。"祭祀之礼，是为政之本。祭礼旨在引发世人至诚的恭敬之心、感恩之心，教人饮水思源、知恩报恩。人有至诚恭敬之心，自然就知道为善，社会风气也自然归于淳厚。

这是对《中庸》这两段文字的解释。唐朝时，《中庸》只是《礼记》中的一篇，《群书治要》节选的只是其中两段，落实在修身上，穷理尽性，又切近人事。"中庸"不是糊涂，不是模棱两可，是恰到好处，是至善至美，是无可改易的常行之道，超越时间，超越空间。

第十八讲　仁是心地功夫，一颗心随时安住

下面继续学习《礼记》，请看《表记》。

郑玄《目录》云："名曰《表记》者，以其记君子之德，见于仪表。此于《别录》属《通论》。"这一篇之所以名为《表记》，是因为所记录的是君子的德行显现于外在的仪表。《群书治要》所选的只有两段，总结来说，可以称为孔子论仁。

下面看第一段。

【子曰："仁有三，与仁同功而异情。与仁同功，其仁未可知也。与仁同过，然后其仁可知也。仁者安仁，智者利仁，畏罪者强仁。"】

"仁有三，与仁同功而异情。"能行仁爱之事的人有三种，哪三种？就是后面讲的安仁、利仁、强仁。

"仁者安仁"，安于行仁爱之事的人，不行仁爱心里就不安。不是出于有所欲求，而是安心行仁，无所畏惧。

"智者利仁"，有智慧的人是因为看到行仁能得利益而去行仁爱之事，这是有所欲求而喜好行仁。

"畏罪者强仁"，畏惧犯罪的人是因为有所畏惧而勉强行仁。

"与仁同功，其仁未可知也。"就行仁而言，虽然三者是相同的，行为的功效也是相同的，但是存心和动机有所不同。也就是说，仅仅从一个人的外在行为，还不足以判断他是一个以仁爱存心、安于行仁的人。

"与仁同过，然后其仁可知也。"如果与仁者犯了同样的过失，这时考察他犯过失的原因及存心，就可以断定他是不是真正的仁德之人。

《论语·述而》记载了孔子的一个故事。陈司败问孔子:"鲁昭公知礼吗?"孔子回答说:"知礼。"陈司败为什么问鲁昭公知不知礼?因为按照《周礼》,同姓不婚,鲁君的祖先是周公,周公是文王的儿子,姓姬,后来鲁昭公又娶了一位姬姓的女子,这就是同姓结婚。孔子怎么回答的?孔子说:"知礼。"陈司败说:"谁说君子是不讲朋党的?鲁君明明就是不知礼,他偏偏说鲁君知礼。这就是维护朋党。"

孔子怎么看待这件事?孔子说:"丘也幸,苟有过,人必知之。"孔子说我太幸运了,一旦有过失,别人都会知道。维护朋党是过,但是如果是从公心出发,没有自私自利,是为了国家,为了公利,这就合乎仁心。如果有私利在,是为了结党营私,那就不符合公心,不符合仁心。所以,观察一个人所犯的过失,就知道他有没有仁心。

为什么从过失能看出他是不是有仁?古人讲,有的过是可以避免的,有的是不可避免的。孔子明明知道鲁昭公不知礼,但是他说鲁昭公知礼,为什么?因为他要是直话直说,说鲁昭公娶同姓女子,那就是不知礼。虽是直话,也是实话,但是根据礼的规定,臣子应该为君主掩过。这也是礼。遇到两难的情况,孔子只好自己承担过失。观察他的用心,就知道他是仁德之人,因为他宁愿自己承担过失,也不愿意扬君之过。从这个角度来看,他的动机是出于公心。这就是"与仁同过,然后其仁可知也"。

"仁者安仁,智者利仁,畏罪者强仁。"孔子说,真正的仁者,他的一颗心时刻都安住在仁上,终日以此为乐,没有其他任何念头。这就如孔子称赞颜回"其心三月不违仁",就是这个境界。有智慧的人明了因果的规律,相信"积善之家,必有余庆;积不善之家,必有余殃"的道理,为了求得福分,也会行仁义之事。畏罪者是害怕恶行会受到惩罚，才勉强去行仁，因为人都是贪恋功绩而回避过失。

现代社会有的人既缺少仁德之心，不属于仁者安仁，又缺少智慧，不相信"种瓜得瓜，种豆得豆"的因果规律，也不相信行仁能带来利益，又自以为聪明，可以逃避世间法律的制裁，结果就是无法无天，无所不为，这就是可怜悯者了。

【子曰："君子不以辞尽人。故天下有道，则行有枝叶；天下无道，则辞有枝叶。是故君子于有丧者之侧，不能赙（fù）焉，则不问其所费。于有病者之侧，不能馈焉，则不问其所欲。有客不能馆焉，则不问其所舍。故君子之接如水，小人之接如醴。君子淡以成，小人甘以坏。不以口誉人，则民作忠。故君子问人之寒则衣之，问人之饥则食之，称人之美则爵之。"】

"子曰：君子不以辞尽人。"孔颖达《礼记正义》："言君子与人之交，必须验行。不得以其言辞之善则谓行之尽善，或发言善而行恶也。"君子与人交往必须通过他的行为来验证，不能仅仅因为他说得好，就认为他的行为也都是尽善尽美的。因为有的人发言是善的，行为却是恶的。陈澔《礼记集说》："谓不可以言辞而尽见其人之实，盖有言者不必有德也。"不能通过一个人的言语就判断他是不是有实际的德行，因为有言者不必有德。孔子说，君子不会因为一个人说话动听，就断定他贤明。《论语》中确实也有记载，孔子说："有德者必有言，有言者不必有德。"竹添光鸿《论语会笺》："有言，谓有善言也。""有德者必有言"，"德"是德行，"言"就是有益于人的言语。有德行的人说话不会害人，也不会说错话。为什么？因为他的存心在利益大众，只想对人有好处，所以，所说之言必然是有益之言。"有言者不必有德"，说有益之言的人，或者是言不由衷，或者是能说不能行，不一定有德。

《论语》也说:"巧言令色,鲜矣仁。"一个人花言巧语,致力于言语的好听,伪装出和善的面目,这样的人一味去取悦别人,很少有仁德之心。所以,君子不以言举人。君子不能因为一个人的言语好听,就对他委以重任。

《论语》还说:"君子欲讷于言,而敏于行。"君子在言语上应该迟缓,但是行为上要敏捷,要雷厉风行。在西方的总统竞选中,有一些候选人,说了很多漂亮的承诺,但是当选后却很难兑现。正是看到"有言者不必有德",所以古人强调,选人用人既要听其言,还要观其行。

《群书治要》也有很多关于言语的论述,说明选人为什么不能仅凭他的言辞,还要看他的德行。《中论》有这样的论述:"夫利口者,心足以见小数,言足以尽巧辞,给足以应切问,难足以断俗疑,然而好说不倦,喋喋如也。""给",就是口齿伶俐。"难",就是反驳。能言善辩的人,他的心智足以洞察细小的环节,言辞也巧妙,很注意修饰,伶牙俐齿,足以应对急切的追问,他的反驳也足以让世俗人消除疑惑,但是他好说不倦、喋喋不休,这样做的后果是,"夫类族辨物之士者寡,而愚暗不达之人者多,孰知其非乎?"世间能够按类推理分辨事物的人是很少的,愚钝不通达的人是多数,谁知道他说得不正确?因为他讲得头头是道,又有演说的口才,一般世俗之人就会相信他的话,但实际上他所说的是有违大道的。"此其所以无用而不见废也,至贱而不见遗也。"这就是他没有什么用处却不被遗弃的原因。"先王之法,析言破律,乱名改作,行僻而坚,言伪而辨者,杀之。为其疑众惑民而浇乱至道也。"古圣先王的法律规定,巧说诡辩曲解法令、混乱礼法和名分使其失去原意、行为邪僻而顽固不化,言语虚伪巧言利舌的人,要处以死刑。孔子当大司寇没几天，就诛杀了少正卯。少正卯口才很好，能言善辩，吸引了很多人，甚至孔子的很多弟子都被他吸引而去，但是他所说的都不符合道。他的这种能言善辩，会使民众产生疑惑，使人辨不清是非善恶美丑，使世道混乱，使社会风气变得不再淳厚。

《群书治要·汉书》有一个故事讲的就是不任人以言。张释之和汉文帝一起出行，文帝登上虎圈（就是饲养虎的地方），并且问上林苑的主管关于禽兽簿的问题。他问了十几个问题，这个上林尉左顾右盼，一个都答不上来。旁边有一个官职很低的啬夫，主动替上林尉回答了这些问题。文帝很欢喜，说："当官吏的不就应该是这样的吗？"他下诏令提拔这个啬夫为上林令，上林令是负责主管上林苑的最高官职，在上林尉之上。张释之赶忙劝谏："您觉得绛侯周勃是什么人？"周勃是西汉著名的军事家、政治家，也是西汉的功臣。被封在绛县，所以被称为绛侯。汉文帝说："周勃当然是德高望重的长者。"张释之又问："东阳侯张相如是什么人？"张相如也是因为有战功被封为侯，他在西汉143位功臣中位居118位。汉文帝回答说："他当然也是长者。"张释之说："您看绛侯、张阳侯都是德高望重的长者，但是这两人上书言事，好像说不出话一样，没有什么口才。现在您越级提拔这个人当上林令，不就是让大家都效仿他的口辩之才吗？秦国就是因为任用了那些舞文弄墨的刀笔之吏，这些人争相以亟疾苛察相比试，没有恻隐同情之心。秦始皇听不到自己的过失，到二世，天下就土崩瓦解了。现在陛下您因为这个啬夫能言善辩就越级提拔，恐怕天下会随风响应，争相去攴能言善辩的人，而不求有真才实德的人。而且下级跟从上级，就像响之应声、影之随形一样迅速，所以您的一举一动都不能不审慎明察。"汉文帝听了，也警醒了，收回诏令。皇帝其实从小也是读圣贤经典，也知道"巧言令色，鲜矣仁"的道理。

可见，古人评判或者任用一个人，并不是看他的口才如何，说得多漂亮，主要看他是不是有真才实德，事能不能办好，有没有执行力。国家领导人提出"空谈误国，实干兴邦"，可以说切中时弊，有深刻的意义。

《群书治要·傅子》也说："上好德则下修学，上好言则下饰辩。"如果在上位的人喜欢德行，下边的人就会纷纷修养自己的品行；如果在上位的人喜欢言谈，下边的人就会争相修饰自己的言辞，向能言善辩的方向发展。

"修学则仁义兴焉，饰辩则大伪起焉。"人人都重视修养品行，天下的仁义之风就兴盛起来；人人都学着能言善辩，虚伪的社会风气就会兴起。这是必然。

"德者难成而难见者也，言者易撰而易悦者也。"问题是，德行的成就需要很长时间，所以很难被发现、被了解，言语修饰却很容易，也很容易取悦于人。现在各个地方都在培养传统文化讲师，但还是非常缺乏，为什么？因为能讲的人可能有很多，但是能把经典落实的确实并不多见。古人说："经师易得，人师难求。"真正培养一个好的传统文化的老师，要十年二十年都不止，不是速成班可以培养出来的。人才培养不能操之过急。

"先王知言之易，而悦之者众，故不尚焉。"古圣先贤都知道，言语很容易，而且爱听好话的人很多，所以并不崇尚言谈。"不尊贤尚德，举善以教，而以一言之悦取人，则天下之弃德饰辩，以要其上者不鲜矣。"如果不崇尚贤能之人，重视道德，通过引导向善来教化百姓，却只凭说话好听来选取人才，天下背弃道德仅凭能言善辩而要求封赏的人就不会少。因为"德难为而言易饰也",德行修养很难成就,但是把口才锻炼好,却是一件相对容易的事。

《傅子》还说:"闻言未审,而以定善恶,则是非有错,而饰辩巧言之流起矣。"这句话特别有启发。比如,某人到领导面前说同事的坏话,领导信以为真,也没有去调查研究,就对这个人产生了怀疑、误解或偏见。如果总是这样,会导致喜欢到他面前说别人坏话的人,讲那些不实言论的人越来越多。

这里就得出结论:"听言不如观事,观事不如观行。听言必审其本,观事必校其实,观行必考其迹。"就是提醒人们,听人的言语,不如观察他所做的事;观察他所做的事,不如观察他的行为。而且听他的言论,一定要清楚他讲话的目的,存心如何;观察他所做的事情,还要核查是不是符合事实,真实可靠;观察他的行为,还要找出他这个行为的原因。选拔和任用人才,三者综合考虑,才能消除仅仅凭一个人的言语就对他委以重任的弊端。

有句话说:"来说是非者,便是是非人。"为什么?因为一个有德行的人,他不会在背后扬人恶,也不会总到领导者面前说别人的是非。那个经常到你面前说是非的人,往往也会到别人面前说你的是非,因为他有这个习惯,所以,对这样的人要小心谨慎。要搞清楚他说的是不是事实,他的用意、动机何在。需要领导者用心考察。

《群书治要·周书》也说:"以言取人,人饰其言;以行取人,人竭其行。饰言无庸,竭行有成。"如果凭言语取人,人就会想方设法致力于言语的好听。如果以德行取人,人就会竭尽全力提高自己的德行,把事情做好。"饰言无庸",装饰自己的言语没有用。"竭行有成",竭力提高自己的德行才会有所成就。

"故天下有道，则行有枝叶；天下无道，则辞有枝叶。"孙希旦《礼记集解》："天下有道，则人尚行，故行有枝叶；天下无道，则人尚辞，故辞有枝叶。行有枝叶，则行有余于其言；言有枝叶，则言有余于其行。故以言观人者，皆不足以尽其贤否之实也。"天下有道，人们都崇尚修养自己的德行，德行就像枝叶一样茂盛；天下无道，人人都崇尚言辞，言语像枝叶一样茂盛，过于虚伪和浮华。德行像枝叶一样茂盛，结果就是行得多而说得少；言辞像枝叶一样茂盛，结果就是说得多而德行不足，做不到知行合一，做不到言行一致。因此，"以言观人者，皆不足以尽其贤否之实也"。

"行有枝叶"，历史上有很多这样的例子，比如"季札挂剑"。春秋时代，吴国公子季札出使鲁国，途中路过徐国，徐国国君就宴请他、招待他。在吃饭的过程中，徐国国君就盯着季札身上的佩剑看来看去，这把佩剑是出使别国的信物。古人说"视思明，听思聪"，季札很聪明，一看就知道徐国国君的心意，于是他在心里想，等我完成出使任务，回来就把剑赠送给徐国国君。完成使命回来的路上，又经过徐国，才知道徐国国君已经过世了。但是季札仍然信守承诺，来到徐国国君的墓前，把剑挂在墓前的树上。随从觉得奇怪，说："公子，你又没有说要把剑送给徐国国君，何必如此？即使已经答应他了，可他现在都已经过世了。"季札说："虽然徐国国君过世了，但在我的心里已经许诺了，我不能违背自己的心意。"

中国古人这种诚信，确实不仅仅是自己说出来的言语，就连没有说出来的言语，都能信守承诺。这就叫"行有枝叶"。一个人言语行为都守信，才能被信赖，处事待人接物才能顺利。

作为官员，更要对百姓讲诚信，这样才能取信于民。正如孔子所说:"民无信不立。"如果不能取信于民,官方颁布的各种命令、政策,百姓都不能支持配合,不能做到令行禁止,甚至政令不通,那如何治理国家?必须做到"微言而笃行之"。你所许下的微小的承诺、所说的微不足道的话,都能力行。

东汉"郭伋候亭"的故事,就是"微言而笃行之"的典范。郭伋做地方官的时候,一次外出巡行路过美稷,几百个孩童骑着竹马在路上迎拜。原来这些孩子听说他要来,特意从很远的地方赶过来。郭伋向孩子们道谢,并且约定回来的日子再和他们见面。但是他回来却比约定的日期早了一天,郭伋怕失信于孩子们,就在野外的亭栈住下来,等了一天。郭伋对于孩童都能信守承诺,做到了一诺千金,所以深得百姓的信任和爱戴。这都是"行有枝叶"的例子。

"是故君子于有丧者之侧,不能赙焉,则不问其所费;于有病者之侧,不能馈焉,则不问其所欲;有客不能馆焉,则不问其所舍。"君子跟有丧事的人在一起,如果不能资助他,就不会问他花了多少费用;跟贫困的人在一起,如果没有能力馈赠他,就不会问他需要什么东西;如果有行客路过,没有地方供他住宿,就不会问他打算在哪里投宿。为什么?都是为了避免说空话、做空的承诺,没有真情实意,只是寒暄而已。

《论语》特别强调"信"字。"子以四教:文、行、忠、信。""主忠信,无友不如己者。""与朋友交而不信乎?""言忠信,行笃敬,虽蛮貊之邦行矣。"

《德育课本》上也有"范式守信"的故事。范式年轻的时候在太学求学,和张劭是好朋友。两个人一起返乡,分别前范式对张劭说:"两年后我会去拜访你的父母大人。"他们约定了见面的日期。后来约定的日期要到了，张劭请母亲准备酒食候迎范式。母亲说："两年之前约定在千里之外见面，你何必这么认真？难道他真的会来吗？"张劭说："范式是讲信用的人，一定不会违背约定。"母亲看他说得这么肯定，说："如果这样，我应当为你酿酒。"到了约定的那一天，范式果然来了，两个人一起登上大厅拜见张劭的父母，然后尽情欢饮。古人说话确实是一言九鼎，一言既出，驷马难追，说到做到。

"**故君子之接如水，小人之接如醴。君子淡以成，小人甘以坏。**""淡"就是没有酸醋味，君子之间的交情像水一样。小人之间的交情，像甜酒那样。君子的交情虽然淡薄，却能相辅相成，可以长久；小人的交情虽然甘甜，但是日久就会败坏。**君子之交是道义之交，是因为彼此志同道合，而不是有利可图，所以可以天荒而地老。**

《左传·襄公二十一年》记载了"祁奚请免叔向"的故事，这就是"君子之交淡如水"的典型案例。公元前552年，晋大夫栾盈因为晋国权臣范宣子的驱逐而逃亡去了楚国。范宣子杀死栾盈的同党羊舌虎，并且囚禁了羊舌虎的兄长叔向。叔向本是太傅，因为他的弟弟而被牵连，身陷囹圄。有人讥讽叔向不会自保，叔向却悠然淡定。乐王鲋是晋平公宠臣，前来探望叔向，并且主动提出，愿意去向范宣子求情，为叔向免罪。然而叔向面对小人的虚情假意却不为所动，乐王鲋来了，也没有施礼，乐王鲋走了，也没有送他，还说只有祁奚才能救他。这时祁奚已经告老还家，不在朝中了。羊舌氏家族的老管家听说这件事，对叔向说："乐王鲋在君王面前说话没有不应准的，他去请求赦免您，您却不答应。祁大夫没有乐王鲋的能力，您却说只有祁大夫才能替你请免，您这是根据什么判断的？"叔向说："乐王鲋是阿谀之臣，怎能救我？而祁大夫'外举不避仇，内举不避亲'，怎会独独不救我？"叔向对祁奚非常了解，说他"外举不避仇"，指祁奚曾经举荐他的仇人解狐接替他做晋国中军尉；说他"内举不避亲"，指解狐去世，祁奚又荐荐自己的儿子祁午接替晋国中军尉。他并不因为是自己的仇人，就不去举荐，也不因为是自己的儿子，就不敢举荐。他都是选择适合这个位置的人，所以叫"外举不避仇，内举不避亲"。

叔向接着说，《诗经》说，有正直德行的人，四方之国的人都会归顺他。祁大夫就是正直无私、一心为公的人。果然，祁奚听说这件事，立刻乘上驿站的传车前来拜见范宣子。他不顾年迈，不惧颠簸，就是为了尽快到达晋国都城，唯恐救人不及时。祁奚见了范宣子，这样劝谏他："《诗经》说：'对社稷百姓的恩惠无边，子孙会永远保有它。'《尚书》说：'圣哲的谋略功勋是可以用来保国安民的。'有谋略，且很少犯过失，教导百姓不知疲倦，叔向就是这样的人。他是国家的柱石，是安定社稷所要依赖的臣子，即使他十世的子孙有罪过，也要宽恕赦免。为什么？就是为了鼓励贤能之人为国家做贡献。现在因他的弟弟羊舌虎这一人一事就不能免于身难，杀了叔向这样的社稷之臣，不是很糊涂吗？"祁奚还引经据典："鲧因为治水不力，被舜流放到羽山并且死在那里，舜起用鲧的儿子禹治水成功，由此，夏朝兴起。这个例子，就是不因父亲的罪过而废黜儿子。商汤之孙太甲即位后荒淫无度，商汤的国相伊尹把他放逐到桐宫。在那里，太甲真心悔过，痛改前非，伊尹使之复位，继续辅佐他。太甲始终没有怨恨之色。伊尹是商朝的开国元勋、三朝元老，也是太甲的老师，这是君臣之间不相怨恨。管叔、蔡叔背叛周室，帮助殷朝遗民谋乱，周公平定叛乱后，仍然辅佐周成王。周公和管叔、蔡叔是兄弟，但是并没有因为兄弟而受牵连。怎么能够仅仅因为叔向的弟弟是栾盈的同党，就囚禁社稷之臣，抛弃国家？您若力行善事，树立好榜样，谁敢不听从您，更加勉励效忠？为什么非要滥杀社稷之臣？"范宣子听了这番话很高兴，接受祁奚的劝谏，和祁奚同乘一辆车去见晋平公，最终赦免了叔向。

故事最精彩的地方在后面。叔向被赦免后，祁奚没有去见叔向，直接回去了。叔向也没有去向祁奚道谢，就去上朝了。祁奚和叔向这两个人，一个不求谢，一个不道谢，双方都不见面。其境界之高，确实令人赞叹不已。而他们之所以达到如此境界，是因为他们相互了解对方的为人和德行，深知彼此都是一心为公，正直无私，出发点完全是为社稷和百姓着想。

叔向不应不拜乐王鲋，以此来回绝小人；不告不谢祁大夫径直上朝，以此来对待君子。这表明叔向明白祁奚救自己并不是为了自己，公恩不必私门谢。叔向知道报答祁奚最好的方式，就是尽忠报国，他把以公报德表演到了极致。祁奚不见叔向而归，表明自己救人是尽忠臣的本分，并不认为自己有私恩于人，也不求回报。自己是为了国家社稷才去救免贤臣，并不是对叔向有偏私。所以，事前不去见叔向而请，事后也不需要叔向对他有所回报。祁奚只有对国家的忠心、对百姓的仁心，而毫无对自己的私心。无私才能做到无畏，无畏才敢于担当，犯颜直谏。祁奚本已告老，仍然念念不忘社稷百姓，不忘忠臣良将，确实做到了古人所说的"处江湖之远，则忧其君"。栾盈奔楚这件事，晋国一共有五位大夫逃亡，牵连十位大夫被杀，三位大夫被囚。在这种情况下，如果没有大忠大勇，没有高超的劝谏智慧，没有无私无我的精神，根本无法行救人之事。

《新序》："圣人以天下为度。"祁奚和叔向都是胸怀天下、心系苍生的人，他们所思所想、所作所为都是以天下为出发点。这是"同声相应，同气相求"，他们志同道合，彼此相互理解。祁奚与叔向之间的交往，就是以道义相交，是君子之交。《说苑·尊贤》："声同则处异而相应，德合则未见而相亲。"声气相同，即使身处异地也会同频共振。德行相合，即使从未谋面，也会互敬互亲。真正君子、圣贤之间的交流，甚至不需要语言，是无声的交流，是心与心的交流。君子之交淡如水，虽然淡，却可以超越时间、超越空间，直至天荒地老。

相反，小人之交刚开始像甜酒一样，甜腻腻的，因为有利害喜好在其中，是功利之交、情欲之交。"以利交者，利尽而交疏；以势交者，势倾而交绝；以色交者，华落而爱渝。"

"**不以口誉人，则民作忠。故君子问人之寒则衣之，问人之饥则食之，称人之美则爵之。**"君子不以空话讨人的喜欢，因为他的言语一定是出于本心，这是忠实之道。人民受到君子感化，必然会兴起忠实的风气。君子问人是否觉得冷，同时就会送衣服给他穿；问人是否饥饿，同时就会送食物给他吃；称赞某人品德高尚，同时就会授予他相应的爵位。这都是说到做到，不说空话。

孔子说："巧言令色，鲜矣仁！""巧言"就是善于辞令。"令色"就是以容貌悦人。为什么"巧言令色，鲜矣仁"？"仁"从人从二，也即人与人相处要讲求厚道。而巧言令色之人，只注重言辞的美善和外表的巧饰，所以，少有仁德之心。仁厚既少，与这样的人讲道德就是难上加难。学习仁道的人，应该多从这句话省思自己。

孔子讲到人的言语和容色时说："君子有九思。色思温，貌思恭，言思忠，事思敬。"脸色是温和的，态度是恭敬的，言语是忠诚的，做事是诚敬的。《论语》还记载了子夏所说的："君子有三变，望之俨然，即之也温，听其言也厉。"君子从远处看，感觉他非常庄重；当你走近他，觉得很温和；而听他的言语，也是很严肃、很严厉的。

《曲礼》说："俨若思，安定辞。"容貌给人的感觉是很庄重的，说话平和、平稳，心平气和。又说："礼，不妄说人，不辞费。""不妄说人"，也就是不随意去谄媚巴结，讨人喜欢。"妄"就是没有实际的。"不辞费"就是言语非常简单。这是礼的要求

刚才说到《论语》讲的"君子欲讷于言，而敏于行"，"讷"，就是看起来言语很迟钝，说话也很少，但是句句中肯，能够说到实处，没有闲言碎语。这都是讲一个人的语、色，要做到诚于中而形于外。内心真诚恭敬，表现出来的言语容貌自然而然就是如此。

蕅益大师《论语点睛》："巧言，口为仁者之言也。令色，色取仁也。仁是心上功夫，若向言色处下手，则愈似而愈非。""巧言"，就是口里讲的是仁者的言语。"令色"，就是"色取仁也"，换句话说，他的容貌言行都像仁人君子，外表装成美善的样子。但这是做作的，并非真实。孔子说"鲜矣仁"，这样很少能达到"仁"的境界。

这句话也很好："仁是心上功夫，若向言色处下手，则愈似而愈非。"仁是靠修学心地得来的。《论语》："君子务本，本立而道生。孝弟也者，其为仁之本与？"仁爱之心是从哪里培养起来的？就是从对父母的孝敬之心，对兄弟的友悌之心来长养。孝悌之心是仁爱之心的原点。一个人如果仅仅从语言和容貌处下手，反而会越装越不像。

"巧言"，就是古人所说的"好其言语，口为仁者之言"。"好其言语"，就是将世间好话都说尽。好话说尽就是愚弄人，目的无非是恭维别人、谄媚别人，但是其内容无实。

"无实"这两个字意思很深刻。当然它可以浅讲，也可以深讲。从浅的层次上讲，言语无实，就是言语不诚实。一个人言语诚实，就应

该心里想什么就说什么，表里如一，内外一致。做到不妄语，这也算得上诚实，这是从浅处讲。从深处来讲，什么叫"无实"？什么样的人说的话才是真实的？如果一个人了解宇宙人生真相，他所说的话才是真实的，才是"真语者、实语者、如语者、不诳语者、不妄语者"。一个人不了解宇宙人生的真相，那他所说的言语不是真实的，就是"巧言"。所以，"实"从哪里来的，就是一个很重大的问题。

孔子教导学生的就是怎样去求实。求这个真实，就是这里所讲的求"仁"。仁是万事万物的根本，比如核桃有核仁，杏有杏仁。这就是"仁"，它是活的，不是死的。如果是死的，就变成"麻木不仁"。所以，求真实，就是求仁。

仁怎么求得到？换句话说，真实怎么修学才能得到？圣人告诉我们，要从格物、致知、诚意、正心做起。"格物"就是革除物欲。也就是在财色名利面前，能够如如不动把持住自己，作出正确的选择，这才叫"格物"。如果能做到这一点，说明格物有功夫了，才能达到"致知"。一个人有智慧，心性没有被蒙蔽，就能够判断是非善恶美丑，这就叫"致知"。

"诚意、正心"都是心地上的功夫，也就是古人所说的直心、深心。要从心地上下功夫，就需要离开巧言。凡是圣贤人，都是真语者、实语者、如语者、不诳语者。司马光讲，他修身从哪里入手？就是从"不妄语"开始，不说谎话骗人。后面还说，巧言不仅仅是口中的言语，"凡著书立说，不本之躬行心得者皆是"，这就严重了。著书立说，不是自己的躬行心得，也属于"巧言"。

什么是"心得"？这两个字很重要。后面的小注是这样写的："心得者，悟入实证也。"所谓心得都是圣贤人经过修学体悟、亲证的境界，这样写出来的才是"心得"。

比如，四书（《论语》《孟子》《中庸》《大学》）的《中庸》就是古圣先贤所体悟、觉悟、观察到的宇宙人生真相。它是真实的道理，所以属于理论。《大学》是把《中庸》的理论运用到日常生活，讲的是具体方法。

儒家讲知行合一，这个理论是王阳明提出来的。他也受佛家的影响和启发，佛家讲"解行相应"，他把"解"换成"知"，把"相应"换成"合一"，提出"知行合一"的理论。这就启发我们，**圣贤之学都是讲理论，讲方法，讲解行相应，讲知行合一，讲实行。**

孔子说自己一生"述而不作，信而好古"。为什么这么说？这也并非是孔子谦虚。圣贤人的心性和一般人的心性是一不是二，圣人和圣人的心性更是相通，他们都证得了同样的境界。"述而不作，信而好古"，孔子通过学习古圣先贤这些理论、方法，最后也亲证圣贤的境界。没有增加一点，也没有减少一点，没有创新。

《孟子》是孟子作为贤人，学习古圣先贤的道理，在生活中实践应用所做的心得报告。

从前的读书人，读书志在圣贤。古人做学问，讲求四个步骤，那就是信、解、行、证。首先，对古圣先贤的理论方法要相信。圣贤人告诉人们要诚信，不妄语，那么他们自己当然也是诚信，不妄语。然后要理解他们所说的这些理论方法，在生活中践行，最后也证得同样的境界，这是做学问的目的。著书立说，如果确实是自己躬行之心得，那是可取的。如果是为了牟取私利，为了出名，那就离圣贤学问越来越远。这就叫自欺欺人。

再看"令色"。"善其颜色，少能有仁也。"外表装出一副慈悲仁厚的面貌，内心却是另外的样子，没有仁慈、恻隐之心。"致饰于外，务以悦人，则人欲肆，而本心之德亡矣。"谄媚巴结，一副迎合别人的面孔，目的是得到利益，满足私欲，这样的人就迷失了自己的本性。如果本性没有迷失，即使对自己有利益，也不会去谄媚巴结。"君子爱财，取之有道""君子喻于义，小人喻于利"，利益和欲望现前，君子首先看的是符不符合道义。如果不符合，纵然有机会，也不肯去获得。小人则无所顾忌，不顾道义，只顾欲望。"巧言令色者"，实际上就是麻木不仁的一类人，不知道通过巧言令色获得的利益，实际上通过正常的手段和方法也能够获得，没有必要通过谄媚巴结伪装。古人说："君子乐得为君子，小人冤枉做小人。"

学了这句话，确实让我们时时反省。巧言令色，是不是自己？总是装出一副仁慈、有修养、很关心人的样子，但是实际并没有恻隐之心，就很可能成了巧言令色之人。还有，著书立说，写了很多东西，却并不是自己的心得，也没有亲证那个境界，甚至很可能很多都是道听途说，这样也容易成为巧言令色之人。如果是这样，那就要"有则改之，无则加勉"。学君子，学圣贤之道，并不是用这个标准去衡量别人，说某某某是巧言令色，某某某是小人。如果这样学，恐怕孔子都要掉眼泪了，"鲜矣仁"。仁者，人心，要从心地上下功夫。

下面还有几条小注写得也非常好。"朱子曰，圣学不外求仁。"圣贤的学问，儒家的教育，宗旨都是求仁。仁讲的是两个人相处之道，要推己及人，实际上这样讲，已经和真正的仁差了一层。真正的仁是什么？是"一体之仁"，我和别人就是一体，哪有分别？那都是我们的妄想分别执着产生的，本来就是一体。

那么，怎样做到一体？孔子特别平实，告诉人们从孝悌做起，"其行之也，以孝悌为先"。也就是说，求仁德求圣贤，从哪里学起？就是从孝敬父母、尊敬师长来体会这种"一体之仁"。

"其贼之者，以巧言令色为甚。""贼"就是贼害。破坏人道、破坏孝悌、障碍我们求仁的第一个因素，就是"巧言令色"。一个人不诚实，处处想欺骗别人，做学问、求道就很难前进。这就是说，"巧言令色"和"求仁"相差甚远，而且是"贼害"求仁道的。后面还说，"但务巧令以媚人者，必非诚实之事"，不仁之人心术不正，专门用巧言令色来谄媚巴结人，这样的人是假仁假义，不是真正的仁，所以，一定不是诚实的人。

"故学，必先诚意正心也。"一定要从诚意、正心来学习，提升自己的修学。修身前面有四个步骤，就是格物、致知、诚意、正心，这就要求做任何事情，首先要问一问自己的存心。存心正，事情才会有好的结果；存心不正，结果也一定不好。这就叫"因地不真，果遭迂曲"。

第十九讲　君仁臣忠的关键在于领导者的真心

这一讲继续学习《群书治要·礼记》，请看《缁衣》篇。

郑玄《目录》："名曰《缁衣》者，善其好贤者。缁衣，郑诗也。"这一篇之所以定名为《缁衣》，是因为引用了《诗经·郑风·缁衣》，称赞人君好贤恶恶。《群书治要》所选的内容，重点在于阐明君民、君臣之道。君仁民从，君君臣臣则上下相安，而且容易治理。君主是百姓的表率，应该以德行感化民心。"言为世则，行为世范。""上好仁，则下必争先效法。"君主不说虚言，谨言慎行，人民才会言行一致。君主以言教劝善，身教止恶，人民也会谨于言而慎于行。君为民心，而民为君体，君民是一体相依、共存共亡的关系。君臣之道在于上下一心，以诚相待。君主坦诚相待，臣下就会竭忠尽智；君主好恶分明，就能引导社会风气，君臣各得其所。

下面看经文。

【子言之曰："为上易事也，为下易知也，则刑不烦矣。"】

孔子说："如果君上容易侍奉，臣下容易了解，刑罚就不必繁多。"这是说，如果君主不苛刻暴虐，臣下又没有奸诈机巧之心，刑罚就可以逐渐搁置到一边。

孔颖达《礼记正义》："君上以正理御物，则臣事之易也。臣下无奸诈，则君知其情易也。君易事，臣易知，故刑辟息止，不烦动矣。"意思是说，在位者能以正确的道理统御万物，治理国家，不偏离大道，属下就必然能够尽己之责。在位者能做到宽厚仁爱，不苛求属下，属下就没有奸巧欺诈的行为，忠于职守，竭尽全力完成任务。君仁臣忠，彼此感恩，彼此信任，团结合作，各自尽到本分，这就是所谓"君君臣臣"。领导者像个领导的样子，尽到领导的责任；被领导者像个属下的样子，尽到被领导者的责任，各自明了自己的责任，就是"君君臣臣"。否则，君不仁臣不忠，领导不能尽到领导的责任，属下不能待以忠诚，各种奸诈行为就产生了，想用刑罚制裁都制裁不过来。这就是孔子所说的"君不君，臣不臣"。

在这里，"君上以正理御物"特别重要，唐太宗开创"贞观之治"，就是因为他的言行与经典的教诲相符合。

【子曰："夫民，教之以德，齐之以礼，则民有格心；教之以政，齐之以刑，则民有遁心。故君民者，子以爱之，则民亲之；信以结之，则民不背；恭以莅之，则民有逊心。"】

用道德来教导民众，如果不听，就用礼来整饬。这样的结果是什么？"格"，郑玄的注解是"来"，什么意思？就是"民心来归"。也就是人民以犯罪为耻，诚心来归，拥护政府。

《资治通鉴》记载，贞观六年，唐太宗亲自查录被关押的死刑犯的案情，生起怜悯之心，下令放他们回家，到第二年秋天再行判决。结果，这些死刑犯一共三百九十个，没有一个人逃亡，全都按时回来，太宗就把他们全部赦免了。有诗称赞唐太宗："二十又九，即帝位。三十有五，致太平。功成立定和神速，速在推心置人腹。死囚四百来归狱，以心感人人心归。"唐太宗治国，确实达到了"不忍欺"的境界，即使是死刑犯都守诚信，这正是因为"教之以德，齐之以礼"，感化了人心。

"教之以政"，为政者制定法律规章，让人民来遵行。如果不遵行，则"齐之以刑"，也就是用刑罚来整饬。这样的结果是"民有遁心"，"遁"就是逃遁。这就是《论语》所说的"民免而无耻"。"免"，孔安国注为"苟免",也就是民众为了苟免刑罚才服从政令,但并不是心服。所以,当刑罚稍有松弛,人民就会犯法,而且不以为耻,反以为荣,是为无耻。

《管子·牧民》说:"礼义廉耻,国之四维。"把礼义廉耻作为维系国家最重要的四个纲常。"国民无耻,亡国之日,不问可知。"如果国民都没有羞耻之心,那国家灭亡之日,不问也就知道了。

人民不仅会生起逃避法律的心,还会产生怨恨心。因为他做错了事,你惩罚他,他并不认为自己有错。孔子说:"听讼,吾犹人也,必也使无讼乎!"孔子判案和其他法官一样,都是依据案情定罪。但是他和别的法官不同之处在哪里?就是想方设法杜绝争讼。怎样才能杜绝争讼?那就是兴办伦理道德的教育,让人人都有孝悌忠信礼义廉耻的品德。

历史上著名的"六尺巷"的故事,就是好例子。"人心正则国治,人心邪则国乱。"国家治乱的根本在于人心,要使人心归于正,这才是从根本上解决问题。怎样使人心归于正?用道德来教导人民,从培养孝心开始,长养人的仁爱之心、恭敬之心、感恩之心、廉耻之心。用礼仪来整饬、约束人民,人民就会心悦诚服。

"故君民者,子以爱之,则民亲之;信以结之,则民不背;恭以莅之,则民有逊心。"在上位者如果能以爱护儿女的心来爱护人民,人民就会亲附他;能以诚信、朴实来团结人民,人民就不会悖逆;能恭敬地对待人民,人民就会自然生起归顺、敬服之心。

在位者要爱民如子,视民如伤,这种仁爱思想是中国之治的特点,也是中国之治能够达到"不忍欺"最高境界的关键。

法家代表人物管子对这种仁爱思想也深表认同。管子说:"人主能安其民,则民事其主如事其父母。"如果人主能让人民过上安居乐业的生活,人民奉事君主就如同侍奉父母一样。君主有了忧困,人民就会为他忧伤;君主有了危难,人民就愿意为他拼命效力。反之,如果君主把人民视作泥土和草芥,随意践踏、欺凌,人民就不会为君主所用。君主有什么忧困,人民不会为他分忧;君主有难,人民也不会为他赴汤蹈火。

《六韬》记载周文王向姜太公请教治国之方,姜太公说:"善为国者,御民如父母之爱子,如兄之慈弟。见之饥寒,则为之哀;见之劳苦,则为之悲。"善于治理国家的人,对待百姓就像对待自己的儿女一样,就像兄长慈爱自己的弟弟一样。老百姓饥寒交迫,就为他们感到哀愁;老百姓劳苦奔波,也发自内心地为他们感到悲伤,想方设法帮助他们解决问题。《春秋左氏传》也说:"国之兴也,视民如伤,是其福也;其亡也,以民为土芥,是其祸也。"一个国家之所以兴盛,就是因为把人民视为自己的伤病那样加以体恤、关爱,这是其得福的原因;一个国家之所以灭亡,就是因为把人民视为泥土和小草,肆意践踏,这是其取祸的原因。

《群书治要》还记载了一个故事。赵简子有两匹白色的骡子,他非常喜欢。阳城胥渠是广门的一个小官,夜晚来求见说:"我是您的臣子胥渠,现在得了病。医生告诉我,如果得到白骡的肝,病就可以治好;如果得不到,就得等死。"负责禀告的人转达给赵简子,赵简子说:"杀死一个畜生可以救活一条人命,这不是仁义之事吗?"于是就招来厨师,杀了白骡,将肝脏送给阳城胥渠。没过多久,赵国兴兵攻打翟族,这位广门的官吏带着左部七百人、右部七百人,奋勇登上城池,斩获敌军将领的首级。他之所以有这样奋勇争先的态度,就是因为君上赵简子以仁爱之心对待他,所以他回报的是一片忠心。

《中论》说:"故明主之得贤也,得其心也,非谓得其躯也。"明智的君主得到贤才,是得到他的心,而不是仅仅得到他的身。如果"身在曹营心在汉",贤才对于君主也没有太大帮助。所以,**领导者关键是用真诚之心来感召下属,并不是靠什么权谋**。

子贱治理单父,达到"不忍欺"的境界。巫马期就想考察一下他治理单父到底有多好,于是就趁着夜色微服私访。他看到一个人在夜色下捕鱼,但是很奇怪,这个人捕到了鱼,看一看,又放回河里。巫马期就走上去问:"为什么捕了鱼,又把它们给放了?"这个人说:"我们的长官子贱告诉我们,不要捕捞那些还在生长的小鱼。我刚才捕上来的恰恰是这样的鱼,所以把它们放回河里了。"巫马期特别感慨,回来向孔子报告:"子贱治理单父,能够做到即使无人监管,也如同严刑峻法就在身边,不知道他是怎样达到这种境界的。"孔子说:"我曾经听子贱说过,一个人对身边的人有至诚恭敬的精诚之心,自然就会影响到远方。我想他就是把这种方法运用到管理中了。"子贱治理单父,实际上就是做到了"子以爱之,信以结之,恭以莅之"。

《说苑》也记载,有一次孔子问子贱:"你治理单父,大家都感到很满意。你能不能告诉我,你是怎么做到这一点的?"子贱回答说:"我对待百姓的父亲,如同对待自己的父亲;对待百姓的儿子,如同对待自己的儿子。同时,我还体恤孤儿,老百姓有困难,比如遇到丧事,我都会为他们感到哀痛。"孔子说:"你已经做得不错了,但是只做到这些还不够。"子贱接着说:"我像对待父亲那样对待的人有三个,像对待兄长一样对待的人有五个,我结交的朋友有十一个。"孔子说:"像对待父亲一样对待的人有三个,可以教导百姓孝了;像对待兄长一样对待的人有五个,可以教导百姓悌了。结交朋友十一个,可以教导百姓好学了。""同门曰朋,同志曰友",朋友是可以切磋琢磨道业的人。"但是做到这些还不够,这是中等的善事,只有中等的人会归附你。"子贱说:"在百姓当中,比我贤德的人有五位,我对待他们非常恭敬,他们教导我治理国家的方法。"孔子赞叹说:"想成就大事的人,秘诀就在于此了。以前尧舜都是谦恭地对待臣下,这样才感召了贤德之士帮助他治理国家。尊敬贤德的人,举用贤德的人,这才是百福的根本、贤明的关键。可惜你治理的地方太小了,如果你治理的地方大,你所取得的成就就可以和尧舜相提并论了。"

子贱靠什么达到"不忍欺"的境界?为什么能把单父治理得井井有条?民情而治,正是因为子贱做到了"子以爱之,则民亲之;信以结之,则民不背;恭以莅之,则民有逊心"。特别是他尊敬贤德之人,也感得贤德之人竭尽全力回报他。

【子曰:"下之事上也,不从其所令,而从其所行。上好是物,下必有甚矣。故上之所好恶,不可不慎也,是民之表也。"】

下级奉事上级,不是服从他的命令,而是服从他的行为。这也提醒人们,要让大众受到教化,不能只靠言语。上级爱好的东西,下级必然更加爱好。所以,居上位之人喜好或厌恶什么,不可以不谨慎,因为这一切老百姓都会效法,且如影随形,非常迅速。

《群书治要·晏子》记载,晏子逝去十七年,齐景公宴请大臣饮酒。大家兴致很高,又去射箭。齐景公射出一支箭,结果连靶子都没有射中,诸位大臣却异口同声地称赞:"好箭法!好箭法!"齐景公一脸怒气,大声叹息,把箭给抛开了。为什么?因为他很生气,自己射脱靶了,这些臣子还赞叹他的箭法好,阿谀奉承到了极致。

齐景公对刚走过来的弦章说:"寡人失去晏子已经有十七年了,在这十七年中再也没有听到有谁指出寡人不对的地方。今天寡人射箭脱了靶,但是叫好的声音却整齐划一,如同出自一人之口。"弦章很有智慧,他说:"这是诸位臣子没有才德。凭他们的才智,不足以明察君主的过失;以他们的勇气,又不敢触犯君主的龙颜。但是臣也听说,君主喜欢穿的,臣子们也喜欢穿;君主喜欢吃的,臣子们也喜欢吃。尺蠖(一种软体无脊椎动物)吃了黄色的叶子,身体就会发黄;吃了青色的叶子,身体就会发青。可能君主您还是喜欢听谄媚之言吧!"齐景公听了,说:"你的话很有道理!"景公也很能反省,知道今天的局面还是和自己喜欢听谄媚巴结的话有关系。

现在的道德教育为什么不得力?因为把教育变成说教,而并没有把正确的做出来。当属下、学生、孩子看到我们做的和说的不一致,就会起逆反之心。"言教者讼",你都没有做到,有什么资格说我?"身教者从",如果我们一举一动都做得对,不用去说,他们自然也跟着做正确的事。

【子曰:"禹立三年,百姓以仁遂焉,岂必尽仁。"】

孙希旦《礼记集解》:"遂,成也。以仁遂,言民之仁无不成也。然此非民之皆能仁也,由禹好仁,故民皆化于仁尔。""遂"就是成的意思。

孔子说:"禹即位才三年,人民在仁德修养方面都有所成就,难道他们原本就是仁人吗?"老百姓是效法禹做仁德之事,并不是说他们本来都是仁人。这也是讲在位者言传身教的影响,确实是如影随形,潜移默化。

禹确实非常有仁德之心,《群书治要·说苑》记载,禹王有一次出门，遇到了被押解的罪人。他下车询问状况，痛哭流涕，左右大惑不解："这是他们自己不走正路，君王您何必如此伤心？"禹说："尧舜时期，人们都以尧舜之心为心，但是我当了国君，百姓都以各自的私心为心，各自以自私自利的态度为人处世、待人接物，私心生起来了，我为此感到伤痛。"古人说"行有不得，反求诸己"，古圣先贤确实做到了。

【子曰："上好仁，则下之为仁争先人。"】

孔子说："上面的人爱好仁，下面的人就会争先恐后去做仁德之事。"《古文观止》有一篇文章叫《义田记》，说的是范仲淹的故事。范仲淹在世的时候兴办义田，当时的义田有一千亩。他乐善好施，有仁慈之心，影响了他的后代子孙。传到清朝，义田扩大到四千亩。范仲淹生活清苦，对自己要求也非常严格，过世后连棺材都没有，更没有留下任何钱财，只留下了千古名言："先天下之忧而忧，后天下之乐而乐。"

这样的行为，现代人可能会嘲笑他，说他太傻了。事实上，现代人自认为聪明，但往往"聪明反被聪明误"。反观历史，范仲淹的儿子做到了宰相、公卿、侍郎，而且个个道德崇高，能够守住父亲的遗志和家风，把好的风范代代相传。

范仲淹的大儿子叫范纯仁，有一次从京城把五百斗麦子运回江苏老家，路上遇到他父亲的一位好朋友，也就是他父亲的故旧。朋友就把自己家庭的状况告诉了范纯仁，父亲去世了，却没有钱安葬；女儿到了要出嫁的年龄，也没有嫁出去，因为生活窘困。范纯仁听了，马上把五百斗麦子卖了，把钱全都给了这位长辈。结果钱还是不够，就把运麦子的船也卖了。范纯仁回京之后向父亲报告，当他讲到卖了五百斗麦子，钱还是不够，范仲淹抬起头说："那你把船也卖了呀！"范纯仁说："我已经卖了。"父子同心，全是一片仁德之心，所以家道经久不衰。范家这种淳厚的仁德之心，让他们家吃亏了吗？古人说："吃亏是福。"其实根本没有吃亏，而是得了大福。有人统计，范家到清朝出了七十多位做到相当于部长以上级别的官员。不仅如此，范家的家风一直承传到现在，代代都有贤人出现。什么原因？就是因为他们明白"忠孝传家远""积善之家，必有余庆"的道理。

现在都是望子成龙、望女成凤，都希望子孙贤达昌盛，但却教导孩子自私自利，结果适得其反。所以，学习传统文化有什么好处？好处就是四个字："趋吉避凶"。让人用正当、合适的手段达成愿望，你想追求成功、追求财富、追求幸福，这些都可以一一办到。没有正确的方法，不仅追求不到，还会给自己以及儿女埋下祸根。

【子曰："王言如丝，其出如纶。王言如纶，其出如綍（fú）。故大人不倡游言。可言也，不可行，君子弗言也；可行也，弗可言，君子弗行也。则民言不危行，而行不危言矣。"】

"纶"就是"绶"，就是有秩、啬夫所佩戴的绶带；"綍"就是牵引棺柩所用的粗大绳索；"游言"就是浮游无实、不可用之言，如空话、戏言等。《礼记集解》："可言不可行，谓过高之言，不可见之于行事者；可行不可言，谓过高之形，不可言之以率人者。""可言不可行"，就是指言过其实，说到做不到。"可行不可言"，就是指高尚的行为不能说出来，用以引导普通人。为什么？因为他要求太高，人们做不到，容易产生畏难情绪。还有一种解释，可以做却不能说与人听的，这样的事情，君子也是不做的。就像司马光所言："我平生所为之事，没有一件不可与人言。"这也就是《中庸》所说的"君子戒慎乎其所不睹，恐惧乎其所不闻"。

"言不危行"的"危"是高的意思,言不高于行,不言过其实。"行不危言",就是行不高于言,言行相应。

孔子说:"君王说的话像细丝,到了百姓那里就成了绶带;君王说的话像绶带,到了百姓那里就成了粗壮的绳索。所以,身居高位的人,不带头随便说一些无益的空话、戏言等。可以说却做不到,君子是不会说的;可以做却不可说的,君子是不会去做的。能够这样,百姓就不至于言过其实,也不会出现说一套做一套、表里不一的情况。"

这句话特别强调了为人君者每说一句话都会产生很大影响,所以要特别谨慎。《群书治要》也记载了"天子无戏言"的故事。唐叔虞是周成王的弟弟,有一次成王跟叔虞开玩笑,把桐叶削成圭形,要用这个来封赏他。史官就请成王选择一个好日子,封叔虞为诸侯。成王说:"我不过是跟他开玩笑罢了。"史官说:"天子没有开玩笑的话,一旦说出口,史官就会记录下来,还要用礼仪来完成它,用乐章来歌唱。"于是周成王就把唐地封给叔虞,"君无戏言"典故就出自这里。

古代天子每说一句话,都有史官在旁边认真记录,所以,不能随意说话,要谨言慎行。"君无戏言",对于一般百姓而言,也要学习信守承诺。《易经》说:"言行,君子之枢机。"一个人成败、荣辱、祸福的关键就在于他的言行。孔子以四个科目来教导学生,首重德行,其次就是言语,然后才是政事和文学。

有一个成语叫"自暴自弃",《孟子》这样解释:"言非礼义,谓之自暴也;吾身不能居仁由义,谓之自弃也。"这就是自暴自弃的标准。言语和礼义的精神不相应,这就叫自暴;起心动念、一言一行跟仁义相违背,这就叫自弃。

古人对言语有很多要求，比如不妄语、不恶口、不绮语、不两舌。"不妄语"，就是不能随便欺骗别人，说话要诚实守信，说到做到，一诺千金；"不恶口"，就是不能粗鲁骂人、出口伤人；"不绮语"，就是不能花言巧语，说一些勾引诱惑的话，引导人去做恶事。《弟子规》也说："凡出言，信为先，诈与妄，奚可焉。"又说："奸巧语，秽污词，市井气，切戒之。"这都是没有修养、没有教育所导致的。"不两舌"，就是不能搬弄是非、挑拨离间。这些都是对言语最基本的要求，但是人们常常做不到。这确实是"人不学，不知道"，把错误的当成正常的去奉行，积非成是。

古人讲"言为心声"，一个人的言语通常表达了他的心声，一个人所思所想会从言语不自主地表现出来。"君子之爱人也以德，细人之爱人也以姑息。"君子爱人都是希望对方提升德行，所以，表现在言语上总是说利益人的话；而小人爱人是姑息人的过失，顺从人的欲望，表现在言语上往往是取媚于人，让人自我感觉良好，甚至飘飘然。人要懂得辨别什么样的言语才是爱语，什么样的言语才是正直之语，才是真正有利于自己。

【子曰："君子道人以言，而禁人以行，故言必虑其所终，而行必稽其所弊，则民谨于言而慎于行。《诗》云：'慎尔出话，敬尔威仪。'"】

"道"同"导"，引导，教导；"禁"同"谨"，谨慎；"终"就是结果；"稽"就是考察。

孔子说："君子以言语教导人向善，以身作则，教导人行为谨慎，每说一句话，必定先想到它的后果，每做一件事，必定先想到它的弊端，这样人民才会说话谨慎而行事小心。《诗经》说：'言出于口，务必谨慎，仪态端庄，威严恭敬。"

周成王和周康王在位时期，监狱四十年没有死刑犯，被称为"成康之治"。《淮南子》称赞周成王、周康王继承了文王和武王的基业，他们"非道不言，非义不行，言不苟出，行不苟为，择善而后从事焉。由此观之，则圣人之行方矣"。不符合道的话不说，不符合义的事不行，说话从来不随便出口，行为举止也都符合经典，择善而从，不敢随意作为。从这里可以看到，圣人的行为是方正的，可以作为后世表率。

【子曰："为上可望而知也，为下可述而志也，则君不疑于其臣，而臣不惑于其君矣。上人疑则百姓惑，下难知则君长劳。故君民者章好以示民俗，慎恶以御民之淫，则民不惑矣。"】

"可望而知也。"陈澔《礼记集说》："君之待臣，表里如一，故曰可望而知。臣之事君，一由忠诚，其职业皆可称述而记志。"什么叫"可望而知"？君主对待臣子做到表里如一，所以一望可知。

"可述而志也"，"志"就是"知"的意思。《礼记集解》："志，犹识也。"和"默而识之"的"识"是相通的。"可述而志，谓其言可称述而记识也。"什么叫"可述而志"？臣子奉事君主能够忠诚，所以被记载下来，为后人所了解、效法。

"上人疑"，《礼记集解》："疑，谓好恶不明也。""下难知"，有奸诈不测之心。"淫"就是贪婪、奢侈。

孔子说："人君居上而能坦诚待下，一望可知，人臣居下而能勤勉尽忠，其职责功业皆可为人称颂牢记，那么君主就不会怀疑臣下，臣下也不会蒙蔽君主。居上位的好恶不明，就会使人民迷惑而不知所从；居下位的心怀奸诈，就会使尊长格外操劳。因此，治理人民，君主必须清楚表明自己的爱好,以引导社会风气,谨慎自己的行为,不要沾染恶习,以防止人民也随之放纵欲望,这样人民就不会陷于迷惑。"这就是《孝经》所说的"示之以好恶,而民知禁也"。要明白晓示人民,让他们知道,作善就应该受到奖励,作恶就应该受到刑罚,这样人民就知道禁令的重要性,而不敢违犯法纪。

对在位者而言,什么是应该提倡的,什么是不应该提倡的,喜好什么,厌恶什么,一定要清清楚楚、明明白白。《贞观政要·诚信》记载,贞观初年,有人上书皇帝请求斥退身边的佞臣,也就是邪佞的、谄媚巴结、阿谀奉承的人。唐太宗对上书的人说:"我所任用的人,我都认为他们是贤臣。您认为谁是佞臣?"这个人就提了一个办法:"我在民间,的确不知道谁是佞臣,但是请陛下假装发怒,以试探身边的大臣。如果有人毫不畏惧,仍然直言进谏,就是正直之人。如果有人一味地依顺陛下,不分曲直地迎合陛下的意见,就是佞邪之人。"一般人可能觉得这个人很聪明,因为用这个办法立刻就能辨别直臣和佞臣,但是唐太宗没有采纳。"太宗谓封德彝曰:'流水清浊,在其源也。君者政源,人庶犹水,君自为诈,欲臣下行直,是犹源浊而望水清,理不可得。'"唐太宗说,君王对于整个国家而言,就像河流的源头,如果源头染污了,中下游的水怎么能够清澈?君王不真诚,臣子怎么能够真诚?如今君王希望臣子真诚、正直,自己却使用诈术,装雷霆之怒。这就如同水源浑浊却希望水清澈一样,是不可能的。

我们不能轻视意念的力量,假如领导者装模作样试探属下,属下也会受其影响。领导者经常疑神疑鬼,身边的人也会疑神疑鬼;领导者经常批评别人,身边的人也一定经常批评别人;领导者脾气很大,身边的人往往也脾气很大。如果属下没有学习圣贤教诲,没有辨别是非的能力，一定会上行下效，效法领导者的言行。人和人相处，会潜移默化地受到影响。古人特别强调，交什么样的朋友，和什么样的人相处，十分重要。"亲附善友，如雾露中行，虽不湿衣，时时有润。"一定要结交善良的君子贤人，和这样的人交往，就像在雾水、露水中行走，虽然打湿不了衣服，但时时能感受到德风的滋润，这样也会不知不觉提高德行。

真正有责任感的领导者，随时随地谨慎自己的言行，以免误导属下。说的每一句话都符合经典，而不是根据个人的意愿、喜好，这才是对属下真正的爱护。当然，这也需要有深入经典的功夫。唐太宗如果没有深入经典，可能会对这个人大加赞叹。唐太宗很有智慧，他懂得"因地不真，果遭迂曲"的道理。念头和手段都不真诚，臣子怎么可能响应的是真诚和正直？

唐太宗接着说："朕常以魏武帝多诡诈，深鄙其为人，如此，岂可堪为教令？"魏武帝就是曹操，曹操常用诈术，为唐太宗所不齿，这不是推行教化的好办法。

"谓上书人曰：'朕欲使大信行于天下，不欲以诈道训俗，卿言虽善，朕所不取也。'"唐太宗非常宽厚，又对这个上书人说："我想要诚信遍布天下，不想用诈骗的行为损害社会风气，你的话虽然很好，但是我不能采纳。"这句话也体现了唐太宗的智慧，他并没有责骂上书之人，没有因为自己真诚，就对别人的不真诚或者狡诈的行为轻视、傲慢，而是肯定了他为国出力的这份存心。

这段话也是教导人们，君臣相处要用诚心，才能互相感应。《群书治要·体论》有这样一段话："天地有纪矣，不诚则不能化育；君臣有义矣，不诚则不能相临；父子有礼矣，不诚则疏；夫妇有恩矣，不诚则离；交接有分矣，不诚则绝。以义应当，曲得其情，其唯诚乎。"

"天地有纪矣，不诚则不能化育。"天地有纲纪，不真诚就不能化育万物。天地的纲纪表现在一年有春夏秋冬，寒来暑往。对于任何人，对于山河大地，动物、植物、矿物，四时都是相同的，不是只为某一个人或者某一类动植物而来。它没有任何偏私，就如同春雨普润，它是无私的，万物都能平等地得到滋润。古人说："日月无私烛也，四时无私行也。"日月的光遍照大地，没有丝毫偏私；春夏秋冬也没有私行，"行"就是流行、行动。这就是大地的真诚，平等、无私地照顾万物，使天地万物各遂其生，各得其所，所以，天之道就是诚。

《中庸》也说："诚者，天之道也。"真诚是每个人本有的天性。不仅仅是人，也是万物的本性。这就是"天命之谓性"。"诚之者，人之道也"，人应该效法天道去体现、恢复这种真诚，这就是"率性之谓道"。依循经典、依循圣贤教诲恢复自己的明德，恢复自己的真诚，这就是修学之道。

《论语》中子张问善人之道，就是学做善人，还不是学做圣贤。要读圣贤书，成为圣贤人，还有更高的要求。学做善人只是最低的标准，但是这个标准对于现在人而言，也很难守住。怎样才能成为善人？孔子说："不践迹，亦不入于室。""践迹"，就是踏着足迹。不遵循成功之道去学习，怎能成为善人？要成就自己的学问，恢复自己的明德，就要"从明师受戒，专信不犯，精进奉行，不失所受"。否则，就不能登堂入室。"明师"并不是有名的老师，而是明理的老师、明白的老师。他按照经典的教诲来修学，有修有德甚至有证，是过来人。跟着他学习，才能学有所成。所以，要时刻谨记经典的教诲、老师的教诲。

所谓"不听老人言，吃亏在眼前"，哪些人是老人？尧、舜、禹、汤、文、武、周公、孔子，都是老人；《群书治要》所记载的经、史、子的教诲都是老人言。所以，要时刻铭记在心，时刻用这些教诲修正自己的行为。

"诚"，是人们本有的真心，但是习性障碍了真心的显现。只要克服习性，真心就可以恢复。从哪里入手？从格物入手。格除物欲和习性，智慧才能显现。格物，就要格除贪嗔痴慢疑和成见。比如"贪"，与人相处，斤斤计较，就无法达到真诚。当心中生起自私自利的念头，不懂得换位思考，也无法达到真诚。

烦恼起于爱憎，爱憎起于分别。《信心铭》："至道无难，唯嫌拣择，但莫憎爱，洞然明白。"烦恼都是源于爱憎之心，成就大道并不难，不过是格除人的分别、爱憎之心而已。有喜恶爱憎的感受，就是爱憎和分别的心。把分别、执着、爱憎的心格除，真心就会洞然恢复，明德和智慧就会显现。

在日常生活中，不论面对何种境缘，都应该修炼自己不起爱憎和分别的心，而且要常怀恭敬一切的心。挑剔外在的境缘，其实就失去了真诚。很多人遇到问题，总是想改变外在的环境，认为换一个工作、换一个团队，甚至换一个伴侣，就能改善状况，却永远不能解决问题。为什么？"境缘无好丑，好丑在于心。"一切外境缘分其实都是自己心的显现。古人说："智人除心不除境，愚人除境不除心。"一个人在境界中起分别、起爱憎，就会增加烦恼习气。而有智慧的人不向外求，他知道问题全部出于内心，缘分都是自己内心的感召和变现，只要不断放下分别、执着，境缘自然好转。人要有能力去转变境界，而不是被境界所转。"若能转境，则同如来"，看起来不好的境缘，实际上它本身并没有好坏之分，而是我们的心分别执着，有了爱憎，才有好坏之分。把一般人看起来不好的境缘，转为好的境缘，这才是真正的智慧。如果面对顺境和好的人际关系，就有贪爱之心；面对逆境和不好的人际关系，还有厌恶、憎恨，说明仍有嗔心。面对一切境缘都能充满感恩，就不会产生好恶，也不会逃避。

学习传统文化要时常冷静反省，自己的境界是否有提升，提升了多少，改掉了哪些习气。修学要在生活中勘验，要历事炼心。如果五年十年过去，贪嗔痴慢不仅没有逐渐淡化，反而越来越严重，那就学错了。对人不分别、不爱憎，认为当下就是最好的安排，全心全意、真诚慈悲地去面对一切事，境界就会很快提升。

修学就是修这颗心，看内心放下了多少，是否归于清净、平等、觉悟，而不在于背了多少经典。如果仅能背诵很多经典，而不能按照经典去做，这就是《弟子规》所说的"长浮华，成何人"，徒增虚荣之心。比如与人交谈，可以把《论语》《诗经》中的话讲得头头是道，但是与自己的日常生活、言谈举止、待人接物毫不相关，这就不是真学问，就很难得到真正的利益。

修学就是要在生活中养成没有分别、没有执着、没有爱憎之心。所有的境界都是上天的安排，都是考验人们最严重的习气。比如，一个人情执很重，总会遇到容易陷溺的境界，考验他是否对感情还有执着；一个人很爱生气，总会遇到容易生气的境界，考验他是否还会动怒，还有嗔心；一个人做事畏首畏尾，总会遇到没有退路的境界，让他只能破釜沉舟。人不分别，就得大受用；不挑剔境界，从内心下功夫，这就是"智人除心不除境"。愚昧的人恰恰相反，只是一味抱怨外在的境界，而没有观照自己内心是否还有贪嗔痴慢疑和成见，这就是"除境不除心"。即使外在的境界发生改变，同样的问题还会再次出现。

因为你在这个问题上没有过关,就像你考试没有及格,所以,同样的题目就要一考再考。原因就在于没有改变自己的内心。

恢复真诚,首先要将贪念放下,将追名逐利的心放下。一个人如果把名利、欲望看得很重,甚至超过了父母,怎么能够提起孝心?现在很多人认为自己很孝顺,但是如果看一看古代的德育故事,就会感到很惭愧。为什么?古人为了父母连死亡都毫不畏惧,所以能够显现出诚心。而我们为父母做了一点,微不足道,就自认为已经付出很多,这怎么能显出诚心?人的真诚之心不仅可以感化人,还可以感化动物,就看有没有足够的真诚。

《中庸》说:"唯天下至诚,为能尽其性,能尽其性,则能尽人之性。"至诚心显露就能见性;至诚见性之人就能感动他人;"能尽人之性,则能尽物之性",不仅可以感化人,动物、植物也可以被感化;"能尽物之性,则可以赞天地之化育",就可以和天地一样化育万物。"赞天地之化育,则可以与天地参矣",也可以说是"叁矣"。《三字经》讲:"三才者,天地人。"人和天地并列,称为"三才"。怎样才能办到?恢复真心,即至诚之心,就能办到。

人要懂得自爱,要明了自己有真心明德,不能糟蹋自己的本性本善。**人要恢复自己的明德本善,进而化育万物,这样的人生才是最有价值的人生。**

再看下一句:"君臣有义矣,不诚则不能相临。"君臣之间是有道义的,不真诚就不能相处共事。"义者,宜也",做君的有适宜的责任,做臣子的有适宜的本分,各尽其责,各守本分,君臣之间才能和睦相处,互相感恩,互相协助。"君使臣以礼,臣事君以忠。"君对臣的义就表现为对臣子恭敬有礼,作之君,作之亲,作之师。这样臣就会竭尽全力完成君交给自己的任务，这就是尽忠。"忠"就是为人臣的本分。

"父子有礼矣，不诚则疏。"前面学过《礼记·内则》，教导儿女侍奉父母应该遵循怎样的礼。礼有形式，长期遵循礼的要求，能够培养一个人的恭敬之心。但是如果徒有形式而缺少内心的恭敬，就无法达到真诚，父子之间的关系就会疏远。比如孝敬父母，给父母洗脚，如果只是给别人看的，或者让父母认同自己，而没有从内心表达对父母的感恩和恭敬，那就把礼变成形式，而重要的是体现出内心的诚敬。

"夫妇有恩矣，不诚则离。"夫妻之间是有道义、情义和恩义的，这才是真心，才和真诚相应。不诚就是把恩义、情义、道义都抛诸脑后。"不诚则离"，忘恩负义就会离异。《弟子规》："恩欲报，怨欲忘；报怨短，报恩长。"人与人相处，特别是夫妻之间，对方对我有恩，"受人滴水之恩，常思涌泉相报"。对方做了一百件事，有九十九件事对不起我，但是有一件事对我有恩，那我也要记住这一件事，而忽视那九十九件。不要老是把仇怨留在记忆里，每想起一遍就伤害自己一次，这确实是拿别人的错误惩罚自己。心里铭记的都是对方的付出和恩德，而把夫妻之间的不愉快给忘记，"诚"才能得以体现。宋弘"糟糠之妻不下堂"的典故，就是因为他能记住妻子与自己同甘共苦的情义。即使能和皇帝攀上亲戚，他都婉言谢绝。因为夫妻之间有真诚的爱心，面对成为皇亲国戚的诱惑，依然如如不动。

"交接有分矣，不诚则绝。"朋友之间要以诚信相交，天长日久，情分就像陈年老酒一样，越陈越香。但如果是以利害相交，或以权势相交，那就不会真诚了。"以利交者，利尽而交疏；以势交者，势倾而交绝。"

"以义应当，曲得其情，其唯诚乎？"以道义来处事待人接物，就能应对恰当。很多人总是担心自己言谈举止不恰当，实际上没有必要。以真诚之心，自然应对得当。"曲得其情"，就是细微详细地体察对方的心意和需要，或者了解事实真相。"其唯诚乎？"唯有用真诚心才能做到这一点。之所以不能感受对方的需要，就是因为没有真诚心。什么叫"诚"？曾国藩对此下了一个定义："一念不生谓之诚。"也就是放下妄想、分别、执着，心里没有一丝杂念，这样才能做到换位思考、将心比心，站在对方立场考虑对方的感受，才不会把自己的想法、喜好强加于人，这样才能看到对方真正的需要。所以，**大道至简，只在一个真诚心而已**。把真诚心运用到五伦关系，特别是君臣关系，能让君臣之间相处和睦，少了很多麻烦。

第二十讲 《大学》：做事、做学问的次第是先要求自己

这一讲继续学习《群书治要·礼记》，请看《缁衣》篇。

【子曰："大臣不可以不敬也，是民之表也；迩臣不可以不慎也，是民之道也。"】

孔子说："国君对大臣不可不敬重，因为他们是民众的表率；国君选择近臣不可不审慎，因为他们是民众的导向。""民之道也"，"道"和"导"相通。国君近臣的一言一行都代表君主的喜好，是民众遵循、依从的对象，所以要谨慎选择。

早在《尚书》就有记载，周穆王任用大臣伯冏为太仆正，就如何为君主选用臣子，包括侍御、仆从，说了一段教诲。侍御、仆从相当于现在的秘书、司机、保姆等，太仆正就是专门教导他们的人。周穆王这样说："伯冏，昔日文王、武王聪明睿智，合于圣道。所任用的臣子，无论大小，都忠心耿耿、诚实善良。侍奉左右的侍从、驾车的人，都是品行端正之人。"有这样的人朝夕侍奉、辅助君王，君王的出入起居，没有不恭敬整肃的；发号施令，没有不合于仁义的。百姓恭敬顺服，万国皆称其美。

"大臣不可以不敬也"，"大臣"，就是位高权重之人，也就是国家的高级领导干部，必须选用德才兼备之人。《孟子》也说："是以惟仁者宜在高位，不仁而在高位，是播其恶于众也。"要把那些有仁德之心的人选拔在领导的位置。如果一个人没有仁德之心，却高高在上，就等于把他的过恶扩散到民众中。实践证明，上行则下效；大臣不廉，小臣必污；小臣不廉，风俗必败。

【子曰："大人不亲其所贤而信其所贱，民是以亲失，而教是以烦。"】

"贱者"是指没有德行的人。"亲失"，"失其所当亲也"，也就是失去应当亲近的人。执政者不亲信大众心目中道德高尚的人，而亲信那些为人所不齿的卑鄙小人，人民因此失去学习、效法的榜样，教育的秩序也随之紊乱。

总结历史的规律，凡是君主亲君子、远小人，事业就会发达。相反，亲小人、远君子，事业就会衰败。如何辨别身边的人是君子还是小人？《群书治要·韩子》有句话说得特别简单："凡是奸臣和小人都有一个共同点，那就是特别喜欢顺着君主的意思去说话。君主认为什么是好的，他们一定跟着赞叹什么；君主认为什么是不好的，他们一定跟着诽谤什么。"

为什么小人危害巨大？《群书治要·体论》："左曰：'功巍巍矣！'右曰：'名赫赫矣！'今日闻斯论，明日闻斯论，苟不校之以事类，则人主嚚然自以为名齐于尧舜，而化洽乎泰平也。""巍巍"就是崇高、伟大，君主左边的人说，圣上的功勋真是伟大。"赫赫"就是声威显扬，右边的人说，圣上的声名真是显赫。今天听臣子这么说，明天听臣子那么说，如果不考察事实，君主就会变得愚蠢顽固，还扬扬得意，自以为可以与尧舜齐名，且教化广播，已经实现了天下太平。

君主为什么喜欢任用谄佞之臣？一个重要原因是君主过分喜好名声。《体论》讲："苟好之甚，则必伪行要名，而奸臣以伪事应之。"君主如果过分喜好美名、贪图虚名，就一定会用虚假的行为来求取。奸邪的臣子也会弄虚作假以应和。君主如果喜欢虚名，自然就喜欢听恭维、赞叹、肯定的话，同声相应，同气相求，结果所感召的臣子也是谄媚巴结、阿谀奉承之人，也就听不到臣子批评自己过失的言论，看不到事实的真相。

"一人而受其庆，则举天下应之矣。君以伪化天下，欲贞信敦朴，诚难矣。"如果一个人弄虚作假、谄媚领导而受到褒奖，天下的人就会起而效法。君主以虚伪来教化天下，还想要人正直、信实、敦厚、质朴，的确太难了。如果领导者好大喜功，下面就会出现浮夸之风，所以，领导者任用正直、有德行的人就显得特别重要。

【子曰："民以君为心，君以民为体。心庄则体舒，心肃则容敬。心好之，身必安之；君好之，民必欲之。心以体全，亦以体伤；君以民存，亦以民亡。"】

"**民以君为心，君以民为体。**"方严陵注曰："民以君为心者，言好恶从于君也。君以民为体者，言休戚同于民也。"人民的好恶顺从于君主，因此，君主的喜恶不能不谨慎，君主是民众的表率；君主和民众犹如一体，休戚相关，因此，君主应该视民如伤，爱民如子。

"**心庄则体舒**"，内心端庄，身体就会舒泰。内心端庄就是没有贪嗔痴慢疑，没有邪思邪念，表现在外就是行动舒缓、泰然自若。《了凡四训》："有人见君子而赧然消沮。"为什么？比如，一个人常有邪思邪念，或者总是做见不得人的事情，见到道德高尚的君子就会感觉羞愧、不好意思，这是一种不知不觉、自然而然的反应。由此就知道，为什么《中庸》教导人慎独，就是为了培养光明磊落的心性。古人说："独行不愧影，独寝不愧衾。"独自行走也不做坏事，不能愧对自己的身影，一个人睡觉也不能有邪思邪念，不能愧对所盖的这一床被子。这样的人，无论见到谁，都会坦坦荡荡，不会拘谨紧张。

"**心肃则容敬**"，"肃"就是严肃。内心严肃，表现在容貌上就会恭敬，所谓肃然起敬就是这个道理。

"心好之，身必安之。"内心喜欢什么，身体也一定会安于追求什么。比如，一个人喜欢仁义道德，那他也一定去干仁义道德之事，表现出来的行为就是仁义道德；内有贪财之心，外在才会有贪污受贿的行为。外在的行为只是自己内心意念、思想境界的反映。要杜绝贪腐，既需要以外在的法治监督机制进行约束，也需要道德教育，让人从内心筑起不想腐、不愿腐的堤坝。

"君好之，民必欲之。""欲"，"犹好也"，和"好"是同义词。君主喜好什么，民众一定跟着喜好什么。君主喜好仁义道德，民众也会随之追求仁义道德。君主骄奢淫逸，民众也会随之以骄奢淫逸为荣。

"心以体全，亦以体伤；君以民存，亦以民亡。"心会因为身体完好而健全，也会因为身体损伤而受伤；君王会因为百姓的爱戴、归顺而存在，也会因为百姓的怨恨、背弃而灭亡。这就是对前面"民以君为心，君以民为体"的进一步展开，强调君民是荣辱一体、休戚与共的关系。

《孔子家语》也有一句类似的话，唐太宗经常引用，引以为戒。"夫君者舟也，民者水也。水所以载舟，亦所以覆舟。"君民是同体相系、安危共存的一体关系。从历史上来看，若君民之间遵循一体之道，团结一心，结果就是天下太平；若君民之间偏离一体之道，分化对立，就会导致乱世。《群书治要·魏志》记载，夏商周每一个朝代都延续了几十世，到了秦朝只经历二世就灭亡了。什么原因？就是因为夏商周三代的君主视民如腹心，能与天下百姓共幸福、共忧患，而秦朝的统治者却视民如草芥，独裁专制，残暴无道，所以，一旦国家倾危就无法挽救，这就是"君以民存，亦以民亡"。为政者明白这个道理，自然就能做到"爱民如子，视民如伤"，也会采取礼主刑辅的治国方略。

《典语》说，君主的德行要合于天道。什么叫合于天道？就是要像天地覆佑万物一样，无私地爱护群生，才能受到万民敬仰。如果君主不能代表人民的根本利益，德不配位，必然衰亡。《尚书》记载，大禹也指出："德惟善政，政在养民。"而养民的关键就在为政者要正己之德，利民之用，厚民之生。正己之德，就是正己化人；利民之用，就是兴利除弊；厚民之生，就是使人民丰衣足食。这三件事做好了，就是"善政"。进一步说，民生是人民幸福之基，社会和谐之本。要实现民心归附，国家强盛，为政者就要有一体之仁。以百姓之心为心，为人民谋福祉。具体表现在：经济上要富民利民，帮助人民解决温饱，脱贫致富，安居乐业；政治上要爱民重民，倾听人民呼声，关心人民疾苦，维护人民利益；文化上要教民安民，让人民身心安乐，伦理关系和睦，还要提升灵性，厚德载物。"以民为本"的传统思想，是现在以人民为中心的发展理念的基础。

下面看《大学》篇。

根据郑玄《目录》："名曰《大学》者，以其记博学，可以为政也。此于《别录》属《通论》。"《大学》这部书记录的是很广博的学问，学好了可以从政。在古人看来，从政不仅仅要解决人民的温饱问题，更要教导人民伦理道德，提升精神境界，成就君子圣贤。《大学》开篇就说："大学之道，在明明德，在亲民，在止于至善。"宋朝朱熹注："大学者，大人之学也。"什么是"大人之学"？比如在位的天子、诸侯等，为政者都要学习这一部《大学》。除此之外，一般的读书人也要学《大学》。为什么？因为"大人"是有一些要求的。《易经》有句话说："夫大人者与天地合其德。"大人要效法上天覆盖、保护万物，大地承载万物没有偏私的精神。"天无私覆，地无私载，日月无私照。"这个注释和郑玄注"可以为政也"是一致的。

《群书治要》所选的《大学》，集中在王政最重要的方面，可谓儒家仁道之要义：

【尧舜率天下以仁，而民从之；桀纣率天下以暴，而民从之。其所令反其所好，而民不从。是故君子有诸己，而后求诸人；无诸己，而后非诸人。所藏乎身不恕，而能喻诸人者，未之有也。】

"尧舜率天下以仁，而民从之；桀纣率天下以暴，而民从之。"尧舜都以仁来领导天下，百姓也跟着行仁。夏桀、商纣以暴力横行天下，百姓也跟着做坏事。孔子最敬佩的就是尧舜的禅让制度。他们能够禅让，就是因为他们修身圆满。把天下让给贤德的人，说明自己完全不为私利。孟子说，像尧舜这些圣王，放下天子的位置，就如同放下破掉的鞋子，丝毫不觉得可惜。为什么？因为他们承担这个任务太久了，终于可以卸下担子松一口气。而他们担当天子，是因为没有人做，所以不得不去做。如果有更合适的人选，把责任担当得更好，一定是欢喜退让，这是圣贤人的存心。像尧的儿子丹朱、舜的儿子商均，都不够贤德，所以，尧舜没有选择他们接替自己的位置。尧推选了舜，舜又推选了禹，让天下之人得到明君，这都是出于公心。

《汉书·公孙弘传》有这样一句话："上古尧舜之时，不贵爵赏而民劝善，不重刑罚而民不犯，躬率以正而遇民信也；末世贵爵厚赏而民不劝，深刑重罚而奸不止，其上不正，遇民不信也。"上古时期，在尧舜的统治下，没有尊贵的官爵和丰厚的奖赏，百姓却相互勉励行善，争先恐后去做善事，不重刑罚，百姓却并不犯法。原因很简单，因为君主为臣民作出了正直的表率，而且对待民众非常守信。到了后世，有尊贵的官爵和丰厚的赏赐，作善就给予奖赏，有德的人就给予官位，但是百姓还是不能勉励行善，设立了严酷的刑罚，却不能禁止作奸犯科的事情发生。为什么？君主不正，而且对待百姓不守信。可见，上位者要想民众信服，心悦诚服地执行国家的制度、政策、教令，首先自己必须落实。

作为领导者，权威是怎么来的？真正的权威靠德行感召而来。权威分为三种：道德之威、暴察之威、狂妄之威。唯有道德之威，才能不失天下，使天下信服。若是狂妄之威、暴察之威，那就像夏桀、商纣一样，使百姓处于水深火热之中却不以为意。就如夏桀，底下的人都说："要推翻你，你要被推翻了！"夏桀非常狂妄，他说："天之有日，犹吾之有民。日有亡哉？日亡吾亦亡矣。"太阳灭亡了，我才会灭亡。后来老百姓果然起来造反，推翻了桀的统治。

《淮南子》回顾了这段历史：夏桀不关心朝政，放荡没有节制，汤王起兵，把他关在了焦门这个地方。到这时，夏桀还是不能反省自己，不认为自己有错，而是后悔当初没在夏台把汤杀掉。商纣王也是如此，他不理朝政，一天到晚饮酒作乐，不关心百姓疾苦，还制造了炮烙之刑残害百姓。后来，周武王把他困在宣室。到这时，他还是没有反省自己的过失，而是后悔当初没有在羑里把周武王的父亲文王杀掉。这些末代君主，都走上了绝路，遇到了灾难，还是不能反省，还在怨天尤人。古人说："长民治国之本在身。"一个国家有没有好的治理，一个团队能不能带好，很大程度上取决于领导者自身。

"其所令反其所好，而民不从。"君王发布的政令，如果和他平时的好恶正好相反，老百姓是不会听从的。这就是强调，民风民俗的变化是随着君主的身教而变化的，君主爱好财货，却禁止老百姓拼命追求财物利养，那是不可能制止的。

"是故君子有诸己，而后求诸人；无诸己，而后非诸人。""君子"有两种含义：一是有德行的人，不仅包括君子，还包括贤人、圣人；二是在位的人，如天子、诸侯等。用现在话来讲，就是有德行的领导人。"诸"是"之于"的合音，有之于自己。自己有了好的德行、善行，而后才要求别人有善行。自己没有恶行，然后才禁止别人作恶。所以，要先克服自身的毛病，然后才去帮助别人改正错误。《论语》记载了季康子问政于孔子，孔子对曰："政者，正也。子帅以正，孰敢不正？"季康子是鲁国三家大夫之一，他把持朝政，但又治理不好，所以，他问孔子怎样把政事办好。孔子的回答也很有用意："你季氏三家对鲁君不好，怎能让属下百姓对你好？"这也是因果。孔子把"政"解释为"正"，就是公正无私。办政事就要守住一个"正"字。这一句足以解答季康子的问题，但恐怕季康子还不能完全理解，于是又加以解释："子帅以正，孰敢不正？""帅"就是做表率。你是鲁国的上卿，下有大夫、士，只要你自己行得正，处处以身作则，谁敢不正？

古人说："言教者讼，身教者从。"如果仅仅用言语去教导，别人就会跟你起争讼，甚至逆反，"你自己都做不到，有什么资格说我？"现在孩子为什么会有逆反心？小的时候，他做错事，你就批评他，他不听，你再打他一顿。因为他弱小，迫于你身体的强大，他只能忍气吞声。但是随着年龄的增长，他的身体越来越强壮，你没有做对，还说他，他就不服气了，就跟你起争执。这是逆反产生的原因。所以，做家长、做老师、做领导的，一言一行、一举一动都符合《弟子规》的要求，你不要求你的儿女、你的学生、你的属下，他们自然都能做得很好。这就是"以身教者从"。

很多人一提起道德教育就很反感，为什么？一个重要的原因是，把道德教育变成了说教。**其实，中国古人的道德教育主要是给领导者讲的**，"圣人治吏不治民"，也就是当领导的做到了，老百姓自然会跟着做道德之事。这里说："君子有诸己，而后求诸人；无诸己，而后非诸人。"自己做到了，才教别人这样做；如果自己没有过错，才可以说别人的过错。俗话说"上梁不正下梁歪"，季康子身体力行，自己做得正，对鲁君守住臣子之礼，处处合法合规矩，以身教教导人，谁敢不正？"政者，正也"，这句话虽然是对季康子说的，但是后世领导者都应该把它当成至理名言，反求诸己，要责备自己，不要责备别人。

现在学习传统文化，有的人觉得传统文化特别好，也希望别人都来学习，一有机会就把传统文化介绍给别人。这是好心。但是，如果很多教诲自己都没有力行，就很难让人树立信心，也容易让人怀疑。别人会说，传统文化这么好，为什么你自己没有做到？好像也好不到哪儿去。无形中就让人对圣贤教诲产生怀疑，甚至对我们的行为产生反感。所以，《大学》这句"君子有诸己，而后求诸人"特别重要。君子总是自己先做到，然后才去教导别人，自己没有做到，绝对不去要求别人。古人教导我们："正己而不求于人，则无怨。"端正自己，把自己做好，不去要求别人，就不会招致怨恨。如果处处要求别人，自己却做不到，别人就会不服气，就会有逆反心理。

《大学》："身修而后家齐，家齐而后国治，国治而后天下平。"做学问的次第非常重要，不要把时间花在给别人介绍，而是先学一句，就反省自己有没有做到，先要求自己，而不是去要求别人。重点一定要放在自己身上，自己做好了自然会感化别人，就像春风化雨，自然带动别人一起来力行传统文化。

有句话叫"五十步笑百步",自己没有做好,而希望别人做好,这是不可能的。《中庸》讲,君子的修身和弓箭手的射箭有异曲同工之处。弓箭手把箭射了出去,"失诸正鹄",没有射中靶心,应该是什么样的态度?立刻反省自己的技艺哪里不够精湛,哪里有待提高。君子的修身也是如此,凡是不合己意,那是没有达到理想的境界,也要反过头来反省自己,是否自己的德行、能力和智慧有欠缺。

"所藏乎身不恕,而能喻诸人者,未之有也。"孔颖达《礼记正义》:"言无善行于身,欲晓喻人为善行,不可得也。"自身没有善行,却想教导他人为善,是不可能做到的。

《论语》记载了季康子患盗,问孔子。孔子对曰:"苟子之不欲,虽赏之不窃。"凡事都有因果,因为季康子等三家分去了鲁君的权力,所以三家也受制于家臣。这一章就是季康子家患盗,请教孔子怎么办。

"盗",并不是"小贼大盗"的意思。《说文解字》:"盗,私利物也。"凡是有私欲贪利的心,就是盗。"盗"是一个会意字,从水从欠从皿。也就是说,见到器皿就有了欲求的心,这已经是有盗心了。这个东西有主,别人也没有给予你,结果你把它据为己有,甚至只要有了贪得的心,就已经有盗心了。三点水加一个"欠"字,就是"次"(音闲),有垂涎欲滴的"欲"的含义。《说文解字》解释为"欲皿为盗",说明儒家也认为,只要有了贪欲之心、希望得到的心,就是盗。宋儒经常讲"窒欲",有了私欲,就要杜绝它,不要让它发展下去。当然,这句话也是容易说,但是难以做到,一般人都把它当成记问之学,没有用来要求自己。

孔子认为,人有了欲求之心,才有盗心;有盗心,才会做盗贼。

所以他答复季康子："假使你自己不贪求，没有贪求之心，即使你奖赏别人去偷盗，别人也不会去。"凡是争执，包括争执物品，都源于私心滔滔。如果你没有私欲之心，就没有盗。反之，自己的私心贪欲很重，而要求老百姓没有贪欲，大公无私，这也是不可能的。这就是"所藏乎身不恕，而能喻诸人者，未之有也"。自己尚且不能以仁恕存心，却能教导别人明白事理，这种事是从来没有过的。

【故上老老而民兴孝，上长长而民兴悌，上恤孤而民不背。】

郑玄注："老老长长，谓尊老敬长也。"朱子《四书章句》："老老，所谓老吾老也。兴，谓有所感发而兴起也。""悌"，就是"善事兄长"。在中国古人看来，兄弟姐妹骨肉一体，就像一个身体，谁也离不开谁，相互之间要友爱，兄友弟恭，做兄长的要友爱帮助弟弟妹妹，做弟弟妹妹的对兄长要恭敬听从。古人把兄弟的友爱之心推而广之，《礼记》："十年以长，则兄事之。"比我们长十岁左右的，对他的态度和礼节要像对待兄长。

什么是"孤"？《礼记·王制》："少而无父者谓之孤。"年少没有父亲的人，叫"孤"。人们经常说孤儿。"老而无子者谓之独，老而无妻者谓之鳏，老而无夫者谓之寡。此四者，天民之穷而无告者也。"这四者都是非常穷困而无处求助的人。

孔颖达疏："孤弱之子，人所遗弃，在上君长，若能忧恤孤弱不遗，则下民学之，不相弃倍也。"这些孤弱之子都是为人所遗弃，孤苦无依。如果在上位的人体恤他们，不遗弃他们，下面的民众也会学习效法，不会抛弃这些孤弱之人。在上位的人尊敬老年人，百姓中间孝敬之风就能兴起；在上位的人能敬待长者，百姓中间友悌之风就能兴起；在上位的人能体恤孤苦无依的人，百姓中间就不会相互背弃。

历史上有著名的"文景之治",汉文帝能致天下太平,一个重要原因就是他自己也是一个孝子。生母薄太后生病三年,汉文帝在旁照顾,目不交睫,衣不解带,常常困了只打一个盹儿,睡觉衣服都不解开。每次给母亲进奉汤药,一定要先尝一尝温度适不适合。

文帝贵为天子,富有四海,下面的奴仆一定很多,只要他说一声,哪一个不会尽心尽力去侍奉他的母亲?但是文帝作为孝子,能够从内心表达对母亲的那种关爱,事必躬亲,上行而下效,整个社会也兴起孝悌之风,实现了天下大治。

再看悌的例子。中国历史上,兄弟姐妹互相关爱的也非常多。唐朝唐英公李勣,虽然贵为仆射,仆射就是唐朝的宰相,姐姐病重,他亲自为她烧火煮粥。结果不小心烧到了胡须,姐姐就劝他:"下面有很多的奴仆婢妾,都可以供你使唤,你何必亲自动手为我煮粥?"他回答说:"我亲自为您煮粥,是因为想到姐姐年纪已经很大了,我自己年纪也很大了,我们的时日都有限,虽然想长久地为您煮粥,来尽我的一点心意,又能有多少次?"

古人评论说:"古称孝子爱日,若英公之奉姊亦可为爱日者矣。"什么叫"爱日"?古代的孝子都珍惜时日,知道父母年老日衰,在世间不会太长久了,所以,特别珍惜和父母在一起的时间,想方设法侍奉双亲。像唐英公李勣这样侍奉姐姐,也称得上是爱惜时日。

古人这些行谊都是提醒我们,行善不能等,行孝不能等,行悌也不能等。要趁着父母兄弟都还健在,还有机会,多给予关爱。

《孝经》:"事兄悌,故顺可移于长。"侍奉兄弟能够友悌,随顺之心就可移于长辈。"顺"就是随顺。能尽孝道的,其心和,培养起一种亲和的品质;能修悌道的,其心顺,培养出一种随顺的品质。"和顺"

两个字，就把孝悌的精神讲出来了。这也是为什么中国古人这么重视孝悌的教育，为什么以孝治天下的原因。

如今仁爱不兴，五伦关系紊乱了，讲仁慈博爱也没有什么效果。什么原因？去救助人，有的受救助者没有感恩，这又是什么原因？像在国外，对于鳏寡孤独废疾者，就是老弱病残幼弱势群体，政府给予特别优厚的待遇，有很多福利，但是这些人不仅没有感恩之心，甚至还会做一些假证据，为的是获得政府更多的资助。这些现象，原因出在哪里？《论语》中的一句话，把原因讲出来了，那就是"孝弟也者，其为仁之本与"。仁爱不兴，就是因为不孝不悌。

修福修慧最好的办法就是行孝道、行悌道，然后又给人讲孝道、讲悌道。《孝经》："先王有至德要道以顺天下，民用和睦，上下无怨。"古圣先王有至高的德行，至简的道理，能使上下和睦相处，人与人之间没有怨言，这很重要。怎样才能和睦相处，而不是对立？"至德要道"是什么？就是孝，就是悌。

孟子也说："亲亲而仁民，仁民而爱物。"一个人的仁爱之心从哪里培养起来？"亲亲"，从亲爱你的父母做起；把这种亲爱之心推而广之，关爱百姓，关爱人民；又把这种爱心推而广之，扩大到万事万物。所以，"为人必先自孝悌始也"，必须找到爱的原点，原点就是孝悌。为什么对人没有爱心？因为不爱父母、不爱兄弟。道德教育不得力，一个重要原因就是没有从孝悌这个基础做起。

一个人不以孝悌之心和人相处，以功利之心与人交往，结果就是诸事不顺。很多人觉得奇怪，说中国人不讲逻辑，做事顺不顺利和孝不孝敬父母有关系？"诸事不顺，皆因不孝"。首先，儿女教育不好。一个人不孝父母，儿女也跟着学习，长大后也不会孝敬父母；孩子成了小公主、小皇帝，以自我为中心，不会想到父母。

现在很多高官落马，很多人说你们讲孝有什么用啊？这个人也是一个孝子，不照样贪污受贿、违法乱纪吗？其实他不懂得什么是孝。《弟子规》："身有伤，贻亲忧；德有伤，贻亲羞。"儿女身体有了病，父母会感到忧愁；儿女德行上有不足，父母会跟着蒙羞，这更是大不孝。孝包含养父母之身、养父母之心、养父母之志多个方面。贪污受贿锒铛入狱，怎能说是一个孝子？

曾子说："居处不庄，非孝也；事君不忠，非孝也；莅官不敬，非孝也；朋友不信，非孝也；战阵无勇，非孝也。五者不遂，灾及于亲，敢不敬乎？"如果你的生活起居不庄重，人家会说你没有教养。像我们这一代人，最怕别人说的就是没有教养，为什么？因为这句话不仅说到自己，还说到了我们的父母，说父母没有把我们教育好，让父母蒙羞。所以，"居处不庄"就不是孝道。"事君不忠，非孝也"，奉事君主，不尽心尽力，这也是不孝。如果不忠心奉事君主，还做违法乱纪的事，最后东窗事发，锒铛入狱，确实也是让父母蒙羞，殃及父母。"莅官不敬，非孝也"，做官没有恭敬心，对自己的事业不恭敬，不尽心尽力，这也是不孝。"朋友无信，非孝也"，朋友之间不讲信义，人家也会骂你，也会伤害到父母。"战阵无勇，非孝也"。这五者做不好都会让父母蒙羞，甚至给父母带来灾难。这也说明一个孝子，确实是面面俱到，几乎就是完人。

"孝悌也者，其为仁之本与？"这句话在《四书蕅益解》也有一段注解，讲得非常好："为仁，正是为人；不仁，便不可为人矣。作乱之本，由于好犯上；犯上之本，由于不孝弟。""为仁"的"为"是动词，就是求的意思，君子求仁，君子行仁。而学仁、求仁也都是为了学做人，所以，"不仁，便不可为人矣"。一个人如果没有仁德之心，便不能称为人。"仁"，《说文解字》解释为："从人，从二。"这是一个会意字，"言己与人相亲爱也"。"仁"就是天地同根、万物一体，能够这样去对待他人，把他人和我视为一体，没有我和他人的区分，这才是真正的"为仁"。能够达到这种境界的，在儒家就称为"圣人"。

"作乱之本，由于好犯上；犯上之本，由于不孝弟；不孝弟，由于甘心为禽兽。"孝悌是教育的根本，人与禽兽之所以不同，就是要接受教育，如果不接受教育，就和禽兽没有区别了。孟子也说："饱食、煖衣、逸居而无教，则近于禽兽。"不懂得做人的道理，不能行孝悌，那跟禽兽就没有两样了。"若不肯做衣冠禽兽，必孝弟以为人。"如果不想做禽兽，就要学习做人；而学习做人，就要从孝悌开始。

"为人，则仁义礼智自皆具足。故孝悌是仁义礼智之本。"仁义礼智就是人道。做不到仁义礼智，做人的资格就没有了。儒家把仁义礼智信称为五常，《左传》也说："人弃常，则妖兴。"五常大道都不讲了，不仁、不义、无礼、无智、无信，结果就会出现五伦关系的紊乱，社会上各种道德败坏的现象都出现了。

"盖孝弟，是良知良能；良知良能，是万事万物之本源也。""孝弟"是人自性本有的性德，也称为良知良能，王阳明讲的"致良知"就是这个意思。良知，用俗话来说就是良心，比如做了坏事、恶事，人会感到身心不安，感到良心受谴责，说明这个人还有救。如果做了恶事、坏事，心安理得，没觉得良心不安，这个人就是麻木不仁，就堕落得离禽兽不远了。有良知，有良心，才是人之为人的根本。

"论性则仁为孝弟之本，论修则孝弟为仁之本。天下大乱之原，自不孝不弟始。孝弟，则仁慈兴而乱机息矣。"这是从性和修两个方面讲。从性德上来说，仁爱之心是万事万物的本源，在和父母兄弟的关系上表现为孝和悌，在领导与被领导的关系上表现为仁和忠，在朋友关系上表现为信，在夫妻关系上表现为夫义妇德。从性上来说，仁是孝悌之本；而从修德上来说，孝悌之心是仁爱之心的根本。培养仁爱之心，修养仁爱之心，必须从培养孝悌之心开始。

"天下大乱之原，自不孝不弟始。孝弟，则仁慈兴而乱机息矣。"想实现社会和谐、人心安定，一定要提倡孝道，提倡仁义礼智信。从哪里做起？不要求别人，从自己做起。很多人说别人都是怎么怎么样的，别人不讲信用，别人不讲仁爱，我们这样做是不是吃亏？别人不讲信用，别人贪得无厌，那是别人自甘堕落。如果向他们学习，那也是随之堕落。所以，他们是他们，我们要学做人，做到仁义礼智信，做人才合格，才有资格。我们要问一问自己，想不想有好的结果，将来想到哪里去？如果想有好的结果，那就从自身修起，别人做不做与我们无关。而且我们身体力行了，也有了好的结果，就会让人对仁义礼智信生起信心。人家一看你，生活得很好，事业很顺利，事事顺心如意，身心安宁。"仰不愧于天，俯不怍于人"，为什么自己不这样去做？这也是为社会大众做好的榜样。

"然则兴孝弟之道奈何？曰：'上老老而民兴孝，上长长而民兴弟，上恤孤而民不悖。'不孝不弟之人而居上位，天下大乱所由生也；孝弟之人而居上位，天下大治所由生也。"怎样才能兴起孝悌之道？那就是在位的领导者力行孝悌之道，进而弘扬孝悌之道，社会才能兴起孝悌之风。孝悌之人居于领导的位置，天下大治才会有希望。

【所恶于上，毋以使下；所恶于下，毋以事上；所恶于前，毋以先后；所恶于后，毋以从前；所恶于右，毋以交左；所恶于左，

毋以交于右。】

　　厌恶上司的一些做法，就不要这样去对待下属。比如，上司颐指气使，不尊重、不体谅自己，也要避免这样去对待下属。厌恶下属的一些行为表现，就不要这样去对待上级。比如，下属办事不认真负责，应付差事，不主动汇报请示，也要避免这样去对待上级。不满意前人做过的事，就不要接着去做，以免遗患后人。比如，前任给你留下一个烂摊子，不明不白，就不要这样去对待后面接手自己工作的人。再比如到了旅游景点，前面的人不讲卫生，不爱护环境，垃圾随手乱丢，在文物上随意刻画，写上自己的名字，你很厌恶，自己就要避免这样的行为，以免招致后面人的厌恶。再比如婆媳之间相处，不满意婆婆对自己苛刻，管制、干涉太多，自己当了婆婆，也不要这样去对待儿媳。不愿意后面的人怎样对待自己，就不要这样去对待前面的人。比如作为父母，不希望儿女对自己不耐烦，没有孝心，说话没有礼貌、厉声戾气，不恭敬自己，就不能这样去对待父母。不喜欢左边人的行为，就不用这种行为与右边的人交往。同样，不喜欢右边人的行为，就不用这种行为与左边的人交往。这里的"交"是平辈人，身份、地位平等的人之间的交往。比如，不希望朋友对自己不讲诚信，自己对朋友也不能不讲诚信。这就是对上下、前后、左右都要讲恕道，这就是《弟子规》所说的"将加人，先问己；己不欲，即速已"。这句话很简单，但是如果你时时处处都用来要求自己，就知道什么事情该做，什么事情不该做。

　　《孔子家语》记载，孔子曰："君子有三恕。"哪三恕？"有君不能事，有臣而求其使，非恕也；有亲弗能孝，有子而求其报，非恕也；有兄弗能敬，有弟而求其顺，非恕也。士能明于三恕之本，则可谓端身矣。"对君主不能尽心奉事,却要求部属供自己使唤,这就不是恕道。一个人在社会上有多种角色,可能既是领导者,又是被领导者。作为被领导者,对领导者是怎样的态度,也直接影响了部属对待他的态度。因为他的一言一行、一举一动,属下都在观察、学习。如果希望下属竭忠尽智,有诚信,言出必行,那我们对待自己的领导也须是这样的态度。

如果对父母不能尽到孝道,却要求儿女回报自己的恩德,这也不是恕道。就像现在很多父母对儿女的关心无微不至、有求必应,对父母却不理不睬,不能尽心竭力,结果把孩子都溺爱成小公主、小皇帝,还希望等自己老了,他们能够回报,这就不是恕道。父母每一天的言行举止,其实都是给孩子身教,教导孩子行孝道不是仅靠言语就可以的。父母怎么做,儿女从小都能观察到,就会成为他以后对待父母的行为方式。现在孩子对父母没有耐心,说话不理不睬,没有恭敬心,什么原因?反省一下自己对父母的态度,就知道错在哪里。

有兄长不能尊敬,却要求弟弟顺从自己,这也不是恕道。为什么有兄不能敬?因为自己钱多,财大气粗,或者官位高,对哥哥姐姐就没那么尊重了,没有做到兄友弟恭。

【诗云:"乐只君子,民之父母。"民之所好好之,民之所恶恶之,此之谓民之父母。】

这句话出自《诗经·小雅·南山有台》,是赞美周成王的诗篇。"乐只君子","只","是、此、这"的意思。《诗经》说:"和乐在上的君子,这才是老百姓的父母。"老百姓喜欢的事情我们也喜欢,老百姓厌恶的事情我们也厌恶,这可以算作老百姓的父母官了。这就是强调,治理百姓,无非都是从自己的需求去推知百姓的需求,然后应该怎么做就十分清楚了，就是这么简单。

老百姓都希望什么？老百姓都希望五伦十义，五种伦理关系能够和睦相处，希望儿女孝敬、夫义妇德、朋友有信、君臣有义，这些是人民所希望的。治理国家就要教导百姓做到五伦十义，重视伦理道德的教育，"建国君民，教学为先"。

【好人之所恶，恶人之所好，是谓拂人之性，灾必逮夫身。】

"拂"就是"逆"的意思，就是违背；"逮"就是及、到达的意思。

一般人都好什么？都好仁义道德。为什么这么说？即使不孝之人，你称赞他孝，他也会心生欢喜。讲仁义道德的人，对任何人都是以仁爱之心相处，待人诚恳，关心人、爱护人、帮助人、利益人，一切都是以善意待人，而不会谋害人、怨恨人、嫉妒人、障碍人。用仁义道德教导人，让人学习圣贤教诲，比如仁者爱人，君子爱财，取之有道，要孝敬父母、友爱兄弟、尊老爱幼、尊师重道，这都是人之所好，应该大力宣传支持。

如果反过来并不支持这些，反而宣传那些杀人偷盗、暴力色情、违法犯罪，就是"好人之所恶"，就是悖逆人性，不符合人的理性。这样，灾难一定会降临。

为政者要教人伦理道德，教人成为君子、圣贤，而不只是教导人知识，把高等教育变成高等知识和技能的传习所，而忽视了做人的教育，那是教育的悲哀。

为政者要认真学习《大学》，明白什么是"大人之学"。掌握"大人之学"，就要"明明德""亲民""止于至善"。不仅要开发自己的明德，彰显自己的明德，还要教导百姓彰显他们的明德。这两者都做到至善圆满的境界，叫"止于至善"，这样才能当好领导、办好政事。

第二十一讲　婚礼，代代出圣贤的起点

这一讲继续学习《礼记》，请看《昏义》篇。这一篇是解释《仪礼·士昏礼》的义理。根据郑玄《目录》："名曰《昏义》者，以其记娶妻之义，内教之所由成也。此于《别录》属《吉事》也。"这一篇讲的是娶妻的道理，也是家教所以成就的根本。为什么用黄昏的昏？郑玄谓："娶妻之礼，以昏为期，因名焉。"娶妻之礼选择在黄昏进行，因此称为"昏义"。

孔颖达《礼记正义》："必以昏者，取其阴来阳往之义。日入后二刻半为昏，以定称之。婿曰昏，妻曰姻。"后面接着说："谓婿以昏时而来，妻则因之而去也。"为什么婚礼必定选择在昏时进行？它取的是阴来阳往之意。也就是黑天要来了，白天要走了。昏，具体是指什么时候？中国古代长期使用漏刻计时，一昼夜，也就是24小时，分成100刻，一刻就是14.4分钟，二刻半正好是36分钟。也就是日落后36分钟，称为昏。为什么称婚姻？确切地讲，对于女婿而言，称为婚；对于妻子而言，称为姻。女婿在昏时迎娶，妻子是因男子而去，因此称为婚姻。

下面看经文。

【昏礼者，将合二姓之好，上以事宗庙，而下以继后世也，故君子重之。男女有别，而后夫妇有义；夫妇有义，而后父子有亲；父子有亲，而后君臣有正。故曰："婚礼者，礼之本也。"夫礼，始于冠，本于婚，重于丧、祭，尊于朝、聘，和于乡射：此礼之大体也。】

古人非常重视婚礼，因为结婚并不是两个人的私事，而是"昏礼者，将合二姓之好"。古礼规定同姓不婚。凡是结婚，一定是两个姓氏的结合。"**上以事宗庙**"，对上可以奉事宗庙、祭祀祖先。"**而下以继后世也**"，对下可以传宗接代，承继香火，使家风、家业、家道代代承传。正因为婚礼有这么重大的意义，关系到家族的荣辱兴衰，是代代培养出贤德的子孙，还是富不过三代，培养出啃老族、败家子，所以，不能不慎重，"**故君子重之**"。

据司法部门统计，80%以上的未成年人犯罪都出自不健全的家庭。现在由于对婚姻的不重视，各种不健全的家庭越来越多。人们常说家庭是社会最基本的细胞，如果很多细胞都生病了、不健康了，身体也不可能健康，出现很多社会问题，比如堕胎、家庭纠纷，还有单亲子女的暴力倾向、情感冷漠、心理不健全等。

现在讲"中国之治"，如果懂得中华优秀传统文化，懂得礼乐教化在社会治理中的作用，更能讲到其独特之处和微妙之处。

前面讲过，婚礼有六个步骤：纳采、问名、纳吉、纳征、请期、亲迎。除了纳征，其余皆用雁。为什么用雁？《白虎通》讲："雁取其随时而南北，不失节也。又是随阳之鸟，妻从夫之意也。"雁是随着时节飞到南方，飞到北方，"不失节也"，这是同义语，期望女子不失贞节。"又是随阳之鸟，妻从夫之义也"，希望女子能够夫唱妇随。而且每逢男方的使者到来，女方家长都在供奉祖先的家庙铺设筵几，拜迎使者于门外。进入庙门，宾主揖让升阶登堂，在厅堂听使者传达男方家长的意见。之所以这样做，就是表示对婚礼的敬慎和郑重其事。婚礼有很多步骤，目的就是表达对婚礼的重视，提起夫妻双方的责任感，不能视婚姻如儿戏，更不能像现代人那样"闪婚闪离"。

迎娶那一天，做新郎的在去娶亲之前，首先要祭拜天地、祭拜祖先。提醒自己，婚姻不是两个人之间的私事，关系到两个家族的命运，而且关系到社会的安定、天下的太平，所以，礼节非常慎重，要表达把家庭经营好、把儿女教导好的存心。

儿子去娶妻之前，要接受父亲的敬酒。中国人特别强调长幼有序，平时都是儿子毕恭毕敬地给父亲敬酒，但是这一天，次序换了，变成父亲给儿子敬酒，而且还是代祖先向儿子敬酒，儿子还不必回礼。这个动作就让儿子提起责任，知道这件事非同凡响。从此，祭祀祖先的责任、家庭的德风就要由自己来承担。

到了女方家里，女方的父母亲手把女儿交到新郎的手上。意思是说，我女儿一生的幸福都托付给你了，你对她要有耐心、要关爱、有责任感。嫁女儿是一件很开心的事，但同时也有很多担忧，担心女儿到了夫家，是不是能够担当好责任？婆媳关系是不是能够处理好？女婿对女儿如何？等等。新郎也能够体会到岳父岳母的心情，所以他接过新娘的手，带着新娘一起跪拜岳父岳母，感恩岳父岳母为自己培养了一位贤内助，同时也希望岳父岳母放心，自己会善待他们的女儿。

新娘坐上花轿，一定要做一个动作，那就是把她的香扇，从轿子的窗口抛出去。为什么要做这个动作？因为女儿在家，是父母的千金小姐、掌上明珠，备受父母关爱，小姐脾气很多。比如天气稍微热一点，她要拿香扇扇一扇："天气好热呀！"很多娇里娇气的习气。但是现在要为人妻、为人母了，就要把这些习气毛病随着这一把香扇全都抛出去，抛得一干二净。

到了丈夫家里，公公婆婆本来是在主人的位置上，现在他们从主人的位置上退下来，把儿媳妇接上去。什么意思？从此，这个家就托付给你了，你是家庭主妇，责任重大。要上孝公婆、中和妯娌、辅助丈夫，下教育好子女，须有厚德才能承担好。"地势坤，君子以厚德载物。"女子越有德行，越能够忍辱负重，家庭的幸福才越有保证。

你会发现大地越是污秽的地方，植物长得越茂盛，"地之秽者多生物"。说明什么？女子越能够忍辱负重，家庭的幸福就越有保证。古人有句话说："娶一个好的妻子，可以旺三代；娶个不好的妻子，可以败三代。"这都不是夸张。家庭的幸福，很大程度上取决于女子的德行。

夫妻两个人喝交杯酒，也喝得很有味道。拿一个葫芦瓜，一切两半，一人一半。葫芦瓜的丝是苦的，酒是甜的。两个人喝了交杯酒，意味着夫妻同甘共苦，白头偕老，彼此扶持共度一生。所谓"夫妻一条心，黄土变成金""二人同心，其利断金"。而且提醒双方，夫妻本来就是一体的，不分彼此，所以，不要经常计较。

酒喝完，还要用绳子把这两半葫芦瓜系在一起挂在墙上，提醒以后看到这个葫芦瓜，就想到两个人最初结合时的存心。在以后的家庭生活中，不要因为磕磕绊绊，就忘了初心。

婚礼的每一个步骤都不是嬉笑游戏，而是提起一个人对婚姻的责任感，提起一个人的正知正念。婚姻之礼可以使丈夫有恩义、有情义、有道义，使妻子更加有德行，忍辱负重。

但是很遗憾，这样好的婚礼没有保持到现在，后人没能理解和承传古圣先贤的良苦用心。不仅没有理解，还妄加批判。我们其实是大树下面好乘凉，这棵大树就是中华优秀传统文化，已经承传五千年，枝繁叶茂。后代子孙蒙受庇荫，却不知道感念祖先的恩德，还要拿斧子把大树给砍倒，这是非常折福的行为。现在社会出现很多问题，都不是偶然的，是因为不遵循祖先的教诲，不感念祖先的恩德所致。

"男女有别，而后夫妇有义。""男女有别"的"别"，并不是地位上的差别，而是职责上有分工。所谓男主外女主内，就是男子负责养家糊口，让家人衣食无忧。特别是在农业社会，这个责任主要由男子来承担。但是一个家有钱就够了吗？有钱就可以幸福吗？除了有钱，还有一个更加重要的职责，那就是教育儿女。这一项职责不能推给别人，比如推给电视，推给保姆，推给孩子的祖父母，必须由母亲亲自承担。这样夫妻配合，把儿女教导好。

现在的社会，男人去挣钱，女人也去挣钱，职责上没有分工。结果是什么？夫妇之间的情义可能就差了很多。有女子会想，你能挣钱，我也能挣钱，你有什么了不起？"男女有别，而后夫妇有义"，因为职责有分工，才能互相感恩、互相成全。

《礼记集解》："《礼运》曰：夫义妇顺。此不言顺而言义者，夫妇之道，不患其不顺也，患其苟于顺而伤于义也。失义，则顺亦不可保矣，故曰'立夫妇之义'。"后面这句话很重要："物之苟合者，亲也不可以久，故男女有别，而后夫妇有义。"

《礼运》强调夫义妇顺，但在这里不是讲顺，而是特别强调"义"字。为什么呢？夫妻之间的相处，不是很和顺，不是夫义妇德、夫唱妇随，这并不是最令人担心的。令人担心的是，"患其苟于顺而伤于义也"，苟且和顺，男欢女爱就在一起了。如果伤害了道义，顺也就不能保全。所以，这里特别强调"立夫妇之义"。

"物之苟合者，亲也不可以久。"男女之间没有得到父母认可，没有经过婚姻之礼，结果往往两个人之间的所谓爱情也不能长久。故"男女有别，而后夫妇有义"，特别强调"义"字。

"**夫妇有义，而后父子有亲。**"男子有恩义、有道义、有情义、有责任感，女子在家相夫教子，孩子在这样的环境成长，潜移默化受到影响，父子之间就有亲情。

而且"夫妇有义"，夫妇之间有道义，教育孩子也能够互相配合。比如母亲要经常提醒儿女："你看你父亲多么不容易，为了给你买一台电脑，周末还要加班，没日没夜，你工作学习也要努力，不能辜负父亲对你的希望。"父亲也要常常提醒孩子："你的母亲工作这么忙，还要起早贪黑为我们准备一日三餐，家里家外都闲不住，我们要管理好自己，少让她操心。"久而久之，儿女对父母的恩情才能看在眼里、记在心上，而不是习惯如自然，对于父母的付出熟视无睹。

反过来讲，如果夫妻之间没有道义、情义可言，而是一种对立关系，都在儿女面前说对方不好，那父子之间有亲情可言吗？比如丈夫回来晚了，母亲就对儿子说："你看你父亲又到外边吃吃喝喝，又去喝酒应酬了。"同样的事情，母亲从不同的角度说，儿子的感受是不一样的。所以，夫妻之间有情义，父子之间才有亲情。

"**父子有亲，而后君臣有正**"，这就是推孝及忠。父子之间有亲爱，儿子对父母有孝顺之心，他这种孝顺之心已经培养出来了，走上工作岗位就会对领导有恭敬之心。古人讲："求忠臣于孝子之门。"因为孝子有恩义、有道义、有情义，就不会忘恩负义，见利忘义。

"**故曰：婚礼者，礼之本也**。"婚礼是礼的根本，所有的礼都是从婚姻之礼得以衍发。婚礼处理好了，一切伦理关系也能顺理成章。

"**夫礼，始于冠，本于婚，重于丧、祭，尊于朝、聘，和于乡射，此礼之大体也**。"《礼经通论》对八种礼的意义有概要说明："冠以明成人，昏以和男女，丧以仁父子，祭以严鬼神，乡饮以和乡里，燕射以成宾主，聘食以睦邦交，朝觐以辨上下。"

冠礼，男子二十岁行冠礼，也就是成人之礼；婚礼，是和合男女；

丧礼，是父子之间有仁义、有恩义、有道义；祭礼，是尊严鬼神；乡饮酒之礼，是和睦乡里；燕射之礼，主人待宾客的礼节，让彼此之间感情加深；聘食之礼，诸侯之间交往的礼节，是为了和睦外交；朝觐之礼，诸侯朝见天子，是为了分辨上下的关系。

礼是以冠礼作为起点，以婚礼作为根本，丧礼和祭礼体现其重要，朝觐和聘问之礼体现其庄严，乡饮酒礼和乡射礼体现其和乐的宗旨。这就是礼的总体内涵。

【古者，天子后立六宫、三夫人、九嫔、二十七世妇、八十一御女，以听天下之内治，以明章妇顺，故天子内和而家理也。天子立六官、三公、九卿、二十七大夫、八十一元士，以听天下之外治，以明章天下之男教，故外和而国治也。故曰："天子听男教，后听女顺；天子理阳道，后治阴德；天子听外治，后听内治。教顺成俗，外内和顺，国家理治，此之谓盛德也。"】

"天子后立六宫"，六宫包括大寝一、小寝五，九嫔以下分别居住在其中。三夫人分别主持六宫之事。

"三夫人、九嫔、二十七世妇、八十一御女"，天子有后、夫人、嫔、世妇、御女等。她们名为帝王妻妾，实际多为宫中女官。"夫人、嫔"属于高层女官，"世妇"掌管祭祀、宾客、丧祭之事，"御女"是下层女官。

《礼记集解》："先王之立内宫，所以佐后以内治，非淫于色也。故虽设此数，而无其人则阙，周礼天官于世妇、女御不言其数，以此也。"先王之所以设立内宫，目的是辅佐王后进行家庭内部的治理，并不是贪着美色。因此，虽然设立了这么多，但是没有合适的人，就缺位缺数。《周礼·天官》中对于世妇、御女没有讲明数目，就是这个原因。

"以听天下之内治","听",掌管。"内治",郑玄注:"妇学之法也"。内务的治理是女子必须学习的。

"天子立六官",《周礼》是以天官冢宰、地官司徒、春官宗伯、夏官司马、秋官司寇、冬官司空分掌邦政,故称"六官"。

"三公"也是官名,是古代三种最高官职的合称。周是太师、太傅、太保。九卿是古代中央政府的九个高级官职,历代建制不一,周是少师、少傅、少保,还有冢宰、司徒、宗伯、司马、司寇、司空。

"大夫"也是古代官名,历代沿用,位在卿之下、士之上。

"元士","元"是美善,"元士"指天子之士。

"天子听男教,后听女顺;天子理阳道,后治阴德;天子听外治,后听内治。教顺成俗,外内和顺,国家理治,此之谓盛德也。"这里谈到男女、阴阳、内外。就其皮相而言,就说男女;就其德行而言,就说阴阳;就其职责位份而言,就说外内。其实,说的一回事。天子与后分别治理外内之事,重点强调天子与后的职责分工,这就是男女有别。

天子与后为民之父母,不仅天子要以修身为本,后、夫人的行为,也要效法天地之德,否则也会德不配位,无法继承祖先的统序,使万事万物都得以治理并各得其所。这里特别强调,国家要治理得好,天子与后都必须具备深厚的德行,否则是不可能国泰民安的。

历朝盛世都有一个共同点,就是明君、直臣、贤后。这一点在"贞观之治"体现得特别明显。可以说,太宗、魏徵、长孙皇后等共同努力,才有贞观盛世出现。当然,成为贤后并不容易。因为女子的特点就是情执比较重,而且喜欢感情用事,办事往往不遵从理性。还容易贪慕虚荣奢华,控制不住自己的欲望,贪起来,往往比男子有过之而无不及。

女子的嫉妒心也强，作为皇后，必须放下私心、贪欲、嫉妒，这样才能做到厚德载物，成为贤后。长孙皇后就是这样，她多次劝谏太宗，让他不要重用外戚。即使临终还这样请求，并且请求太宗为她简葬。她说："臣妾的本家有幸因为婚姻而成为外戚，既然不是因为有德行而被选用，就容易走到危险的地步。要想长久地保全，就千万不要授予他们重要权力。只以外戚奉朝请就很庆幸了。且活着既无益于时事，死后也不可厚葬多费。葬就是藏，不想让人看见。自古大圣贤者都崇尚薄葬，只有无道乱世方才厚葬，被后世有识者耻笑。只请求依靠山势埋葬，不需要堆砌坟头，不需要用棺椁，必需的器物用具都用木瓦。这样就是不忘记臣妾了。"她一心为国家社稷着想，从大局出发考虑问题。

这一段就是讲，古代天子在后以下设六宫、三夫人、九嫔、二十七世妇、八十一御女来掌管治理天下内务，以彰明和推行女子的和顺之德。天子设立六官、三公、九卿、二十七大夫、八十一元士，以掌管治理天下外务，以彰明和推行男子的政教。天子掌管男子的政教，王后掌管女子的柔顺；天子掌管阳刚的大道，王后调治阴柔的德行；天子掌管外部的政教，王后掌管内部的贞顺。政教与柔顺并重形成风俗，外部和内部都和顺，国与家都纳入正轨，治理得井井有条，这就叫盛德。

【是故男教不修，阳事不得，谪见于天，日为之食。妇顺不修，阴事不得，谪见于天，月为之食。是故日食则天子素服，而修六官之职，荡天下之阳事；月食则后素服，而修六宫之职，荡天下之阴事。故天子之与后，犹日之与月、阴之与阳，相须而后成者也。】

"阳事不得","阳事",就是前面讲的天下之外治,就是六官、三公、九卿、二十七大夫、八十一元士所掌管之事。"得",《玉篇》解释为"获也",《韵会》解释为"凡有求而获,皆曰得"。

"谪",为"日之将食之气,气见于上,所以责人君也"。简单讲,就是责备、谴责的意思。"日为之食",就是日食。月球运行到太阳和地球之间,太阳光被月亮挡住,地球的某些地区短时间内看不到太阳,这个现象称为日食。"月为之食",就是月食。地球运行到太阳和月亮中间,月亮所得的太阳光为地球所掩,称为月食。

《礼记集解》引郑玄注:"食者,见道有亏伤也。"《左传》也有一段记载:"公问於梓慎:'祸福何为?'"对曰:"二至二分,日有食之,不为灾也。日月之行也,分同道也,至相过也。"意思是说,夏至、冬至、春分、秋分有日食出现,这是正常的,不是灾疫的显现。这是日月运行规律所导致的。

"荡天下之阴事","荡"就是清洗、去除污秽。"阴事"就是上文讲的天下之内治,也就是六宫、三夫人、九嫔、二十七世妇、八十一御女所学的妇学之法。

这段话是说,男子政教不修治,违背阳刚之道,上天就会现出谴责的征兆,出现日食之类反常现象;妇女柔顺之德不修治,违背阴柔之道,上天也会现出谴责的征兆,出现月食之类反常现象。所以,遇到日食,天子就身穿素服,检查反省六官的政务,涤除和清理男子政教中的秽恶。遇到月食,王后就身穿素服,检查反省六宫的内治,以涤除和清理女子德行的秽恶。可见,天子与王后的关系如日月并行,阴阳互补,相互之间密切配合,才能成就治理天下的大业。

关于灾疫,史书上有很多。比如《群书治要·后汉书二》就有记载:"昔成汤遭旱以六事自责曰:'政不节耶?使民疾耶?宫室荣耶?女谒盛耶?苞苴行耶?谗夫昌耶?'"国家遭遇旱灾,成汤以六件事情自责:治理政事不符合法度吗?役使百姓过度了吗?宫室是不是太奢华了?宠妃进言干预朝政了吗?贿赂盛行了吗?进谗言的人太猖狂了吗?

人们可能会有疑问,成汤为什么要从这几个方面反省自己?自然灾害和君主的德行、时政的得失有关系吗?实际历史上,可以发现盛世的皇帝,在遇到重大自然灾害的时候,或者天象有异常的时候,无一不是反省自己。

比如汉文帝,他就是"行有不得,反求诸己"的典型。《史记·孝文本纪》记载,汉文帝二年,也就是公元前178年,十一月最后一日发生日食,十二月十五日又发生日食。当异常的现象连续发生,汉文帝立刻自我反省,并且下诏:"我听说上天生下万民,为他们设立君主,来养育治理他们。君主不贤德,执政不公平,上天就会显示灾异,惩戒君主治理不当。十一月最后一天出现日食,这是上天表示谴责,没有比这更大的灾异了!我得以承继帝业,以渺小之躯依托于万民和诸侯王之上,天下的治乱在于我一人,几位执政大臣好比是我的左膀右臂。我对下不能治理养育万民,对上有损日月星辰的光明,我的德行缺失实在太严重了。"

这段话用文言文是这样表述的:"朕获保宗庙,以微眇之身托于兆民君王之上,天下治乱,在朕一人,唯二三执政犹吾股肱也,朕下不能理育群生,上以累三光之明,其不德大矣。"

"诏令下达之后,希望大家考虑我的过失以及我的见识和考虑问题的不足之处,还要推举贤良方正、能直言力谏之人,来匡正我的不足。"在这里，汉文帝把出现日食的原因归咎于自己没有德行，这是因为在中国古人看来，天人之间有一种自然感应的关系。天象的变化并不是纯粹的自然现象，而是和人事的得失、施政的得失有着密切的联系，这就叫天人感应，这也是天人合一理念的重要内容。自然环境以及其中的万事万物都是和谐一体的关系，人与自然环境也存在互动的关系。通过观察自然环境的变化，也能知道人事的兴衰变化，以及人心的善恶。

《易经》也说："观乎天文，以察时变，观乎人文，以化成天下。""天文"就是指天象，包括恒星、行星、彗星、云气、日食、月食等。古人通过观察天文，发现自然现象与人事密切相关。

唐朝李淳风《乾坤变异录·天部占》："天道真纯，与善为邻。夫行事善，上契天情，则降吉利，赏人之善故也。行其不善之事，则天变灾弥，日月薄蚀，云气不祥，风雨不时，致之水旱，显其凶德，以示于人。"观天象的目的，其实就是为了知道人事的吉凶，预知政治、经济、军事、社会等变化。

《群书治要·汉书》也记载了董仲舒向皇帝的进言："国家将有失道之败，而天乃先出灾害，以谴告之；不知自省，又出怪异，以警惧之；尚不知变，而伤败乃至。以此见天心之仁爱人君，而欲止其乱也。自非大亡道之世者，天尽欲扶持而全安之。专在勉强而已矣。强勉学问，则闻见博而知益明；强勉行道，则德日起而大有功，此皆可使还至而立有效者也。夫人君莫不欲安存，而恶危亡，然而政乱国危者甚众。所任者非其人，而所繇者非其道也。"

这段话是说，国家即将失道或者衰败，上天就先现出灾害来警示，特别是警示这个国家的君主。如果还不能自我反省，又会出现怪异现象，对他加以警告而使其害怕。如果还不知道改变，那么伤害和摧残就会到来。由此可见，上天之心是爱人君的，想阻止其胡作非为。如果不是太过无道，上天都想扶持，使他的国家保全安定。做任何事情就在于自强自勉罢了。奋发努力钻研学问，见闻就会广博，而才智更加高明。努力行道，德政就会一天天兴起而大有功绩。这些都可以迅速做到，而且立刻会见效。人君没有不想国家安稳存在而厌恶危亡的，可是政治混乱，国家危急的却很多，什么原因？就是因为所任用的不是合适的人，所遵从的也不是正确的治国之道。如果所用的都是奸佞之臣，危害百姓，就会导致阴阳失和，灾祸也就发生了。如果不是尊奉古圣先贤的治国之道，国家必然治理不好。

《汉书》还记载了丞相丙吉的故事。暮春的一天，丙吉外出遇人打架斗殴，路边躺着死伤的人。车夫看到这种情景，就把马车停了下来，他想丞相一定会派人去了解情况，加以处理。丙吉却好像没有看见，挥挥手就让车夫继续前行。车夫感到很奇怪，人命关天，可是丞相看见却不闻不问。马车继续前行，刚出城，丙吉看到一个农夫正赶着一头牛往前走。这头牛一边走一边喘气，还不时地把舌头吐出来。丙吉马上让车夫把车停下来，对随从说："你快去问一问那个车夫，他赶这头牛走了多少里路了？为什么牛会喘气不止？"随从对丙吉的行为很不理解，就问："刚才人命关天，大人视而不见，现在看到一头牛吐舌喘气却停下来询问，这是不是有点重畜轻人，不够妥当？"丙吉说："你错了。市民斗殴伤人，应该由地方官去处理。丞相的职责是考核这些地方官的政绩，到年终奏请皇上进行赏罚。作为丞相，没有必要事事亲自过问，应该关心国家大事。至于这头牛情况就不同了。现在还是春天，按理说天气还不太热，这头牛却热得吐舌喘气。如果走了很远的路，也就不足为奇；如果并没有走很远的路，就热得喘气，这说明阴阳失调，与时节不符。这是关系到国家的大事，才是丞相应该关心的。"随从这才明白过来，非常佩服丞相知大节、识大体。

这个故事给我们两点启示。首先，从领导艺术层面来讲，领导者要知人善任，不需要事必躬亲。领导者的责任，是将将而不是将兵。他的职责是管理那些将，而不是具体去管那些兵。当然，"丙吉问牛不问人"，还有一个更重要的启示，和天人感应、阴阳失调有关系。《幼学琼林》："丙吉问牛，恐阴阳之失时。"从这里可以看到，古代的丞相负责调和阴阳，对天道变化的规律、五行运行的道理是非常明白的，看到阴阳失调，或者有一些异常的天象，就会提出建议。

《孔子家语》也记载了鲁哀公问孔子："一个国家的存亡祸福，确实是由上天注定，不是人力所能改变的吗？"孔子怎么回答的？他说："存亡祸福全在于人自己罢了。天时的反常现象，地上的怪异事物，是不能施加于存亡祸福的。"他还举了两个例子。从前殷商的君主帝辛，也就是商纣王在位的时候，一只雀在城墙脚生了一只大鸟，这是吉祥的表现。商纣王认为有鸟雀的大德相助，便不整治国家政事，殷朝因此灭亡。这就是君主违背天时，将福祉转为灾祸的例子。

商纣的先祖太戊在位的时候，政事衰败，出现了灾异。桑谷共生，七天就长得比一拱还粗。太戊惊恐万状，忧惧不安，更加认真地修养品行。结果三年后，远方的小国都仰慕他的仁义。语言不通，要经过重重翻译来谒见的就有十六个国家。这就是君主违背天意，将灾祸转化为福祉的例子。

孔子得出结论："天降的反常现象和地上出现的怪异事情，都是用来警诫君主的；睡梦中的怪异征兆是用来警告臣民的；反常和怪异之事不能战胜良善的政治；梦中的怪异现象不能战胜良善的行为。如果知道这个道理，天下就能大治。只有世上最贤明的君主才能做到这一点。"

《全唐文》记载，唐朝著名宰相张九龄，上过一篇题为《贺太阳不亏状》的奏章。他写道："臣伏以日月之行，值交必蚀，算术先定，理无推移。今朔之辰，应蚀不蚀。陛下闻日有变，斋戒精诚，外宽政刑，内广仁惠，圣德日慎，灾祥自弥。"陛下听说有日食，所以精诚地斋戒，对外使刑罚宽松，对内认真修养仁惠的品德，一天比一天谨慎自己的德行，这些灾祸的预兆自然就消除了。

这些对于应对和化解灾难，实际上具有重要的借鉴意义。遇到水、火、旱、涝、瘟疫、动乱等重大天灾人祸，要怎么样？要忏悔反省，改过迁善，任用贤德，兴办道德教育，转化人心。人心向善才是扭转危机、化解灾难的根本出路。

人要有敬畏之心，对于自己不懂或者懂得不够深入的东西，不能妄加批判，动不动就扣上不符合科学的帽子。池田大作在《展望21世纪——汤恩比与池田大作对话录》中这样说："在一般人看来落后的国家和愚昧象征的东西，实际上秘藏着时代最先进的东西。"正因为是秘藏着，所以不容易为人所识。但是，科学越发展，越能证明经典所记载的道理。

漫长的历史，中国人总结和探索出来的经验教训，不是能轻易否定的。所谓迷信，就是没有弄懂的就信，这属于迷信；同样，还没有弄懂就不信，这也是迷信。西方有些科学家用现代科学的方法，证实了古代那些谚语，这在科学上也算是重大突破。所以，对于还没有弄懂和没有弄清楚的东西，还需要用科学的方法不断去探索。

第二十二讲　射礼：立德正己，由艺入道

这一讲学习《群书治要·礼记》最后一篇《射义》。郑玄《目录》："名曰《射义》者，以其记燕射、大射之礼，观德行取于士之义。此于《别录》属《吉事》。"这一篇是讲燕射、大射之礼的义理，特别是天子、诸侯如何通过大射、燕射之礼观察人的德行，从而任用考核贤才，也述及乡射和宾射之礼。

下面看经文。

【古者诸侯之射也，必先行燕礼；卿、大夫、士之射也，必先行乡饮酒之礼。故燕礼者，所以明君臣之义也；乡饮酒之礼者，所以明长幼之序也。】

古者诸侯之射也，即大射。《礼记集解》："吕氏大临曰：'射者，男子所有事也。天下无事，则用之于礼义，故习大射、乡射之礼，所以习容、习艺，观德而选士；天下有事，则用之于战胜，故主皮、呈力，所以御侮克敌也。'"射箭是男子所行之事，天下没有战事，就用在练习大射、乡射之礼，训练威仪、技艺和培养德行；天下有战事，重视射透箭靶，用在克敌取胜之上。

从这段论述可见，古代的射礼实际分为两种，也就是礼射和主皮习武之射。什么叫主皮？就是重视射透靶心。《论语》记载了孔子所说的"射不主皮，谓力不同科，古之道也"，不主皮，就是不重视能否射透靶心，因为人的力气不同。在这里讲的是礼射，《乡射记》："礼射不主皮。主皮之射者，胜者又射，不胜者降。"

根据《礼记集解》，礼射又分为四种：

"一曰大射，君臣相与习射而射也。自天子以下至于士，皆有之，

今惟诸侯大射礼存。"大射，是君臣一起为了练习射箭而举办的射礼。自天子到士，都可以有大射之礼，但是后来仅有诸侯的射礼保存下来。也有注解认为，大射是天子在举行祭祀前为选择参与祭祀的人而举办的射礼。

"二曰宾射，天子诸侯飨来朝之宾，因而与之射，亦谓之飨射，今其礼并亡。"宾射，是天子、诸侯宴飨来朝见的宾客，并与宾客一起射箭，也称为飨射。但是，后来宾礼也失传了。

"三曰燕射，天子、诸侯燕其臣子或四方之宾，而因与之射；大夫、士燕其宾客，亦得行之。"天子、诸侯宴请臣子或者四方来宾，并与之一起射箭，或者大夫、士宴请宾客，也可以与之一起行燕射之礼。

"四曰乡射，州长与其众庶习射于州序，仪礼乡射礼是也。"乡射是州长与民众在州校或者州学练习射箭，这在《仪礼·乡射礼》中有详细记载。后面说卿、大夫、士之射，就是指乡射。

"故燕礼者，所以明君臣之义也。"燕礼是怎么彰明君臣之义的？孔颖达《礼记正义》："谓臣于堂下再拜稽首，升成拜，君答拜，似若臣尽竭其力致敬于君，君施惠以报之也。"燕礼中，臣子要在堂下跪拜叩首两次，升到堂上再拜成礼，君主答拜。这就如同臣子竭尽全力致敬于君主，君主也以恩惠回报臣子。君臣之间以义相处，也就是《论语》所说的"君使臣以礼，臣事君以忠"。君仁臣忠，犹如一体，上下同心，荣辱与共，互相感恩，互相信任，互相支持，团结互助，才能共成大业。

"乡饮酒之礼者，所以明长幼之序也。"在党正举办的乡饮酒礼上，"六十者坐，五十者立侍"，六十岁以上的长者坐于席上，五十岁者则须站在一旁陪侍。六十岁者前面陈设三豆食物，七十者陈设四豆，八十者陈设五豆，九十者陈设六豆。乡饮酒礼处处传达的是敬老尊贤、长幼有序。

这段话是说，古代诸侯举行大射之前，先举行宴飨群臣的燕礼；卿、大夫、士举行乡射之前，先举行乡饮酒礼。行燕礼，是为了申明君臣之间的大义；行乡饮酒礼，是为了表明长幼之间的次序。也就是说，先辨明君臣大义、长幼次序，然后才以射箭来考察其德行。

【故射者，进退周还必中礼。内志正，外体直，然后持弓矢审固。持弓矢审固，然后可以言中。此可以观德行也。】

"审"，就是定的意思；"固"，牢固；"审固"也就是固定，瞄准。

射箭的人不论前进、后退，还是左右转身，一定要合乎礼。内心端庄敬肃，身体挺拔端直，然后再拿起弓箭瞄准目标。弓箭拿稳，目标瞄定，然后才谈得上能否射中目标。从整个过程就可以看出一个人的德行。

《礼记集解》说："射者，进退周旋之礼甚烦，一有不中，则志气之动，而持弓矢必不审固矣……进退周旋之中礼，内志之正，外体之直，岂一时所能袭取哉？必其庄敬、和乐，所以养其身心者久，而后可以致之，故曰：'可以观德行矣。'"射箭时是往前进还是往后退、往左转还是往右旋，礼数甚为繁多，一旦有一个动作不合乎礼，就会动摇内心的志气，导致把握弓箭不牢固，也就不能瞄准。而进退左转右旋合乎礼节，内心端正，外体直顺，哪里是一时突然达到的？一定是他保持这种庄敬和乐的态度，修养身心很久，才能达到的境界。因此，通过射箭可以观察一个人的德行。

一个人做到内心端正，外体直顺，一定是经过礼乐长时的熏习，也就是一门深入，长时熏修。能够坚持一门不改变，说明他的心志端正、明确、专一、坚定，而且必须有恒心、毅力、耐心，经过长时间练习，最后才能做到进退周旋、一举一动都符合礼的要求。

而且，射礼也体现了古人"志于道，据于德，依于仁，游于艺"的宗旨。学习任何一种技艺，包括射箭这种看似竞争性很强，甚至具有杀伤性的技艺，也都不离求道的目的。这就使得射箭远远超越技艺的层次，而成为追求道的一种方式。射箭传到日本、韩国，被称为"弓道"。此外，还有茶道、武道、棋道等，这个"道"字不是随意加上去的。技艺必须以求道为目的，才不失正确方向。这样练习，深入到一定程度，才能与道豁然相通。道就是人人具有的本性，这种本性就是纯净纯善，"在凡不减，在圣不增"，它起作用就显现为无量的德能、无量的智慧、无量的相好、无量的光明、无量的福报。换句话说，每个人都具有无量的德能、智慧、相好、光明、福报，那如何开启？无论学习何种技艺，都要严守老师的教诫和规矩，久久为功，这样就会"因戒得定，因定开慧"。

学习琴棋书画、礼乐射御书数都有一定的规则，这些规则就是把事情做好的方法，也是把心定下来的方法。遵守这些规则，在此基础上一门深入，就能把心定下来。当心定到一定程度，不起心，不动念，不分别，不执着，心如止水，智慧自然显现。使心定下来的方法有很多，比如读诵经典、静坐、琴棋书画、礼乐射御书数，乃至洗衣、做饭、舂米、砍柴等，方法无量无边，条条大路通罗马。通过看一个人做事情的成果，就知道他心静的程度、修养的功夫，以及他做事的心态，是心地清净，还是心烦意乱，只是为了完成任务应付了事。比如学生写文章、写书稿，交上来一看，逻辑混乱，错别字很多，甚至张冠李戴，就知道他的心思很乱，可能事情很多，心也不清净，没有把心定下来，这是一种应付的心态。再比如打扫卫生、做饭，也能看出一个人的恭敬心和清净心。

《曲礼》开篇就说"毋不敬"，就是告诉我们**要一切恭敬，以恭敬心对待一切人、事、物，那你当下就在修学的状态。如果失去恭敬，当下就不在道上了。**

《中庸》强调："道也者，不可须臾离也；可离，非道也。"既然恭敬心和我们的本性是相应的，就要时时保持，不然，稍一疏忽，心就离开了道。禅宗经常问一句话："你会吗？"这句话很有味道，如果你会，你穿衣、吃饭、喝茶、射箭、打球、习武，无不是道，无不是在求道之中。如果不会，心不在焉，没有恭敬，那读经、听经也不是求道，所以，这个"会"很重要。

【其节，天子以《驺虞》，诸侯以《狸首》，大夫以《采蘋》，士以《采蘩》。故明乎其节之志，以不失其事，则功成而德行立。德行立则无暴乱之祸，功成则国安。故曰："射者，所以观盛德也。"】

《驺虞》《采蘋》《采蘩》都是《诗经》中的篇名，都收录在"二南"中，也就是《周南》和《召南》。《狸首》早已失传。根据《礼记正义》，《驺虞》九节，天子用的这个节奏是九节，比喻贤人多，说明天子以为天下得贤才而使官员齐备为志向；《狸首》七节，是"乐及会盟也"，说明诸侯以乐于定时会盟，向天子朝拜述职为志向；《采蘋》五节，"喻循法度以成君事"，说明大夫以遵循法度办事，以成就君主的事业为志；《采蘩》五节，是"其不失职也"，说明士以不失职守为志向。

从这里可以看到，射箭并不是以娱乐为主要目的，更不是好勇斗狠、争强好胜，而是通过射箭，使活动符合礼乐的节度，培养人的德行，提升人的心性，彰显人的明德。而天子可以通过射礼观察人的德行,考核人的能力,换句话说,就是培养和选拔德能兼备的人才。射箭时动作的控制,天子以《驺虞》的节奏为标准,诸侯以《狸首》的节奏为标准,卿大夫以《采蘋》的节奏为标准,士以《采蘩》的节奏为标准。不同阶层的人,天子、诸侯、大夫、士均明了节奏的内在含义,去做他们该做之事,各尽其责,忠于职守,建功立业的同时成就自己的德行。德行成就了,就不会产生暴乱的祸患。功业成就了,国家就能长治久安。所以,射礼是用来观察人是否具有高尚的道德。

【是故古者,天子以射选诸侯、卿、大夫、士。射者,男子之事,因而饰之以礼乐也。故事之尽礼乐而可数为,以立德行者,莫若射,故圣王务焉。】

郑玄注:"选士者,先考德行,乃后决之以射。"选拔人才,先考核其德行,然后再通过射礼决定人选。孔颖达《礼记正义》:"此一节明天子以射礼简选诸侯以下德行能否。故圣王所以务以射选诸侯、卿、大夫者,诸侯虽继世而立,卿、大夫有功乃升,非专以射而选。但既为诸侯、卿、大夫,又考其德行,更以射辨其才艺高下,非谓直以射选补始用之也。"天子通过射礼考核诸侯、卿、大夫的德艺。诸侯通过世代继承而确立,卿大夫有功于国得以升迁,不是专门通过射礼选拔,但是也要考察其德行如何,又要通过射箭分辨其才能技艺的高低,不是说直接通过射箭就选拔任用。

"射者,男子之事,因而饰之以礼乐也。"男子生而有"悬弧"之义,《礼记·内则》记载:"子生,男子设弧于门左,故云:射者,男子之事。"男子一出生就在门左悬挂一把弓,从小就学习射箭的技艺,长大后再以礼乐配合加以文饰,这样能使其容貌身体合乎于礼,其节奏合乎于乐。弓箭在战争中是主要的克敌制胜的武器,本身具有杀伤性,比赛射箭又有竞争性，如果不以礼乐来文饰，就容易使人形成暴力、对抗、竞争、嫉妒等，导致冲突和对立。但是以礼乐来配合射箭，就可以使人刚而不暴、强而不躁、勇而不乱，还能培养谦让、仁爱之心。这正是中国礼乐文化的高明之处，能把习武、射箭的技艺与涵养德性，甚至求道联系在一起，不离"志于道"的宗旨。这是现代的技艺，包括一些体育比赛、军事训练，乃至文学、艺术，甚至发展科技所应当学习和借鉴的。也就是说，不离于"志于道"的宗旨去发展、创新，才是可取的。

"故事之尽礼乐而可数为，以立德行者，莫若射，故圣王务焉。""数"音shuò，频频的意思。要寻得一种既能含容礼乐，又可常常练习，以帮助人们树立德行，没有比射箭更适合的了。所以，圣明的先王都大力提倡。

【是故古者，天子之制，诸侯岁献，贡士于天子。天子试之于射宫，观其容体，比于礼，其节比于乐，而中多者，得与于祭；其容体不比于礼，其节不比于乐，而中少者，不得与于祭。数与于祭而君有庆；数不与于祭而君有让。数有庆而益地，数有让而削地。】

"岁献"，就是古代诸侯每年定时向天子献国书，汇报政事，同时也进贡其他物品。根据《尚书传》："古者诸侯之于天子也，三年一贡士。"每三年要向天子进献一次贤士。郑玄注："旧说云，大国三人，次国二人，小国一人。"进献多少名贤士？大的诸侯国每三年要献士三人，中等诸侯国献士二人，小的诸侯国献士一人。

"比"，郑玄注："亲合也。""比于礼"，合乎礼的要求。

"数"，屡次。"庆"，褒奖。"让"，责备。"益"，增加。"削"，削减。

古代制度规定，诸侯每年进贡国书、礼品，推荐人才给天子以供祭祀。天子便在射宫用箭术考核这些人。如果射箭时的仪容、姿态合乎礼的要求，节奏符合音乐的节拍，射中的又多，就可以取得日后参与祭祀之礼的资格。如果仪容、姿态不合乎礼，节奏不合乎音乐，射中的又少，就没有资格参与祭礼。能多次参与祭礼，就能得到天子的褒扬；多次参加不了，就会受到天子的责备。多次得到褒扬，便增加诸侯的封地；多次受到责备，便削减诸侯的封地。

这种制度的设立有什么好处？第一，考核诸侯的政绩，重要的一条就是看他为天子推荐了多少德能兼备的人才，也就是"进贤受上赏，蔽贤蒙显戮"的具体落实。而这种用人的原则一确立，德才兼备的人就不至于被埋没。诸侯都愿意把自己国内德才兼备的人推荐给天子，使他们被重用，结果就是孔子所说的"君子之德风，小人之德草，草上之风必偃"。也就是在位者的德行像风一样，一般百姓的德行像草一样，风向哪边吹，草就向哪边倒。**德才兼备之人居于领导位置，上行而下效，国家治理自然走向正轨，社会风气自然良善。**

另一方面，这种制度的设立还有助于推动男子热衷于练习射箭。因为通过射礼，被选拔出来就可以为天子重用。射礼推动了礼乐德能的教化，让人在习射比赛、娱乐竞技中不知不觉提升身体素质、作战能力，也提起责任意识，涵养良好的性情，可以说一举多得。

【故曰：天子之大射，谓之"射侯"。射侯者，射为诸侯也。射中，则得为诸侯；射不中，则不得为诸侯。】

天子举行的大射之礼被称为"射侯"。所谓"射侯"，就是通过射礼来考核诸侯，其射箭合于射礼就意味着这个诸侯称职，其射箭不合于射礼，就意味着他不称职。小注说："大射，谓将祭择士之射也。得为诸侯，谓有庆也；不得为诸侯，谓有让也。"这里把大射解释为天子举行祭祀前，选择祭祀人选的射礼。"得为诸侯"，就是说他做诸侯做得称职，天子会褒扬他。"不得为诸侯"，就是他做诸侯不称职，会受到天子的责备。

【故射者，仁之道也。求正诸己，己正而后发，发而不中，则不怨胜者，反求诸己而已矣。孔子曰："君子无所争，必也射乎。"】

"反求诸己"，可以说是中华传统文化最重要的心法。《孟子·离娄》："行有不得者，皆反求诸己。"《礼记集解》："为仁由己，射之中否亦由己，非他人所能与也。故不怨胜己，而反求诸己。"

这句话是说，射箭包含仁的道理。先要求自己心正体直，拿得稳，瞄得准，认为一切妥当才发射。如果箭发出去射不中目标，也绝不埋怨胜过自己的人，只是回过头来检讨自己的不足罢了。孔子说："君子不会有与人竞争之心。要说有，大概就是在射箭的时候。但是射箭也不失君子之风。"对"君子无所争，必也射乎"这句话，也有不同的解法。有人解释说，君子没有要和人竞争的地方，如果说有争心，那是争着去做什么？争着去做标准的君子。

《礼记·射义》："射之为言者绎也，或曰舍也。绎者，各绎己之志也。故心平体正，持弓矢审固；持弓矢审固，则射中矣。"所谓射，就是寻绎。什么叫寻绎？射者的身份虽然各不相同，但都应在射礼中寻绎自己的志向。只有心志端正，体态直顺，紧握弓箭，瞄准目标，才有可能射中。此外，无论是父亲还是儿子，无论是天子、诸侯还是大夫、士，都要把箭靶作为自己的道德目标。尽管是同用一个箭靶，但是各人所要命中的道德目标却各不相同。射箭靶的过程，就是反复内省、存养、进取的过程。孔子说："发而不失正鹄者，其唯贤者乎！"

《论语》中孔子还说了一句类似的话："君子无所争,必也射乎!揖让而升,下而饮,其争也君子。"也就是说,中国古人从来不讲竞争,特别是君子更没有争心。如果说君子有所争的场合,那就是在比赛射箭的时候。"揖让而升",两个人互相作揖,然后才升堂去比赛射箭。"下而饮",结果出来了,赢的人要给输的人敬酒。输的人则"反求诸己而已矣,不怨胜己者"。他不是去埋怨、嫉妒,更不是去寻找客观原因,比如风把箭给吹歪了,弓不知道是谁做的,有假冒伪劣之嫌等。而是马上反省自己在技艺上有不够精湛的地方,在德能上有可待提高的地方。他喝的酒是罚酒,无论德能还是技艺都不如人。

射礼,对于胜者,提醒他不要骄纵,要有敬让之心;对于败者,让他反省自己的技艺德能没有达到标准。这里没有你死我活的残酷较量。射礼所追求的就是通过射箭比赛、礼乐配合实现谦逊、和让、自省,所以,也被称为"立德正己之礼"。

孔颖达疏:"此明射是仁恩之道,惟内求诸己,不病害于物。既求诸己,耻其不胜,乃有争心矣。"这说明射箭是培养仁义恩德的方法,只是反求诸己,不责难要求,不伤害外物。反求诸己,以自己不能战胜对方为羞耻,这也是起了竞争之心、比较之心。但这种竞争是争什么呢?"其争也君子",是争做一个君子。或者说,他去争也不失君子之风。所以,**中国人讲的竞争不是和别人争,而是和自己的坏毛病、坏习气争**。比如有的人懒惰,有的人贪吃、贪玩、贪睡、贪财,有的人沉迷于手机游戏等,概括起来,无非就是贪嗔痴慢疑等烦恼。不能战胜这些烦恼,就会不战自败。所以,不是别人让你失败,是你被自己的习气打败。

清华大学著名礼仪学家彭林教授说,奥林匹克运动起源于公元前

776年的古希腊，与中国乡射礼的普及年代约略相当，但两者所体现的文化却有着明显的不同。在古希腊人的理念中，人的精神与体魄是分离的，精神由神明管理，人只负责自己的体魄。所以，古希腊的体育精神强调力量、速度、高度、技巧的竞争，注重体魄强健和雄美。胜利者就是超群绝伦的英雄，要用饮酒的方式予以奖励。奥运会的奖杯是放大的酒杯，正是源于此。儒家注重人的全面发展，认为精神和体魄都是由自己主宰的。人类不仅要有健康的体魄，还要有健全的精神。只有精神健全，体魄和技能才有价值。

意味深长的是，虽然春秋时代与古希腊同样征战不息、崇尚武力，但儒家铸剑为犁，保留田猎之射的形式，同时"饰之以礼乐"（《射义》），重塑射击竞技运动的灵魂，将它改造为富有哲理的弓道，成为引导民众全面发展、社会走向和平的教化工具。这是中华文明对人类的贡献之一，儒家主张人类的和谐发展。所以，在乡射礼中，不是胜利者，而是失败者要大杯饮酒，不过饮的是罚酒，技能德能不达标，需要警示。

是内求还是外求，这是中西方文化的重要差别。可以说，反求诸己是中国传统文化的一个显著特点。在西方，把战胜他人的人称为大英雄，但是在中国传统文化中，把战胜自己习气的人称为大英雄。寺院有一个殿叫大雄宝殿，大雄宝殿供奉的都是大英雄，这些大英雄都是能够战胜自己烦恼习气的人。

人之所以不能战胜自己的烦恼习气，是什么原因呢？清代理学家陆陇其在《松阳讲义》中讲了三个原因：一是为气质做主而不能变化，二是为物欲牵引而不能割断，三是为习俗陷溺而不能跳脱。

先看第一个原因。比如一个人喜欢发怒，是因为他已经习惯于用发怒的方式解决问题，习惯成自然。动不动就发火，是因为气质做主而不能变化。那怎么办？古人说读书贵在变化气质，当然古人所读的书都是圣贤书，圣贤书告诉你如何去忍，如何去惩忿窒欲。经常读这样的圣贤书，就会提醒自己，发怒是拿别人的错误惩罚自己，不仅不能把问题处理好，还伤害自己的身体。这类人只有经常反省、长时熏修，才能明白道理，慢慢变化气质。

再看第二个原因。比如喜欢饮酒，贪吃好色，都是为物欲牵引而不能割断。有的人好色并且好色之心浓重，藕断丝连，这类人只有深明因果规律，知道贪欲的害处和可怕，才能断除贪恋物欲的习性。

再看第三个原因。习俗就是社会风俗习惯，在社会大众普遍如此的环境中生活，自然会沾染上坏毛病，比如抽烟、喝酒等。很多人知道抽烟喝酒对身体不好，也想戒掉，但是为什么三番五次戒不掉？在家里戒掉了，但是一出去应酬，同事、朋友就会递烟劝酒。处在这种社会环境中很难戒掉，这就是因为习俗陷溺而不能跳脱。

应该如何应对？对于修学之人来说，既然知道自己的控制能力有限，就要远离恶缘，对于不好的环境染污、诱惑要懂得躲避。孔子教导颜回的时候说："非礼勿视，非礼勿听，非礼勿言，非礼勿动。"视听言动都要符合礼的要求。《弟子规》也强调："斗闹场，绝勿近；邪僻事，绝勿问。"这些做法都有助于保持清净心。所以，要远离恶的缘分，远离恶的人际关系，而亲近良师益友。这有什么好处？古人说："亲附善友，如雾露中行，虽不湿衣，时时有润。"

儒家提倡修身、齐家、治国、平天下。修身是第一位的，人生不会一帆风顺，面对失败、挫折，如何培养百折不回的毅力，如何从失败走向成功，都可以从射礼体悟到。"射求正诸己，己正然后发，发而不中则不怨胜己者，反求诸己而已矣。"射箭的成败，关键在于能否调整好自己的身心、体态。发而不中，根本原因还在于自身。不要怨天尤人，尤其不要埋怨射中的人，而要反求诸己，反躬自问。

《礼记·射义》传入日本，成就了日本的弓道。日本现代的弓道，正是将《礼记·射义》和江户时代的《射法训》一起奉为国之经典。射礼在日本出现后，就形成了不以杀伐为目的的"文射"。射箭演绎成张弓搭箭、竞射饮酒的娱乐文化，日本社会也从此有了君臣之义、长幼之分。有日本学者说："《礼记》的射礼思想从根本上改变了自古以来作为狩猎争斗技术的日本弓射。"

中国古代的射礼传入朝鲜半岛，对当地的儒家文化也产生了重要影响，这种影响一直持续到现在。韩国人把射箭称为"弓道"，认为它含有深刻哲理，健身的同时可以涵养心性道德，而不是一种简单的体育运动。目前韩国弓道协会有几十万会员，韩国首尔的白云山弓道俱乐部还保存有古代的弓箭，墙上贴着《弓道九戒训》和《执弓八原则》，是射手必须遵循的最高准则。《弓道九戒训》是"仁爱德行，诚实谦逊，自重节操，礼仪严守，廉直果敢，习射无言，正心正己，不怨胜者，莫弯他弓"。《执弓八原则》是"先察地形，后观风势，非丁非八，胸虚腹实，前推泰山，后握虎尾，发而不中，反求诸己"。弓道的修炼过程，强调身心浑然一体，甚至达到无心的境界。可见，射箭不是一般意义上的竞技活动，确实兼有儒家修德养性的要求，也是求道的一种方式。

什么叫无心的境界？练而无练，念而无念，这就是无心的境界。这说明什么？这是因戒得定，因定开慧，求道的一种方法。

这就是《〈群书治要·礼记〉讲记》，到这里全部圆满。